锡林郭勒岩画

王晓琨 等 著

中国人民大学考古文博系　锡林郭勒盟文物保护管理站

THE ROCK ART IN XILINGUOLE

社会科学文献出版社
SOCIAL SCIENCES ACADEMIC PRESS (CHINA)

调查队合影

调查队合影

苏尼特左旗C区·骑者岩画

阿巴嘎旗C区·人面像岩画

苏尼特左旗A区·动物岩画

苏尼特左旗·岩画地貌

苏尼特左旗A区·动物岩画 　　　　　　　　苏尼特左旗A区·车辆岩画

锡林浩特A区·符号、几何形、动物岩画

苏尼特右旗B区·动物岩画

锡林浩特 E 区·人面像岩画

苏尼特左旗 F 区·舞蹈岩画

目 录

第1章　前言 ··· 001

　1.1　锡林郭勒盟的地理环境和历史概况 ································ 001

　1.2　岩画调查缘起 ··· 011

　1.3　调查准备与工作方法 ··· 012

第2章　阿巴嘎旗岩画分布地点和内容 ································· 014

　2.1　夏哈努如岩画 ··· 016

　2.2　浩日格乌拉岩画 ·· 049

　2.3　白兴呼都嘎岩画 ·· 086

　2.4　乌林乌苏岩画 ··· 134

　2.5　白音胡舒岩画 ··· 143

　2.6　恩格尔呼都嘎岩画 ··· 147

第3章　锡林浩特市岩画分布地点和内容 ····························· 150

　3.1　阿尔岗格根岩画 ·· 151

　3.2　包日呼吉尔岩画 ·· 153

　3.3　哈那哈达岩画 ··· 160

- 3.4 巴彦温都尔岩画 ……………………………………………………… 163
- 3.5 善敦陶拉盖岩画 ……………………………………………………… 165
- 3.6 额勒斯特岩画 ………………………………………………………… 166

第 4 章 苏尼特左旗岩画分布地点和内容 …………………………………… 167

- 4.1 呼和朝鲁岩画 ………………………………………………………… 168
- 4.2 毕其格图岩画 ………………………………………………………… 274
- 4.3 巴日嘎图岩画 ………………………………………………………… 316
- 4.4 图莱图岩画 …………………………………………………………… 356
- 4.5 哈丹宝齐山岩画 ……………………………………………………… 366
- 4.6 旭日图岩画 …………………………………………………………… 386
- 4.7 宝康图岩画 …………………………………………………………… 391
- 4.8 毛瑞苏特岩画 ………………………………………………………… 393
- 4.9 宝德尔石林岩画 ……………………………………………………… 397

第 5 章 苏尼特右旗岩画分布地点和内容 …………………………………… 401

- 5.1 亚拉哈达岩画 ………………………………………………………… 402
- 5.2 毛日图德力岩画 ……………………………………………………… 403
- 5.3 宝勒嘎岩画 …………………………………………………………… 404
- 5.4 都仁乌力吉岩画 ……………………………………………………… 409

第 6 章 结语 …………………………………………………………………… 415

后 记 …………………………………………………………………………… 418

第1章 前言

1.1 锡林郭勒盟的地理环境和历史概况

锡林郭勒盟位于内蒙古自治区中部，蒙古高原的东南缘，北纬42°32′~46°41′，东经111°59′~120°00′。北与蒙古国接壤，边境线长1098km；西连乌兰察布市；南与河北省张家口市、承德市毗邻；东与赤峰市、通辽市、兴安盟相连。它是东北、华北和西北的交汇地带，具有重要的交通地位，同时也是华北地区重要的生态屏障。

锡林郭勒盟现辖2市、9旗、1县、1个管理区、1个开发区，共32个苏木、4个乡、35个镇、8个街道办事处、150个社区居委会、572个嘎查委员会、277个村民委员会。14个旗县市（区）分别是：锡林浩特市、二连浩特市、苏尼特左旗、苏尼特右旗、阿巴嘎旗、东乌珠穆沁旗、西乌珠穆沁旗、镶黄旗、正镶白旗、太仆寺旗、正蓝旗、多伦县、乌拉盖管理区、锡林郭勒经济技术开发区。盟委、行署驻地在锡林浩特市。锡林郭勒盟面积为20.3万km^2，人口105.16万人，是以蒙古族为主体、汉族占多数的多民族聚居区。二连浩特市是中国通往蒙古国、俄罗斯和东欧各国的大陆桥。珠恩嘎达布其口岸是中国面向蒙古国常年开放的重要陆路口岸。①

锡林郭勒地处中纬度内陆，属中温带半干旱、干旱大陆性季风气候。基本气候特征为：寒冷、风沙大、少雨。春季多风易干旱，夏季短且温热，降雨不均，秋季凉爽，霜雪到来早，冬季寒冷且漫长。年平均气温大部地区在

---

① 锡林郭勒盟行政公署门户网站：www.xlgl.gov.cn/zjxlgl。

0~3℃，分布趋势为从西南向东北递减，北部中蒙边境地区和东部边缘地区在0℃或以下，中部灰腾梁一带年平均气温也在0℃或以下，辉腾梁以北的地区相对温暖。全年最冷是1月份，年平均气温为-17℃以下，个别地区为-20℃以下。全年除7月份外，日最低气温均可达0℃以下。①

锡林郭勒盟是一个以高平原为主体，兼有多种地貌单元的地区。高原上切割甚微，以风蚀作用为主。锡林郭勒盟境内地势南高北低，自西南向东北缓缓倾斜，高差小，平均海拔在1000m以上。锡林郭勒地貌受新生代气候影响大，干燥气候区的景观显著。其地貌按照形态可分为低山丘陵、波状高平原、层状高平原、熔岩台地、冲积平原、内陆盆地和沙地等。② 锡林郭勒西北部沿中蒙边境为巴龙马格丘陵，主要由花岗岩组成，海拔一般为1100~1250m。丘陵中多宽广的干谷，局部地区保存有古河床摆动遗迹。丘陵西段主要由花岗岩和变质岩组成，表面有典型的花岗岩剥蚀地形。中段有由玄武岩组成的台地和火山锥分布。在锡林郭勒盟的中部，北起巴彦图嘎一带的边境，南至阿巴嘎旗，为大片的熔岩台地地貌类型，表层玄武岩一般厚达20~50m。熔岩台地以南为浑善达克沙地。③

锡林郭勒盟东部的大兴安岭和南部的阴山山地相连构成了分水岭，以北为高原内陆水系，以南为外流水系。锡林郭勒有三大水系，分别为流经正蓝旗、多伦县境内的滦河水系，发源于大兴安岭山地的乌拉盖水系，以及发源于正蓝旗浑善达克沙地东缘的呼尔查干诺尔水系。其中滦河为外流水系，其他为内陆水系。锡林郭勒盟是内陆湖泊聚集的地区之一，大小湖泊达1363个，其中淡水湖672个。④

锡林郭勒草原拥有丰富的自然资源，为世界驰名的四大草原之一，属欧亚大陆草原区，具有草场类型齐全、区系群落多样、动植物种类繁多的特点。牛、马、羊、驼等草食家畜拥有量位居全国首位，是国家重要的畜

---

① 张魁义、魏琢主编《锡林郭勒盟志》（上），内蒙古文化出版社、内蒙古出版集团，2014，第223~224页。
② 张魁义、魏琢主编《锡林郭勒盟志》（上），内蒙古文化出版社、内蒙古出版集团，2014，第217页。
③ 尤联元、杨景春主编《中国地貌》，科学出版社，2013，第624~625页。
④ 张魁义、魏琢主编《锡林郭勒盟志》（上），内蒙古文化出版社、内蒙古出版集团，2014，第236~238页。

产品基地。在家畜资源中，尤以内蒙古细毛羊、苏尼特羊、锡林郭勒马、乌珠穆沁羊、乌珠穆沁白绒山羊、乌珠穆沁牛、草原红牛和苏尼特驼最为知名。锡林郭勒盟以旱作农业为主，主要种植小麦、莜麦、马铃薯、胡麻等农作物。①

大量的考古发现表明，锡林郭勒盟自古以来就是我国北方民族的发源地，更是其生产生活的大舞台。辽阔的土地，复杂的地质、地貌构造，决定了锡林郭勒自然环境结构复杂多样的基本格局。考古发现证实，锡林郭勒不仅是中华文明重要的起源地，兴起、活跃于锡林郭勒的匈奴、契丹、蒙古等北方民族更是在世界文明进程中发挥了重要的作用。

早在更新世晚期，锡林郭勒地区就有人类生存繁衍。目前已经发现并初步确认的旧石器时代遗址点有三处，在境内南北均有分布。其中，东乌珠穆沁旗金斯太洞穴遗址是最重要的地点，通过它发现了旧石器时代中期晚段（最早的测年数据是距今4.7万年）到青铜时代的连续地层堆积。在旧石器时代地层中发现了人类用火遗迹，出土了大量的打制石器、细石器、晚更新世晚期的动物骨骼化石等珍贵遗存，② 特别是发现了具有欧洲旧石器技术风格的勒瓦娄哇剥片技术（Levallois technique）。这对于研究旧石器时代东西方文化的碰撞与融合具有十分重要的意义，为现代人在我国华北地区的迁徙和交流、古人类行为与环境的关系等课题提供了新材料。

孢粉数据表明，金斯太洞穴所在的锡林郭勒地区古气候呈干旱趋势，干旱造成人类赖以生存的食物资源不稳定，环境的载荷能力下降，不稳定性增加，这迫使古人改变了旧有的生存方式。而生存方式的变化又促使石器文化的内容发生变化，如对优质石器原料的选用、工具的更精细加工、先进打制技术的引进等。因为只有这种随气候而发生的改变，才使古人类能获取足够的食物，进而维系种族的生存和繁衍。③

---

① 张魁义、魏琢主编《锡林郭勒盟志》（上），内蒙古文化出版社、内蒙古出版集团，2014，第284~301页。
② 王晓琨、魏坚、陈全家、汤卓炜、王春雪：《内蒙古金斯太洞穴遗址发掘简报》，《人类学学报》2010年第29卷第1期，第17~32页。
③ 王晓琨：《金斯太洞穴遗址旧石器时代古人类生存对策研究》，中国人民大学北方民族考古研究所、吉林大学边疆考古研究中心、东乌珠穆沁旗旗委、政府编《中国·乌珠穆沁边疆考古国际学术研讨会论文集》，科学出版社，2014。

最新的研究成果显示，金斯太遗址下部第 7~8 层的石制品组合具有明确的旧石器时代中期（莫斯特）技术特征，这将莫斯特技术遗存在欧亚大陆的分布从西伯利亚往东推进了近 2000km。这一方面对我们研究旧石器时代中期人群与技术的扩散、互动具有重要意义，另一方面也有助于我们理解中国旧石器时代文化遗存的阶段性和区域性特征。①

碳十四年代分析显示遗址第 8 层为距今 4.2 万~4.7 万年，第 7 层年代为距今 3.7 万~4.0 万年。第 7~8 层出土的动物化石数量较少且破碎，主要以普氏野马为主。两层出土的石制品比较类似，皆存在典型的勒瓦娄哇产品，如勒瓦娄哇尖状器（Levallois Point）、比例较高的盘状石核，以及旧石器时代中期典型石器组合，如较高比例的刮削器（陡刃加工的横刃刮削器、斜轴刮削器等）。与中国相近时段石制品组合的对比研究表明，其与晚更新世早期（如泥河湾板井子遗址）、旧石器时代晚期初段遗址（如宁夏水洞沟遗址第 1 地点）的石制品组合大不相同，而更接近于欧亚大陆西侧、中亚等地的旧石器时代中期莫斯特石制品组合，尤其与俄罗斯西伯利亚 Okladnikov、Chagyrskaya 洞穴发现的莫斯特遗存类似。

锡林郭勒金斯太洞穴遗址的发现，是近年中国旧石器时代考古的最重要发现之一。金斯太洞穴遗址的研究，对于欧亚草原地区的环境变迁、人类生活模式与生存策略，现代人的起源、迁徙、石器制造技术，与蒙古、俄罗斯西伯利亚及远东等周邻地区的文化互动，旧石器与新石器时代转变机制等热点学术课题的研究，都具有十分重大的价值。

根据浑善达克沙地锡林浩特剖面以及太仆寺剖面分析，在距今 3500~8500 年前的全新世大暖期，虽然有几次冷暖交替，总体上锡林郭勒地区的气候较为温暖，降水丰沛，湖面扩大，水位升高，古土壤发育、淋溶作用增强，羊草—针茅草原中分布大量 C4 类植物。② 这为古人类的采集、渔猎经济提供了良好的环境条件，锡林郭勒地区由此进入了新石器时代。目前在锡林郭勒境内发现新石器时代遗址点共计 31 处。在锡林浩特市宝力根苏木巴彦淖尔遗址发现了大量的磨制石器与大型打制石器。阿巴嘎旗丹仑土仑遗址发现了大量的细石器、磨制石器，但是遗址内陶

---

① Gao Xing, Chen Fuyou. *Journal of Human Evolution*, 2017 (10): 31.
② 韩建业：《中国西北地区先秦时期的自然环境与文化发展》，文物出版社，2008，第 30~33 页。

片甚少，研究者认为该遗址的年代、内涵与红山文化相近。①锡林郭勒东部地区还发现了新石器时代末期的遗存，出土的陶片与小河沿文化的陶器风格较为相似。

青铜时代的锡林郭勒，活动着猃狁、獯鬻等古代北方民族，这些民族为游猎和从事蓄养的氏族部落。铁器时代早期，即对应中原的春秋战国时期，锡林郭勒地区系澹襜、东胡所居。这一时期，锡林郭勒地区迄今发现唯一与内蒙古中南部地区的朱开沟—西岔文化或内蒙古东南部地区的夏家店下层—夏家店上层文化同期的青铜时代至早期铁器时代遗存，仅见于金斯太洞穴遗址的上层遗存。②

金斯太洞穴上部的上层为黑砂土堆积，出土遗物种类丰富，有陶器、骨器、铜器、玉饰品及动物骨骸等。陶器有夹砂灰陶罐、蛇形泥条纹及花边口鬲、敛口瓮、泥质钵及坩埚残片等，有的口沿部有鸡冠状耳、乳钉纹，纹饰以绳纹、三角纹和细线纹为主；骨器有骨锥、镞、珠，还有穿孔的长条状骨饰品；铜器数量很少，仅有铜扣、铜泡各1枚出土；动物骨骸以羊、马家畜骨骸为主。金斯太洞穴上部的年代约相当于商代，距今3500年左右。③

公元前3世纪末，匈奴击败东胡，盘踞蒙古高原。公元前221年，秦始皇统一六国建立秦帝国后，连接北方列国的长城带物化成为中原农耕民族与北方游牧民族的边界。长城之外的草原居民也迅速、对应性地形成了一个强大的政治军事联盟——匈奴，他们以统一的形式对抗中原的统一。④秦时期，锡林郭勒南部属上谷郡北境，西南部为渔阳郡北境。多伦县境内现存的燕长城（后为秦长城）就是游牧与农耕的实体界线。

西汉时期，锡林郭勒地区为匈奴单于庭直辖，东部为乌桓部辖地，南部属于幽州。东汉初期，为防止匈奴役使乌桓，政府将部分乌桓部众由长

---

① 盖山林：《阿巴嘎旗丹仑土仑遗址调查》，《内蒙古文物考古》2005年第1期，第22~29页。
② 魏坚、王晓琨：《锡林郭勒发现一万年前人类居住遗址》，《中国文物报》，2000年9月17日。
③ 魏坚、汤卓炜、王晓琨：《内蒙古东乌旗金斯太洞穴遗址出土大量石器动物骨》，《中国文物报》，2001年12月28日。
④ 杨建华：《春秋战国时期中国北方文化带的形成》，文物出版社，2004。

城外逐渐迁移到长城内。与乌桓同出东胡系的鲜卑也趁势南下、西迁，填补了原来的乌桓故地，锡林郭勒地区遗留下丰富的鲜卑物质文化遗存。正蓝旗和日木图墓葬出土的三鹿纹铜牌饰，二连浩特市盐池墓葬出土的桦树皮器底以及奔鹿纹铜腰带，① 镶黄旗博和音敖包墓葬出土的夹砂陶壶与陶罐，苏尼特左旗吉布胡郎图墓葬出土的夹砂菱格纹陶罐、铜带钩、三翼铜镞、绿松石等，均被确认为鲜卑早期遗存，年代均被推测为东汉晚期。鲜卑的迁徙是一个长期的历史阶段，这也证明了锡林郭勒草原是鲜卑南迁的必经之地。②

魏晋北朝时期，拓跋鲜卑在阴山以南建立政权，锡林郭勒南部地区为鲜卑所辖，北部地区却成为柔然的勃兴之地。为了防御柔然南侵，北魏王朝在北方草原地带建立了军事重镇和长城体系。锡林郭勒南部的多伦县、正蓝旗和太仆寺旗境内均有北魏长城分布。2011 年，在浑善达克沙地南缘的正镶白旗伊和淖尔苏木发现了一处北魏时期的贵族墓地，其等级之高，出土物之精，震惊中外。

伊和淖尔墓群是 21 世纪以来北方民族考古的重要发现之一，以"欧亚草原商品博览会"之名荣膺"2014 年度全国十大考古新发现"。伊和淖尔墓群地处北魏六镇及北魏长城沿线以北，是目前在国内发现的纬度最北的北魏墓群，填补了锡林郭勒草原北魏贵族墓葬发现的空白。这些墓葬分布集中，排列有序，规格较高，从墓葬形制、葬具、陶器的风格特征来看，其与山西大同地区北魏平城时期的高等级贵族墓葬相似，表明该墓葬群与拓跋鲜卑建立的北魏王朝有着密切的政治文化联系，是一处北魏时期的家族性贵族墓地。该墓葬是近年来我国北方地区北魏墓葬考古的一项重大发现，也是继大同南郊北魏墓及大同雁北师院墓等之后反映北魏时期中西文化交流的又一重要考古成果。

伊和淖尔墓群最著名的 1 号墓中，出土了 200 余件（组）精美器物，包括金质下颌托、鎏金錾花人物银碗、鎏金三足铜盘、玻璃碗等珍贵文物，这为研究边疆史地以及中西文化交流等课题提供了极为重要的实物资料。锡林郭勒伊和淖尔墓葬相关资料一经公布，立即引发了学界的研

---

① 魏坚主编《内蒙古地区鲜卑墓葬的发现与研究》，科学出版社，2004。
② 王明珂：《游牧者的抉择——面对汉帝国的北亚游牧部族》，广西师范大学出版社，2008，第 195~198 页。

究热潮。①

552年，蒙古高原上的青突厥人建立突厥汗国，突厥语系的诸部落达到了空前的统一。隋唐时期，锡林郭勒北部、东部由东突厥占据，后成为突厥单于都护府辖地。锡林郭勒地区发现的隋唐时期古遗址、古墓葬等不可移动文物点共计84处。其中，以苏尼特、阿巴嘎地区的石板墓、石堆墓群占大宗（约占80%以上），部分墓群还遗留有石雕人像。这些墓葬可能是6~8世纪的遗存。②

916年，北方民族契丹建立政权后，锡林郭勒地区被纳入上京临潢府管辖。现西乌珠穆沁旗额木廷混地，锡林浩特市斯仁温都尔、马蹄山，多伦县大北沟、牛心山等地均发现辽代墓葬群，出土了铜镜、鸡冠壶等辽代风格的随葬品，部分墓葬内部还设有黄柏木棺椁、棺床小帐等高级葬具。从鸡冠壶的特征来看，墓葬年代从辽代早期到晚期均有发现。锡林浩特的巴彦锡勒古城址，是锡林郭勒地区目前唯一被确认的辽代城址。

2015年6~12月，在多伦县小王力沟发掘了两座大型辽代贵族墓葬。这是继陈国公主墓之后辽代墓葬考古的又一重大发现，其入选2015年度"全国十大考古发现"。M2出土大量精美随葬品，瓷器多用金银包饰。保

---

① 相关报道及研究，参见内蒙古自治区第三次全国文物普查领导小组办公室：《内蒙古自治区第三次全国文物普查新发现》，文物出版社，2011，第67~68页；庄永兴、柏嘎力：《内蒙古发现的北魏完整贵族墓漆棺进行开棺保护》，《中国文物报》2014年3月26日；Chen Yongzhi, Song Guodong, Mayan, "The Results of the Excavation of the Yihe - Nur Cemetery in Zhengxiangbai Banner (2012 - 2014)", *The Silk Road*, 2016, pp. 42 - 57；陈永志、宋国栋、马婧：《正镶白旗伊和淖尔墓群M2发掘简报》，《草原文物》2016年第1期；中国人民大学历史学院考古文博系、锡郭勒盟文物保护管理站、正镶白旗文物管理所：《内蒙古正镶白旗伊和淖尔M1发掘简报》，《文物》2017年第1期；王晓琨：《试析伊和淖尔M1出土人物银碗》，《文物》2017年第1期；马丽亚·艾海提、金诚实、静永杰：《内蒙古北魏墓出土萨珊玻璃器及其相关问题》，《文博》2017年第4期；包桂荣：《内蒙古锡林郭勒盟伊和淖尔一号墓墓主人身份探析》，《内蒙古社会科学》2017年第6期；包桂荣：《内蒙古锡林郭勒伊和淖尔M1文化因素试析》，《文物》2018年第3期。

② 丁学芸：《阿巴嘎旗巴彦图嘎石人、石堆墓》，《内蒙古文物考古文集》（第一辑），中国大百科全书出版社，1994，第446~453页。

存完整的墓志对研究辽代历史具有非常重要的价值,墓主人为辽圣宗贵妃萧氏,葬于统和十一年(993)。M1属辽代中晚期,墓葬装饰华丽,残存部分高规格随葬品,墓主人可能是贵妃家族的重要成员。①

萧贵妃家族是辽代后族中最为显赫的一支。该族曾出过五位皇后,十余人为王爵位,北府宰相三十余人。贵妃墓志的出土对辽史相关研究必将起到极大的推动作用。贵妃墓中出土了代表皇室等级地位的高规格葬具,如银鎏金镂空凤纹高翅冠、金花银镂空凤纹高勒靴、金镶玉龙纹玉捍腰等,如此高规格的葬具还是首次发现。贵妃墓出土了大量瓷器,在器物口、足部多包金、银,且加金、银器盖,是辽代釦器最集中的一次出土。这些瓷器为我们研究辽代宫廷器物提供了珍贵的实物资料。墓葬中出土了四件西亚的玻璃器和几件铜器,这为东西方文化交流提供了新资料。

1115年,女真族建立大金国,锡林郭勒东部属金临潢府路庆州所辖,设置大盐泺群牧司,北部由广吉剌部所居。现东乌珠穆沁旗的额吉淖尔盐池盛产青盐,行销四方,在其湖畔发现了大量金代风格的陶瓷片及建筑遗迹等,推测即为金代著名的大盐泺群牧司驻地。锡林郭勒南部属宣德州辖地。金世宗大定八年(1168)五月,以"莲者连也,取其金枝玉叶相连之意",将曷里浒东川命名为金莲川。大臣移剌子敬请求将西北路招讨司北迁至界壕附近,以保护皇帝的安全。于是,金莲川上的旧桓州城就成为西北路招讨司的治所。旧桓州在今正蓝旗黑城子种畜场第四分场北1km处,当地俗称"旧太平镇"。② 后因战略防御之需,旧桓州城被废弃,在其东北24km处另建新城,即四郎城。四郎城成为金代西北地区的边防重镇。金王朝为了防御其北部和西北部的蒙古部族侵扰,在锡林郭勒境内修筑了多道界壕。目前,有10个旗、县、市区内发现金代不同时期所筑的界壕防御工事。锡林郭勒西部地区在金代为阴山汪古部所辖。③ 此外,金代墓葬在锡林郭勒地区也有发现。

元朝初,锡林郭勒地区为札剌儿部兀鲁郡王营幕地。13世纪中叶,忽

---

① 内蒙古文物考古研究所:《内蒙古多伦县小王力沟辽代墓葬》,《考古》2016年第10期。
② 特木尔:《金代旧桓州城址考略》,《内蒙古文物考古》1999年第2期,第50页。
③ 盖山林:《阴山汪古》,内蒙古人民出版社,1991。

必烈延揽汉族谋臣刘秉忠，在金莲川草原建起元代第一都城——元上都。嗣后，又在北京建立了大都，实行两都制。元上都作为元朝的夏都，是元朝重要的政治、经济、文化中心。元上都遗址是13～14世纪欧亚草原游牧文明的重要代表。它的建设规划形成了城市与草原融为一体的总体格局，体现了人与自然的和谐统一。这一特色在世界都市发展史上也别具一格。

2012年6月29日，在俄罗斯圣彼得堡召开的第36届世界遗产委员会会议一致同意将元上都遗址列入《世界遗产名录》。它成为我国第30项世界文化遗产，也是目前内蒙古自治区唯一世界文化遗产。联合国遗产委员会对元上都的评语是：位于长城以北的元上都遗址包含着忽必烈这座传奇都城的大量遗存，占地25000多公顷。元上都是1256年由蒙古统治者的汉人幕僚刘秉忠设计的，这是一次特有的融合蒙古游牧民族文化和汉族文化的尝试。忽必烈由此出发开创了元朝，统治中国百年之久，并把其疆域扩大到了亚洲以外。曾在此进行的宗教辩论令藏传佛教得以在东北亚地区传播，并且成为这一地区很多地方沿袭至今的文化与宗教传统。元上都根据中国传统风水理论依山傍水而建。元上都遗址现存有寺庙、宫殿、坟墓、游牧民族帐篷以及包括铁幡竿渠在内的水利工程。

锡林郭勒地区作为元王朝腹里之地，是当时以蒙古族为主体的各民族最重要的生居死葬之地，除了在元上都附近发现了铁幡竿渠、烽火台、城外四面关市等一系列城市附属建筑和设施外，还发现了砧子山、一棵树、羊群庙等墓地和祭祀遗址。此外，在镶黄旗、苏尼特左旗、东乌珠穆沁旗等地分别发现了乌兰沟、① 恩格尔河、② 哈力雅尔③等出土金马鞍的蒙古贵族墓葬，以及其他数以百计的元朝墓葬。元至正十一年到全止二十七年（1351～1367），农民起义此起彼伏，直到朱元璋推翻元朝建立明朝。元顺帝由大都退居上都，后又退避应昌路，抑郁而终。元代蒙古统治者北遁大漠，分化为瓦剌、鞑靼、兀良哈等部，与明朝长期南北对峙，史学界称其

---

① 内蒙古博物馆、锡林郭勒盟文物管理站：《镶黄旗乌兰沟出土一批蒙元时期金器》，《内蒙古文物考古文集》（第一辑），中国大百科全书出版社，1994，第605～609页。

② 内蒙古博物馆、锡林郭勒盟文物工作站：《苏尼特左旗恩格尔河的元代墓葬》，《内蒙古文物考古》2005年第2期，第27～32页。

③ 东乌珠穆沁旗文物保护管理所：《锡林郭勒盟东乌珠穆沁旗哈力雅尔蒙元时期墓葬清理简报》，《草原文物》2012年第1期，第27～31页。

为"北元"。①

明朝洪武年间，明军多次攻打上都地区。永乐年间，将上都改称开平前屯卫，应昌、桓州降为驿站。因鞑靼、瓦剌等北元蒙古部的多次扰边，明成祖朱棣在位时期曾五次亲征（每次军队均行经锡林郭勒地区）。与明蒙战争有关的遗迹有苏尼特左旗境内的"玄石坡""立马峰"石刻，这是永乐八年（1410）明成祖朱棣第一次亲征时遗留的记功勒铭，锡林浩特地区发现的数件永乐七年的铜火铳也与史籍所记载的明蒙战争情况相吻合。至明朝万历年间，即北元中后期，成吉思汗第十八世孙、博迪阿剌克成为乌珠穆沁部首领（千户长）。现东乌珠穆沁旗乌里雅斯太镇的翁衮查布查尔地区就有博迪阿剌克的季子翁衮都喇尔的墓葬。史载，翁衮都喇尔曾参与多次明蒙战争，在作战中智勇双全，立下了赫赫战功。②

1616年，女真首领努尔哈赤立国称后金。清军入关后，在顺治时期率先占领察哈尔部地区，并对漠南蒙古实行了有效统治。康熙亲政后，于康熙十四年（1675）把察哈尔部原辖区划分为蓝、白、黄、红，各分正镶二旗，称蒙古八旗，其中镶黄、正白、镶白、正蓝均在现锡林郭勒南部地区，并在宝昌一带增设了太仆寺左右翼牧群、明安牧群以及商都牧群，隶属清朝直隶口北三厅。太仆寺旗就此成为清廷著名的皇家御马场，现哈夏图皇家马厩遗址就是其中的御马场之一。在"多伦诺尔会盟"后，汇宗寺和善因寺的兴盛，带动整个锡林郭勒地区的藏传佛教格鲁派发展，草原上的庙宇如雨后春笋般建立起来，直到民国时期还有庙宇建立。据第三次全国文物普查数据统计，锡林郭勒地区的清代庙宇及寺庙遗址多达三百余处。清崇德、顺治、康熙年间，对锡林郭勒河一带的苏尼特、阿巴嘎、阿巴哈纳尔、浩济特、乌珠穆沁五部先后设置左、右翼两旗，共十旗，均设扎萨克，会盟于锡林河北岸的"楚古拉干敖包"山上，命名为锡林郭勒盟，这就是锡林郭勒盟地名的由来。乾隆二十六年（1761）始设察哈尔都统，管辖察哈尔八旗、四牧群和锡林郭勒五部十旗诸王。清嘉庆年间，迁盟址于贝子庙。从此，贝子庙成为锡林郭勒地区的政治、经济、文化、交通中心。这一时期，北部的五部十旗和南部的察哈尔地区被划定固定领

---

① 吴德喜：《北元史》，作家出版社，2012。
② 纳·布和哈达、道·朝鲁门著，清·格日勒图译：《神奇的土地——乌珠穆沁》，文化出版社，2011，第11~12页。

地，由此奠定了锡林郭勒今日的地理人文格局。

为抵御外辱，清政府从蒙古各旗抽调旗兵驻防海疆沿岸的战略要地，锡林郭勒先后有近六千名官兵赴各地参战，为中华民族反抗外国侵略做出了突出贡献。鸦片战争中为国捐躯的少数民族将领中，官职最高的裕谦（曾任礼部主事、两江总督）即锡林郭勒镶黄旗蒙古人。

抗日战争期间，锡林郭勒地区不仅是内蒙古民族自治运动的发源地，而且是内蒙古自治运动联合会第一个建立自治政权的地方，同时也是内蒙古民族解放斗争的根据地，是内蒙古最重要的红色革命纪念地之一。解放战争中，锡林郭勒地区的军民在共产党的领导下以不屈不挠的精神与反动武装进行英勇斗争，留下许多可歌可泣的英雄事迹。新中国成立后，锡林郭勒地区建立纪念馆2处，纪念碑12处，烈士陵园6处，共计20处，均被作为重要的爱国主义教育基地。

新中国成立后，察哈尔盟辖五旗。1950年，多伦、宝昌、化德三县划归察盟。1956年，撤销明太联合旗合并于正蓝旗，将正镶白联合旗更名为正镶白旗，合并宝昌县和太仆寺左旗，更名为太仆寺旗，商都镶黄联合旗更名为商都镶黄旗，后划归化德县，又划出定名为镶黄旗。1949年，将锡林郭勒原来的十旗编为五旗，即东部联合旗、中部联合旗、西部联合旗、苏尼特左旗和苏尼特右旗。1952年，撤销中部联合旗；1956年，改编为五旗。1958年，锡察盟合并，撤销察哈尔盟，改称锡林郭勒盟，辖九旗（东乌珠穆沁旗、西乌珠穆沁旗、阿巴嘎旗、苏尼特左旗、苏尼特右旗、正镶白旗、正蓝旗、商都镶黄、太仆寺旗），两县（多伦县、化德县）。1963年，设立阿巴哈纳尔旗；1966年，设立二连浩特市。1969年，将锡林郭勒所辖的苏尼特右旗、二连浩特市、化德县划归乌兰察布盟。1980年，将苏尼特右旗和二连浩特市划归锡林郭勒。1983年，撤销阿巴哈纳尔旗改设锡林浩特市。①

1.2　岩画调查缘起

岩画是人类宝贵的文化遗产，中国北方内蒙古地区由东至西形成了数量庞大的草原岩画带。这些先民的艺术创作以其独特的表现形式诉说着草

---

① 程鹏飞：《锡林郭勒盟文化遗产综述》，内蒙古自治区文物考古研究所编《锡林郭勒文化遗产》，文物出版社，2014，第21~34页。

原悠久的历史。内蒙古自治区是全国岩画分布最为密集的地区之一，范围广，数量多，类型丰富，主要有赤峰市的克什克腾旗、松山区阴河中下游、巴林右旗、阿鲁科尔沁旗、扎鲁特旗和翁牛特旗岩画，锡林郭勒盟的阿巴嘎、锡林浩特市、苏尼特岩画，乌兰察布岩画，阴山岩画，乌海市的桌子山岩画、阿拉善岩画，以及巴丹吉林岩画，共同组成了内蒙古地区自东向西的岩画带，而锡林郭勒岩画是其中不可或缺的一部分。它们是古代先民最初的艺术创作，岩画以古朴的创作手法记录了当时生产生活状态，反映了当时人们的审美意识、宗教信仰、心理活动等情况，是锡林郭勒草原宝贵的文化遗产。

锡林郭勒盟位于内蒙古自治区中部，锡林郭勒岩画是整个草原岩画带的重要组成部分，主要分布于苏尼特左旗、苏尼特右旗、阿巴嘎旗和锡林浩特市。锡林郭勒岩画内容广泛，造型生动，表现形式灵活，为我们研究古代草原生产生活、经济方式、审美意识、宗教观念等提供了重要资料。另外，由于普遍分布于露天的戈壁草原，日晒雨淋，岩画风化现象十分严重，加上近现代的人为涂画、刻画等原因，岩画的记录和保护工作就显得尤为重要。

为了解锡林郭勒盟岩画的分布，中国人民大学考古文博系和锡林郭勒盟文物保护管理站组成联合调查队，由中国人民大学考古文博系王晓琨副教授、锡林郭勒盟文物保护管理站刘洪元站长统筹组织，对锡林郭勒盟境内的岩画进行系统勘察。本次调查主要目的地是阿巴嘎旗、苏尼特左旗、苏尼特右旗及锡林浩特市辖区范围。本成果受到中国人民大学 2017 年度"中央高校建设世界一流大学（学科）和特色发展引导专项资金"支持。2016 年 10 月下旬，调查工作开始。锡林郭勒全盟岩画调查队队长为锡林郭勒盟文物保护管理站站长刘洪元，队员有中国人民大学 2015 级研究生康晓慧、陈少兰，锡林郭勒盟文物保护管理站工作人员柏嘎力、呼和、王洪江、佟志刚，东乌珠穆沁旗文物管理所苏德那木·旺其格、乌云都力呼尔，太仆寺旗文化广播电视新闻局左爱宇，苏尼特左旗文物管理所风雷，天津市杨学彪，等等。

1.3 调查准备与工作方法

调查队队员各司其责，分别负责向导、摄影、记录、测量、GPS 打点等工作。装备设施以便捷、高效、满足专业需求为准，包括测量工具、记录工具、罗盘、摄影装备、计算机、车辆检修设备、户外装备等。采购人员于10月18日到达苏尼特左旗进行调查准备工作，包括调查用品准备和生活用品采购。全体队员于20日行车到达驻扎营地洪格尔苏木旭日昌图嘎查的查干敖包庙，在此驻扎。10月20日晚，进行调查工作安排。全体队员分两组开展工作，第一组共4人，左爱宇负责查找岩画，柏嘎力负责GPS打点，乌云都力呼尔负责摄影，陈少兰负责岩面测量和表格记录。第二组共5人，风雷负责查找岩画，刘洪元负责岩面编号，杨学彪负责摄影，苏德那木·旺其格负责GPS打点和岩面测量，康晓慧负责表格记录。王洪江、佟志刚负责后勤及其他事宜。调查中，我们首先根据自然地理界线（牧区草场界线），对岩画点进行区域划分。然后进行调查编号，编号的顺序是按照自东向西顺序编号，如XMSZB－001，XM代表锡林郭勒盟，SZ代表苏尼特左旗，B代表呼和朝鲁岩画点为B区，001表示第一组岩画。之后填写"锡林郭勒盟岩画普查专用记录表（分表）"，做好摄影记录、测量登记等项工作，野外调查结束后，再进行后期处理，包括资料的整理、绘制线图等。

在调查的过程中，通过观察并记录岩画，发现锡林郭勒的岩画不但内容丰富，而且制作精良，形象生动，体现了古代先民很高的岩画创作水平。但是，由于岩画时代久远，风吹日晒，缺乏保护，再加上局部人为的破坏，许多岩画内容已经模糊不清，无法辨识，这不得不说是我们调查和整理过程中的一大遗憾。随着时间的流逝，锡林郭勒岩画保存情况不容乐观。所以，通过及时的全面调查和整理工作将岩画记录存档，进而采取有效措施将岩画充分保护起来，这是我们考古工作者义不容辞的责任和义务。这也是我们这个时代对岩画这种重要的历史文化遗产应有的理解和尊重。

第2章　阿巴嘎旗岩画分布地点和内容

锡林郭勒盟岩画主要分布于阿巴嘎旗、苏尼特左旗、苏尼特右旗、锡林浩特市（图2-1）。阿巴嘎旗岩画分布范围为北纬43°04′~45°26′，东经113°27′~116°11′，有6个岩画点，分别为夏哈努如岩画、浩日格乌拉岩画、白兴呼都嘎岩画、乌林乌苏岩画、白音胡舒岩画、恩格尔呼都嘎岩画。锡林浩特市岩画分布范围为北纬43°02′~44°52′，东经115°18′~110°06′，有6个岩画点，分别为阿尔岗格根岩画、包日呼吉尔岩画、哈那哈达岩画、巴彦温都尔岩画、善敦陶拉盖岩画、额勒斯特岩画。苏尼特左旗岩画分布的经纬度范围为北纬44°30′44″~44°49′54.90″，东经111°32′49.98″~112°41′18.66″，共9个岩画点，分别为呼和朝鲁岩画、毕其格图岩画、巴日嘎图岩画、图莱图岩画、哈丹宝齐山岩画、旭日图岩画、宝康图岩画、毛瑞苏特岩画、宝德尔石林岩画，主要分布于苏尼特左旗北部的达来苏木和洪格尔苏木，靠近北部的中蒙边境线。苏尼特右旗岩画分布范围为北纬41°55′~43°39′，东经111°08′~114°16′，有4个岩画点，分别为亚拉哈达岩画、毛日图德力岩画、宝勒嘎岩画、都仁乌力吉岩画。

阿巴嘎旗位于锡林郭勒盟中北部，北纬43°04′~45°26′，东经113°27′~116°11′。东与东乌珠穆沁旗、锡林浩特市为邻，南与正蓝旗接壤，西与苏尼特左旗毗连，北与蒙古国交界。全境南北长约260km，东西宽约110km，总面积2.75万km^2。阿巴嘎旗地形系蒙古高原低山丘陵区，地势由东北向西南倾斜，平均海拔1127m。中部和北部多基性岩组成的低山丘陵，南部为玄武岩台地，泥岩平原错落其间，西南部为固定沙丘，其间散布草甸。① 阿巴嘎

---

① 张魁义、魏琢主编《锡林郭勒盟志》（上），内蒙古文化出版社、内蒙古出版集团，2014，第179页。

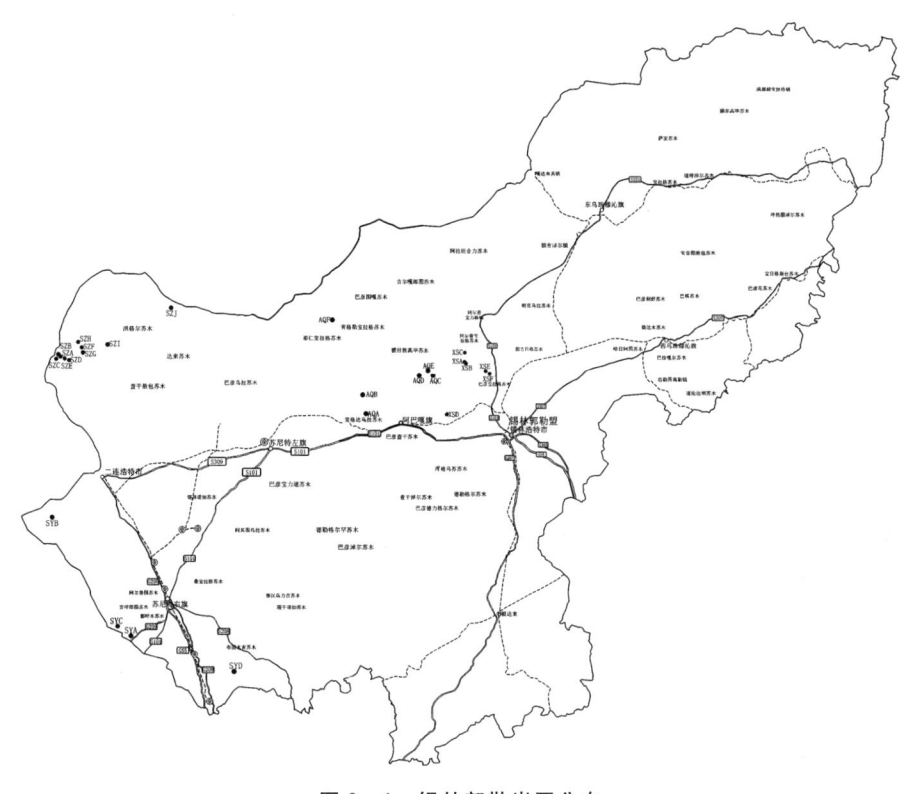

图 2-1　锡林郭勒岩画分布

旗地处中纬度西风气流带内，气候属中温带半干旱大陆性气候，主要特点是：冷暖剧变，昼夜温差大，降水量少，蒸发量大，春、秋两季多寒潮大风，冬季寒冷漫长，夏季温凉短促。年平均温度 0.7℃，年平均降水量 244.7mm。年平均无霜期 103 天，降雪期 217 天。①

阿巴嘎旗由一个古老的部落演变而来，因部落首领为元太祖成吉思汗同父异母弟弟布赫·别勒古台后裔，其所率部落称为"阿巴嘎"部，地名沿用至今。其地汉时为上谷郡北境，晋时由拓跋氏管辖，隋唐时被突厥人占领，到了辽代，是上京道的西境，金时又成为北京路的西北境。元朝，阿巴嘎地区划入上都路，明时被封为察哈尔万户地。崇德六年（1641），设阿巴嘎右翼旗建制，顺治八年（1651），设阿巴嘎左翼旗建

---

① 赛西雅拉图、秦树辉、照日格图巴特尔等：《内蒙古阿巴嘎旗近期牧用草地资源荒漠化环境评价》，《干旱区资源与环境》1995 年第 51 期，第 118～121 页。

制，康熙六年（1667），设阿巴哈纳尔右翼旗制，今天所辖区域基本为上述三旗之地。①

阿巴嘎旗境内的查干敖包遗址、乾德门遗址、丹仑吐仑遗址、汗贝庙遗址等为新石器时代遗址，地表采集有石片、石核、刮削器、陶片等。唐代的巴彦图嘎墓群、阿拉坦陶高图墓群、查干敖包墓群等推测为突厥遗存。始建于清光绪十一年（1885）的杨都庙，曾为锡林郭勒盟五部十旗喇嘛教会场所，现存永盛寺、却日殿。②

2.1 夏哈努如岩画

根据田野考古调查结果，我们将阿巴嘎旗分为 A~F 共 6 个岩画分布点（图 2-2）。其中 A 区是夏哈努如岩画群，位于阿巴嘎旗别力古台镇阿拉坦希力嘎查东南，海拔为 1210~1250m，坐标为北纬 44°07′34.93″，东经 114°35′54.59″。此处是熔岩台地地形，岩画主要分布于山崖崖壁上，少量分布在半山腰。岩体为玄武岩，硬度为 6 度左右。A 区岩画编号为 XMAQA-001~119，线图共 117 幅。制作技法多为凿刻。

XMAQA-001：地理坐标为北纬 44°07′35.88″，东经 114°35′34.94″。岩面朝西南，尺寸为 120cm×85cm。凿刻，刻痕为褐色，线条造型。调查确认 1 个单体图像，1 马，马的前后部有涡旋纹饰（图 2-3）。

XMAQA-002：地理坐标为北纬 44°07′34.97″，东经 114°35′48.96″。岩面朝西南，尺寸为 120cm×240cm。凿刻，线条造型，刻痕为褐色，刻痕很浅。无法识别与绘图。

XMAQA-003：地理坐标为北纬 44°07′35.05″，东经 114°35′48.95″。岩面朝东，尺寸为 64cm×102cm。凿刻，剪影式造型，刻痕为灰褐色。调查确认 5 个单体图像，4 马、1 人。人物为牵马的姿势（图 2-4）。

---

① 张魁义、魏琢主编《锡林郭勒盟志》（上），内蒙古文化出版社、内蒙古出版集团，2014，第 179 页。
② 国家文物局主编《中国文物地图集·内蒙古自治区分册》（下），西安地图出版社，2003，第 497~498 页。

第 2 章　阿巴嘎旗岩画分布地点和内容　017

图 2-2　阿巴嘎旗岩画分布

注：AQA 为夏哈努如岩画；AQB 为浩日格乌拉岩画；AQC 为白兴呼都嘎岩画；AQD 为乌林乌苏岩画；AQE 为白音胡舒岩画；AQF 为恩格尔呼都嘎岩画。

图 2-3　动物岩画 XMAQA-001

图 2-4　人物、动物岩画 XMAQA-003

XMAQA-004：地理坐标为北纬44°07′35.03″，东经114°35′49.03″。岩面朝东，尺寸为107cm×132cm。凿刻，刻痕为褐色，刻痕很浅。无法识别与绘图。

XMAQA-005：地理坐标为北纬44°07′34.93″，东经114°35′53.16″。岩面朝南，尺寸为107cm×132cm。凿刻，线条造型，刻痕为褐色。调查确认2个单体图像，2马（图2-5）。

XMAQA-006：地理坐标为北纬44°07′34.93″，东经114°35′53.16″。岩面朝南，尺寸为107cm×132cm。凿刻，剪影式造型，刻痕为黄褐色。调查确认6个单体图像，3人、1狗、1马、1羊（图2-6）。

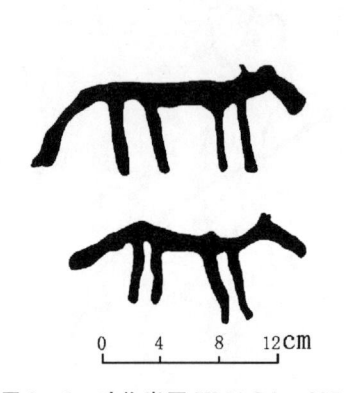

图2-5 动物岩画 XMAQA-005

图2-6 人物、动物岩画 XMAQA-006

XMAQA-007：地理坐标为北纬44°07′34.89″，东经114°35′54.74″。岩面朝西南，尺寸为182cm×172cm。凿刻，刻痕为黄褐色，线条造型。调查确认2个单体图像，1马、1人。可能是表现人牵马，右侧图像有部分叠压（图2-7）。

XMAQA-008：地理坐标为北纬44°07′34.89″，东经114°35′54.74″。岩面朝西南，尺寸为93cm×117cm。保存状况一般。凿刻，刻痕为褐色，刻痕较浅，线条造型。调查确认1个单体图像，可能为1马（图2-8）。

XMAQA-009：地理坐标为北纬44°07′34.26″，东经114°35′53.82″。岩面朝南，尺寸为137cm×82cm，保存状况一般。凿刻，刻痕为褐色，刻痕较浅，线条较粗。调查确认2个单体图像，2马（图2-9）。

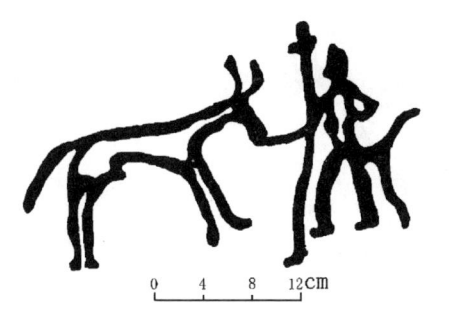

图 2-7　人物、动物岩画 XMAQA-007 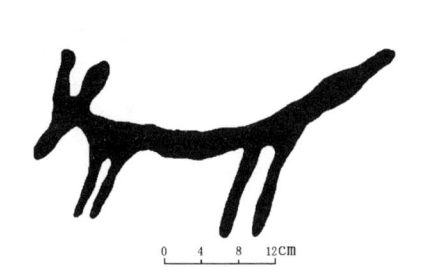　　图 2-8　动物岩画 XMAQA-008

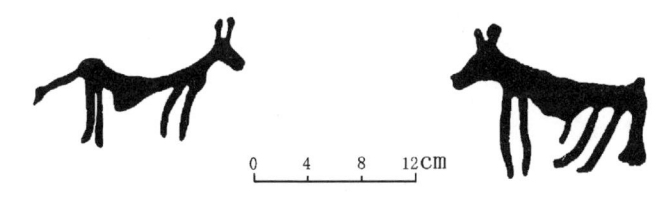

图 2-9　动物岩画 XMAQA-009

XMAQA-010：地理坐标为北纬 44°07′34.06″，东经 114°35′54.12″。岩面朝西南，尺寸为 175cm×80cm。凿刻，刻痕为褐色和白灰色，粗线条形态。调查确认 2 个单体图像，1 马、1 人。白灰色动物图像叠压在马的图像上，痕迹很新，为现代涂鸦（图 2-10）。

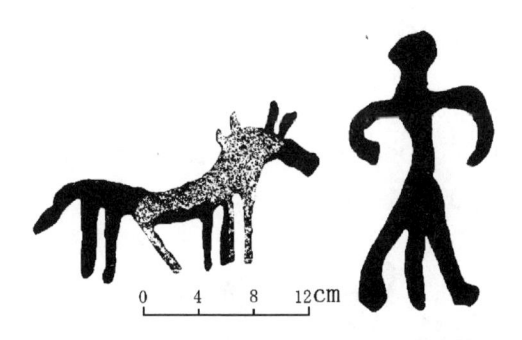

图 2-10　人物、动物岩画 XMAQA-010

XMAQA-011：地理坐标为北纬 44°07′34.00″，东经 114°35′53.10″。岩面朝西，尺寸为 45cm×27cm。凿刻，刻痕为褐色，线条造型。调查确认 1 个单体图像，1 马（图 2-11）。

XMAQA-012：地理坐标为北纬 44°07′33.29″，东经 114°35′54.81″。

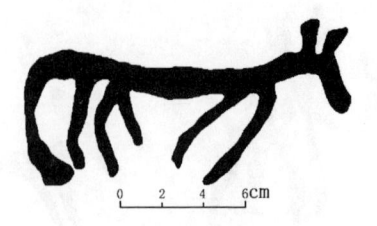

图 2-11 动物岩画 XMAQA-011

岩面朝西南，尺寸为 30cm×15cm。凿刻，刻痕为褐色，粗线条形态。调查确认 2 个单体图像，2 马（图 2-12）。

XMAQA-013：地理坐标为北纬 44°07′33.33″，东经 114°35′55.80″。岩面朝东南，尺寸为 121cm×58cm。凿刻，刻痕为褐色，线条造型。调查确认 1 个单体图像，可能是 1 鹿，尾部有纹饰（图 2-13）。

图 2-12 动物岩画 XMAQA-012 　　图 2-13 动物岩画 XMAQA-013

XMAQA-014：地理坐标为北纬 44°07′33.26，东经 114°35′55.02″。岩面朝东南，尺寸为 30cm×15cm。凿刻，刻痕为褐色，剪影式造型。调查确认 2 个单体图像，1 骑者、1 马（图 2-14）。

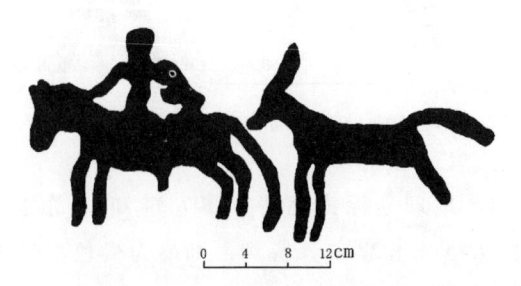

图 2-14 骑者、动物岩画 XMAQA-014

XMAQA-015：地理坐标为北纬 44°07′33.26″，东经 114°35′55.02″。岩面朝西南，尺寸为 173cm×112cm。凿刻，刻痕为黑褐色，线条造型。调查确认 17 个单体图像，2 人、8 马、3 狗、1 羊、2 不可识别动物、1 牲圈。岩面左下方为 1 方形图像，可能为圈养动物的地方，表现了放牧或驱赶动物的场景（图 2-15）。

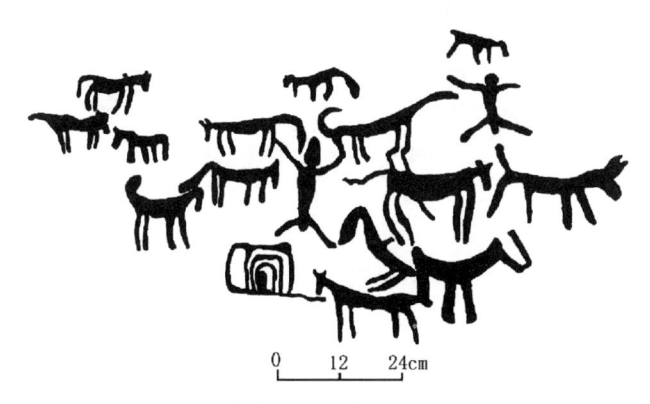

图 2-15　人物、动物岩画 XMAQA-015

XMAQA-016：地理坐标为北纬 44°07′33.34″，东经 114°35′56.15″。岩面朝西，尺寸为 110cm×80cm。凿刻，刻痕为黄褐色，线条造型，右侧动物为剪影式造型。调查确认 6 个单体图像，2 人、3 马、1 羊（图 2-16）。

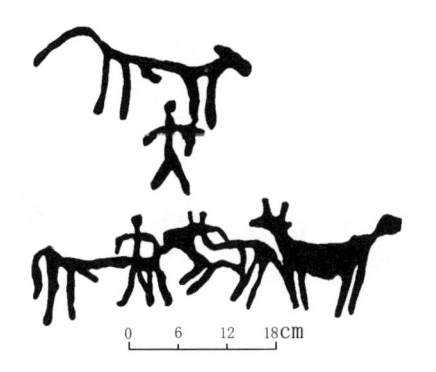

图 2-16　人物、动物岩画 XMAQA-016

XMAQA-017：地理坐标为北纬 44°07′33.19″，东经 114°35′56.16″。岩面朝西，尺寸为 118cm×107cm。凿刻，刻痕为褐色，岩面上方和下方动物为剪影式造型。调查确认 9 个单体图像，可能为 3 马、1 牛，右侧为 4 圆圈、1 同心圆（图 2-17）。

XMAQA-018：地理坐标为北纬 44°07′33.20″，东经 114°35′56.14″。岩面朝西，尺寸为 130cm×90cm。凿刻，刻痕为褐色，刻痕较浅。剪影式造型。调查确认 4 个单体图像，可能为 3 马、1 人（图 2-18）。

图 2-17 动物、几何形岩画 XMAQA-017　　图 2-18 人物、动物岩画 XMAQA-018

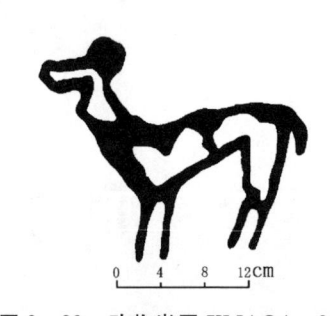

XMAQA-019：地理坐标为北纬 44°07′33.12″，东经 114°35′56.15″。岩面朝南，尺寸为 122cm×90cm。凿刻，刻痕为褐色，剪影式造型。调查确认 5 个单体图像，5 马（图 2-19）。

XMAQA-020：地理坐标为北纬 44°07′33.07″，东经 114°35′56.15″。岩面朝西南，尺寸为 72cm×60cm。凿刻，刻痕为褐色，线条造型。调查确认 1 个单体图像，可能是 1 羊（图 2-20）。

图 2-19 动物岩画 XMAQA-019　　图 2-20 动物岩画 XMAQA-020

XMAQA-021：地理坐标为北纬 44°07′32.82″，东经 114°35′57.27″。岩面朝西南，尺寸为 72cm×60cm。凿刻，刻痕为褐色，整个画面漫漶不清，无法识别图像与绘图。

XMAQA-022：地理坐标为北纬 44°07′33.07″，东经 114°35′55.27″。

岩面朝西南，尺寸为 72cm×60cm。凿刻，刻痕为褐色，线条造型。调查确认 6 个单体图像，可能为 6 马（图 2-21）。

XMAQA-023：地理坐标为北纬 44°07′34.12″，东经 114°35′53.82″。岩面朝西南，尺寸为 114cm×30cm。凿刻，刻痕为褐色，粗线条形态。调查确认 3 个单体图像，1 人、1 狗、1 不可识别动物（图 2-22）。

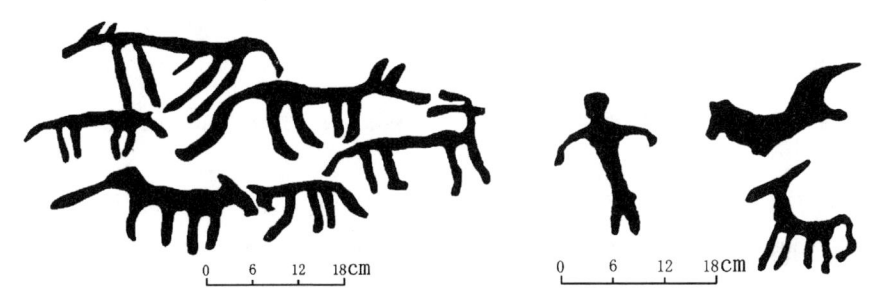

图 2-21 动物岩画 XMAQA-022　　图 2-22 人物、动物岩画 XMAQA-023

XMAQA-024：地理坐标为北纬 44°07′34.23″，东经 114°35′53.80″。岩面朝西南，尺寸为 83cm×28cm。凿刻，刻痕为褐色，刻痕较浅，线条造型。调查确认 1 个单体图像，可能为 1 马（图 2-23）。

XMAQA-025：地理坐标为北纬 44°07′33.22″，东经 114°35′56.08″。岩面朝西南，尺寸为 21cm×50cm。凿刻，刻痕为褐色，线条较粗。调查确认 1 个单体图像，1 人（图 2-24）。

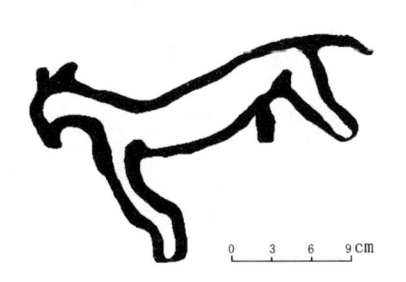

图 2-23 动物岩画 XMAQA-024　　图 2-24 人物岩画 XMAQA-025

XMAQA-026：地理坐标为北纬 44°07′33.08″，东经 114°35′56.36″。岩面朝南，尺寸为 50cm×24cm。凿刻，刻痕为褐色，线条造型。调查确认 2 个单体图像，1 人、1 马，为人牵马的形象（图 2-25）。

XMAQA-027：地理坐标为北纬 44°07′32.85″，东经 114°35′56.78″。

岩面朝东南，尺寸为93cm×43cm。凿刻，刻痕为褐色，线条较粗。调查确认1个单体图像，1马（图2-26）。

图2-25 人物、动物岩画 XMAQA-026 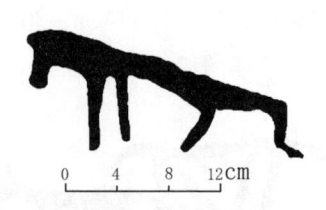　　图2-26 动物岩画 XMAQA-027

XMAQA-028：地理坐标为北纬44°07′25.34″，东经114°35′56.23″。岩面朝西北，尺寸为151cm×94cm。凿刻，刻痕为黄褐色，羊的刻痕为褐色，且刻痕较深，线条造型。调查确认10个单体图像，2车辆，挽畜可能是骆驼。1羊，1狗，1圆形符号，3类似弓与箭组合的符号。左侧可能是1人物形象。岩面上方为1类似帐篷的图案（图2-27）。

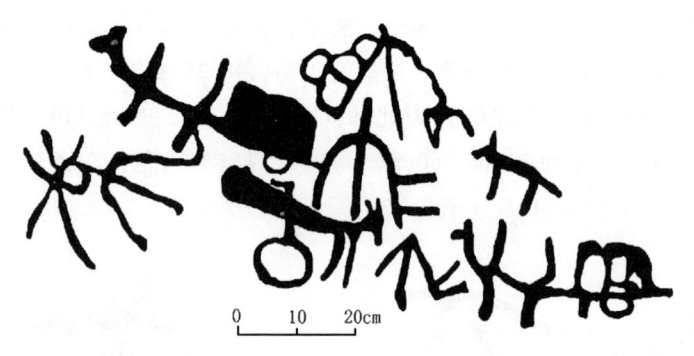

图2-27 车、动物、符号岩画 XMAQA-028

XMAQA-029：地理坐标为北纬44°07′25.14″，东经114°35′56.68″。岩面朝西北，尺寸为177cm×99cm。凿刻，刻痕为黄褐色，线条造型。调查确认5个单体图像，左侧2马可能是1车辆的挽畜，仅可辨出车辕。岩面上方可能是马，右下方为1符号（图2-28）。

XMAQA-030：地理坐标为北纬44°07′28.20″，东经114°35′59.67″。岩面朝东南，尺寸为127cm×124cm。凿刻，刻痕为褐色，且刻痕较浅，线条造型。调查确认3个单体图像，3羊（图2-29）。

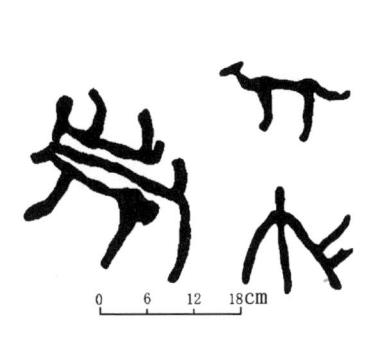

图 2-28 车、动物、符号岩画 XMAQA-029　　图 2-29 动物岩画 XMAQA-030

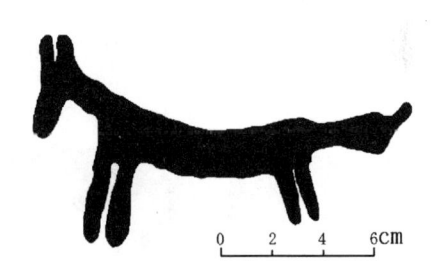

　　XMAQA-031：地理坐标为北纬 44°07′31.47″，东经 114°35′01.19″。岩面朝东南，尺寸为 87cm×29cm。凿刻，刻痕为褐色，剪影式造型。调查确认 1 个单体图像，1 羊（图 2-30）。

　　XMAQA-032：地理坐标为北纬 44°09′31.48″，东经 114°35′00.64″。岩面朝南，尺寸为 90cm×55cm。凿刻，刻痕为黑褐色，剪影式造型。调查确认 1 个单体图像，1 马（图 2-31）。

图 2-30 动物岩画 XMAQA-031　　图 2-31 动物岩画 XMAQA-032

　　XMAQA-033：地理坐标为北纬 44°09′31.46″，东经 114°35′00.77″。岩面朝西，尺寸为 105cm×75cm。凿刻，刻痕为褐色，剪影式造型。调查确认 1 个单体图像，1 马（图 2-32）。

　　XMAQA-034：地理坐标为北纬 44°07′31.38″，东经 114°36′01.28″。岩面朝西，尺寸为 124cm×75cm。凿刻，刻痕为褐色，为保证清晰度，拍摄两张照片，所以分为左、右两组。调查确认 4 个单体图像。左侧 2 马，剪影式造型。右侧1马、1圆圈，线条造型（图2-33和图2-34）。

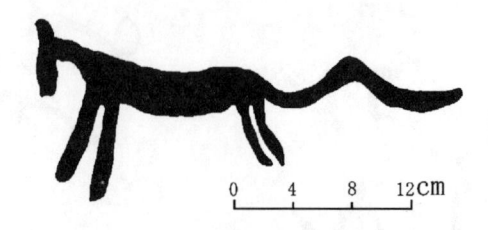

图2-32 动物岩画 XMAQA-033

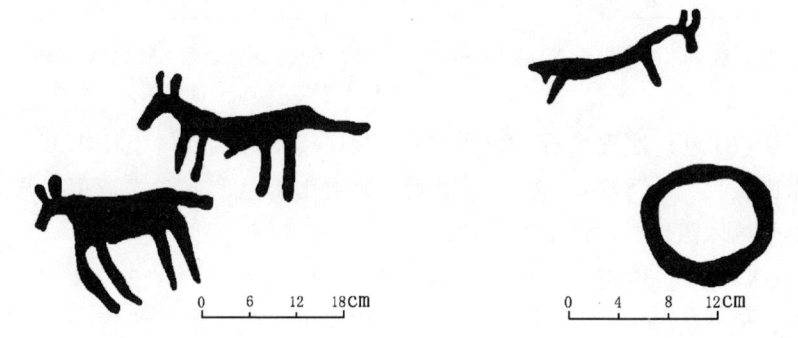

图2-33 动物岩画 XMAQA-034-1　　图2-34 动物、几何形岩画 XMAQA-034-2

XMAQA-035：地理坐标为北纬44°07′31.21″，东经114°36′01.52″。岩面朝西南。尺寸为166cm×140cm。凿刻，刻痕为褐色，剪影式造型。调查确认2个单体图像，可能是1马和1牛（图2-35）。

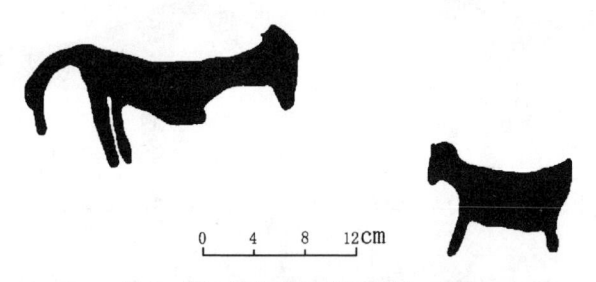

图2-35 动物岩画 XMAQA-035

XMAQA-036：地理坐标为北纬44°07′31.19″，东经114°36′01.80″。岩面朝南，尺寸为190cm×125cm。凿刻，刻痕为褐色，线条造型。调查确认2个单体图像，2马（图2-36），上方可能为未完成的图像。

XMAQA-037：地理坐标为北纬44°07′29.02″，东经114°36′08.22″。岩

面朝西南，尺寸为 130cm×84cm。凿刻，刻痕为褐色，刻痕较浅，线条造型。调查确认 1 个单体图像，可能是 1 狼（图 2-37）。

XMAQA-038：地理坐标为北纬 44°07′28.80″，东经 114°36′08.67″。岩面朝东南，尺寸为 84cm×56cm。凿刻，刻痕为褐色，剪影式造型。调查确认 1 个单体图像，1 马。马身体下面有一个可能为马鞍的半圆形线条，尾部不清（图 2-38）。

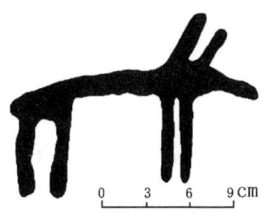

图 2-37 动物岩画 XMAQA-037

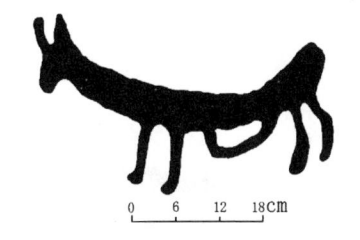

图 2-36 动物岩画 XMAQA-036

图 2-38 动物岩画 XMAQA-038

XMAQA-039：地理坐标为北纬 44°07′26.07″，东经 114°36′12.76″。岩面朝东南，尺寸为 171cm×144cm。凿刻，刻痕为灰褐色，调查确认 11 个单体图像。为保证照片的清晰，该幅岩画拍摄 3 张照片，绘制 3 张图，为 2 猛兽、2 牛、5 马、2 羊（图 2-39）。

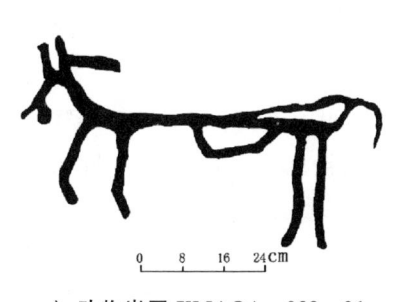

a）动物岩画 XMAQA-039-01 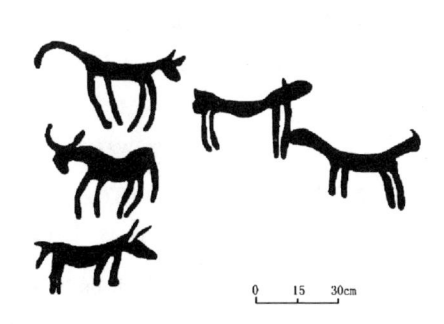　　b）动物岩画 XMAQA-039-02

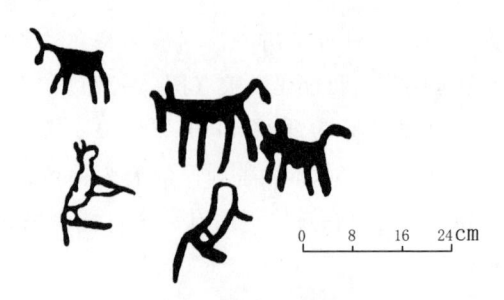

c）动物岩画 XMAQA-039-03
图 2-39　动物岩画 XMAQA-039

XMAQA-040：地理坐标为北纬 44°07′26.07″，东经 114°36′12.87″。岩面朝东南，尺寸为 82cm×84cm。凿刻，刻痕为褐色，线条造型。调查确认 1 个单体图像，不可识别（图 2-40）。

XMAQA-041：地理坐标为北纬 44°07′26.07″，东经 114°36′12.87″。岩面朝南，尺寸为 89cm×60cm。凿刻，刻痕为褐色，剪影式造型。调查确认 2 个单体图像，左侧 1 人手执弓箭，右侧可能为 1 野牛（图 2-41）。

图 2-40　动物岩画 XMAQA-040 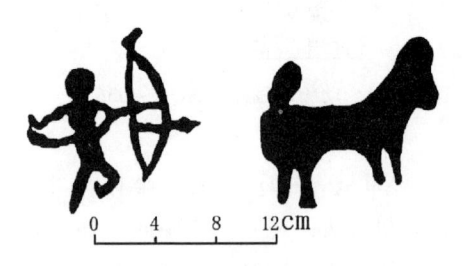　　图 2-41　人物、动物岩画 XMAQA-041

XMAQA-042：地理坐标为北纬 44°07′25.68″，东经 114°36′14.70″。岩面朝南，尺寸为 80cm×30cm。凿刻，刻痕为褐色，线条造型。调查确认 1 个单体图像，可能是 1 羊（图 2-42）。

XMAQA-043：地理坐标为北纬 44°07′25.99″，东经 114°36′17.11″。岩面朝南，尺寸为 180cm×107cm。凿刻，刻痕为褐色，线条造型。调查确认 1 个单体图像，可能是 1 猛兽，呈蹲踞式，身体有纹饰（图 2-43）。

XMAQA-044：地理坐标为北纬 44°07′25.98″，东经 114°36′16.99″。岩面朝南，尺寸为 132cm×45cm。凿刻，刻痕为褐色，线条较粗。调查确认 2 个单体图像，1 马、1 不可识动物（图 2-44）。

XMAQA-045：地理坐标为北纬 44°07′26.04″，东经 114°36′17.15″。岩面朝南，尺寸为 70cm×78cm。凿刻，刻痕为褐色，刻痕较浅，线条造型。调查确认 3 个单体图像，1 羊、1 人、1 狗（图 2-45）。

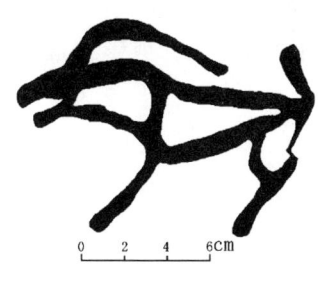

图 2-42　动物岩画 XMAQA-042

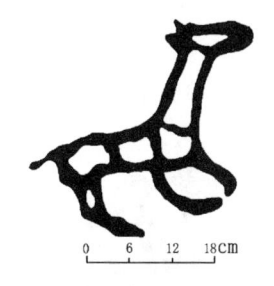

图 2-43　动物岩画 XMAQA-043

图 2-44　动物岩画　XMAQA-044

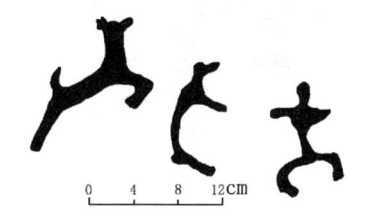

图 2-45　人物、动物岩画 XMAQA-045

XMAQA-046：地理坐标为北纬 44°07′25.98″，东经 114°36′17.31″。岩面朝南，尺寸为 93cm×137cm。凿刻，刻痕为褐色，线条造型。调查确认 4 个单体图像，中间为人物，左侧为 1 不可识别动物，右侧可能是 1 鹿（图 2-46）。

图 2-46　人物、动物岩画 XMAQA-046

XMAQA-047：地理坐标为北纬 44°07′25.98″，东经 114°36′17.31″。岩面朝南，尺寸为 123cm×113cm。凿刻，刻痕为褐色，线条造型。调查确认 1 个单体图像，1 车辆，有挽畜（图 2-47）。

XMAQA-048：地理坐标为北纬 44°07′26.12″，东经 114°36′17.31″。岩面朝西南，尺寸为 64cm×44cm。凿刻，刻痕为褐色，剪影式造型。调查确认 1 个单体图像，1 马（图 2-48）。

图 2-47　车辆岩画 XMAQA-047

图 2-48　动物岩画 XMAQA-048

XMAQA-049：地理坐标为北纬 44°07′26.12″，东经 114°36′17.80″。岩面朝东南，尺寸为 71cm×80cm。凿刻，刻痕为黄褐色，线条造型。调查确认 2 个单体图像，1 马、1 狗（图 2-49）。

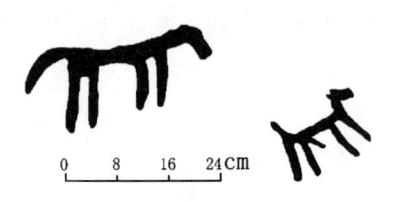

图 2-49　动物岩画 XMAQA-049

XMAQA-050：地理坐标为北纬 44°07′21.31″，东经 114°36′17.61″。岩面朝东南，尺寸为 115cm×80cm。凿刻，刻痕为黄褐色，可能是 2 个动物图像。整体图像漫漶不清，无法绘图。

XMAQA-051：地理坐标为北纬 44°07′25.84″，东经 114°36′17.50″。岩面朝东南，尺寸为 130cm×133cm。凿刻，刻痕为褐色，线条造型。调查确认 1 个单体图像，为 1 猛兽，身体后部有涡旋纹饰，呈蹲踞状（图 2-50）。

XMAQA-052：地理坐标为北纬44°07′25.84″，东经114°36′17.50″。岩面朝东南，尺寸为114cm×118cm。凿刻，刻痕为褐色，线条较粗。调查确认1个单体图像，1马的后半部分（图2-51）。

图2-50 动物岩画 XMAQA-051 　　图2-51 动物岩画 XMAQA-052

XMAQA-053：地理坐标为北纬44°07′26.23″，东经114°36′17.37″。岩面朝西南，尺寸为122cm×50cm。凿刻，刻痕为褐色，线条造型。调查确认1个单体图像，为1猛兽，可能是虎或者豹，身体有纹饰，尾巴向后弯曲（图2-52）。

XMAQA-054：地理坐标为北纬44°07′26.04″，东经114°36′17.32″。岩面朝西南，尺寸为70cm×51cm。凿刻而成，刻痕为褐色，线条造型。调查确认1个单体图像，1人（图2-53）。

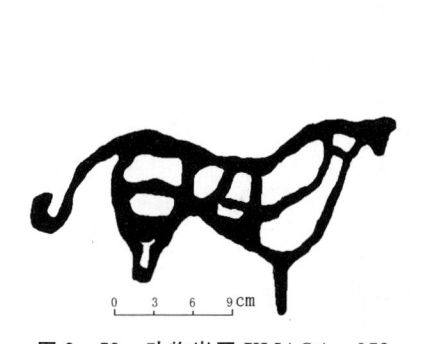

图2-52 动物岩画 XMAQA-053 　　图2-53 人物岩画 XMAQA-054

XMAQA-055、XMAQA-056调查照片丢失。不做描述。

XMAQA-057：地理坐标为北纬40°07′30.26″，东经114°36′20.66″。岩面朝西南，尺寸为160cm×84cm。凿刻，刻痕为黑褐色，线条造型，调查确认1个单体图像，1马（图2-54）。

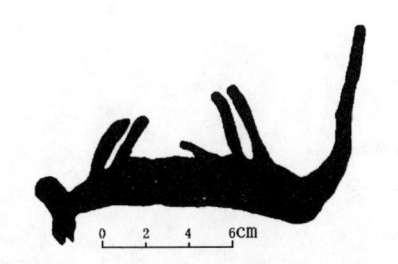

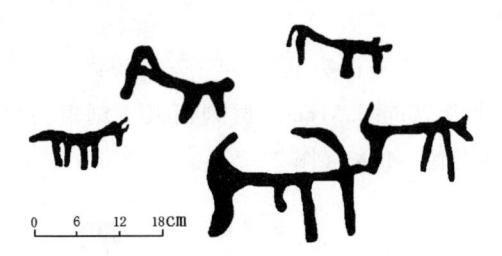

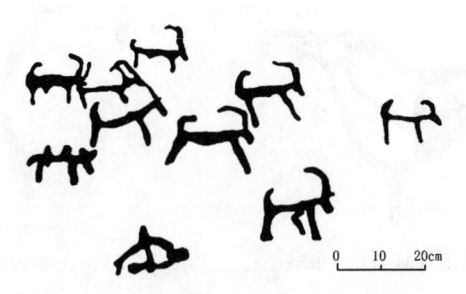

图2-54 动物岩画 XMAQA-057

XMAQA-058：地理坐标为北纬44°07′30.48″，东经114°36′23.04″。岩面朝西南，尺寸为左半部分87cm×67cm（XMAQA-058-1），右半部分144cm×105cm（XMAQA-058-2）。凿刻，刻痕为褐色，线条有粗有细，为线条造型，调查确认15个单体图像。左半部分可能为3羊、2马，刻痕非常模糊。右半部分8羊、1骆驼，最下方图案似乎为1人物形象的上半身（图2-55和图2-56）。

图2-55 动物岩画 XMAQA-058-1

图2-56 动物岩画 XMAQA-058-2

XMAQA-059：地理坐标为北纬 44°07′30.62″，东经 114°36′27.70″。岩面朝西南，尺寸为 57cm×57cm。凿刻，刻痕为褐色，线条造型，调查确认 5 个单体图像，1 马、4 人（图 2-57）。

图 2-57　人物、动物岩画 XMAQA-059

XMAQA-060：地理坐标为北纬 44°07′30.75″，东经 114°36′20.62″。岩面朝西南，尺寸为 32cm×55cm。凿刻，刻痕为褐色，线条较粗，为线条造型，调查确认 1 个单体图像，岩面风化严重，图像残损，不可识别（图 2-58）。

XMAQA-061：地理坐标为北纬 44°07′30.68″，东经 114°36′23.80″。岩面朝西南，尺寸为 84cm×90cm。凿刻，刻痕为褐色，线条较粗，为线条造型，调查确认 1 个单体图像，1 人（图 2-59）。

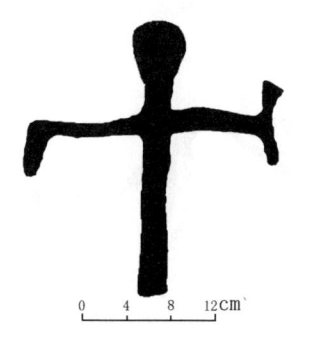

图 2-58　一不可识别岩画 XMAQA-060 　　　图 2-59　人物岩画 XMAQA-061

XMAQA-062：地理坐标为北纬 44°07′30.62″，东经 114°36′24.25″。岩面朝西南，尺寸为 68cm×65cm。凿刻，刻痕为褐色，线条造型，调查确认 1 个单体图像，图案模糊不清，无法绘图。

XMAQA-063：地理坐标为北纬 44°07′31.39″，东经 114°36′26.93″。岩面朝西南，尺寸为 135cm×89cm。凿刻，刻痕为黑褐色，线条较细，为线条造型，调查确认 1 个单体图像，1 羊（图 2-60）。

XMAQA-064：地理坐标为北纬 44°07′24.26″，东经 114°36′35.58″。岩面朝西，尺寸为 154cm×150cm。凿刻，刻痕为黑褐色，线条较细，为线条造型，调查确认 1 个单体图像，1 马，对马鬃也有刻画，造型形象而生动，刻画风格不同于其他马的形象（图 2-61）。

图 2-60　动物岩画 XMAQA-063 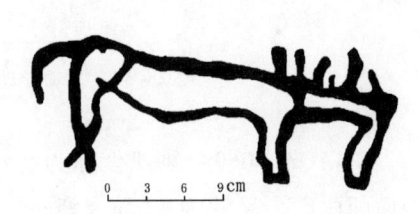　　　图 2-61　动物岩画 XMAQA-064

XMAQA-065：地理坐标为北纬 44°07′23.09″，东经 114°36′37.84″。岩面朝西，尺寸为 141cm×95cm。凿刻，刻痕为黄褐色，线条较细，线条造型，调查确认 3 个单体图像，2 骆驼、1 符号（图 2-62）。

XMAQA-066：地理坐标为北纬 44°07′23.01″，东经 114°36′39.22″。岩面朝西南，尺寸为 139cm×110cm。凿刻，刻痕为黑褐色。线条造型，调查确认 1 个单体图像，1 马（图 2-63）。

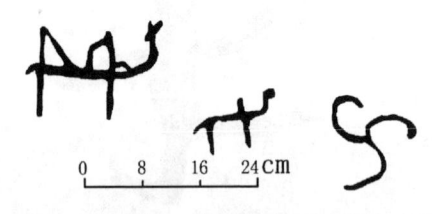

图 2-62　动物、符号岩画 XMAQA-065 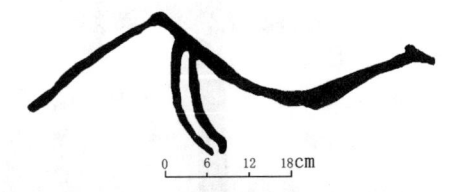　　　图 2-63　动物岩画 XMAQA-066

XMAQA-067：地理坐标为北纬 44°07′23.08″，东经 114°36′39.57″。岩面朝南，尺寸为 120cm×60cm。凿刻，刻痕为褐色，线条造型，调查确认 1 个单体图像，1 不可识别的图案（图 2-64）。

XMAQA-068：地理坐标为北纬 44°07′23.42″，东经 114°36′40.29″。

岩面朝南，尺寸为 123cm×61cm。凿刻，刻痕为褐色，剪影式造型，调查确认 1 个单体图像，1 马（图 2-65）。

图 2-64　符号岩画 XMAQA-067　　图 2-65　动物岩画 XMAQA-068

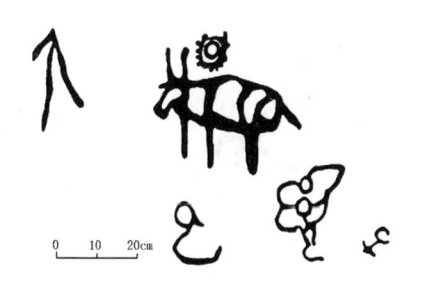

XMAQA-069：地理坐标为北纬 44°07′24.31″，东经 114°36′43.19″。岩面朝南，尺寸为 97cm×42cm。凿刻，刻痕为褐色，线条造型。调查确认 1 个单体图像，1 马（图 2-66）。

XMAQA-070：地理坐标为北纬 44°07′05.36″，东经 114°37′05.01″。岩面朝东南，尺寸为 407cm×148cm。凿刻，刻痕为浅褐色，刻痕很浅，线条较细。调查确认 6 个单体图像，中部是 1 不可识别动物，上方可能是太阳，其他为符号（图 2-67）。

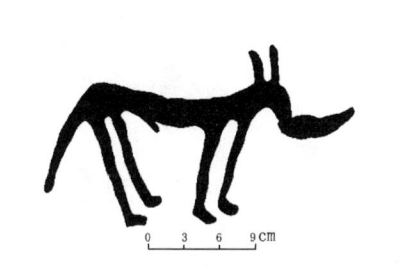

图 2-66　动物岩画 XMAQA-069　　图 2-67　动物、符号岩画 XMAQA-070

XMAQA-071：地理坐标为北纬 44°07′05.46″，东经 114°37′06.17″。岩面朝东，尺寸为 144cm×130cm。凿刻，刻痕为黑褐色，为线条造型，岩面有石斑。调查确认 3 个单体图像，右下方可能是 1 鹿，上方可能是 1 马、1 羊（图 2-68）。

XMAQA-072：地理坐标为北纬 44°07′05.46″，东经 114°37′06.25″。岩面朝西，尺寸为 151cm×116cm。凿刻，刻痕为黑褐色，线条造型。调查确认 1 个单体图像，1 马（图 2-69）。

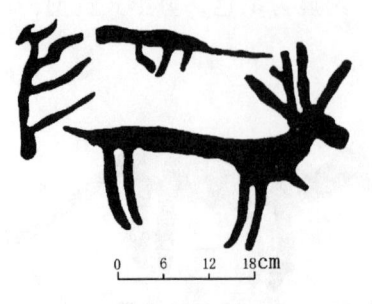

图 2-68 动物岩画 XMAQA-071 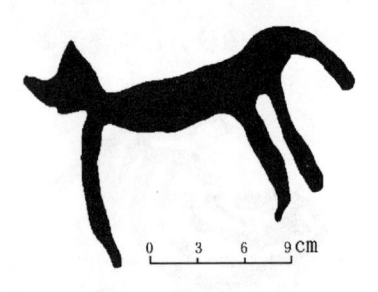　　图 2-69 动物岩画 XMAQA-072

XMAQA-073：地理坐标为北纬 44°07′05.30″，东经 114°37′06.14″。岩面朝东，尺寸为 52cm×68cm。凿刻，刻痕为黑褐色，线条较细，为线条造型，岩面有石斑。调查确认 1 个单体图像，1 马（图 2-70）。

XMAQA-074：地理坐标为北纬 44°07′04.64″，东经 114°37′06.51″。岩面朝南，尺寸为 180cm×106cm。凿刻，刻痕为黑褐色，刻痕很浅。线条较细，为线条造型，调查确认 6 个单体图像，2 马、1 牛、1 不可识别动物、2 人，右上方推测可能为 2 人物形象（图 2-71）。

图 2-70 动物岩画　　图 2-71 人物、动物岩画
XMAQA-073　　　　　XMAQA-074

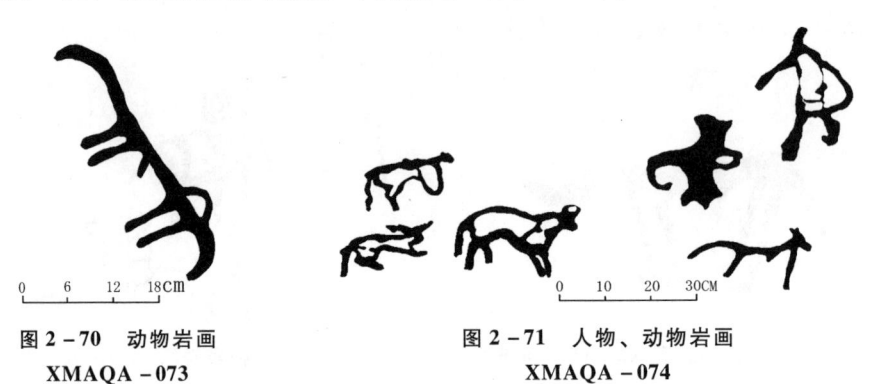

XMAQA-075：地理坐标为北纬 44°06′35.18″，东经 114°37′34.81″。岩面朝东南，尺寸为 110cm×157cm。凿刻，刻痕为浅褐色，线条造型。调查确认 6 个单体图像，5 人、1 不可识别图像，上方为 3 人物手拉手跳舞的形象（图 2-72）。

XMAQA-076：地理坐标为北纬 44°06′56.73″，东经 114°37′40.42″。岩面朝东南，尺寸为 93cm×86cm。凿刻，刻痕为浅褐色，刻痕很浅，线条造型。调查确认 9 个单体图像，为人物手拉手舞蹈的形象（图 2-73）。

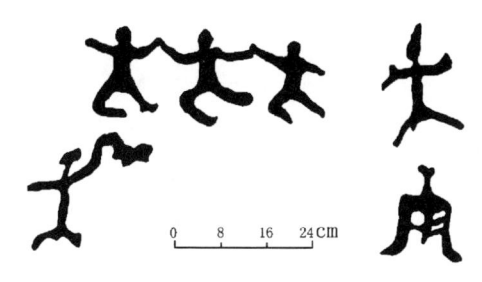

图 2-72 人物岩画 XMAQA-075 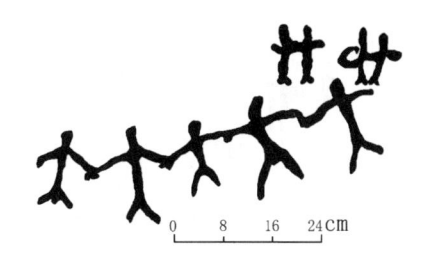　　　图 2-73 人物岩画 XMAQA-076

XMAQA-077：地理坐标为北纬 44°06′56.42″，东经 114°37′36.82″。岩面朝东南，尺寸为 80cm×90cm。凿刻，刻痕为褐色，线条较细，为线条造型。调查确认 1 个单体图像，呈不规则几何形，图像下方有 6 个线条。可能为 1 动物（图 2-74）。

XMAQA-078：地理坐标为北纬 44°06′56.33″，东经 114°37′35.34″。岩面朝东南，尺寸为 65cm×73cm。凿刻，刻痕黄褐色，确认 1 个单体，1 不可识别动物，不见头部（图 2-75）。

图 2-74 动物岩画 XMAQA-077 　　　图 2-75 动物岩画 XMAQA-078

XMAQA-079：地理坐标为北纬 44°06′59.42″，东经 114°37′34.87″。岩面朝东南，尺寸为 65cm×73cm。凿刻，刻痕黄褐色，线条造型。确认 5 个单体，5 马（图 2-76）。

XMAQA-080：坐标为北纬 44°07′00.42″，东经 114°37′39.51″。岩面朝东南，尺寸为 156cm×139cm，120cm×156cm。凿刻，刻痕黄褐色，刻画种类较多，确认 XMAQA-080-01 有 23 个单体，1 同心圆，3 符号，1 圆圈，18 凹穴（图 2-77）。XMAQA-080-02 有 13 个单体，2 同心圆、1 半圆、3 符号、6 凹穴、1 曲线（图 2-78）。

图 2-76 动物岩画 XMAQA-079

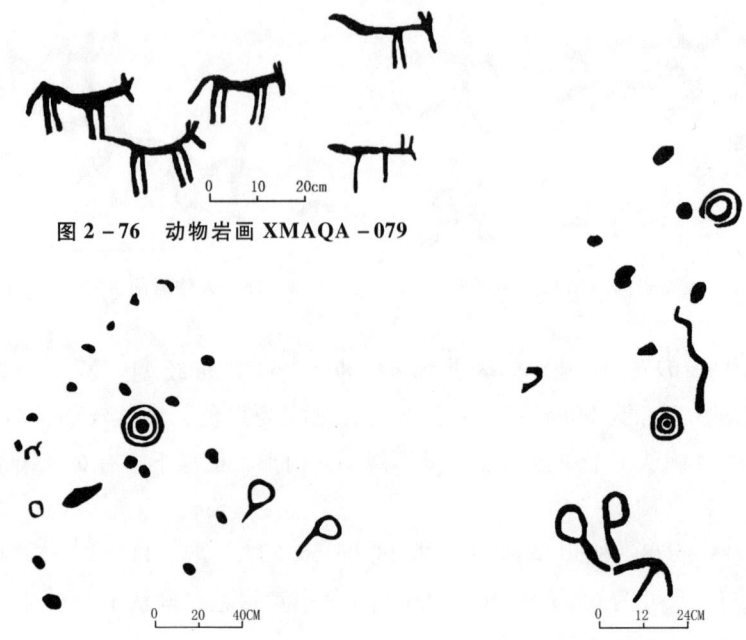

图 2-77 几何形、凹穴、符号岩画
XMAQA-080-01

图 2-78 几何形、凹穴、符号岩画
XMAQA-080-02

XMAQA-081：地理坐标为北纬 44°06′59.16″，东经 114°36′37.14″。岩面朝东南，尺寸为 65cm×73cm。凿刻，刻痕黄褐色，线条造型。确认 2 个单体图像，2 马（图 2-79）。

XMAQA-082：地理坐标为北纬 44°07′00.35″，东经 114°37′36.34″。岩面朝东南，尺寸为 190cm×192cm。凿刻，刻痕黄褐色，线条造型。确认 1 个单体图像，1 符号（图 2-80）。

图 2-79 动物岩画 XMAQA-081

图 2-80 符号岩画 XMAQA-082

XMAQA-083：地理坐标为北纬44°07′00.34″，东经114°37′39.30″。岩面朝东南，尺寸为155cm×73cm。凿刻，刻痕黄褐色，线条造型。人面岩画的刻痕为深褐色。调查确认11个单体图像，4人物形象、1人面图像、1马、3圆形符号、2造型为"H"的符号（图2-81）。

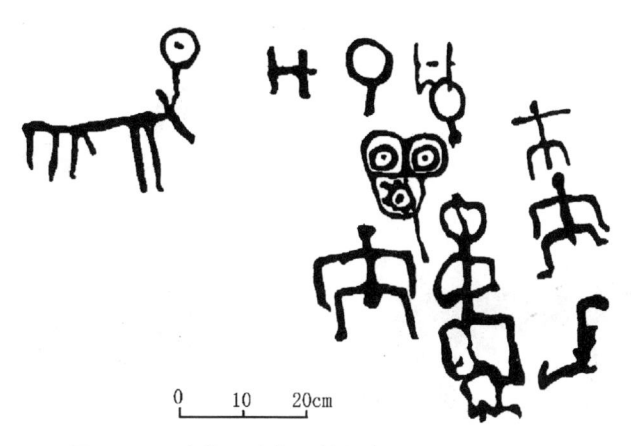

图2-81 人物、动物、符号岩画 XMAQA-083

XMAQA-084：地理坐标为北纬44°07′00.42″，东经114°37′39.51″。岩面朝东南，尺寸为154cm×144cm。凿刻，刻痕黄褐色，线条较细，线条造型。调查确认10个单体，2人面图像、2同心圆、3人物、2符号、1不可识别图像。岩面上方的人物形象的刻痕颜色明显不同（图2-82）。

图2-82 人物、符号岩画 XMAQA-084

XMAQA-085：地理坐标为北纬44°07′00.01″，东经114°37′40.96″。

岩面朝东南，尺寸为 83cm×67cm。凿刻，刻痕黄褐色，粗线条形态。调查确认 1 个单体图像，1 马（图 2-83）。

XMAQA-086：地理坐标为北纬 44°07′00.07″，东经 114°37′41.18″。岩面朝西，尺寸为 70cm×67cm。凿刻，刻痕黑褐色，线条造型。调查确认 3 个单体，1 马、1 鹿、1 同心圆。鹿身有纹饰（图 2-84）。

图 2-83 动物岩画 XMAQA-085

图 2-84 动物岩画 XMAQA-086

XMAQA-087：地理坐标为北纬 44°06′59.95″，东经 114°37′41.44″。岩面朝西，尺寸为 150cm×120cm。凿刻，人物形象的刻痕为黄棕色，其他图像的刻痕为黑褐色。线条形态。调查确认 7 个单体，2 人、1 马、3 人面像、1 不可识别图案（图 2-85）。

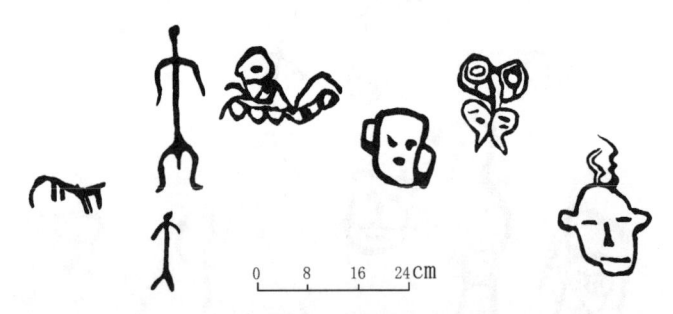

图 2-85 人物、动物、人面像岩画 XMAQA-087

XMAQA-088：地理坐标为北纬 44°07′00.04″，东经 114°37′41.87″。岩面朝南，尺寸为 89cm×105cm。凿刻，刻痕黄褐色，线条造型。调查确认 1 个单体，1 羊（图 2-86）。

XMAQA－089：地理坐标为北纬44°07′00.11″，东经114°37′42.10″。岩面朝南，尺寸为114cm×73cm。凿刻，刻痕黄褐色，线条造型。调查确认1个单体，1马（图2－87）。

图2－86　动物岩画 XMAQA－088　　图2－87　动物岩画 XMAQA－089

XMAQA－090：地理坐标为北纬44°06′59.66″，东经114°37′40.17″。岩面朝南，尺寸为160cm×128cm。凿刻，刻痕褐色，线条造型。调查确认6个单体，1人、5马（图2－88）。

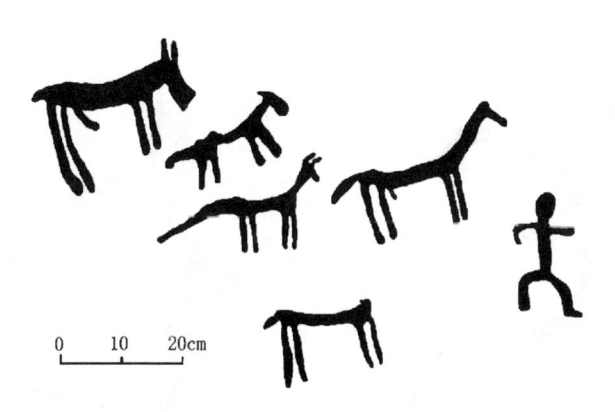

图2－88　人物、动物岩画 XMAQA－090

XMAQA－091：地理坐标为北纬44°06′58.48″，东经114°37′38.97″。岩面朝南，尺寸为104cm×89cm。凿刻，刻痕褐色，线条造型。调查确认1个单体，1羊（图2－89）。

XMAQA－092：地理坐标为北纬44°06′58.48″，东经114°34′35.77″。岩面朝南，尺寸为102cm×155cm。凿刻，刻痕褐色，线条造型。调查确认 1 个单体，1 羊（图 2-90）。

图 2-89 动物岩画 XMAQA-091

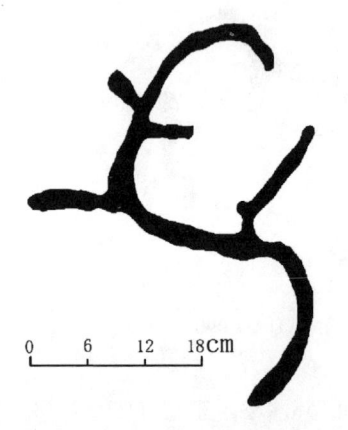

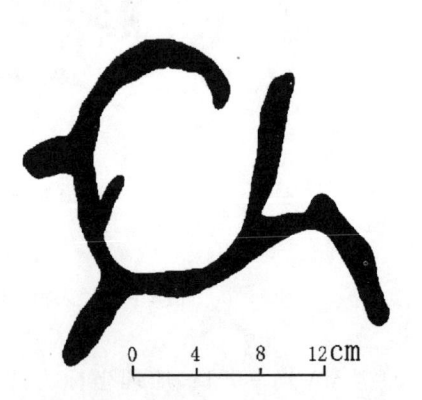

图 2-90 动物岩画 XMAQA-092

XMAQA-093：地理坐标为北纬 44°06′57.45″，东经 114°34′41.21″。岩面朝南，尺寸为 102cm×155cm。凿刻，刻痕褐色，线条造型。调查确认 1 个单体图像，可能是羊（图 2-91）。

XMAQA-094：地理坐标为北纬 44°06′57.45″，东经 114°34′41.21″。岩面朝东南，尺寸为 108cm×68cm。凿刻，刻痕褐色，线条造型。调查确认 1 个单体图像，1 羊（图 2-92）。

图 2-91 动物岩画 XMAQA-093

图 2-92 动物岩画 XMAQA-094

XMAQA-095：地理坐标为北纬 44°06′59.58″，东经 114°34′45.95″。岩面朝南，尺寸为 67cm×69cm。凿刻，刻痕灰褐色，线条造型。调查确认 3 个单体，左侧可能为 2 羊，右侧 1 人物形象（图 2-93）。

XMAQA-096：地理坐标为北纬 44°07′00.93″，东经 114°37′49.97″。岩面朝上，尺寸为 119cm×71cm。凿刻，刻痕灰褐色，线条造型。调查确认 3 个单体图像，3 人（图 2-94）。

图 2-93　人物、动物岩画 XMAQA-095　　图 2-94　人物岩画 XMAQA-096

XMAQA-097：地理坐标为北纬 44°07′05.72″，东经 114°37′54.49″。岩面朝上，尺寸为 119cm×71cm。凿刻，刻痕灰褐色，粗线条形态。调查确认 1 个单体图像，可能是 1 人物形象（图 2-95）。

XMAQA-098：地理坐标为北纬 44°07′05.91″，东经 114°37′55.33″。岩面朝西南，尺寸为 119cm×71cm。凿刻，刻痕褐色，刻痕很浅，线条较细。调查确认 3 个单体图像，可能是 3 羊（图 2-96）。

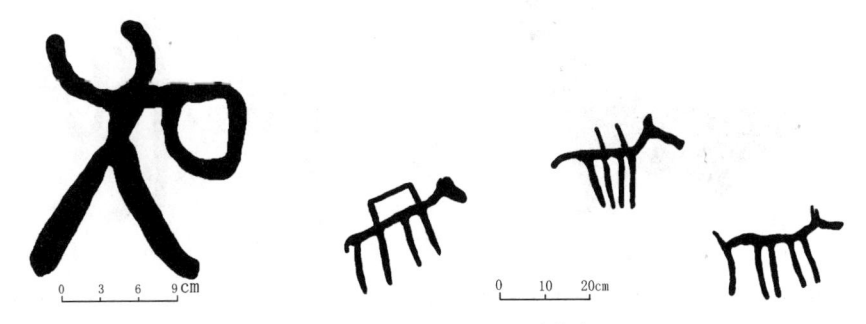

图 2-95　符号岩画 XMAQA-097　　图 2-96　动物岩画 XMAQA-098

XMAQA-099：地理坐标为北纬 44°07′05.92″，东经 114°37′55.20″。岩面朝东南，尺寸为 119cm×71cm。凿刻，刻痕黑褐色，剪影式造型。调查确认 1 个单体图像，1 马（图 2-97）。

XMAQA-100：地理坐标为北纬 44°07′06.17″，东经 114°37′58.39″。

岩面朝西南，尺寸为 89cm×98cm。凿刻，刻痕褐色，动物形象为剪影式造型，人物形象为线条造型。调查确认 3 个单体图像，为 1 人牵马，左上方可能是 1 牛，体格健壮（图 2-98）。

图 2-97 动物岩画 XMAQA-099

图 2-98 人物、动物岩画 XMAQA-100

XMAQA-101：地理坐标为北纬 44°07′06.16″，东经 114°37′58.50″。岩面朝东，尺寸为 48cm×40cm。凿刻，刻痕黑褐色，剪影式造型。调查确认 1 个单体图像，1 不可识别动物（图 2-99）。

XMAQA-102：地理坐标为北纬 44°07′06.84″，东经 114°37′58.77″。岩面朝南，尺寸为 48cm×40cm。凿刻，刻痕黑褐色，线条造型。凿点稀疏。调查确认 1 个单体图像，可能是 1 马，身体的前部有线条（图 2-100）。

图 2-99 动物岩画 XMAQA-101

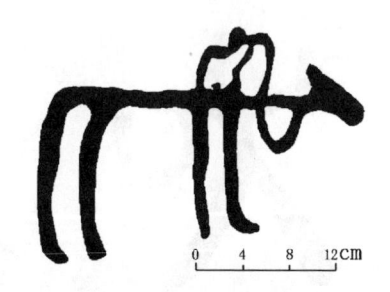

图 2-100 动物岩画 XMAQA-102

XMAQA-103：地理坐标为北纬 44°07′05.38″，东经 114°38′03.17″。岩面朝东，尺寸为 61cm×80cm。凿刻，刻痕黑褐色，刻痕较深，线条造型。调查确认 4 个单体图像，2 马、1 人面图像、1 人（图 2-101）。

XMAQA-104：地理坐标为北纬 44°07′05.40″，东经 114°38′03.17″。岩面朝东，尺寸为 65cm×75cm。凿刻，刻痕浅黄色，线条造型。调查确认 3 个单体图像，1 马、2 符号（图 2-102）。

图 2-101　人物、动物岩画
XMAQA-103

图 2-102　动物、符号岩画
XMAQA-104

XMAQA-105：地理坐标为北纬 44°07′05.27″，东经 114°38′03.13″。岩面朝东，尺寸为 70cm×56cm。凿刻，刻痕黄褐色，粗线条形态。调查确认 2 个单体图像，1 马、1 人（图 2-103）。

XMAQA-106：地理坐标为北纬 44°07′05.23″，东经 114°38′03.10″。岩面朝东南，尺寸为 37cm×25cm。凿刻，刻痕黑褐色，粗线条形态。调查确认 1 个单体图像，1 马（图 2-104）。

图 2-103　人物、动物岩画 XMAQA-105 　　图 2-104　动物岩画 XMAQA-106

XMAQA-107：地理坐标为北纬 44°07′05.21″，东经 114°38′03.01″。岩面朝东南，尺寸为 73cm×110cm。凿刻，刻痕黑褐色，刻痕较深，线条造型。调查确认 8 个单体，1 人、7 马（图 2-105）。

图 2 – 105 人物、动物岩画 XMAQA – 107

XMAQA – 108：地理坐标为北纬 44°08′09.95″，东经 114°36′05.96″。岩面朝南，尺寸为 101cm×70cm。凿刻，刻痕黑褐色，线条较细。调查确认 1 个单体图像，1 马（图 2 – 106）。

XMAQA – 109：地理坐标为北纬 44°08′20.25″，东经 114°36′05.48″。岩面朝南，尺寸为 101cm×70cm。凿刻，刻痕黑褐色，刻痕较浅。粗线条形态。调查确认 1 个单体图像，1 马（图 2 – 107）。

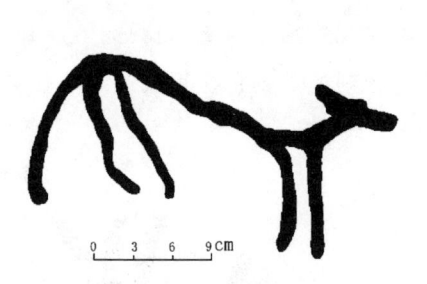

图 2 – 106 动物岩画 XMAQA – 108   图 2 – 107 动物岩画 XMAQA – 109

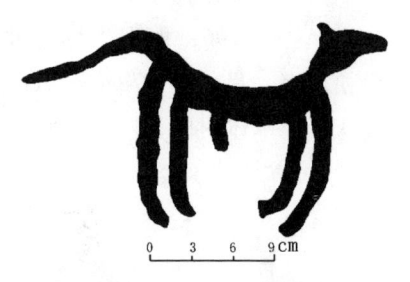

XMAQA – 110：地理坐标为北纬 44°08′20.25″，东经 114°36′05.49″。岩面朝南，尺寸为 30cm×23cm。凿刻，刻痕黑褐色，线条造型。调查确认 3 个单体图像，2 人、1 不可识别图像（图 2 – 108）。

XMAQA – 111：地理坐标为北纬 44°08′14.52″，东经 114°36′18.48″。岩面朝南，尺寸为 81cm×67cm。凿刻，刻痕黑褐色，线条造型。调查确认 5 个单体图像，岩面上方为 1 骆驼，下方为 4 行进中的马或羊（图 2 – 109）。

图 2-108 人物、一不可识别岩画 XMAQA-110

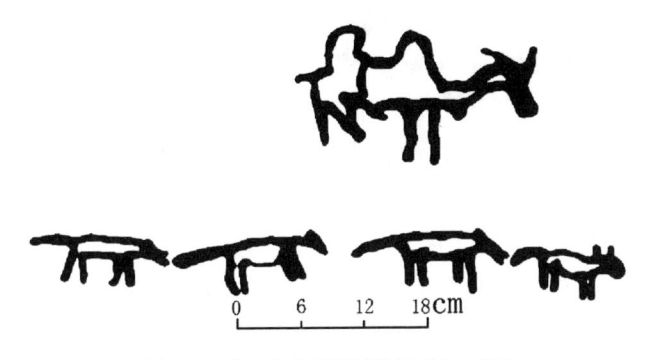

图 2-109 动物岩画 XMAQA-111

XMAQA-112：地理坐标为北纬 44°08′13.68″，东经 114°36′19.26″。岩面朝南，尺寸为 33cm×41cm。凿刻，刻痕黑褐色，剪影式造型。调查确认 2 个单体图像，可能是 2 马（图 2-110）。

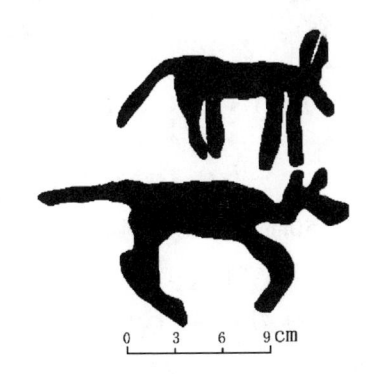

图 2-110 动物岩画 XMAQA-112

XMAQA-113：地理坐标为北纬44°08′12.64″，东经114°36′21.75″。岩面朝南，尺寸为144cm×63cm。凿刻，刻痕黑褐色，剪影式造型。调查确认2个单体图像，2马（图2-111）。

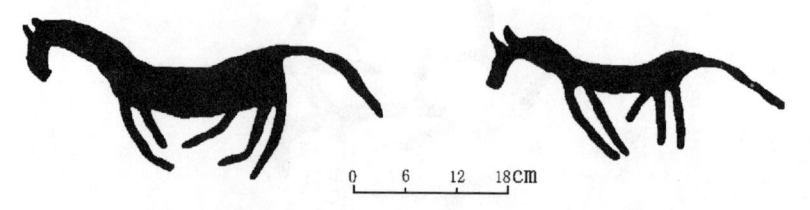

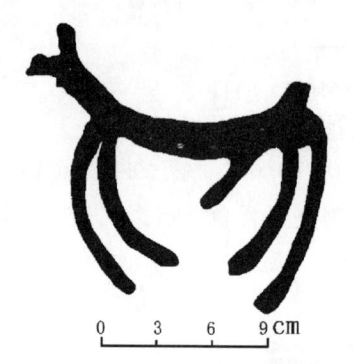

图2-111 动物岩画 XMAQA-113

XMAQA-114：地理坐标为北纬44°08′12.64″，东经114°36′21.65″。岩面朝南，尺寸为144cm×63cm。凿刻，刻痕黑褐色，线条造型。调查确认1个单体图像，可能为1马（图2-112）。

XMAQA-115：地理坐标为北纬44°08′12.59″，东经114°36′22.49″。岩面朝南，尺寸为40cm×41cm。凿刻，刻痕黑褐色，剪影式造型。调查确认1个单体图像，1马（图2-113）。

图2-112 动物岩画 XMAQA-114　　图2-113 动物岩画 XMAQA-115

XMAQA-116：地理坐标为北纬44°08′12.57″，东经114°36′22.78″。岩面朝南，尺寸为58cm×50cm。凿刻，刻痕黑褐色，线条造型。调查确认1个单体图像，可能为1羊（图2-114）。

XMAQA-117：地理坐标为北纬44°08′12.68″，东经114°36′22.74″。岩面朝南，尺寸为57cm×41cm。凿刻，刻痕黑褐色，刻痕较浅，图像模糊。调查确认1个单体图像，1马（图2-115）。

图 2-114 动物岩画 XMAQA-116 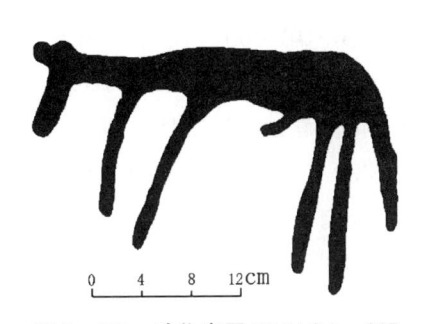　　图 2-115 动物岩画 XMAQA-117

XMAQA-118：地理坐标为北纬 44°08′12.68″，东经 114°36′22.74″。岩面朝南，尺寸为 57cm×41cm。凿刻，刻痕黑褐色，线条造型。调查确认 1 个单体图像，1 羊（图 2-116）。

XMAQA-119：地理坐标为北纬 44°08′15.22″，东经 114°35′58.78″。岩面朝南，尺寸为 69cm×111cm。凿刻，刻痕黑褐色，线条造型。调查确认 2 个单体图像，2 马（图 2-117）。

图 2-116 动物岩画 XMAQA-118 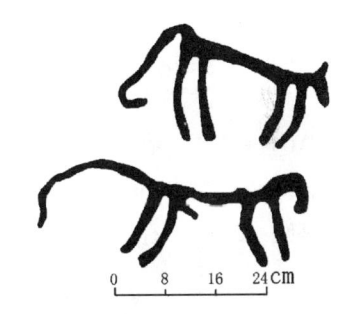　　图 2-117 动物岩画 XMAQA-119

2.2　浩日格乌拉岩画

浩日格乌拉岩画群编号为 B 区。浩日格乌拉，蒙古语为"柜子山"，位于阿巴嘎旗东北方向约 70km 处，属阿巴嘎旗宝格达乌拉苏木、阿拉坦希力嘎查。岩画点坐标为北纬 44°13′44.45″，东经 114°35′08.03″，海拔 1094～1141m，属半干旱草原，间有低山、丘陵。此区域编号 XMAQB-001～139，线图共 135 幅。主要以凿刻为主，刻于平坦的岩面上，多分布于山底部，部分分布于山腰处，岩石为玄武岩，有灰色、褐色，硬度为 6 度左右。

XMAQB-001：地理坐标为北纬 44°13′46.08″，东经 114°35′04.64″。岩面朝上，尺寸为 36cm×42cm。凿刻，刻痕灰色，线条较粗。调查确认 1 个单体图像，1 人（图 2-118）。

XMAQB-002：地理坐标为北纬 44°13′46.16″，东经 114°35′04.63″。岩面朝南，尺寸为 39cm×27cm。凿刻，刻痕灰色，线条较粗。调查确认 1 个单体图像，1 人（图 2-119）。

图 2-118　人物岩画 XMAQB-001　　　图 2-119　人物岩画 XMAQB-002

XMAQB-003：地理坐标为北纬 44°13′46.14″，东经 114°35′04.58″。岩面朝南，尺寸为 48cm×35cm。凿刻，刻痕灰色，线条造型。调查确认 2 个单体图像，2 羊（图 2-120）。

图 2-120　动物岩画 XMAQB-003

XMAQB-004：地理坐标为北纬44°13′46.08″，东经114°35′04.71″。岩面朝东南，尺寸为20cm×61cm。凿刻，刻痕灰色，刻痕较浅。岩面下方动物为剪影式造型。调查确认2个单体，可能是2马（图2-121）。

XMAQB-005：地理坐标为北纬44°13′46.06″，东经114°35′04.74″。岩面朝南，尺寸为40cm×38cm。凿刻，刻痕浅灰褐色，剪影式造型。调查确认1个单体，1马（图2-122）。

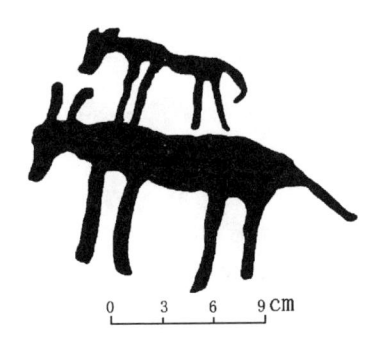

图2-121 动物岩画 XMAQB-004 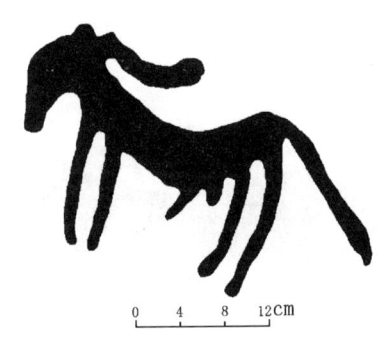　　　图2-122 动物岩画 XMAQB-005

XMAQB-006：地理坐标为北纬44°13′46.00″，东经114°35′04.37″。岩面朝南，尺寸为40cm×38cm。凿刻，刻痕深灰色，线条粗。调查确认2个单体，2马（图2-123）。

XMAQB-007：地理坐标为北纬44°13′45.95″，东经114°35′04.37″。岩面朝南，尺寸为39cm×11cm。凿刻，刻痕黑褐色，线条粗。调查确认1个单体，不可识别（图2-124）。

图2-123 动物岩画 XMAQB-006 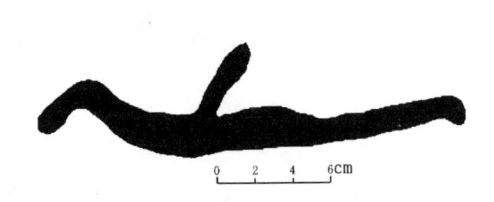　　　图2-124 动物岩画 XMAQB-007

XMAQB-008：地理坐标为北纬 44°13′45.93″，东经 114°35′04.27″。岩面朝南，尺寸为 44cm×24cm。凿刻，刻痕黑褐色，下方图像为剪影式造型。调查确认 2 个单体，可能为 1 牛、1 马（图 2-125）。

XMAQB-009：地理坐标为北纬 44°13′45.98″，东经 114°35′04.84″。岩面朝东，尺寸为 79cm×80cm。凿刻，刻痕灰褐色，剪影式造型。调查确认 3 个单体，3 马（图 2-126）。

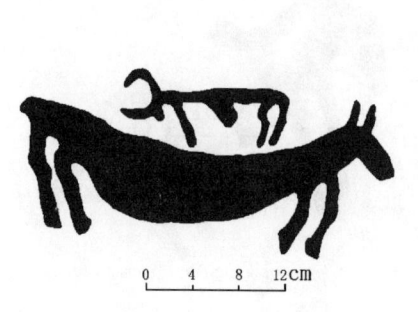

图 2-125　动物岩画 XMAQB-008

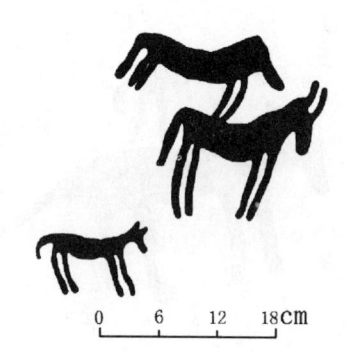

图 2-126　动物岩画 XMAQB-009

XMAQB-010：地理坐标为北纬 44°13′45.76″，东经 114°35′05.09″。岩面朝东，尺寸为 135cm×97cm。凿刻，刻痕灰色，线条较粗。因画幅较大，将此分为左、右两部分。调查确认 16 个单体，以羊和马为主，XMAQB-010-1 中有 2 羊，XMAQB-010-2 中为 8 马、2 羊、4 不可识别动物（图 2-127 和图 2-128）。

XMAQB-011：地理坐标为北纬 44°13′45.56″，东经 114°35′05.31″。岩面朝东南，尺寸为 31cm×62cm。凿刻，刻痕灰色，刻痕较深，线条较粗。图像上下排列。调查确认 13 个单体，2 鹿、1 猎人、6 马、2 狗、1 羊、1 符号（图 2-129）。

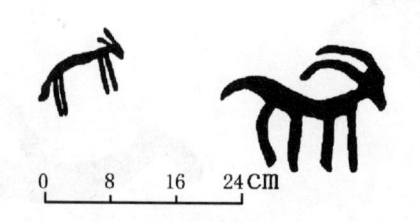

图 2-127　动物岩画 XMAQB-010-1

图 2-128　动物岩画
XMAQB-010-2

图 2-129　狩猎岩画
XMAQB-011

XMAQB-012：地理坐标为北纬 44°13′45.91″，东经 114°35′04.54″。岩面朝东南，尺寸为 35cm×28cm。凿刻，刻痕灰色，刻痕很浅，线条较粗。调查确认 2 个单体，1 羊、1 马（图 2-130）。

XMAQB-013：地理坐标为北纬 44°13′45.61″，东经 114°35′05.08″。岩面朝东南，尺寸为 65cm×82cm。凿刻，刻痕褐色。调查确认 2 个单体，2 鹿，右边的鹿只可见身体和鹿角（图 2-131）。

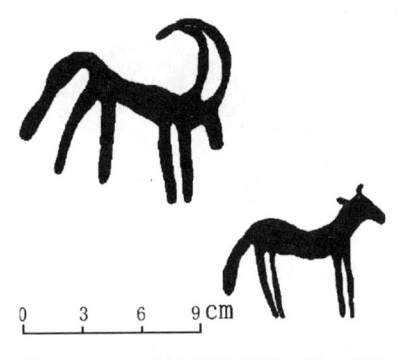

图 2-130　动物岩画 XMAQB-012

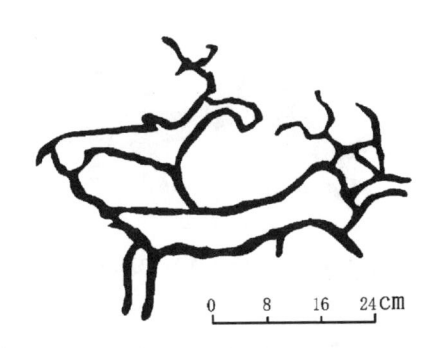

图 2-131　动物岩画 XMAQB-013

XMAQB-014：地理坐标为北纬44°13′45.57″，东经114°35′05.77″。岩面朝东南，尺寸为55cm×48cm。凿刻，刻痕褐色，线条造型。调查确认2个单体，1人，左下方可能1马（图2-132）。

XMAQB-015：地理坐标为北纬44°13′45.56″，东经114°35′05.91″。岩面朝南，尺寸为52cm×42cm。凿刻，刻痕黑褐色，粗线条形态。调查确认1个单体图像，1不可识别动物形象（图2-133）。

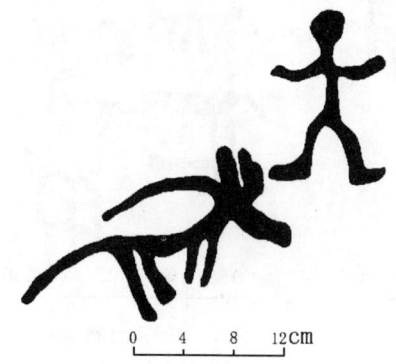

图2-132 人物、动物岩画 XMAQB-014 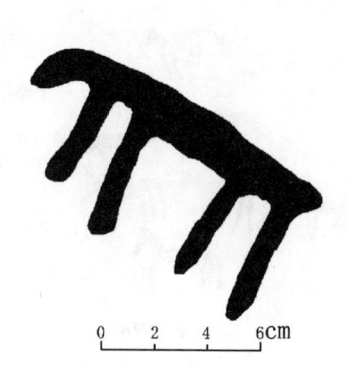　　图2-133 动物岩画 XMAQB-015

XMAQB-016：地理坐标为北纬44°13′45.50″，东经114°35′05.96″。岩面朝南，尺寸为41cm×29cm。凿刻，刻痕黑褐色，粗线条形态。调查确认2个单体，2羊（图2-134）。

XMAQB-017：地理坐标为北纬44°13′45.37″，东经114°35′06.44″。岩面朝南，尺寸为40cm×70cm。凿刻，刻痕灰褐色，刻痕较浅，剪影式造型。调查确认1个单体图像，1不可识别动物形象（图2-135）。

图2-134 动物岩画 XMAQB-016 　　图2-135 动物岩画 XMAQB-017

XMAQB-018：地理坐标为北纬44°13′44.97″，东经114°35′06.42″。岩面朝东南，尺寸为29cm×51cm。凿刻，刻痕黑褐色，刻痕较深，线条造型。调查确认2个单体，1鹿、1马（图2-136）。

　　XMAQB-019：地理坐标为北纬44°13′44.06″，东经114°35′06.55″。岩面朝东南，尺寸为40cm×57cm。凿刻，刻痕黑褐色，线条造型。调查确认3个单体，左侧为1鹿，右侧可能为2羊（图2-137）。

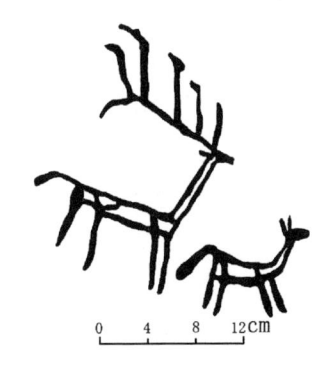

图2-136　动物岩画XMAQB-018　　图2-137　动物岩画XMAQB-019

　　XMAQB-020：坐标为北纬44°13′44.65″，东经114°35′07.85″。岩面朝东南，尺寸为66cm×63cm。凿刻，刻痕黑褐色，刻痕清晰，线条造型。调查确认2个单体，2鹿（图2-138）。

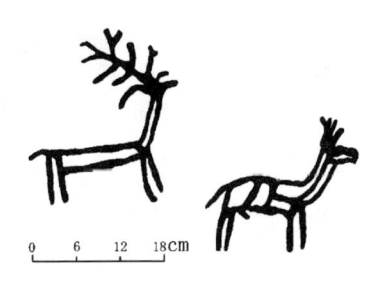

图2-138　动物岩画XMAQB-020

　　XMAQB-021：地理坐标为北纬44°13′44.50″，东经114°35′08.06″。岩面朝东南，尺寸为122cm×53cm。凿刻，刻痕黑褐色，刻痕清晰，线条造型。调查确认4个单体，右侧为2鹿，左侧为2猛兽，可能是虎，身体有折线纹饰（图2-139）。

　　XMAQB-022：地理坐标为北纬44°13′44.45″，东经114°35′08.13″。岩面朝东南，尺寸为38cm×99cm。凿刻，刻痕黑褐色，线条造型。调查确认6个单体图像，2鹿、2羊、2不可识别动物形象（图2-140）。

图 2-139 动物岩画 XMAQB-021

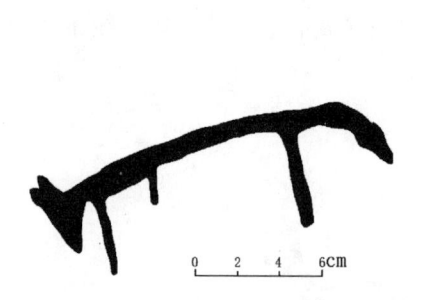

图 2-140 动物岩画 XMAQB-022

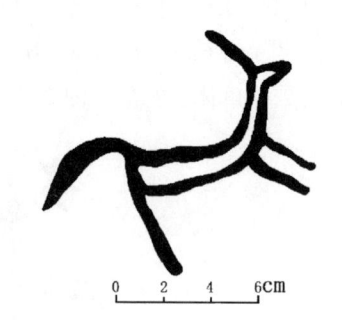

XMAQB-023：地理坐标为北纬44°13′44.47″，东经114°35′08.18″。岩面朝南，尺寸为54cm×42cm。凿刻，刻痕黑褐色，线条造型。调查确认1个单体图像，可能为1马（图2-141）。

XMAQB-024：地理坐标为北纬44°13′44.40″，东经114°35′08.02″。岩面朝南，尺寸为29cm×88cm。凿刻，刻痕黑褐色，刻痕较浅，线条造型。调查确认1个单体图像，1马（图2-142）。

图 2-141 动物岩画 XMAQB-023

图 2-142 动物岩画 XMAQB-024

XMAQB-025：地理坐标为北纬44°13′44.35″，东经114°35′07.91″。岩面朝南，尺寸为45cm×40cm。凿刻，刻痕黑褐色，剪影式造型。调查确认1个单体，可能是羊（图2-143）。

XMAQB-026：地理坐标为北纬44°13′44.33″，东经114°35′08.13″。岩面朝南，尺寸为64cm×41cm。凿刻，刻痕黑褐色，剪影式造型。调查确认1个单体，1马（图2-144）。

XMAQB-027：地理坐标为北纬44°13′44.39″、东经114°35′08.13″。岩面朝东南，尺寸为82cm×66cm。凿刻，刻痕黑褐色，刻痕清晰，线条造型。调查确认2个单体，1鹿、1猎人（图2-145）。

XMAQB-028：地理坐标为北纬 44°13′44.23″、东经 114°35′08.70″。岩面朝东南，尺寸为 82cm×66cm。凿刻，刻痕黑褐色，刻痕较浅，线条造型。调查确认 2 个单体，1 猎人、1 鹿，表现狩猎场景（图 2-146）。

图 2-143　动物岩画 XMAQB-025

图 2-144　动物岩画 XMAQB-026

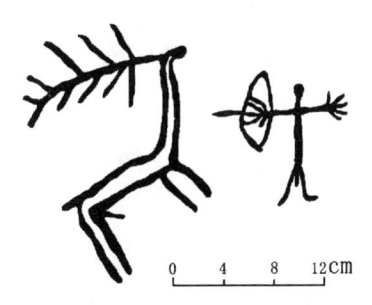

图 2-145　人物、动物岩画
（狩猎）XMAQB-027

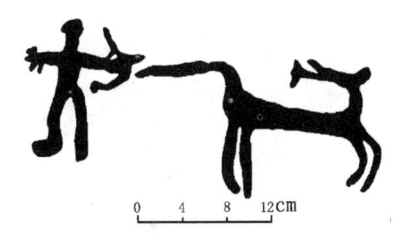

图 2-146　人物、动物岩画
（狩猎）XMAQB-028

XMAQB-029：地理坐标为北纬 44°13′44.41″，东经 114°35′09.17″。岩面朝南，尺寸为 48cm×36cm。凿刻，刻痕黑褐色，刻痕浅，线条造型。调查确认 1 个单体，不可识别（图 2-147）。

XMAQB-030：地理坐标为北纬 44°13′44.41″，东经 114°35′09.17″。岩面朝南，尺寸为 32cm×33cm。凿刻，刻痕黑褐色，刻痕浅。调查确认 1 个单体，可能为马（图 2-148）。

XMAQB-031：地理坐标为北纬 44°13′44.12″，东经 114°35′09.61″。岩面朝南，尺寸为 50cm×44cm。凿刻，刻痕黑褐色，刻痕清晰，粗线条形态。调查确认 2 个单体，2 羊（图 2-149）。

XMAQB-032：地理坐标为北纬 44°13′33.23″，东经 114°36′08.32″。岩面朝南，尺寸为 47cm×85cm。凿刻，刻痕黑褐色，刻痕浅，剪影式造型。调查确认 3 个单体，3 马（图 2-150）。

图 2-147 动物岩画 XMAQB-029

图 2-148 动物岩画 XMAQB-030

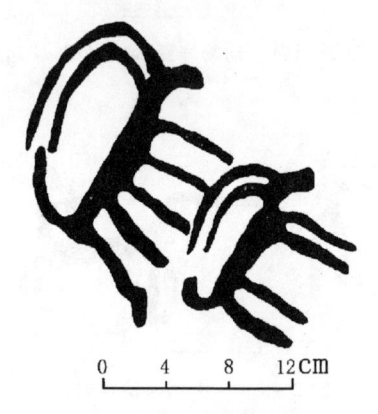

图 2-149 动物岩画 XMAQB-031

图 2-150 动物岩画 XMAQB-032

XMAQB-033：地理坐标为北纬 44°13′33.96″，东经 114°36′07.33″。岩面朝南，尺寸为 78cm×67cm。凿刻，刻痕黑褐色，粗线条形态。调查确认 2 个单体，1 马、1 鹿（图 2-151）。

XMAQB-034：地理坐标为北纬 44°13′34.41″，东经 114°36′07.84″。岩面朝南，尺寸为 47cm×48cm。凿刻，刻痕黑褐色，线条造型。调查确认 1 个单体，1 人（图 2-152）。

XMAQB-035：地理坐标为北纬 44°13′37.04″，东经 114°36′07.72″。岩面朝南，尺寸为 68cm×71cm。凿刻，刻痕为褐色，刻痕较浅，线条造型。调查确认 9 个单体，2 人、1 鹿、2 羊、2 "Y" 字形符号、2 不可识别图像（图 2-153）。

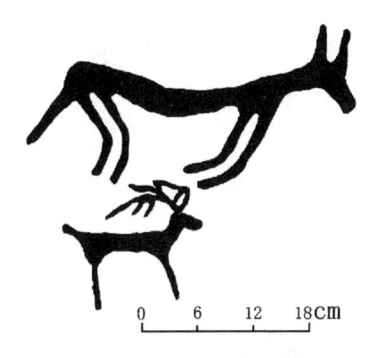

图 2 – 151　动物岩画 XMAQB – 033 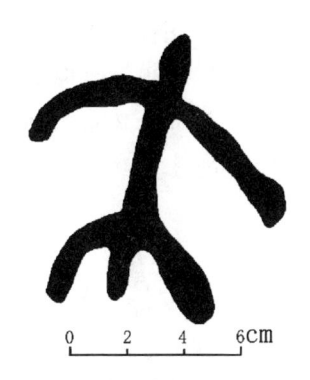　　　　　图 2 – 152　人物岩画 XMAQB – 034

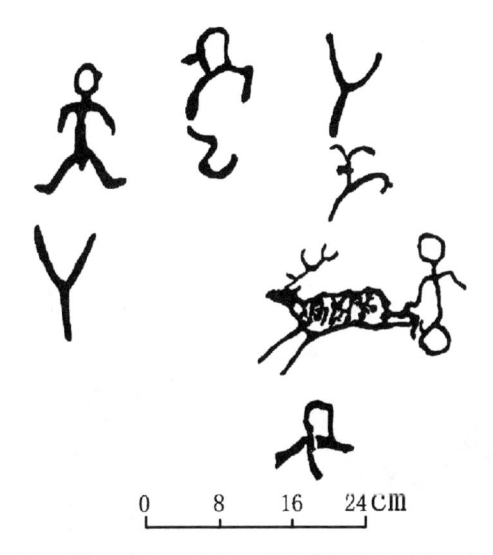

图 2 – 153　人物、动物、符号岩画 XMAQB – 035

　　XMAQB – 036：地理坐标为北纬 44°13′37.08″，东经 114°36′07.80″。岩面朝南，尺寸为 37cm × 42cm。凿刻，刻痕灰色，线条造型。调查确认 1 个单体，1 符号。在 A 区也可见相似符号（图 2 – 154）。

　　XMAQB – 037：地理坐标为北纬 44°13′59.12″，东经 114°34′48.19″。岩面朝东，尺寸为 73cm × 58cm。凿刻，刻痕灰色且较浅，剪影式造型。调查确认 2 个单体，1 马、1 羊（图 2 – 155）。

　　XMAQB – 038：地理坐标为北纬 44°13′58.84″，东经 114°34′48.72″。岩面朝上，尺寸为 72cm × 70cm。凿刻，刻痕褐色。调查确认 1 个单体，可

能为未完成的图像（图 2-156）。

XMAQB-039：地理坐标为北纬 44°13′56.63″，东经 114°34′49.80″。岩面朝上，尺寸为 73cm×86cm。凿刻，刻痕褐色，线条很细。调查确认 3 个单体，2 符号、1 羊（图 2-157）。

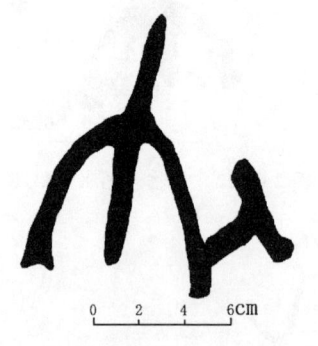

图 2-154　符号岩画 XMAQB-036

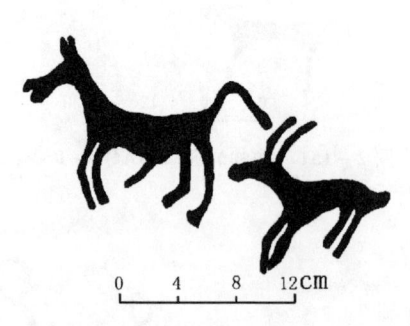

图 2-155　动物岩画 XMAQB-037

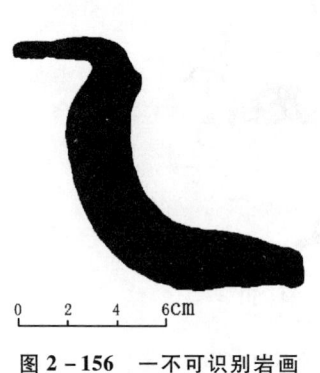

图 2-156　一不可识别岩画 XMAQB-038

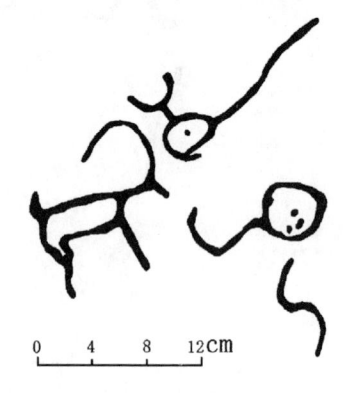

图 2-157　动物、符号岩画 XMAQB-039

XMAQB-040：地理坐标为北纬 44°13′56.34″，东经 114°34′49.97″。岩面朝西，尺寸为 73cm×86cm。凿刻，刻痕褐色，刻痕较浅，部分为剪影式造型。调查确认 6 个单体，6 马。上方的马的后半部因岩面断裂而缺失（图 2-158）。

XMAQB-041：地理坐标为北纬 44°13′56.04″，东经 114°34′50.14″。岩面朝西，尺寸为 75cm×90cm。凿刻，刻痕褐色，刻痕很浅，粗线条形态。调查确认 1 个单体，1 马（图 2-159）。

图 2 – 158　动物岩画 XMAQB – 040　　图 2 – 159　动物岩画 XMAQB – 041

　　XMAQB – 042：地理坐标为北纬 44°13′33.92″，东经 114°36′10.74″。岩面朝西，尺寸为 42cm×58cm。凿刻，刻痕灰褐色，粗线条形态。调查确认 1 个单体，1 马（图 2 – 160）。

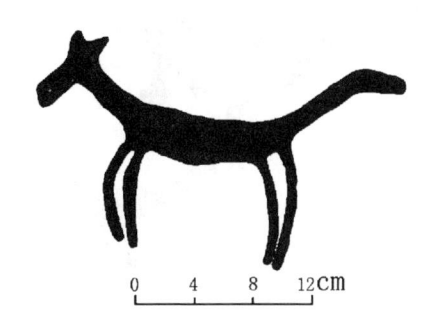

　　XMAQB – 043：地理坐标为北纬 44°13′34.19″，东经 114°31′10.10″。岩面朝西，尺寸为 67cm×86cm。凿刻，刻痕褐色，线条造型。调查确认 5 个单体，5 羊（图 2 – 161）。

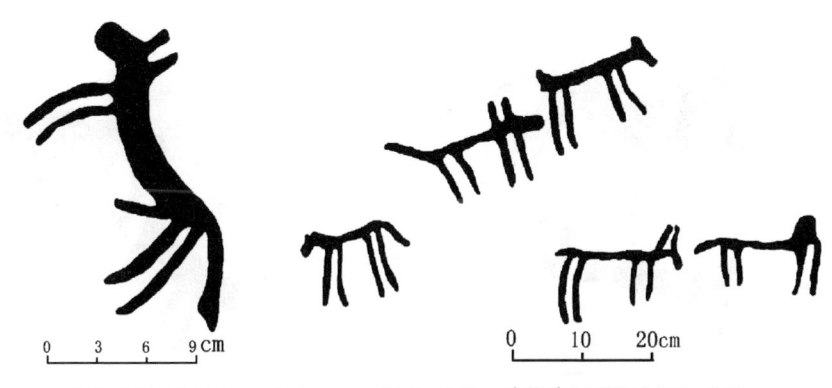

图 2 – 160　动物岩画 XMAQB – 042　　图 2 – 161　动物岩画 XMAQB – 043

　　XMAQB – 044：地理坐标为北纬 44°13′34.13″，东经 114°36′10.83″。岩面朝西，尺寸为 47cm×27cm。凿刻，刻痕灰色，线条造型。调查确认 1 个单体图像，不可识别（图 2 – 162）。

　　XMAQB – 045：地理坐标为北纬 44°13′34.21″，东经 114°36′10.68″。岩面朝东南，尺寸为 44cm×39cm。凿刻，刻痕黑褐色，线条造型。调查确认 2 个单体，2 不可识别动物形象（图 2－163）。

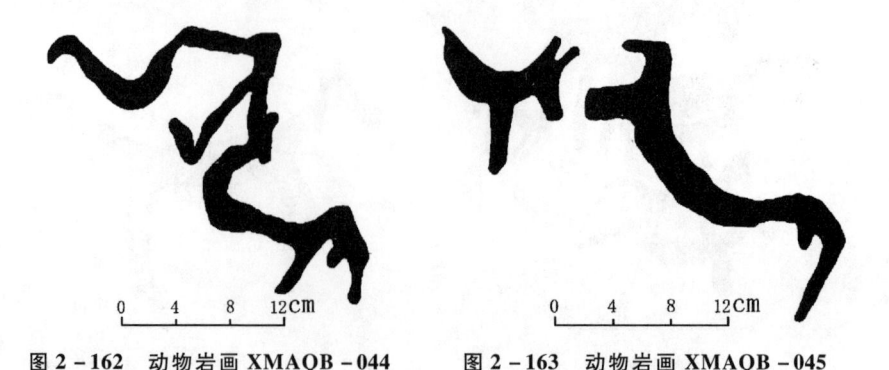

图 2－162　动物岩画 XMAQB－044　　图 2－163　动物岩画 XMAQB－045

XMAQB－046：地理坐标为北纬 44°13′34.21″，东经 114°36′10.59″。岩面朝东南，尺寸为 30cm×37cm。凿刻，刻痕灰色，剪影式造型。调查确认 2 个单体，2 马。岩面下方马的下半部分因岩石断裂而缺失（图 2－164）。

XMAQB－047：地理坐标为北纬 44°13′34.58″，东经 114°36′11.02″。岩面朝东南，尺寸为 63cm×52cm。凿刻，刻痕灰色，剪影式造型。调查确认 2 个单体，岩面下方为马，上方动物不可识别（图 2－165）。

图 2－164　动物岩画 XMAQB－046 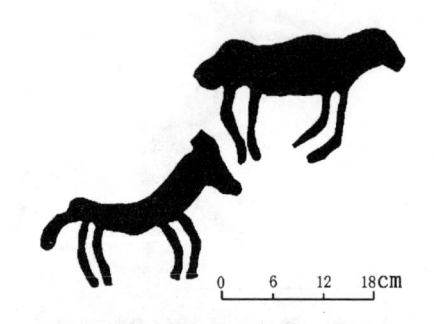　　图 2－165　动物岩画 XMAQB－047

XMAQB－048：地理坐标为北纬 44°13′34.62″，东经 114°36′10.74″。岩面朝东南，尺寸为 78cm×24cm。凿刻，刻痕黑褐色。调查确认 1 个单体，不可识别（图 2－166）。

XMAQB－049：地理坐标为北纬 44°13′34.05″，东经 114°36′10.26″。岩面朝东南，尺寸为 68cm×50cm。凿刻，刻痕深褐色，岩面为褐色，线条难于辨识，无法识别与绘图。

　　XMAQB-050：地理坐标为北纬44°13′34.08″，东经114°36′10.27″。岩面朝上，尺寸为53cm×69cm。凿刻，刻痕黑褐色，刻痕较浅，线条造型。调查确认一个单体，1鹿。鹿的上方图像不能确定是否为1个人物形象（图2-167）。

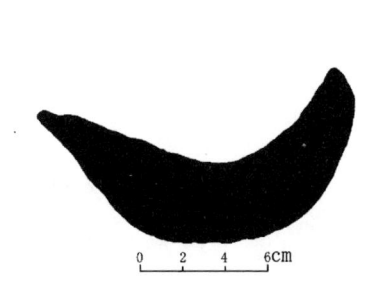

图2-166　一不可识别岩画XMAQB-048 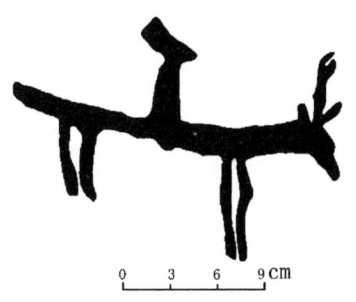　　图2-167　动物岩画XMAQB-050

　　XMAQB-051：地理坐标为北纬44°13′34.03″，东经114°36′10.30″。岩面朝东南，尺寸为43cm×35cm。凿刻，刻痕黑褐色，剪影式造型。调查确认1个单体，为不可识别动物形象（图2-168）。

　　XMAQB-052：地理坐标为北纬44°13′34.00″，东经114°36′10.27″。岩面朝南，尺寸为30cm×34cm。凿刻，刻痕黑褐色，线条造型。调查确认1个单体，1马（图2-169）。

图2-168　动物岩画XMAQB-051 　　图2-169　动物岩画XMAQB-052

　　XMAQB-053：地理坐标为北纬44°13′33.75″，东经114°36′10.45″。岩面朝东北，尺寸为50cm×34cm。凿刻，刻痕灰褐色，刻痕很浅，线条造型。调查确认1个单体，可能是1牛，身体有纹饰（图2-170）。

XMAQB-054：地理坐标为北纬44°13′33.87″，东经114°36′10.21″。岩面朝东北，尺寸为30cm×31cm。凿刻，刻痕灰褐色，粗线条形态。调查确认1个单体，1不可识别动物（图2-171）。

XMAQB-055：地理坐标为北纬44°13′33.87″，东经114°36′10.21″。岩面朝南，尺寸为48cm×66cm。凿刻，刻痕灰褐色，线条造型。调查确认7个单体，2马、3羊、2不可识别动物（图2-172）。

图2-170　动物岩画 XMAQB-053

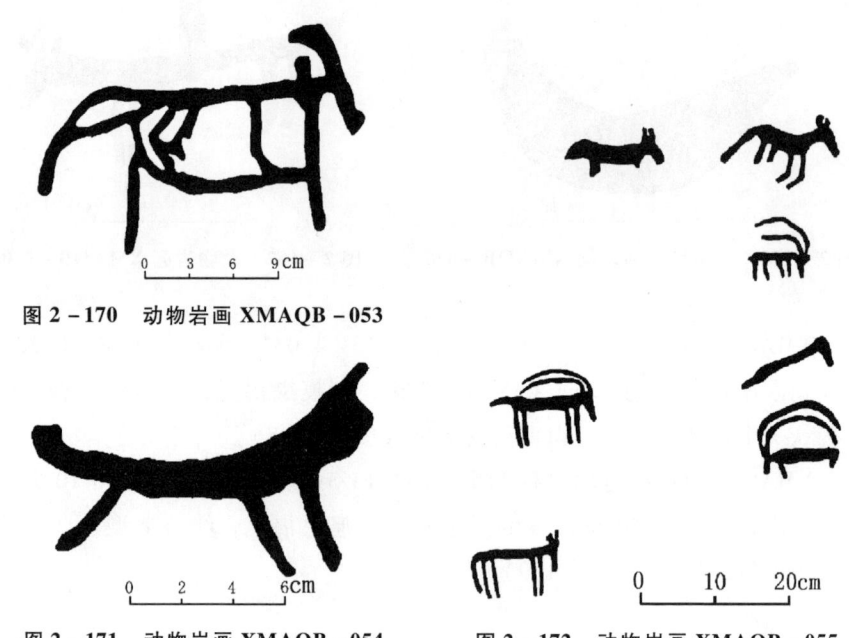

图2-171　动物岩画 XMAQB-054

图2-172　动物岩画 XMAQB-055

XMAQB-056：地理坐标为北纬44°13′34.00″，东经114°36′10.18″。岩面朝南，尺寸为52cm×24cm。凿刻，刻痕黑褐色，粗线条形态。调查确认1个单体，1马（图2-173）。

XMAQB-057：地理坐标为北纬44°13′33.87″，东经114°36′09.86″。岩面朝南，尺寸为22cm×24cm。凿刻，刻痕黑褐色，粗线条形态。调查确认2个单体，2马（图2-174）。

XMAQB-058：地理坐标为北纬44°13′33.84″，东经114°36′09.89″。岩面朝南，尺寸为22cm×37cm。凿刻，刻痕灰色，刻痕较浅，线条造型。调查确认4个单体，3人、1类似椭圆的图像（图2-175）。

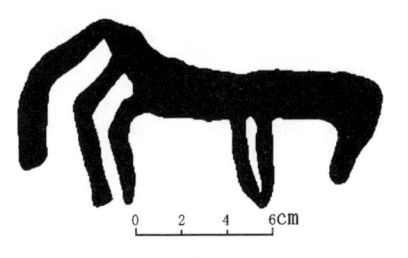

图 2-173 动物岩画 XMAQB-056

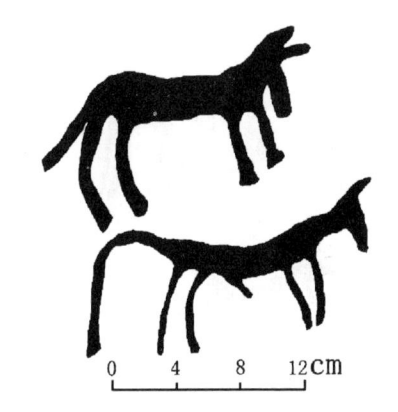

图 2-174 动物岩画 XMAQB-057　　图 2-175 人物、符号岩画 XMAQB-058

XMAQB-059：地理坐标为北纬 44°13′33.77″，东经 114°36′09.92″。岩面朝南，尺寸为 70cm×100cm。凿刻，刻痕褐色，刻痕较浅，线条造型。调查确认 1 个单体，可能为 1 马（图 2-176）。

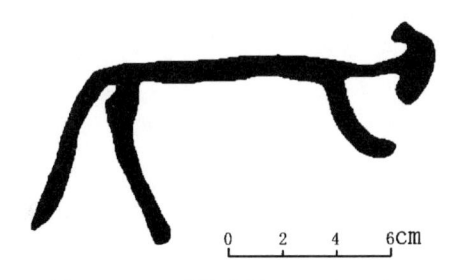

图 2-176 动物岩画 XMAQB-059

XMAQB-060：地理坐标为北纬 44°13′33.71″，东经 114°36′09.80″。岩面朝东，尺寸为 66cm×32cm。凿刻，刻痕褐色，且模糊不清，无法识别与绘图。

XMAQB-061：地理坐标为北纬44°13′33.77″，东经114°36′09.92″。岩面朝南，尺寸为70cm×100cm。凿刻，刻痕褐色。调查确认2个单体，下方1马，上方为1不可识别动物。两个图像的刻痕深浅明显不同（图2-177）。

XMAQB-062：地理坐标为北纬44°13′33.83″，东经114°36′09.76″。岩面朝南，尺寸为55cm×51cm。凿刻，刻痕灰褐色，刻痕很浅，粗线条形态。调查确认2个单体，2马（图2-178）。

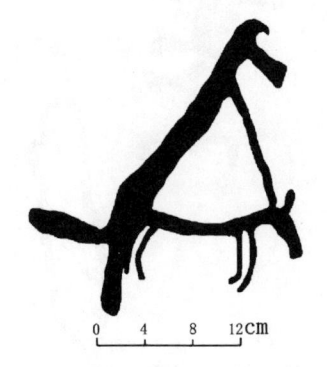

图2-177　动物岩画 XMAQB-061 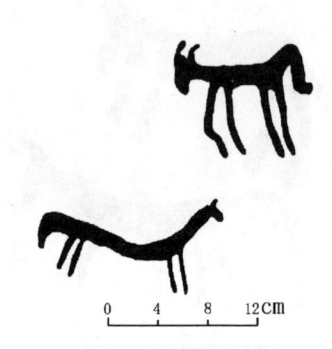　　　图2-178　动物岩画 XMAQB-062

XMAQB-063：地理坐标为北纬44°13′33.88″，东经114°36′09.87″。岩面朝南，尺寸为45cm×40cm。凿刻，刻痕灰褐色，刻痕很浅。调查确认1个单体，1马（图2-179）。

XMAQB-064：地理坐标为北纬44°13′33.80″，东经114°36′09.83″。岩面朝南，尺寸为40cm×76cm。凿刻，刻痕褐色，刻痕浅。调查确认1个单体，可能是1羊（图2-180）。

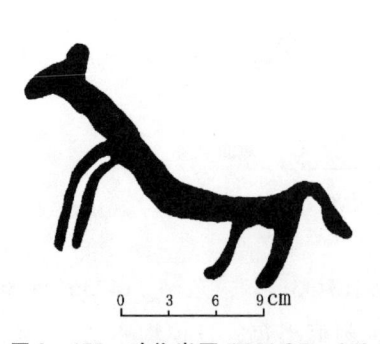

图2-179　动物岩画 XMAQB-063 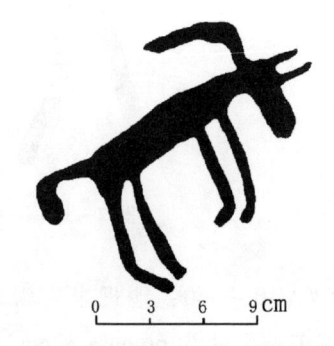　　　图2-180　动物岩画 XMAQB-064

XMAQB-065：地理坐标为北纬44°13′33.85″，东经114°36′09.87″。岩面朝南，尺寸为33cm×45cm。凿刻，刻痕褐色，刻痕浅。调查确认1个单体，可能为马（图2-181）。

XMAQB-066：地理坐标为北纬44°13′33.84″，东经114°36′09.85″。岩面朝南，尺寸为60cm×45cm。凿刻，刻痕褐色，刻痕浅。调查确认1个单体，1马（图2-182）。

图2-181 动物岩画 XMAQB-065 　　图2-182 动物岩画 XMAQB-066

XMAQB-067：地理坐标为北纬44°13′33.84″，东经114°36′09.85″。岩面朝南，尺寸为60cm×45cm。凿刻，刻痕黑褐色，线条造型。调查确认4个单体，3马、1人（图2-183）。

XMAQB-068：地理坐标为北纬44°13′33.99″，东经114°36′09.82″。岩面朝西北，尺寸为34cm×41cm。凿刻，刻痕黑褐色，刻痕浅。调查确认1个单体图像，1不可识别动物（图2-184）。

图2-183 动物、人物岩画 XMAQB-067 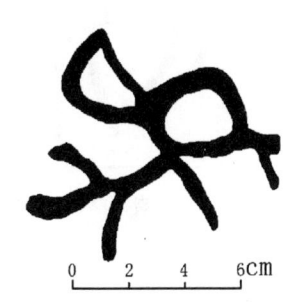　　图2-184 动物岩画 XMAQB-068

XMAQB-069：地理坐标为北纬44°13′33.94″，东经114°36′09.84″。岩面朝南，尺寸为33cm×55cm。凿刻，刻痕黑褐色，且模糊不清，无法识别与绘图。

XMAQB-070：地理坐标为北纬 44°13′33.98″，东经 114°36′09.70″。岩面朝南，尺寸 51cm×58cm。凿刻，刻痕黑褐色，线条造型。调查确认 3 个单体，右侧 1 马，左侧及中间的图像可能为动物（图 2-185）。

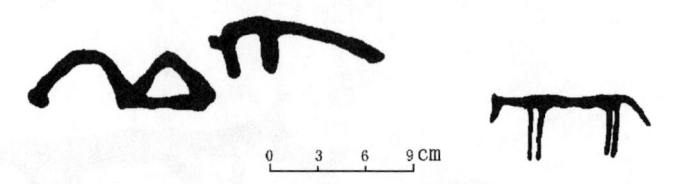

图 2-185　动物岩画 XMAQB-070

XMAQB-071：地理坐标为北纬 44°13′33.97″，东经 114°36′09.77″。岩面朝南，尺寸为 32cm×34cm。凿刻，刻痕黑褐色，刻痕浅，粗线条形态。调查确认 1 个单体，1 马（图 2-186）。

XMAQB-072：地理坐标为北纬 44°13′34.00″，东经 114°36′09.73″。岩面朝南，尺寸为 32cm×34cm。凿刻，刻痕黑褐色，线条较细。调查确认 1 个单体，可能为 1 羊（图 2-187）。

图 2-186　动物岩画 XMAQB-071

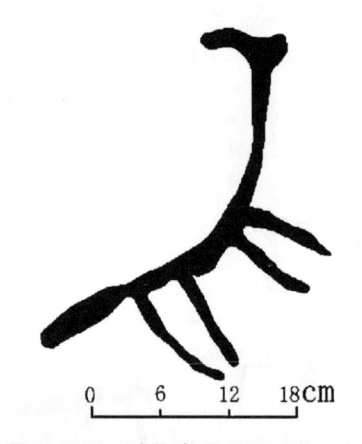

图 2-187　动物岩画 XMAQB-072

XMAQB-073：地理坐标为北纬 44°13′34.04″，东经 114°36′09.67″。岩面朝西南，尺寸为 32cm×34cm。凿刻，刻痕土黄色，线条较细。调查确认 1 个单体，1 羊。凿点稀疏（图 2-188）。

XMAQB-074：地理坐标为北纬 44°13′33.98″，东经 114°36′09.70″。

岩面朝西南，尺寸为 60cm×47cm。凿刻，刻痕黑褐，线条造型。调查确认 2 个单体，可能为蛇（图 2-189）。

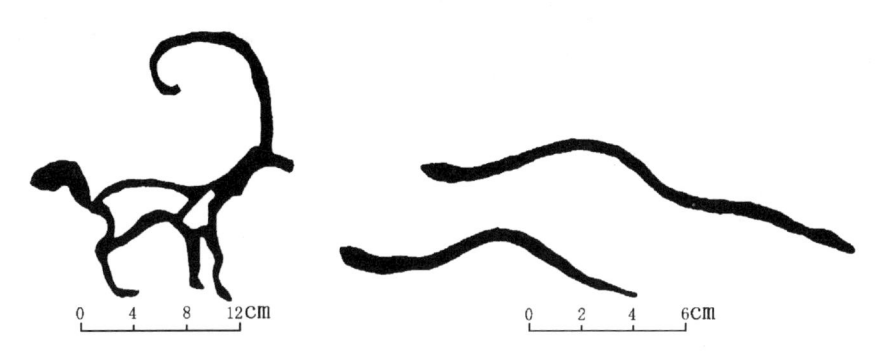

图 2-188　动物岩画 XMAQB-073　　图 2-189　动物岩画 XMAQB-074

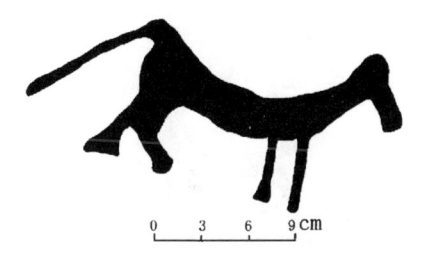

　　XMAQB-075：地理坐标为北纬 44°13′33.88″，东经 114°36′09.54″。岩面朝西南，尺寸为 44cm×67cm。凿刻，刻痕黑褐色，剪影式造型。调查确认 1 个单体，可能为马（图 2-190）。

　　XMAQB-076：地理坐标为北纬 44°13′34.01″，东经 114°36′09.60″。岩面朝西北，尺寸为 41cm×50cm。凿刻，刻痕黑褐色，剪影式造型。调查确认 1 个单体，1 马（图 2-191）。

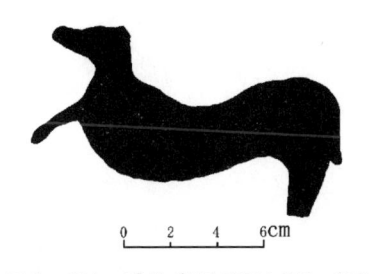

图 2-190　动物岩画 XMAQB-075　　图 2-191　动物岩画 XMAQB-076

　　XMAQB-077：地理坐标为北纬 44°13′34.02″，东经 114°36′09.69″。岩面朝西南，尺寸为 83cm×65cm。凿刻，刻痕黑褐色，线条造型。调查确认 2 个单体，2 马（图 2-192）。

　　XMAQB-078：地理坐标为北纬 44°13′34.18″，东经 114°36′09.61″。岩面朝西南，尺寸为 80cm×94cm。凿刻，刻痕黑褐色，线条造型。调查确认 1 个单体，1 人面图像（图 2-193）。

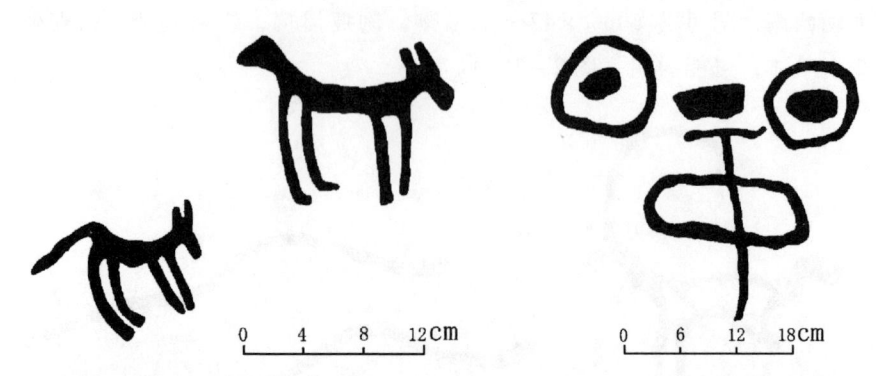

图 2-192 动物岩画 XMAQB-077　　　图 2-193 人面像岩画 XMAQB-078

XMAQB-079：地理坐标为北纬 44°13′34.03″，东经 114°36′09.84″。岩面朝上，尺寸为 43cm×70cm。凿刻，刻痕黑褐色，岩面风化严重，图像模糊，无法辨认图像，无法绘图。

XMAQB-080：地理坐标为北纬 44°13′34.10″，东经 114°36′10.13″。岩面朝上，尺寸为 44cm×71cm。凿刻，刻痕黑褐色，刻痕浅。调查确认 3 个单体，2 马、1 羊（图 2-194）。

XMAQB-081：地理坐标为北纬 44°13′34.06″，东经 114°36′10.08″。岩面朝上，尺寸为 38cm×61cm。凿刻，刻痕黑褐色。调查确认 1 个单体，1 马（图 2-195）。

图 2-194 动物岩画 XMAQB-080 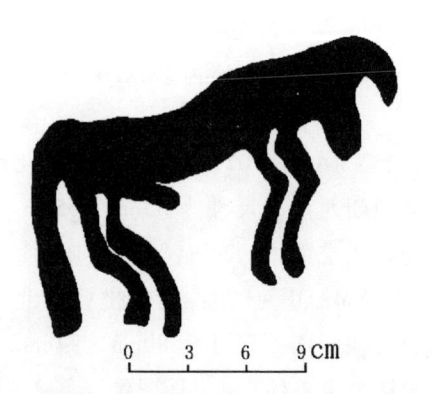　　　图 2-195 动物岩画 XMAQB-081

XMAQB-082：地理坐标为北纬44°13′33.98″，东经114°36′09.35″。岩面朝上，尺寸为83cm×54cm。凿刻，刻痕黑褐色，线条造型。确认5个单体，3羊、2马（图2-196）。

图2-196 动物岩画 XMAQB-082

XMAQB-083：地理坐标为北纬44°13′34.04″，东经114°36′10.01″。岩面朝南，尺寸为32cm×30cm。凿刻，刻痕黑褐色，粗线条形态。调查确认1个单体，可能为马（图2-197）。

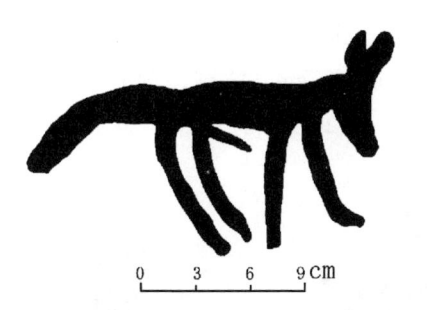

图2-197 动物岩画 XMAQB-083

XMAQB-084：地理坐标为北纬44°13′34.09″，东经114°36′10.08″。岩面朝南，尺寸为79cm×39cm。凿刻，刻痕黑褐色，剪影式造型。调查确认7个单体，1人、4马、2不可识别动物（图2-198）。

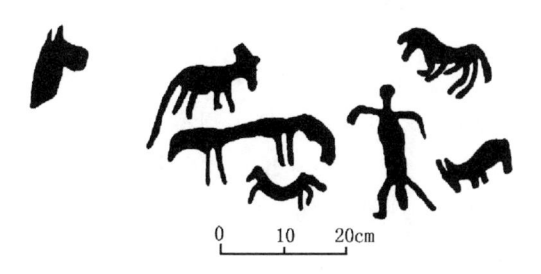

图2-198 人物、动物岩画 XMAQB-084

XMAQB-085：地理坐标为北纬44°13′34.18″，东经114°36′10.11″。岩面朝南，尺寸为76cm×35cm。凿刻，刻痕黑褐色，刻痕较深，线条较细。调查确认3个单体，可能为3马（图2-199）。

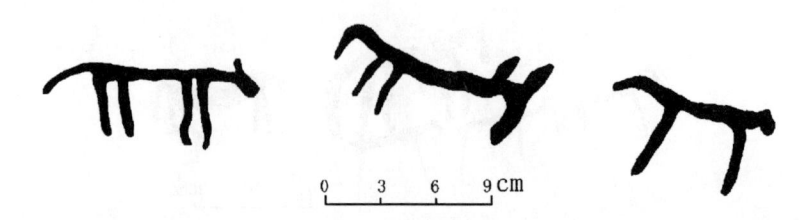

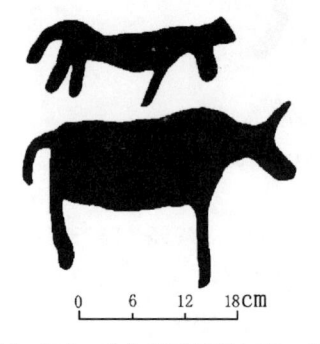

图2-199 动物岩画 XMAQB-085

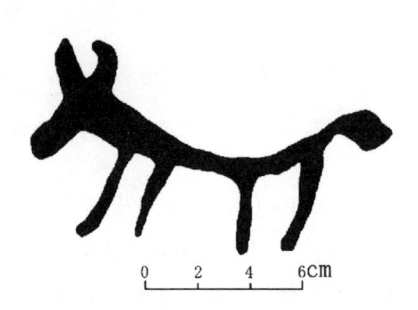

XMAQB-086：地理坐标为北纬44°13′34.12″，东经114°36′16.11″。岩面朝南，尺寸为85cm×76cm。凿刻，刻痕灰褐色，剪影式造型。调查确认2个单体，1马、1牛（图2-200）。

XMAQB-087：地理坐标为北纬44°13′34.12″，东经114°36′16.11″。岩面朝东，尺寸为35cm×37cm。凿刻，刻痕黑褐色，线条造型。调查确认1个单体，1马（图2-201）。

图2-200 动物岩画 XMAQB-086　　图2-201 动物岩画 XMAQB-087

XMAQB-088：地理坐标为北纬44°13′34.19″，东经114°36′10.04″。岩面朝上，尺寸为39cm×40cm。凿刻，刻痕黑褐色，剪影式造型。调查确认1个单体，可能是1马（图2-202）。

XMAQB-089：地理坐标为北纬44°13′34.27″，东经114°36′10.18″。岩面朝上，尺寸为34cm×40cm。凿刻，刻痕灰褐色。确认1个单体，可能是1羊（图2-203）。

图 2-202　动物岩画 XMAQB-088 　　　图 2-203　动物岩画 XMAQB-089

　　XMAQB-090：地理坐标为北纬 44°13′35.54″，东经 114°36′08.43″。岩面朝上，尺寸为 57cm×92cm。凿刻，刻痕灰褐色，线条造型。调查确认 1 个单体，为不可识别动物形象（图 2-204）。

　　XMAQB-091：地理坐标为北纬 44°13′33.44″，东经 114°36′08.14″。岩面朝上，尺寸为 30cm×46cm。凿刻，刻痕黑褐色，刻痕浅，仅可辨识出头部。调查确认 1 个单体，为不可识别动物图像（图 2-205）。

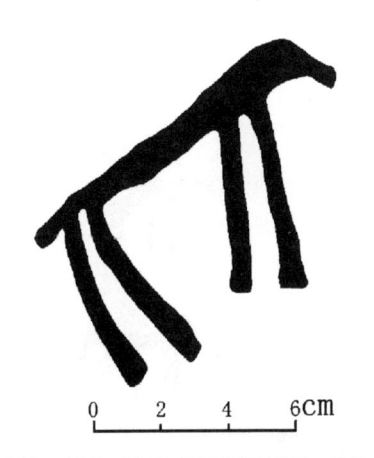

图 2-204　动物岩画 XMAQB-090 　　　图 2-205　动物岩画 XMAQB-091

　　XMAQB-092：地理坐标为北纬 44°13′33.91″，东经 114°36′07.09″。岩面朝上，尺寸为 50cm×60cm。凿刻，刻痕黑褐色，刻痕清晰，线条造型。调查确认 2 个单体，1 人、1 马（图 2-206）。

　　XMAQB-093：地理坐标为北纬 44°13′33.85″，东经 114°36′07.03″。岩面朝上，尺寸为 104cm×110cm。凿刻，刻痕黑褐色，线条造型。调查确认4个单体，2羊、1马、1不可识别动物（图2-207）。

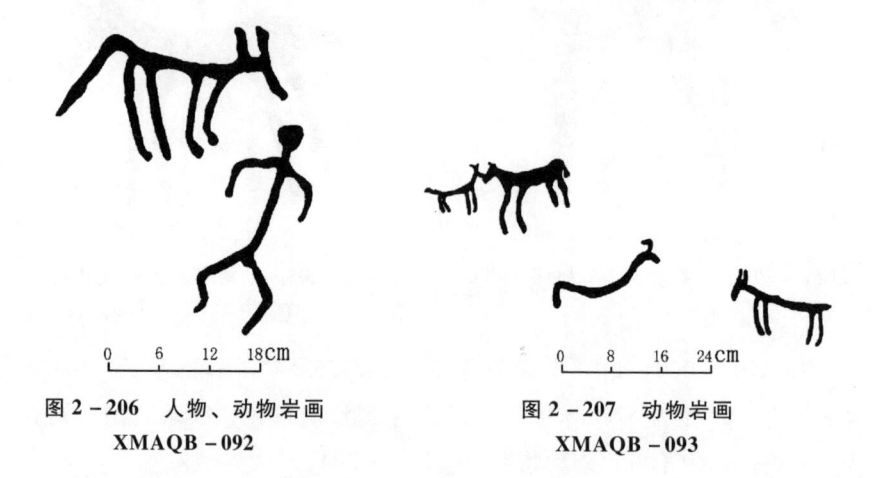

图2-206 人物、动物岩画 XMAQB-092

图2-207 动物岩画 XMAQB-093

XMAQB-094：地理坐标为北纬44°13′33.85″，东经114°36′07.08″。岩面朝上，尺寸为104cm×110cm。凿刻，刻痕黑褐色，线条造型。调查确认1个单体，1马（图2-208）。

XMAQB-095：地理坐标为北纬44°13′33.68″，东经114°36′06.74″。岩面朝上，尺寸为50cm×36cm。凿刻，刻痕黑褐色，线条造型。调查确认4个单体，4马（图2-209）。

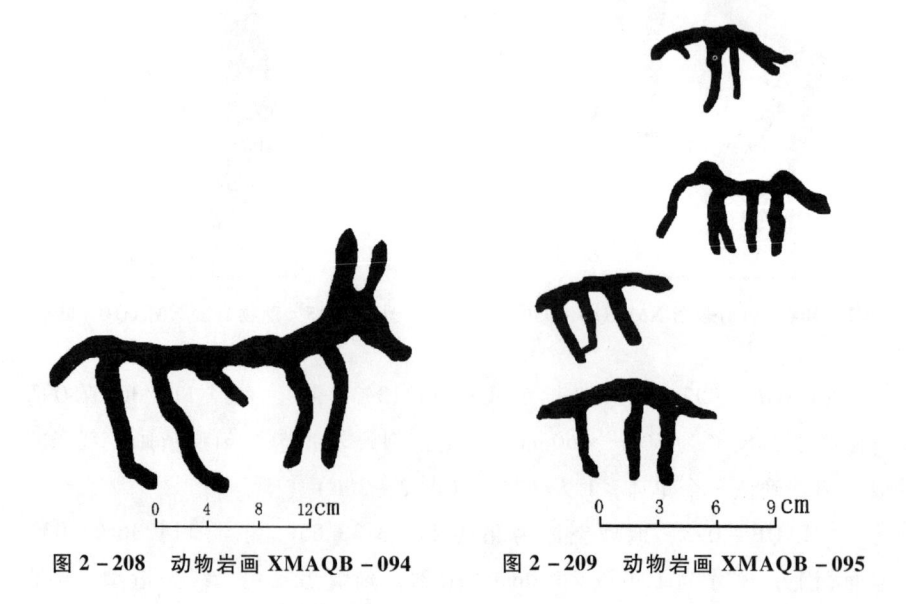

图2-208 动物岩画 XMAQB-094

图2-209 动物岩画 XMAQB-095

XMAQB-096：地理坐标为北纬 44°13′33.68″，东经 114°36′06.74″。岩面朝上，尺寸为 50cm×36cm。凿刻，刻痕黑褐色，线条造型。调查确认 1 个单体，1 马。图像的后半部岩面剥落（图 2-210）。

XMAQB-097：地理坐标为北纬 44°13′33.72″，东经 114°36′06.65″。岩面朝上，尺寸为 40cm×53cm。凿刻，刻痕灰褐色，剪影式造型。调查确认 1 个单体，1 马（图 2-211）。

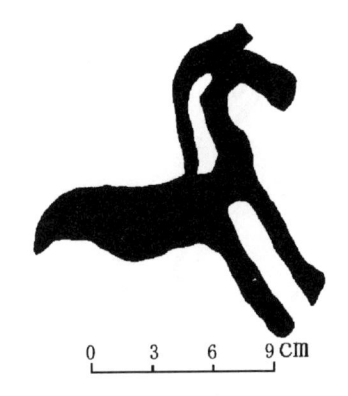

图 2-210 动物岩画 XMAQB-096 　　图 2-211 动物岩画 XMAQB-097

XMAQB-098：地理坐标为北纬 44°13′83.73″，东经 114°36′06.70″。海拔 1107m。岩面朝上，尺寸为 45cm×46cm。凿刻，刻痕灰褐色，刻痕浅，线条造型。调查确认 1 个单体，1 马（图 2-212）。

XMAQB-099：地理坐标为北纬 44°13′33.72″，东经 114°36′06.68″。岩面朝上，尺寸为 30cm×46cm。凿刻，刻痕灰褐色，线条造型。调查确认 1 个单体，1 马（图 2-213）。

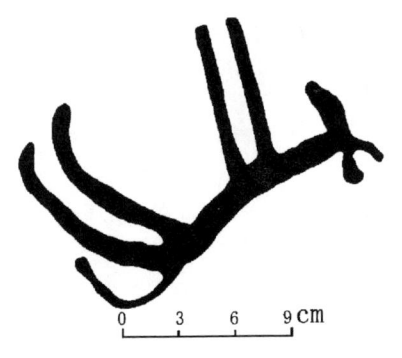

图 2-212 动物岩画 XMAQB-098 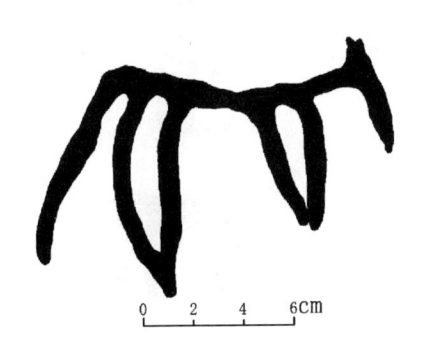　　图 2-213 动物岩画 XMAQB-099

XMAQB-100：地理坐标为北纬44°13′33.63″，东经114°36′06.37″。岩面朝上，尺寸为41cm×60cm。凿刻，刻痕灰褐色，线条造型。调查确认1个单体，1马（图2-214）。

XMAQB-101：地理坐标为北纬44°13′36.64″，东经114°36′07.48″。岩面朝南，尺寸为74cm×67cm。凿刻，刻痕灰褐色，线条造型。调查确认2个单体，2马（图2-215）。

图2-214 动物岩画 XMAQB-100

图2-215 动物岩画 XMAQB-101

XMAQB-102：地理坐标为北纬44°13′36.72″，东经114°36′07.13″。岩面朝南，尺寸为88cm×131cm。凿刻，刻痕黑褐色。调查确认5个单体，1马、3羊、1网格状图像。马的图像为剪影式造型，且刻痕很浅（图2-216）。

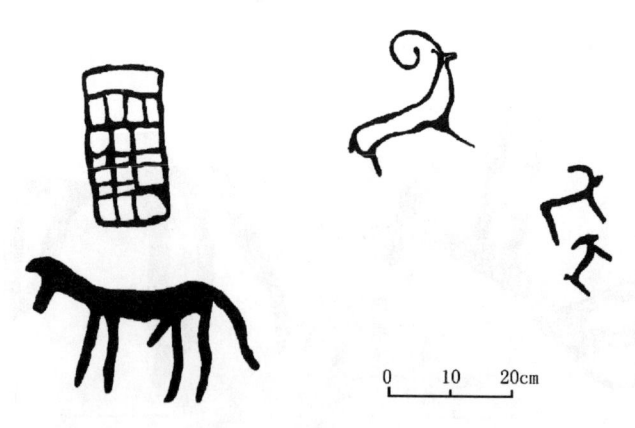

图2-216 动物岩画 XMAQB-102

XMAQB-103：坐标为北纬44°13′36.70″，东经114°36′06.87″。海拔1118m。岩面朝西，尺寸为28cm×50cm。凿刻，刻痕灰色，粗线条形态。调查确认1个单体，1马（图2-217）。

XMAQB-104：地理坐标为北纬44°13′36.69″，东经114°36′06.75″。岩面朝西，尺寸为26cm×27cm。凿刻，刻痕黑褐色，线条造型。调查确认1个单体，1马（图2-218）。

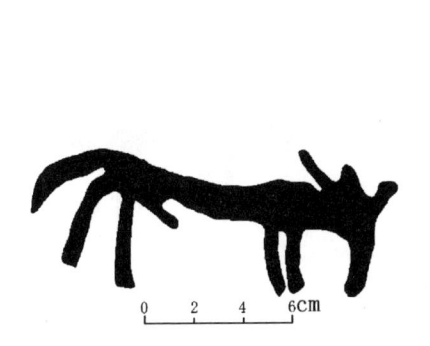

图2-217 动物岩画 XMAQB-103

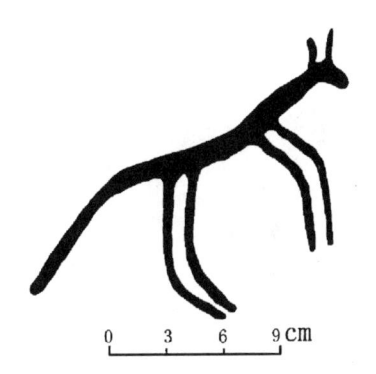

图2-218 动物岩画 XMAQB-104

XMAQB-105：地理坐标为北纬44°13′36.69″，东经114°36′06.75″。岩面朝西，尺寸为26cm×27cm。凿刻，刻痕黄褐色，线条造型，凿点稀疏。调查确认1个单体，1羊（图2-219）。

XMAQB-106：地理坐标为北纬44°13′36.97″，东经114°36′07.44″。岩面朝上，尺寸为67cm×60cm。凿刻，刻痕黑褐色，线条造型。调查确认1个单体，可能为1符号（图2-220）。

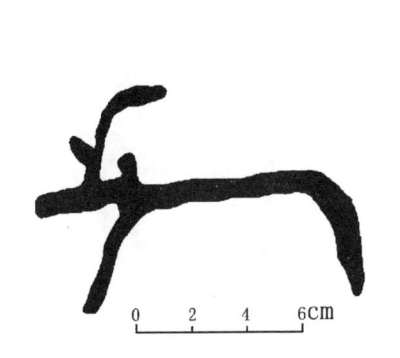

图2-219 动物岩画 XMAQB-105

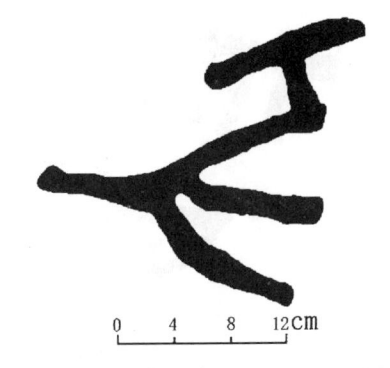

图2-220 符号岩画 XMAQB-106

XMAQB-107：地理坐标为北纬44°13′37.27″，东经114°36′07.27″。海拔1119m。岩面朝东，尺寸为45cm×20cm。凿刻，刻痕灰褐色，剪影式造型。调查确认1个单体，1马（图2-221）。

XMAQB-108：地理坐标为北纬44°13′37.13″，东经114°36′06.79″。岩面朝东，尺寸为42cm×43cm。凿刻，刻痕褐色，刻痕浅，粗线条形态。调查确认1个单体，1鹿（图2-222）。

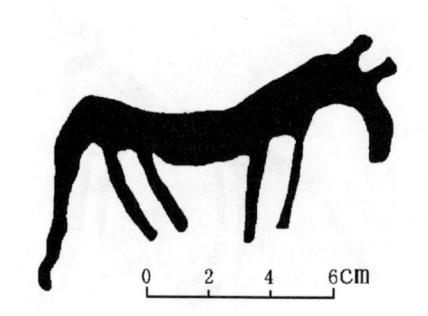

图2-221　动物岩画 XMAQB-107

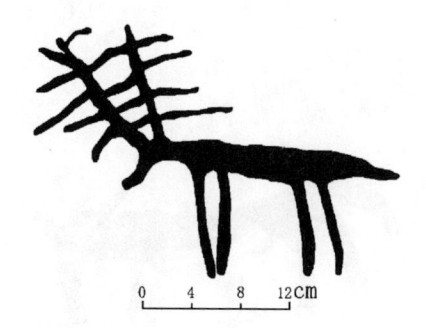

图2-222　动物岩画 XMAQB-108

XMAQB-109：地理坐标为北纬44°13′36.81″，东经114°36′06.20″。岩面朝北，尺寸为40cm×50cm。凿刻，刻痕黑褐色，粗线条形态。调查确认2个单体，2马（图2-223）。

XMAQB-110：地理坐标为北纬44°13′36.83″，东经114°36′06.18″。岩面朝北，尺寸为42cm×27cm。凿刻，刻痕灰褐色，线条造型。调查确认2个单体，可能为2匹马。岩面上方为未完成图像，下方图像的头部因岩面断裂而缺失（图2-224）。

图2-223　动物岩画 XMAQB-109

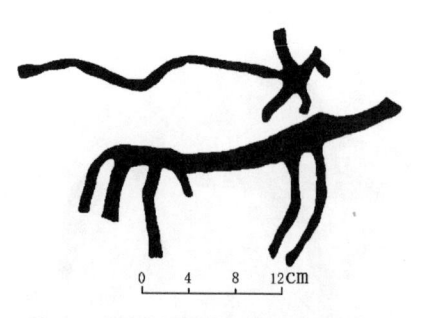

图2-224　动物岩画 XMAQB-110

XMAQB-111：地理坐标为北纬44°13′32.54″，东经114°36′04.20″。岩面朝南，尺寸为34cm×50cm。凿刻，刻痕灰褐色，线条造型。调查确认1个单体，1不可识别动物形象（图2-225）。

XMAQB-112：地理坐标为北纬44°13′32.61″，东经114°36′03.97″。岩面朝南，尺寸为86cm×47cm。凿刻，刻痕黑褐色，线条造型。调查确认3个单体，2人、1马（图2-226）。

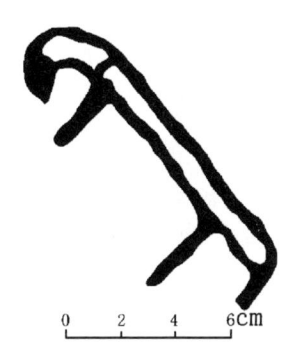

图 2-225　动物岩画 XMAQB-111 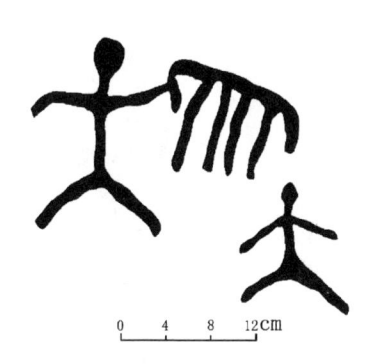　　图 2-226　人物、动物岩画 XMAQB-112

XMAQB-113：地理坐标为北纬44°13′32.57″，东经114°36′03.96″。岩面朝南，尺寸为58cm×44cm。凿刻，刻痕灰褐色，线条非常细。调查确认2个单体，可能为2鹿（图2-227）。

XMAQB-114：地理坐标为北纬44°13′32.42″，东经114°36′03.75″。岩面朝东南，尺寸为25cm×40cm。凿刻，刻痕灰褐色，刻痕较浅，线条造型。调查确认2个单体，可能为2马（图2-228）。

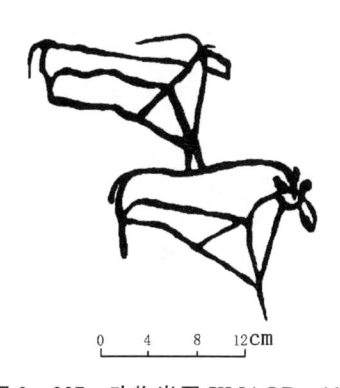

图 2-227　动物岩画 XMAQB-113 　　图 2-228　动物岩画 XMAQB-114

XMAQB-115：地理坐标为北纬44°13′32.40″，东经114°36′03.40″。岩面朝东南，尺寸为63cm×74cm。凿刻，刻痕灰褐色，刻痕浅，粗线条形态。调查确认2个单体，1人、1马（图2-229）。

XMAQB-116：地理坐标为北纬44°13′32.46″，东经114°36′03.45″。岩面朝东南，尺寸为33cm×26cm。凿刻，刻痕灰褐色。调查确认2个单体，2符号（图2-230）。

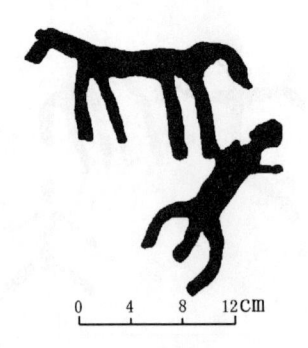

图2-229 人物、动物岩画 XMAQB-115　　图2-230 符号岩画 XMAQB-116

XMAQB-117：地理坐标为北纬44°13′32.46″，东经114°36′03.45″。岩面朝南，尺寸为70cm×73cm。凿刻，刻痕黑褐色，线条较细。调查确认7个单体，1羊、5符号、1不可识别图像（图2-231）。

XMAQB-118：地理坐标为北纬44°13′32.22″，东经114°36′03.67″。岩面朝上，尺寸为72cm×44cm。凿刻，刻痕灰褐色，剪影式造型。调查确认6个单体，4马、2不可识别动物（图2-232）。

图2-231 动物、符号岩画
XMAQB-117

图2-232 动物岩画
XMAQB-118

XMAQB-119：地理坐标为北纬44°13′32.22″，东经114°36′03.43″。岩面朝上，尺寸为72cm×44cm。凿刻，刻痕灰褐色，线条形态。调查确认3个单体图像，1人、1羊、1不可识别图像（图2-233）。

XMAQB-120：地理坐标为北纬44°13′32.24″，东经114°36′03.44″。岩面朝东南，尺寸为83cm×36cm。凿刻，刻痕黑褐色，粗线条形态。确认4个单体，1马、3人（图2-234）。

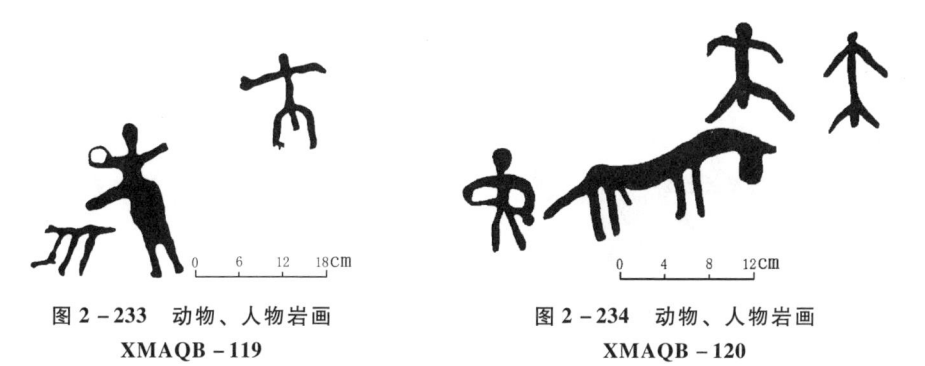

图2-233 动物、人物岩画 XMAQB-119

图2-234 动物、人物岩画 XMAQB-120

XMAQB-121：地理坐标为北纬44°13 32.24″，东经114°36′03.38″。岩面朝东南，尺寸为83cm×36cm。凿刻，刻痕黑褐色，线条造型。图像模糊不清，难以识别（图2-235）。

图2-235 一不可识别岩画 XMAQB-121

XMAQB-122：地理坐标为北纬 44°13′32.16″，东经 114°36′03.12″。岩面朝西北，尺寸为 51cm×86cm。凿刻，刻痕灰褐色，线条造型。调查确认 1 个单体，可能是 1 骆驼（图 2-236）。

XMAQB-123 标尺在调查中未放置。

XMAQB-124：地理坐标为北纬 44°13′31.56″，东经 114°36′02.07″。岩面朝西北，尺寸为 72cm×73cm。凿刻，刻痕灰褐色，线条造型。调查确认 3 个单体，可能为 3 符号（图 2-237）。

图 2-236　动物岩画 XMAQB-122　　　　图 2-237　符号岩画 XMAQB-124

XMAQB-125：地理坐标为北纬 44°13′31.55″，东经 114°36′03.78″。岩面朝南，尺寸为 66cm×100cm。凿刻，刻痕褐色，粗线条形态。调查确认 4 个单体，3 马、1 羊（图 2-238）。

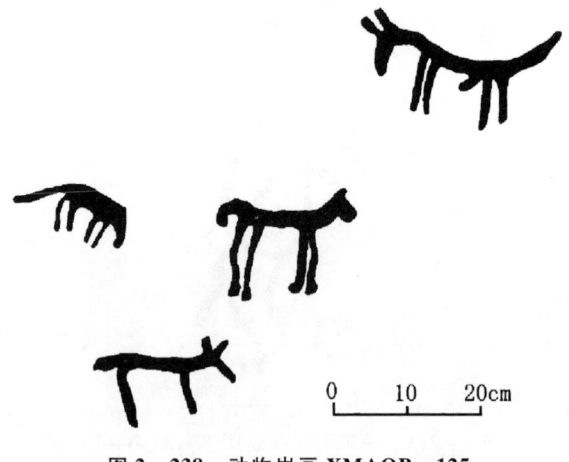

图 2-238　动物岩画 XMAQB-125

XMAQB-126：地理坐标为北纬44°13′31.60″，东经114°36′03.78″。岩面朝南，尺寸为35cm×48cm。凿刻，刻痕褐色，线条造型。调查确认1个单体，1马（图2-239）。

XMAQB-127：地理坐标为北纬44°13′31.54″，东经114°36′03.79″。岩面朝南，尺寸为42cm×58cm。凿刻，刻痕灰褐色，刻痕浅，线条造型。调查确认2个单体，图像模糊不清，不可识别（图2-240）。

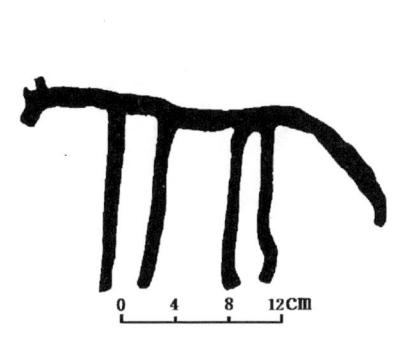

图2-239 动物岩画 XMAQB-126 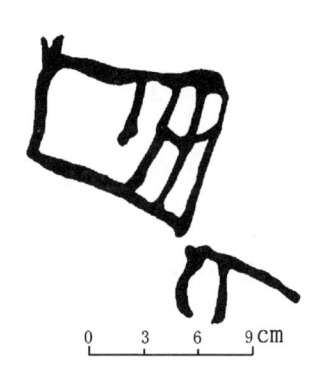　　图2-240 一不可识别岩画 XMAQB-127

XMAQB-128：地理坐标为北纬44°13′31.51″，东经114°36′03.91″。岩面朝南，尺寸为42cm×33cm。凿刻，刻痕褐色，线条造型。调查确认2个单体，2羊。右侧羊的图像叠压另外一个不可识别的图像之上（图2-241）。

XMAQB-129：地理坐标为北纬44°13′31.60″，东经114°36′04.00″。岩面朝南，尺寸为45cm×72cm。凿刻，刻痕褐色，线条造型。调查确认2个单体，1人、1半圆（图2-242）。

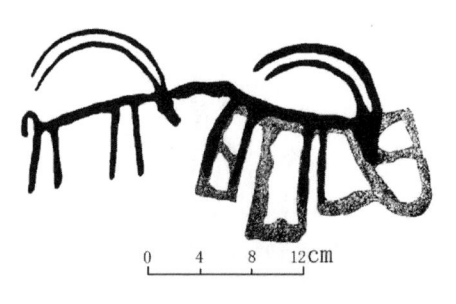

图2-241 动物岩画 XMAQB-128 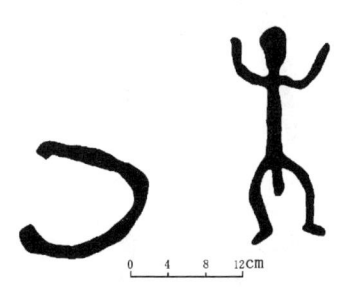　　图2-242 人物、几何形岩画 XMAQB-129

XMAQB - 130：地理坐标为北纬 44°13′31.46″，东经 114°36′04.03″。岩面朝南，尺寸为 57cm×50cm。凿刻，刻痕褐色，粗线条形态。调查确认 1 个单体，1 马（图 2 - 243）。

XMAQB - 131：地理坐标为北纬 44°13′31.57″，东经 114°36′04.20″。岩面朝南，尺寸为 51cm×28cm。凿刻，刻痕褐色，刻痕浅，粗线条形态。调查确认 1 个单体，可能为 1 马（图 2 - 244）。

图 2 - 243　动物岩画 XMAQB - 130 　　　图 2 - 244　动物岩画 XMAQB - 131

XMAQB - 132：地理坐标为北纬 44°13′31.70″，东经 114°36′04.13″。岩面朝南，尺寸为 67cm×94cm。凿刻，刻痕灰褐色，刻痕浅，线条造型。调查确认 1 个单体，不可识别（图 2 - 245）。

XMAQB - 133：地理坐标为北纬 44°13′31.82″，东经 114°36′04.14″。岩面朝南，尺寸为 83cm×50cm。凿刻，刻痕黑褐色，线条造型。调查确认 2 个单体，下方为 1 人物形象，上方可能是 1 猛兽（图 2 - 246）。

图 2 - 245　一不可识别岩画　　　图 2 - 246　动物、人物岩画
　　　　　　XMAQB - 132　　　　　　　　　　　　XMAQB - 133

XMAQB - 134：地理坐标为北纬 44°13′31.86″，东经 114°36′04.45″。

岩面朝南，尺寸为80cm×74cm。凿刻，刻痕黄褐色。调查确认3个单体，2符号、1不可识别动物（图2－247）。

XMAQB－135：地理坐标为北纬44°13′31.71″，东经114°36′04.20″。岩面朝南，尺寸为65cm×64cm。凿刻，刻痕灰褐色，刻痕浅。调查确认1个单体，1人（图2－248）。

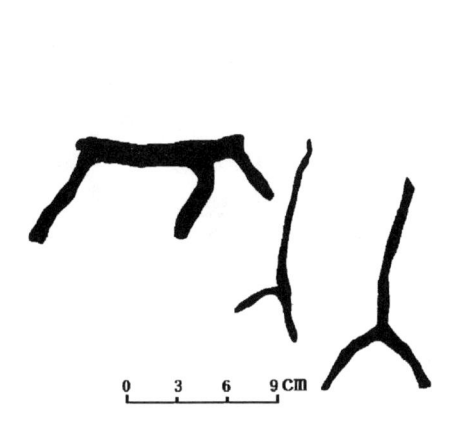

图2－247 符号、动物岩画 XMAQB－134　　图2－248 人物岩画 XMAQB－135

XMAQB－136照片丢失。

XMAQB－137：地理坐标为北纬44°13′31.86″，东经114°36′04.45″。岩面朝南，尺寸为80cm×74cm。凿刻，刻痕褐色，线条造型。调查确认2个单体，1鹿、1人（图2－249）。

XMAQB－138：地理坐标为北纬44°13′31.34″，东经114°36′04.70″。岩面朝南，尺寸为70cm×71cm。凿刻，刻痕灰褐色，剪影式造型。调查确认3个单体，3马（图2－250）。

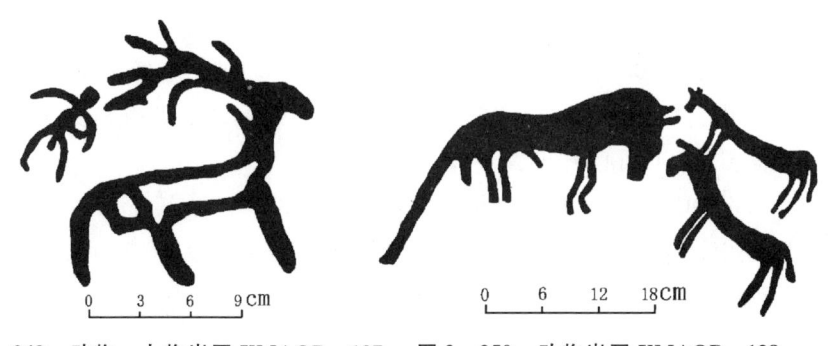

图2－249 动物、人物岩画 XMAQB－137　　图2－250 动物岩画 XMAQB－138

XMAQB-139：地理坐标为北纬 44°13′31.26″，东经 114°36′05.10″。岩面朝东南，尺寸为 59cm×87cm。凿刻，刻痕灰褐色。为使照片清晰，分为两幅。XMAQB-139-01 确认 5 个单体，4 马。左上方可能为 1 人物造型（图 2-251）。XMAQB-139-02 确认 1 个单体，可能为 1 人面像（图 2-252）。

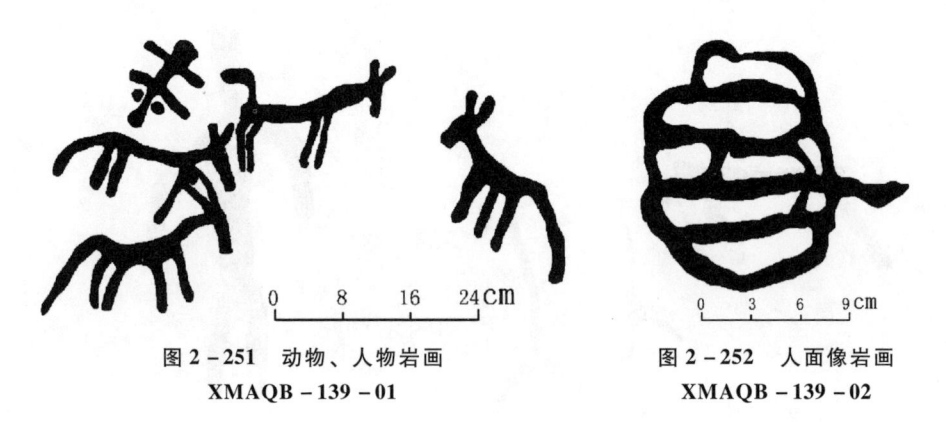

图 2-251　动物、人物岩画 XMAQB-139-01

图 2-252　人面像岩画 XMAQB-139-02

2.3　白兴呼都嘎岩画

白兴呼都嘎岩画群编号为 C 区，白兴呼都嘎，蒙古语为"房子间的井水"，位于阿巴嘎旗旗伊和高勒苏木、阿拉坦嘎达苏嘎查。坐标为北纬 44°24′34.19″，东经 115°16′47.70″，海拔 1126~1224m，属半干旱草原，间有低山、丘陵，山间有极少量的泉水，可见冲刷的河道。

此区域岩画编号 XMAQC-001~178，线图共 175 幅。岩画刻于平坦的岩面上，多分布于山丘的石头上及半山腰处，岩石为玄武岩，有灰色、褐色，硬度为 6 度左右。

XMAQC-001：地理坐标为北纬 44°24′34.19″，东经 115°16′47.70″。岩面朝南，尺寸为 73cm×50cm。磨刻，刻痕灰褐色。调查确认 3 个单体，2 人面图像，1 同心圆（图 2-253）。

XMAQC-002：地理坐标为北纬 44°24′34.29″，东经 115°16′47.77″。岩面朝南，尺寸为 35cm×54cm。磨刻，刻痕灰褐色。调查确认 1 个单体，1 人面图像（图 2-254）。

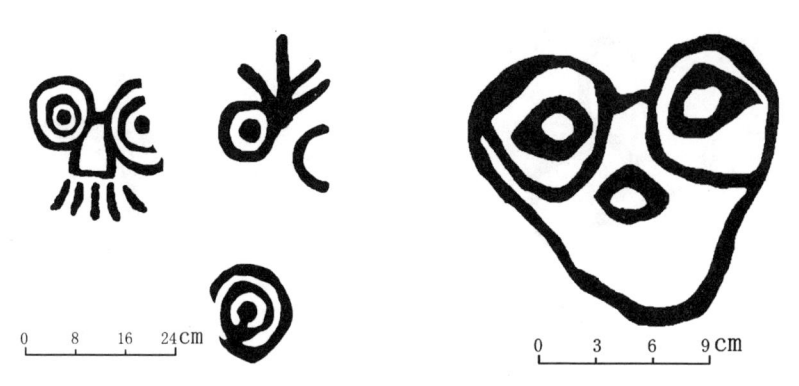

图 2-253　人面像、几何形岩画 XMAQC-001　　图 2-254　人面像岩画 XMAQC-002

　　XMAQC-003：地理坐标为北纬 44°24′34.28″，东经 115°16′47.66″。岩面朝西，尺寸为 52cm×30cm。磨刻，刻痕灰褐色。调查确认 1 个单体，1 人面像（图 2-255）。

　　XMAQC-004：地理坐标为北纬 44°24′35.19″，东经 115°16′47.32″。岩面朝南，尺寸为 67cm×125cm。凿刻，刻痕黑褐色。调查确认 1 个单体，1 马（图 2-256）。

图 2-255　人面像岩画 XMAQC-003　　图 2-256　动物岩画 XMAQC-004

　　XMAQC-005：地理坐标为北纬 44°24′35.31″，东经 115°16′47.69″。岩面朝南，尺寸为 84cm×54cm。凿刻，刻痕黄褐色，线条造型。调查确认 1 个单体，图像不可识别（图 2-257）。

　　XMAQC-006：地理坐标为北纬 44°24′35.30″，东经 115°16′47.73″。岩面朝南，尺寸为 20cm×25cm。凿刻，刻痕黄褐色，线条造型。调查确认 1 个单体，1 人（图 2-258）。

图 2 - 257　一不可识别岩画 XMAQC - 005　　　图 2 - 258　人物岩画 XMAQC - 006

　　XMAQC - 007：地理坐标为北纬 44°24′35.22″，东经 115°16′47.85″。岩面朝南，尺寸为 180cm×134cm。凿刻，刻痕黑褐色，线条造型。调查确认 6 个单体，3 马、3 羊（图 2 - 259）。

　　XMAQC - 008：地理坐标为北纬 44°24′35.03″，东经 115°16′48.20″。岩面朝西，尺寸为 87cm×50cm。凿刻，刻痕黑褐色，剪影式造型。调查确认 2 个单体，2 鹿（图 2 - 260）。

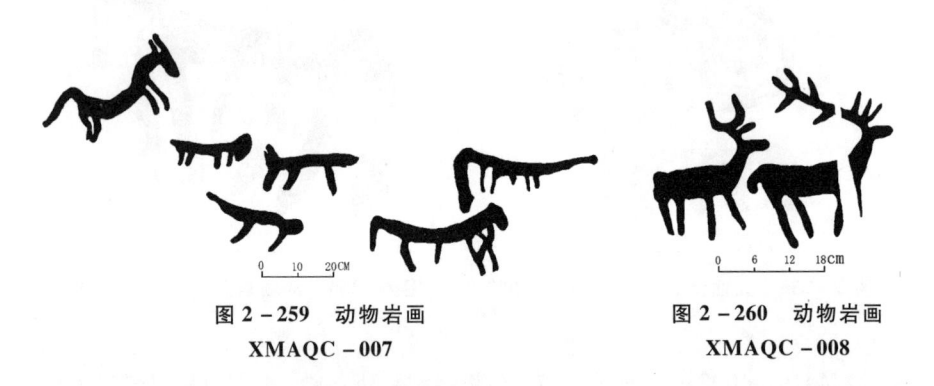

图 2 - 259　动物岩画　　　　　　图 2 - 260　动物岩画
　　　XMAQC - 007　　　　　　　　　　XMAQC - 008

　　XMAQC - 009：地理坐标为北纬 44°24′34.95″，东经 115°16′48.29″。岩面朝西，尺寸为 63cm×111cm。磨刻，刻痕黑褐色。调查确认 6 个单体，1 鹿、1 符号、4 同心圆、1 不可识别动物。同心圆为磨刻（有 2 个相连），线条造型。鹿为剪影式造型（图 2 - 261）。

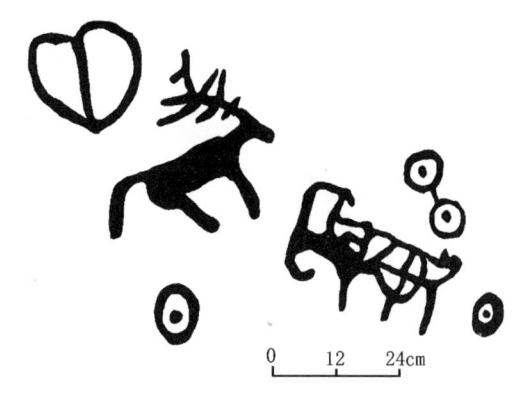

图 2-261　几何形、动物、符号岩画 XMAQC-009

XMAQC-010：地理坐标为北纬 44°24′34.94″，东经 115°16′48.52″。岩面朝南，尺寸为 34cm×47cm。凿刻，刻痕黑褐色。调查确认 1 个单体，可能为 1 马（图 2-262）。

XMAQC-011：地理坐标为北纬 44°24′35.75″，东经 115°16′47.58″。岩面朝南，尺寸为 34cm×47cm。凿刻，刻痕黑褐色，线条造型。调查确认 1 个单体，不可识别（图 2-263）。

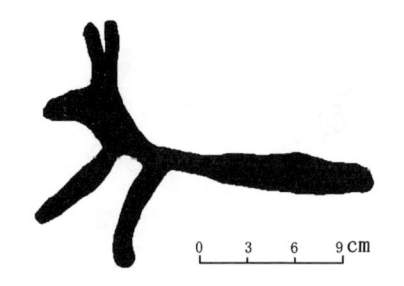

图 2-262　动物岩画 XMAQC-010 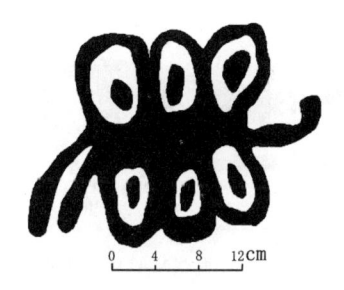　　图 2-263　一不可识别岩画 XMAQC-011

XMAQC-012：地理坐标为北纬 44°24′35.46″，东经 115°16′47.41″。岩面朝西，尺寸为 48cm×128cm。凿刻，刻痕黑褐色。调查确认 2 个单体，1 符号、1 鹿。鹿的形象为剪影式造型（图 2-264）。

XMAQC-013：地理坐标为北纬 44°24′37.83″，东经 115°16′53.22″。岩面朝南，尺寸为 40cm×65cm。凿刻，刻痕黑褐色，线条造型。调查确认 1 个单体，1 人（图 2-265）。

图 2-264　符号、动物岩画 XMAQC-012 　　图 2-265　人物岩画 XMAQC-013

XMAQC-014：地理坐标为北纬 44°24′35.35″，东经 115°16′44.96″。岩面朝上，尺寸为 115cm×150cm。磨刻，刻痕黑褐色。调查确认 2 个单体，刻画于 1 块岩石两个岩面上，1 符号、1 同心圆（图 2-266 和图 2-267）。

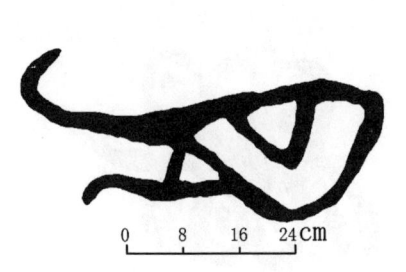

图 2-266　符号岩画 XMAQC-014-1 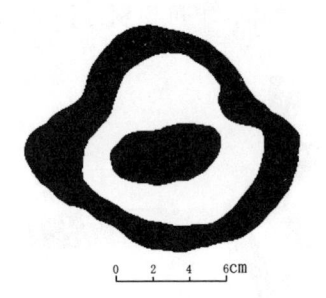　　图 2-267　几何形岩画 XMAQC-014-2

XMAQC-015：地理坐标为北纬 44°24′35.98″，东经 115°16′44.28″。岩面朝西南，尺寸为 54cm×130cm。磨刻，刻痕褐色。调查确认 1 个单体，1 符号（图 2-268）。

XMAQC-016：地理坐标为北纬 44°24′35.31″，东经 115°16′44.12″。岩面朝上，尺寸为 90cm×150cm。凿刻，刻痕黑褐色，线条造型。调查确认 5 个单体，下方可能为 1 同心圆、1 人面像，上方 2 羊、1 马（图 2-269）。

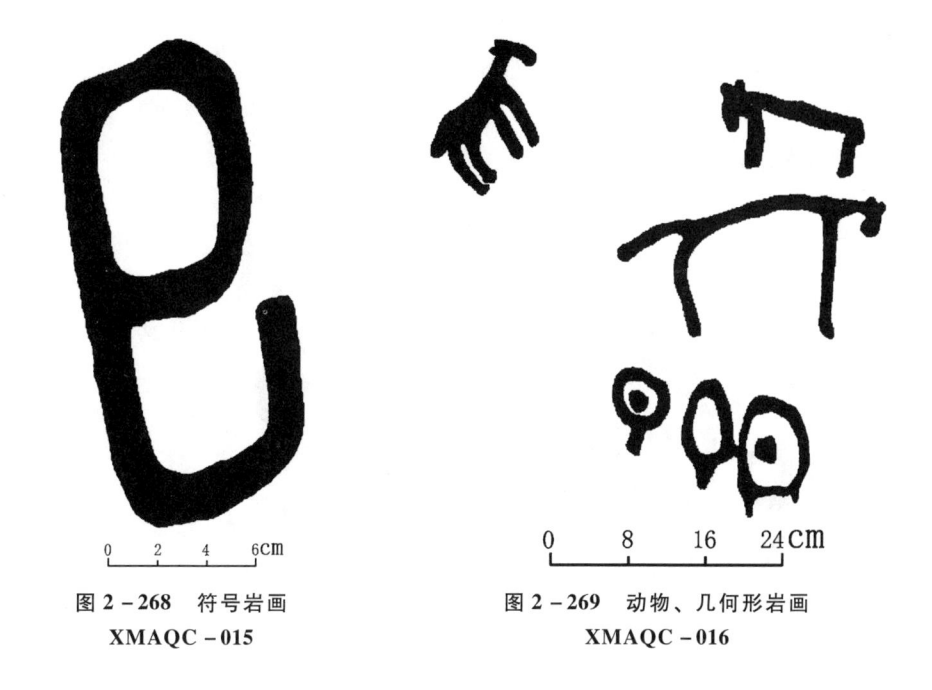

图 2 - 268　符号岩画
XMAQC - 015

图 2 - 269　动物、几何形岩画
XMAQC - 016

XMAQC - 017：地理坐标为北纬 44°24′35.33″，东经 115°16′44.47″。岩面朝南，尺寸为 45cm×58cm。凿刻，刻痕褐色，粗线条形态。调查确认 1 个单体，1 马（图 2 - 270）。

XMAQC - 018：地理坐标为北纬 44°24′34.64″，东经 115°16′44.35″。岩面朝东北，尺寸为 33cm×30cm。磨刻，刻痕黑褐色。调查确认 1 个单体，1 同心圆（图 2 - 271）。

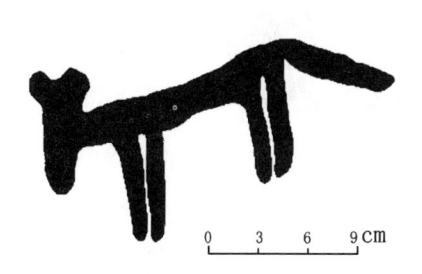

图 2 - 270　动物岩画 XMAQC - 017

图 2 - 271　几何形岩画 XMAQC - 018

XMAQC - 019：地理坐标为北纬 44°24′34.61″，东经 115°16′44.47″。岩面朝南，尺寸为 82cm×45cm。凿刻，刻痕黑褐色，线条造型。调查确认 5 个单体，4 同心圆、1 组凹穴（图 2 – 272）。

XMAQC – 020：地理坐标为北纬 44°24′34.15″，东经 115°16′43.72″。岩面朝东南，尺寸为 99cm×42cm。磨刻，刻痕褐色，线条造型。调查确认 6 个单体，6 同心圆（图 2 – 273）。

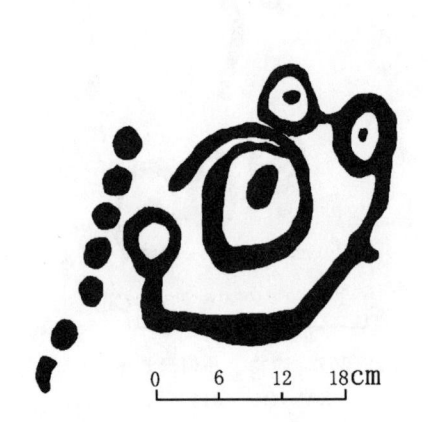

图 2 – 272　几何形岩画 XMAQC – 019 　　图 2 – 273　几何形岩画 XMAQC – 020

XMAQC – 021：地理坐标为北纬 44°24′34.15″，东经 115°16′43.72″。岩面朝东南，尺寸为 99cm×42cm。磨刻，刻痕褐色，线条造型。调查确认 10 个单体，7 人面形象，3 同心圆（图 2 – 274）。

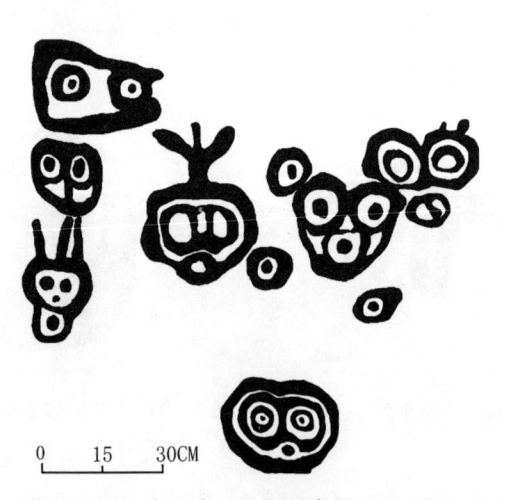

图 2 – 274　人面像、几何形岩画 XMAQC – 021

XMAQC-022：地理坐标为北纬 44°24′33.84″，东经 115°16′45.25″。岩面朝南，尺寸为 108cm×120cm。磨刻，刻痕黄褐色，线条造型。调查确认 3 个单体，2 圆形图像，右侧图像不可识别（图 2-275）。

XMAQC-023：地理坐标为北纬 44°24′33.58″，东经 115°16′45.60″。岩面朝西南，尺寸为 96cm×80cm。磨刻，为刻痕灰褐色。调查确认 2 个单体，1 人面像、1 同心圆（图 2-276）。

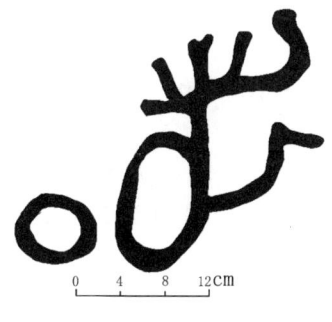

图 2-275　几何形岩画 XMAQC-022

图 2-276　人面像、同心圆岩画 XMAQC-023

XMAQC-024：地理坐标为北纬 44°24′36.62″，东经 115°16′45.76″。岩面朝东，尺寸为 96cm×80cm。磨刻，刻痕褐色。调查确认 1 个单体，1 人面像（图 2-277）。

XMAQC-025：地理坐标为北纬 44°24′33.60″，东经 115°16′45.39″。岩面朝东，尺寸为 70cm×39cm。磨刻，刻痕褐色。调查确认 2 个单体，1 人面像、1 线条（图 2-278）。

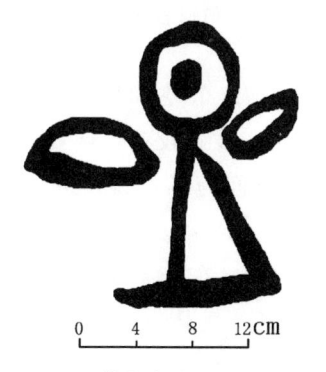

图 2-277　符号岩画 XMAQC-024

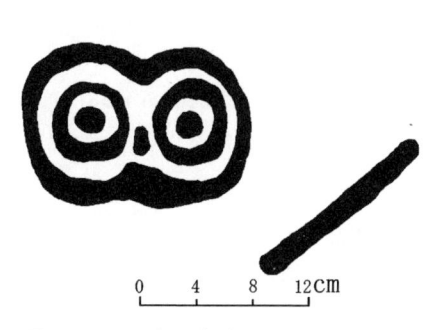

图 2-278　人面像岩画 XMAQC-025

XMAQC-026：地理坐标为北纬 44°24′33.62″，东经 115°16′45.81″。岩面朝南，尺寸为 58cm×168cm。磨刻，为刻痕黄褐色。调查确认 2 个单体，1 同心圆、1 组圆圈（图 2-279）。

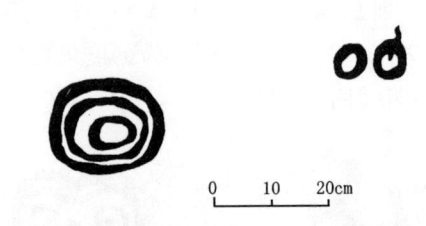

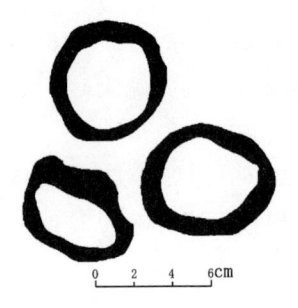

图 2-279　同心圆、几何形岩画 XMAQC-026

XMAQC-027：地理坐标为北纬 44°24′34.05″，东经 115°16′45.73″。岩面朝西，尺寸为 86cm×74cm。凿刻，刻痕褐色。调查确认 3 个单体，3 圆圈（图 2-280）。

XMAQC-028：地理坐标为北纬 44°24′34.02″，东经 115°16′46.75″。岩面朝东，尺寸为 61cm×124cm。磨刻，刻痕褐色，岩面风化严重。调查确认 1 个单体，1 圆圈（图 2-281）。

图 2-280　几何形岩画 XMAQC-027　　图 2-281　几何形岩画 XMAQC-028

XMAQC-029：地理坐标为北纬 44°24′34.14″，东经 115°16′43.55″。岩面朝东，尺寸为 60cm×38cm。磨刻，刻痕褐色，线条较粗。调查确认 1 个单体、2 组符号。左侧为椭圆形图像，右侧和中间为三条竖线组成的符号（图 2-282）。

XMAQC-030：地理坐标为北纬 44°24′34.53″，东经 115°16′43.42″。岩面朝南，尺寸为 23cm×70cm。凿刻，刻痕褐色，剪影式造型。调查确认 2 个单体，2 马（图 2-283）。

图2-282 符号、几何形岩画
XMAQC-029

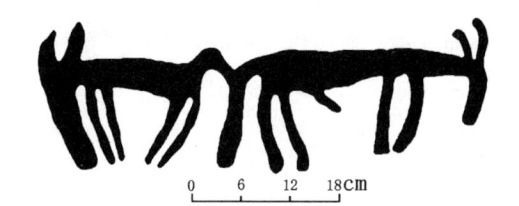

图2-283 动物岩画
XMAQC-030

XMAQC-031：地理坐标为北纬44°24′35.14″，东经115°16′43.50″。岩面朝南，尺寸为88cm×44cm。凿刻，刻痕褐色。岩面上半部分风化严重，仅留下半部分的图像，左侧可能为1动物，右侧图案不可识别（图2-284）。

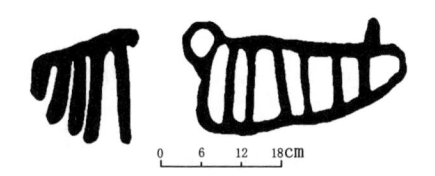

图2-284 动物、符号岩画 XMAQC-031

XMAQC-032：地理坐标为北纬44°24′35.62″，东经115°16′42.01″。岩面朝南，尺寸为130cm×46cm。右上方的两个同心圆为磨刻，其余图像为凿刻，刻痕褐色。调查确认17个单体，8同心圆、1面像、1圆圈、1车轮、2羊、1方格状图案、3带"触角"的不可识别图案（图2-285）。

图2-285 几何形、人面像、动物岩画 XMAQC-032

XMAQC-033：地理坐标为北纬44°24′34.78″，东经115°16′42.90″。岩面朝南，尺寸为76cm×62cm。凿刻，刻痕褐色。调查确认6个单体，5马、1人（图2-286）。

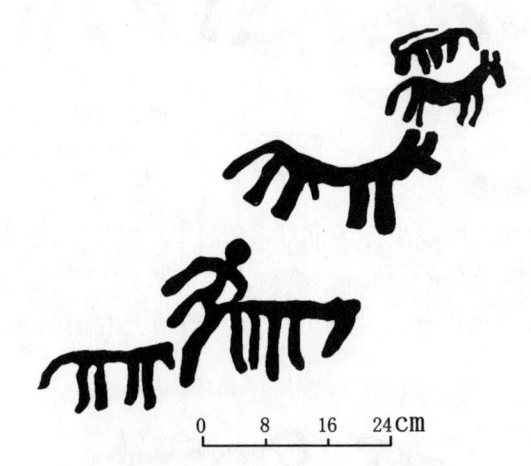

图2-286 动物、人物岩画 XMAQC-033

XMAQC-034：地理坐标为北纬44°24′34.64″，东经115°16′42.57″。岩面朝南，尺寸为127cm×93cm。磨刻，刻痕褐色。调查确认7个单体，4马、2同心圆、1符号（图2-287）。

XMAQC-035：地理坐标为北纬44°24′34.59″，东经115°16′42.34″。岩面朝上，尺寸为17cm×44cm，磨刻，刻痕褐色。调查确认1个单体，上方岩面剥落，图像残缺，不可识别（图2-288）。

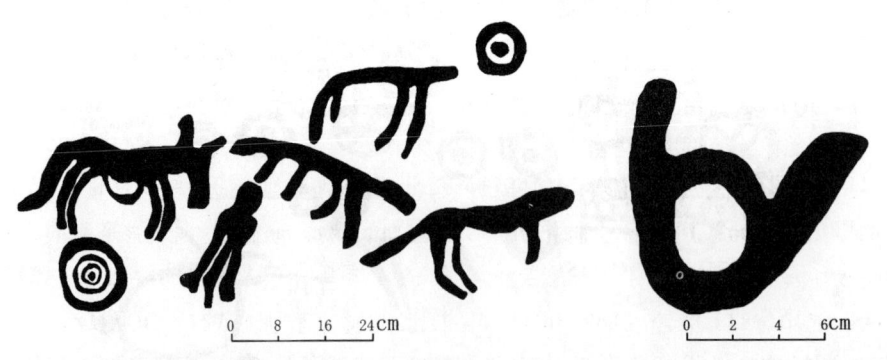

图2-287 动物、几何形、符号岩画 XMAQC-034

图2-288 一不可识别岩画 XMAQC-035

XMAQC－036：地理坐标为北纬44°24′34.59″，东经115°16′42.34″。岩面朝上，尺寸为17cm×44cm。磨刻，刻痕褐色。调查确认8个单体，5同心圆、2人面图像、1圆圈（图2－289）。

XMAQC－037：地理坐标为北纬44°24′35.95″，东经115°16′38.75″。岩面朝东南，尺寸为107cm×90cm。凿刻，刻痕褐色。调查确认11个单体，7同心圆、2圆圈、1马、1方形图案（图2－290）。

图2－289　几何形、人面像岩画　XMAQC－036

图2－290　几何形、动物岩画　XMAQC－037

XMAQC－038：地理坐标为北纬44°24′35.54″，东经115°16′39.20″。岩面朝东南，尺寸为107cm×90cm。凿刻，刻痕褐色。调查确认6个单体，5同心圆、1圆圈，岩面一半面积被石斑覆盖（图2－291）。

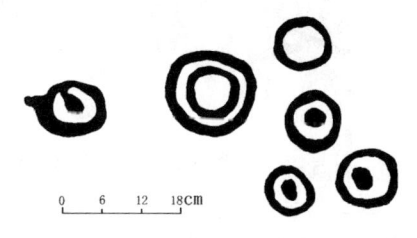

图2－291　几何形岩画 XMAQC－038

XMAQC－039：地理坐标为北纬44°24′35.95″，东经115°16′38.75″。岩面朝东南，尺寸为107cm×90cm。磨刻，刻痕褐色。调查确认5个单体，3同心圆、1人面像、1方形图案（图2－292）。

XMAQC－040：地理坐标为北纬44°24′35.69″，东经115°16′38.49″。岩面朝西，尺寸为54cm×80cm。凿刻，刻痕褐色，线条造型。调查确认1个单体，不可识别，可能是1人面图像（图2－293）。

图 2-292　几何形、人面像岩画　　　图 2-293　人面像岩画
　　　　XMAQC-039　　　　　　　　　　　XMAQC-040

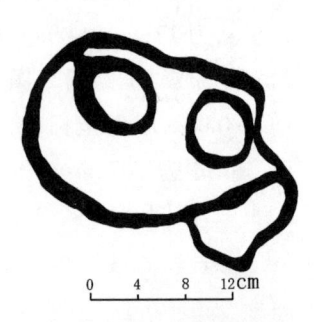

　　XMAQC-041：地理坐标为北纬 44°24′35.58″，东经 115°16′38.09″。岩面朝西，尺寸为 187cm×80cm。有凿刻。同心圆有的为磨刻，有的为凿刻，刻痕褐色。调查确认 20 个单体，2 符号、3 圆圈、9 同心圆、1 牛、2 马、1 组凹穴、2 不可识别图像。图像有叠压（图 2-294）。

图 2-294　符号、几何形、动物岩画 XMAQC-041

　　XMAQC-042：地理坐标为北纬 44°24′35.61″，东经 115°16′37.70″。岩面朝北，尺寸为 32cm×54cm。磨刻，刻痕褐色。调查确认 1 个单体，1 符号。符号刻画出 6 圆点，构成长方形，中间 1 较粗线段，两边各 3 圆形凹点。其中左 1 圆点与粗线段相连（图 2-295）。

　　XMAQC-043：为保证图片清晰，分为左、右两幅。XMAQC-043-1 的地理坐标为北纬 44°24′35.11″，东经 115°16′43.92″。岩面朝西，尺寸为 76cm×20cm。凿刻，刻痕褐色，线条造型。调查确认 1 个单体，1 马（图 2-296）。XMAQC-043-2 的地理坐标为北纬 44°24′36.20″，东经 115°16′37.70″。岩面朝南，尺寸为 17cm×69cm。磨刻，刻痕褐色，线条造型。调查确认1个单体，1人面像（图2-297）。

图2-295 符号岩画 XMAQC-042

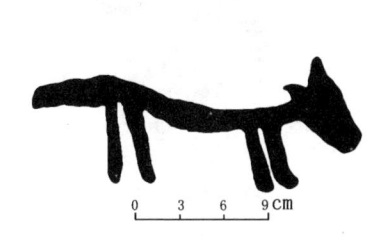

图2-296 动物岩画 XMAQC-043-1

XMAQC-044：地理坐标为北纬44°24′35.22″，东经115°16′34.35″。岩面朝西，尺寸为75cm×50cm。凿刻，刻痕褐色，刻痕较浅。仅可识别出1线条，其余模糊不清（图2-298）。

图2-297 人面像岩画
XMAQC-043-2

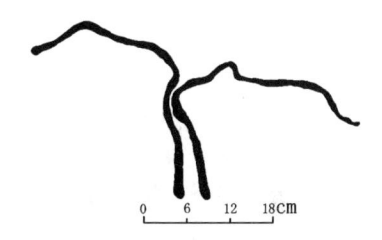

图2-298 一不可识别岩画
XMAQC-044

XMAQC-045：地理坐标为北纬44°24′35.48″，东经115°16′32.63″。岩面朝西南，尺寸为78cm×50cm。磨刻，刻痕褐色。调查确认2个单体，1符号、1人面像（图2-299）。

XMAQC-046：地理坐标为北纬44°24′35.36″，东经115°16′32.60″。岩面朝西南，尺寸为80cm×45cm。磨刻，刻痕褐色。调查确认5个单体，2同心圆、3人面像（图2-300）。

XMAQC-047：地理坐标为北纬44°24′35.60″，东经115°16′32.29″。岩面朝南，尺寸为103cm×53cm。凿刻，刻痕褐色。调查确认3个单体，左侧可能是2人物，也可能是符号，右侧图像的部分线条模糊不清，不可识别（图 2 – 301）。

图 2 – 299 符号、人面像岩画
XMAQC – 045

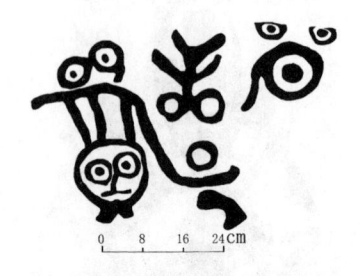

图 2 – 300 人面像、几何形岩画
XMAQC – 046

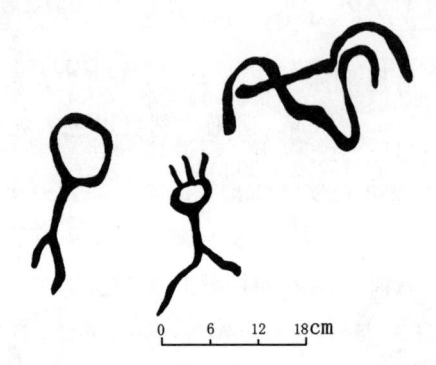

图 2 – 301 一不可识别岩画 XMAQC – 047

XMAQC – 048：地理坐标为北纬 44°24′35.66″，东经 115°16′32.40″。岩面朝东南，尺寸为 87cm×30cm。磨刻，刻痕褐色，线条较粗。调查确认 1 个单体，1 同心圆（图 2 – 302）。

XMAQC – 049：地理坐标为北纬 44°24′36.42″，东经 115°16′30.76″。岩面朝东，尺寸为 52cm×132cm。磨刻，刻痕褐色。调查确认 4 个单体，2 人面图像、1 同心圆、1 圆圈（图 2 – 303）。

XMAQC – 050：地理坐标为北纬 44°24′36.42″，东经 115°16′30.26″。岩面朝上，尺寸为 66cm×110cm。磨刻，刻痕褐色。调查确认 3 个单体，2 同心圆、1 人面图像（图 2 – 304）。

XMAQC – 051：地理坐标为北纬 44°24′40.25″，东经 115°16′42.92″。岩面朝南，尺寸为 29cm×51cm。凿刻，刻痕褐色。调查确认 1 个单体，1 马（图 2 – 305）。

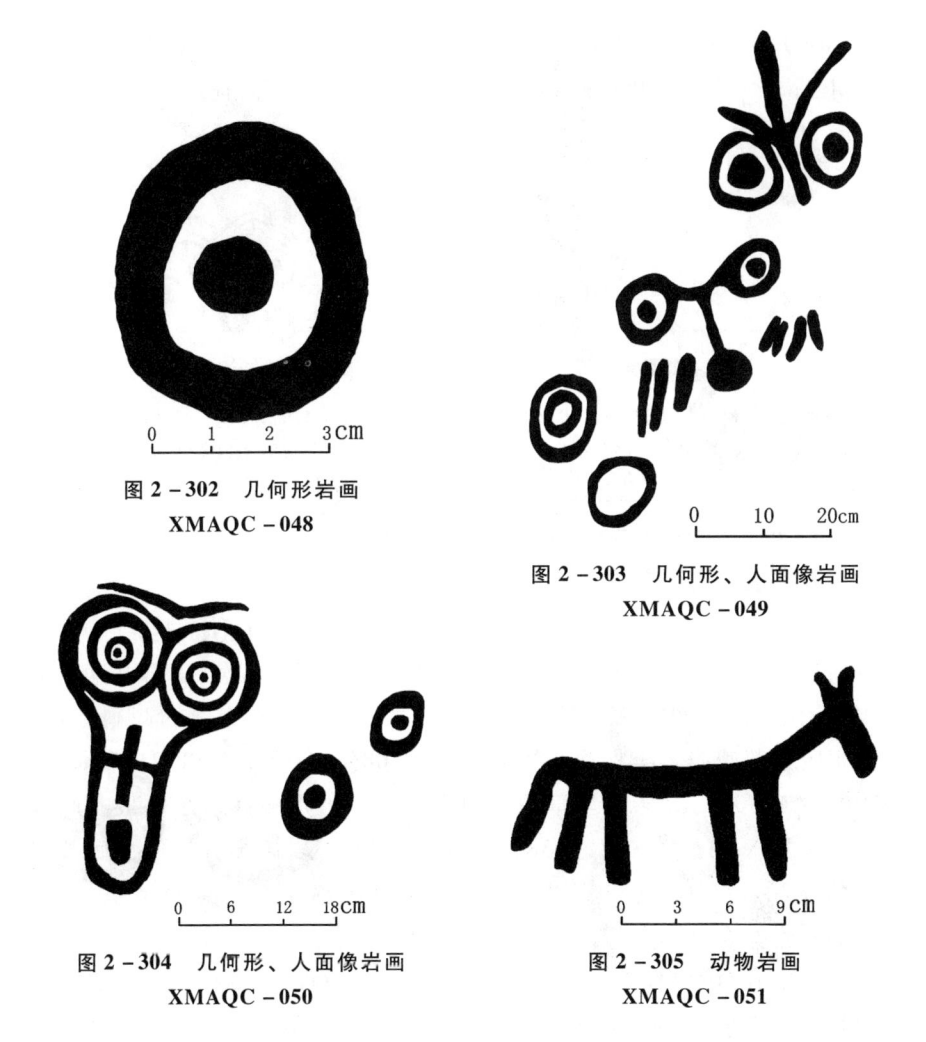

图 2-302　几何形岩画
XMAQC-048

图 2-303　几何形、人面像岩画
XMAQC-049

图 2-304　几何形、人面像岩画
XMAQC-050

图 2-305　动物岩画
XMAQC-051

XMAQC-052：地理坐标为北纬44°24′40.34″，东经115°16′43.04″。岩面朝南，尺寸为80cm×64cm。凿刻，刻痕褐色。调查确认2个单体，1马、1人面像（图2-306）。

XMAQC-053：地理坐标为北纬44°24′40.34″，东经115°16′43.01″。岩面朝上，尺寸为130cm×85cm。凿刻，刻痕褐色。调查确认7个单体，3同心圆、4人面像（图2-307）。

XMAQC-054：地理坐标为北纬44°24′46.92″，东经115°16′33.48″。岩面朝西，尺寸为77cm×47cm。磨刻，刻痕褐色。调查确认3个单体，1圆圈、1同心圆、1人面像（图2-308）。

XMAQC－055：地理坐标为北纬 44°24′47.15″，东经 115°16′33.47″。岩面朝西南，尺寸为 80cm×23cm。凿刻，刻痕褐色。调查确认 3 个单体，2 车轮、1 动物（图 2－309）。

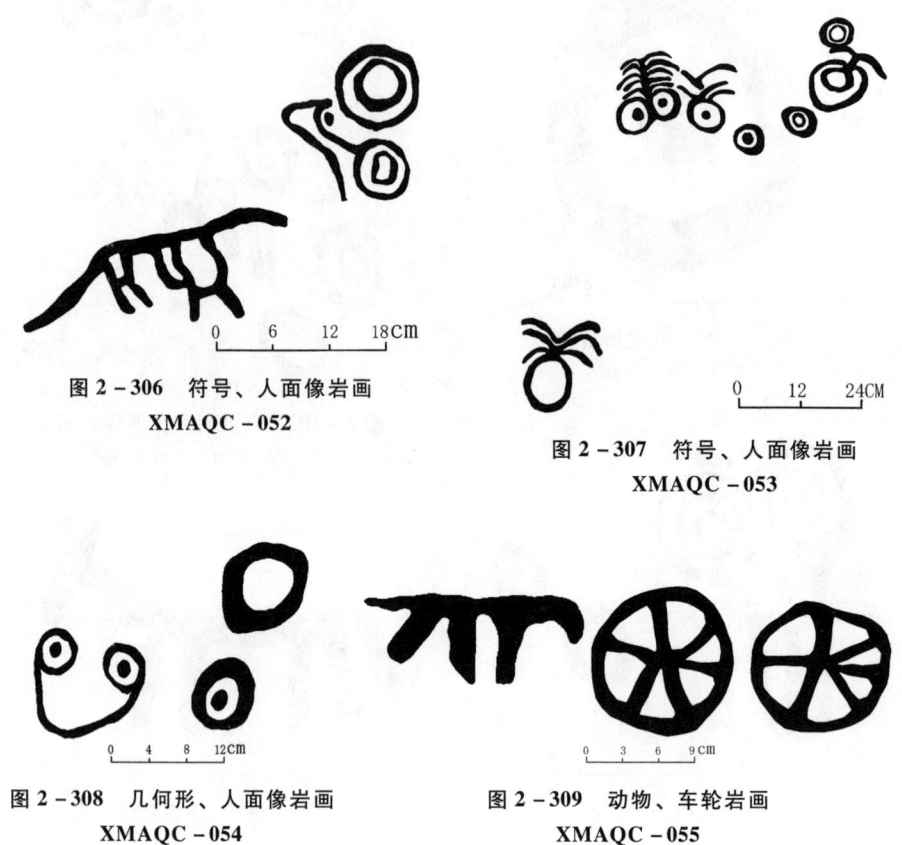

图 2－306　符号、人面像岩画
XMAQC－052

图 2－307　符号、人面像岩画
XMAQC－053

图 2－308　几何形、人面像岩画
XMAQC－054

图 2－309　动物、车轮岩画
XMAQC－055

XMAQC－056：地理坐标为北纬 44°24′48.04″，东经 115°16′33.19″。岩面朝上，尺寸为 83cm×42cm。磨刻，刻痕褐色。调查确认 1 个单体，1 人面像（图 2－310）。

XMAQC－057：地理坐标为北纬 44°24′48.14″，东经 115°16′33.00″。岩面朝西北，尺寸为 44cm×39cm。磨刻，刻痕褐色。调查确认 1 个单体，1 箭头（图 2－311）。

XMAQC－058：地理坐标为北纬 44°24′48.67″，东经 115°16′34.85″。岩面朝上，尺寸为 41cm×30cm。凿刻，刻痕褐色。调查确认 1 个单体，1 符号（图 2－312）。

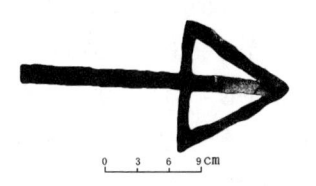

图 2-310　人面像岩画 XMAQC-056　　图 2-311　符号岩画 XMAQC-057

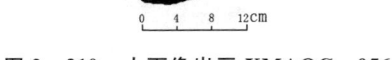

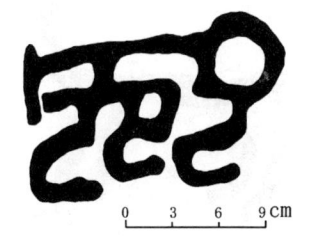

图 2-312　符号岩画 XMAQC-058

XMAQC-059：地理坐标为北纬 44°24′49.60″，东经 115°16′30.89″。岩面朝上，尺寸为 39cm×43cm。凿刻，刻痕褐色。调查确认 2 个单体，1 组圆形凹穴、1 由凹穴和线条组成的符号（图 2-313）。

XMAQC-060：地理坐标为北纬 44°24′49.63″，东经 115°16′30.67″。岩面朝上，尺寸为 59cm×40cm。凿刻，刻痕褐色。调查确认 3 个单体，3 圆圈（图 2-314）。

图 2-313　符号、凹穴岩画
XMAQC-059

图 2-314　几何形岩画
XMAQC-060

XMAQC-061：地理坐标为北纬 44°24′52.45″，东经 115°16′29.38″。

岩面朝上，尺寸为 66cm×40cm。凿刻，刻痕褐色，线条较粗。调查确认 1 个单体，1 羊（图 2 – 315）。

XMAQC – 062：地理坐标为北纬 44°24′55.06″，东经 115°16′25.67″。岩面朝上，尺寸为 66cm×40cm。磨刻，刻痕褐色。调查确认 1 个单体，1 同心圆（图 2 – 316）。

图 2 – 315　动物岩画 XMAQC – 061 　　图 2 – 316　几何形岩画 XMAQC – 062

XMAQC – 063：地理坐标为北纬 44°25′04.44″，东经 115°16′31.13″。岩面朝西南，尺寸为 45cm×40cm。磨刻，刻痕褐色。调查确认 1 个单体，1 同心圆（图 2 – 317）。

XMAQC – 064：地理坐标为北纬 44°25′04.48″，东经 115°16′31.21″。岩面朝南，尺寸为 72cm×70cm。磨刻，刻痕褐色。调查确认 2 个单体，2 同心圆。与 XMAQC – 063 岩画位于一块岩石上（图 2 – 318）。

图 2 – 317　几何形岩画 XMAQC – 063 　　图 2 – 318　几何形岩画 XMAQC – 064

XMAQC – 065：地理坐标为北纬 44°25′04.48″，东经 115°16′31.21″。岩面朝上，尺寸为 72cm×70cm。凿刻，刻痕褐色。调查确认 2 个单体，2 圆圈，右侧可能还有图像，但被石斑覆盖，已不可识别（图 2 – 319）。

XMAQC – 066：地理坐标为北纬 44°24′52.14″，东经 115°16′55.41″。

岩面朝西南，尺寸为 37cm×40cm。凿刻，刻痕褐色，线条造型。调查确认 3 个单体，1 羊、2 圆圈（图 2-320）。

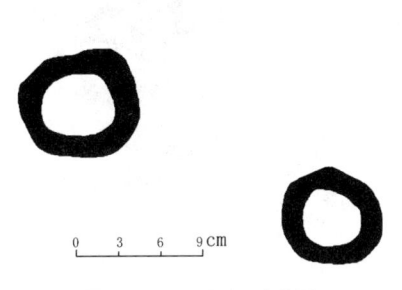

图 2-319　几何形岩画
XMAQC-065

图 2-320　动物、几何形岩画
XMAQC-066

XMAQC-067：地理坐标为北纬 44°24′52.14″，东经 115°16′55.41″。岩面朝西南，尺寸为 37cm×40cm。凿刻，刻痕褐色，刻痕较浅。调查确认 1 个单体，1 符号（图 2-321）。

XMAQC-068：地理坐标为北纬 44°24′45.54″，东经 115°17′00.96″。岩面朝北，尺寸为 45cm×94cm。凿刻，刻痕褐色。调查确认 10 个单体，1 人面像、3 圆、1 同心圆、1 符号、3 竖线、1 不可识别图像（图 2-322）。

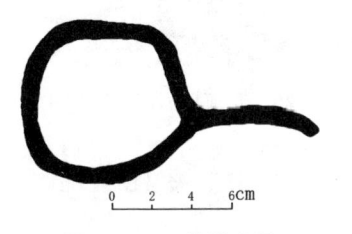

图 2-321　符号岩画
XMAQC-067

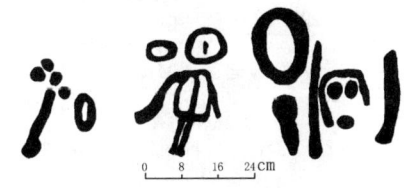

图 2-322　符号、人面像、几何形岩画
XMAQC-068

XMAQC-069：地理坐标为北纬 44°24′45.54″，东经 115°17′00.96″。岩面朝北，尺寸为 50cm×21cm。凿刻，刻痕褐色，刻痕较深。调查确认 4 个单体，2 同心圆、1 圆圈，左侧可能为 1 人物（图 2-323）。

XMAQC-070：地理坐标为北纬 44°24′45.39″，东经 115°17′01.19″。岩面朝南，尺寸为 38cm×60cm。凿刻，刻痕褐色，线条造型。调查确认 1 个单体，1 不可识别动物形象（图 2-324）。

图 2–323　几何形岩画
XMAQC–069

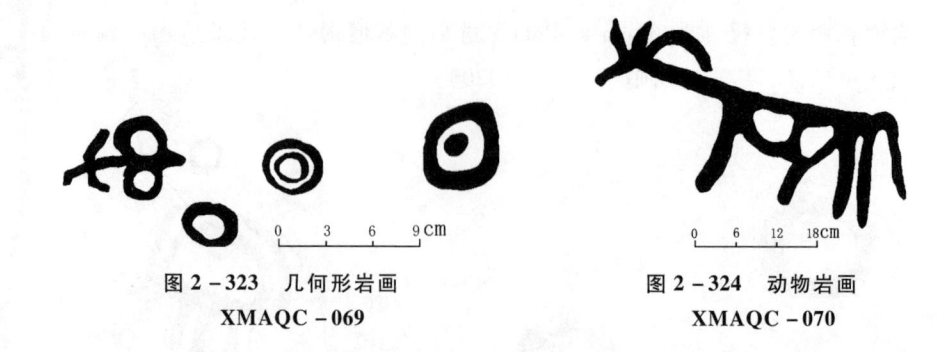

图 2–324　动物岩画
XMAQC–070

XMAQC–071：地理坐标为北纬 44°24′45.53″，东经 115°17′01.41″。岩面朝南，尺寸为 23cm×69cm。凿刻，刻痕褐色。调查确认 2 个单体，2 人面像。图像上方因岩面断裂而缺失（图 2–325）。

XMAQC–072：地理坐标为北纬 44°24′45.50″，东经 115°17′01.65″。岩面朝南，尺寸为 26cm×77cm。磨刻，刻痕褐色，刻痕较深。调查确认 4 个单体，2 圆圈、2 同心圆（图 2–326）。

图 2–325　人面像岩画 XMAQC–071

图 2–326　几何形岩画 XMAQC–072

XMAQC–073：地理坐标为北纬 44°24′44.96″，东经 115°17′00.81″。岩面朝南，尺寸为 44cm×52cm。凿刻，刻痕褐色。调查确认 4 个单体，1 同心圆、3 圆圈（图 2–327）。

XMAQC–074：地理坐标为北纬 44°24′44.01″，东经 115°16′59.97″。岩面朝南，尺寸为 42cm×65cm。磨刻，刻痕褐色。调查确认 2 个单体，1 人面像、1 方形图案（图 2–328）。

XMAQC–075：地理坐标为北纬 44°24′44.00″，东经 115°17′00.03″。岩面朝南，尺寸为 42cm×65cm。磨刻，刻痕褐色。调查确认 5 个单体，2 人面像、1 牛、2 同心圆。牛的形象为剪影式造型（图 2–329）。

XMAQC–076：地理坐标为北纬 44°24′44.07″，东经 115°17′00.12″。

岩面朝上，尺寸为 76cm×57cm。磨刻，刻痕褐色。调查确认 2 个单体，1 同心圆、1 人面像。人面像因岩面断裂而部分缺失（图 2-330）。

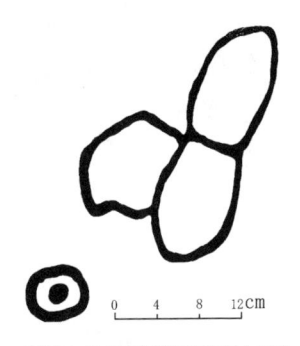

图 2-327　几何形岩画 XMAQC-073 　　图 2-328　人面像岩画 XMAQC-074

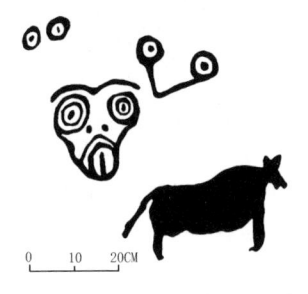

图 2-329　人面像、动物、几何形岩画 XMAQC-075 　　图 2-330　几何形、人面像岩画 XMAQC-076

XMAQC-077：地理坐标为北纬 44°24′43.97″，东经 115°17′00.66″。岩面朝上，尺寸为 58cm×44cm。磨刻，刻痕褐色。调查确认 2 个单体，1 人面像、1 同心圆。人面像因岩面断裂而部分缺失（图 2-331）。

XMAQC-078：地理坐标为北纬 44°24′43.97″，东经 115°17′00.15″。岩面朝上，尺寸为 77cm×55cm。磨刻，刻痕褐色。调查确认 2 个单体，2 人面像（图 2-332）。

XMAQC-079：地理坐标为北纬 44°24′43.93″，东经 115°17′00.15″。岩面朝上，尺寸为 39cm×41cm。凿刻，刻痕褐色。调查确认 2 个单体，1 人面像、1 同心圆（图 2-333）。

XMAQC-080：地理坐标为北纬 44°24′43.99″，东经 115°17′00.17″。岩面朝上，尺寸为 44cm×26cm。磨刻，刻痕褐色。确认 1 个单体，1 车轮（图 2-334）。

图 2-331　人面像、几何形岩画
XMAQC-077

图 2-332　人面像岩画
XMAQC-078

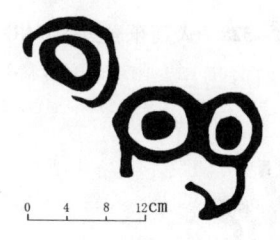

图 2-333　人面像、几何形岩画
XMAQC-079

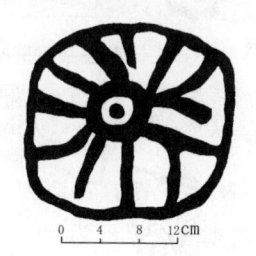

图 2-334　几何形岩画
XMAQC-080

XMAQC-081：地理坐标为北纬 44°24′44.0″，东经 115°17′00.19″。岩面朝上，尺寸为 40cm×44cm。凿刻，刻痕褐色。调查确认 2 个单体，2 同心圆（图 2-335）。

XMAQC-082：地理坐标为北纬 44°24′43.77″，东经 115°16′59.89″。岩面朝上，尺寸为 98cm×118cm。凿刻，刻痕褐色。调查确认 4 个单体，2 人面像、1 马、1 不可识别图像（图 2-336）。

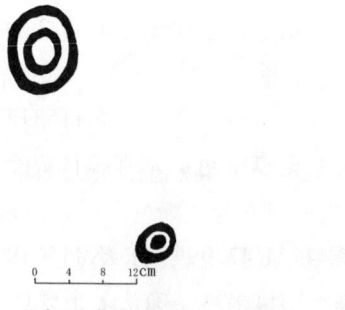

图 2-335　几何形岩画 XMAQC-081

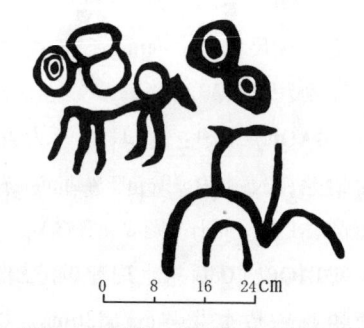

图 2-336　人面像、动物岩画 XMAQC-082

XMAQC-083：地理坐标为北纬44°24′43.52″，东经115°16′59.76″。岩面朝西，尺寸为83cm×103cm。凿刻，刻痕褐色。调查确认8个单体，7马、1同心圆（图2-337）。

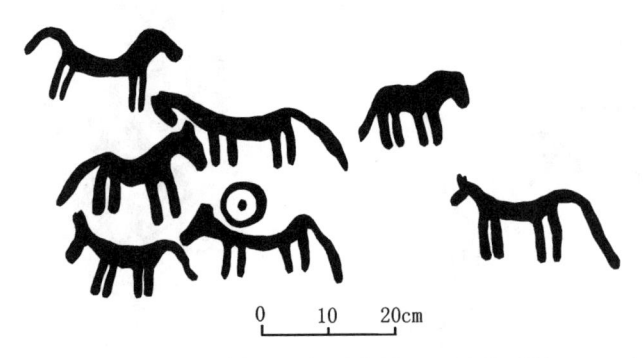

图2-337 动物、几何形岩画 XMAQC-083

XMAQC-084：地理坐标为北纬44°24′43.52″，东经115°16′59.76″。岩面朝西，尺寸为83cm×103cm。凿刻，刻痕褐色。调查确认1个单体，1马（图2-338）。

XMAQC-085：地理坐标为北纬44°24′43.49″，东经115°16′59.80″。岩面朝东南，尺寸为87cm×86cm。凿刻，刻痕褐色。调查确认3个单体，1组凹穴、1同心圆、1车轮（图2-339）。

图2-338 动物岩画
XMAQC-084

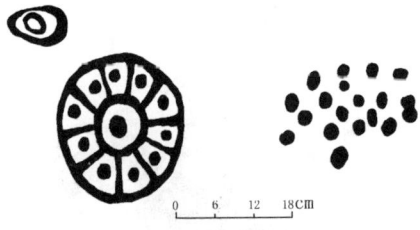

图2-339 几何形、车轮、凹穴岩画
XMAQC-085

XMAQC-086：地理坐标为北纬44°24′43.53″，东经115°17′00.33″。岩面朝西，尺寸为180cm×110cm。凿刻，刻痕褐色。调查确认2个单体，1人面像、1不可识别动物（图2-340）。

XMAQC-087：地理坐标为北纬44°24′43.49″，东经115°17′00.49″。

岩面朝南，尺寸为 80cm×110cm。凿刻，刻痕褐色。调查确认 3 个单体，为 3 不可识别的图案（图 2-341）。

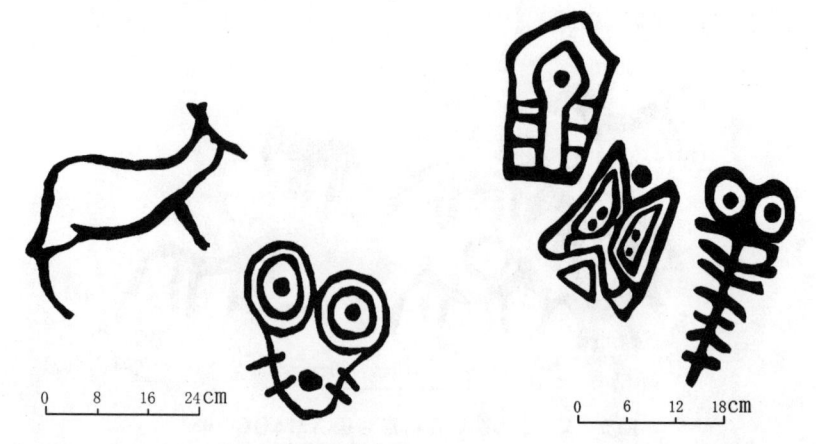

图 2-340　动物、人面像岩画 XMAQC-086　　图 2-341　图案岩画 XMAQC-087

XMAQC-088：地理坐标为北纬 44°24′43.44″，东经 115°17′00.36″。岩面朝东，尺寸为 30cm×73cm。凿刻，刻痕褐色，线条造型。调查确认 1 个单体，1 马（图 2-342）。

XMAQC-089：地理坐标为北纬 44°24′43.44″，东经 115°17′00.36″。岩面朝东，尺寸为 30cm×73cm。凿刻，刻痕褐色。调查确认 3 个单体，1 人面像、1 同心圆、1 符号（图 2-343）。

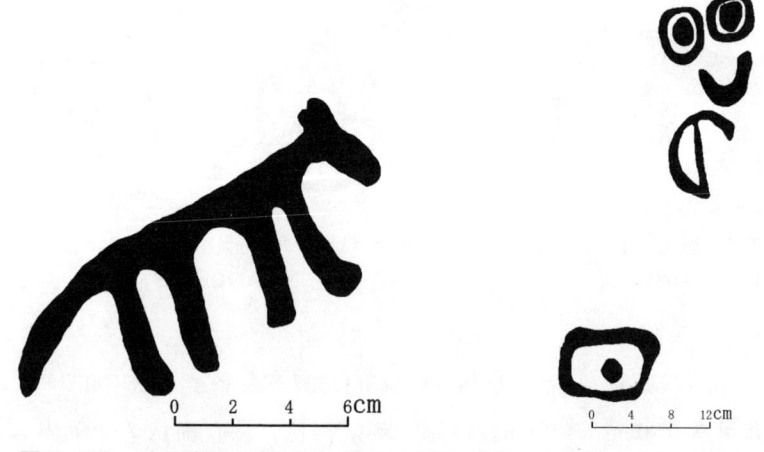

图 2-342　动物岩画 XMAQC-088　　图 2-343　人面像、几何形岩画 XMAQC-089

XMAQC－090：地理坐标为北纬44°24′43.41″，东经115°17′00.43″。岩面朝东，尺寸为18cm×36cm。凿刻，刻痕褐色。调查确认1个单体，1人面像。部分图像因岩面断裂而缺失（图2－344）。

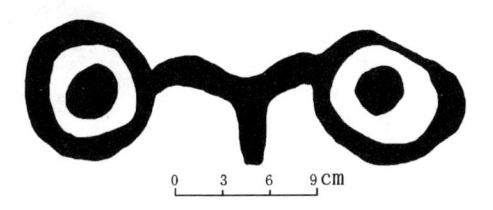

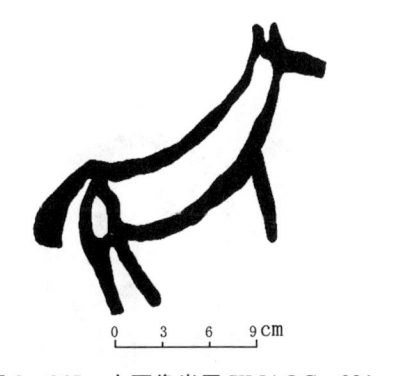

图2－344　人面像岩画 XMAQC－090

XMAQC－091：地理坐标为北纬44°24′45.41″，东经115°17′00.44″。岩面朝东南，尺寸为93cm×70cm。凿刻，刻痕褐色，线条造型。调查确认1个单体，1马（图2－345）。

XMAQC－092：地理坐标为北纬44°24′45.41″，东经115°17′00.44″。岩面朝东南，尺寸为93cm×70cm。凿刻，刻痕褐色，刻痕较浅。调查确认1个单体，1符号（图2－346）。

图2－345　人面像岩画 XMAQC－091　　图2－346　符号岩画 XMAQC－092

XMAQC－093：地理坐标为北纬44°24′43.61″，东经115°17′00.79″。岩面朝东南，尺寸为77cm×86cm。凿刻，刻痕褐色。调查确认1个单体，可能是1人面造型（图2－347）。

XMAQC－094：地理坐标为北纬44°24′43.61″，东经115°17′00.76″。岩面朝东，尺寸为45cm×60cm。凿刻，刻痕褐色。调查确认1个单体，1人面像（图2－348）。

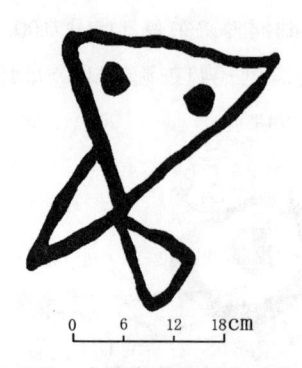

图 2 – 347　人面像岩画 XMAQC – 093 　　　　图 2 – 348　人面像岩画 XMAQC – 094

　　XMAQC – 095：地理坐标为北纬 44°24′43.89″，东经 115°17′00.84″。岩面朝西，尺寸为 99cm×40cm。凿刻，刻痕褐色。调查确认 2 个单体，1 同心圆、1 方形图案（图 2 – 349）。

　　XMAQC – 096：地理坐标为北纬 44°24′44.07″，东经 115°17′00.87″。岩面朝南，尺寸为 15cm×11cm。凿刻，刻痕褐色。调查确认 1 个单体，1 人面像（图 2 – 350）。

图 2 – 349　几何形、符号岩画
XMAQC – 095 　　　　　　　图 2 – 350　人面像岩画
　　　　　　　　　　　　　　XMAQC – 096

　　XMAQC – 097：地理坐标为北纬 44°24′44.07″，东经 115°17′00.98″。岩面朝南，尺寸为 20cm×35cm。凿刻，刻痕褐色。调查确认 1 个单体，1 人（图 2 – 351）。

　　XMAQC – 098 缺失，在调查中未放该编号的标尺。

XMAQC-099：地理坐标为北纬44°24′44.07″，东经115°17′00.98″。岩面朝南，尺寸为20cm×35cm。凿刻，刻痕褐色。调查确认1个单体，1人（图2-352）。

图2-351 人物岩画 XMAQC-097

图2-352 人物岩画 XMAQC-099

XMAQC-100：地理坐标为北纬44°24′44.10″，东经115°17′01.05″。岩面朝南，尺寸为23cm×26cm。凿刻，刻痕褐色，刻痕较浅。调查确认1个单体，1人（图2-353）。

XMAQC-101：地理坐标为北纬44°24′44.16″，东经115°17′01.11″。岩面朝南，尺寸为23cm×26cm。凿刻，刻痕褐色，刻痕较浅。调查确认1个单体，1马（图2-354）。

图2-353 人物岩画 XMAQC-100

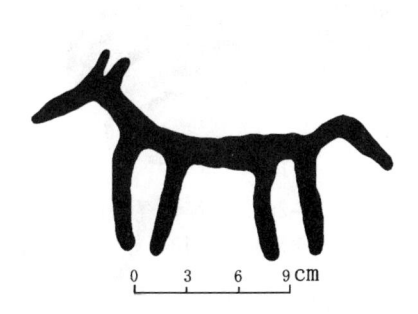

图2-354 动物岩画 XMAQC-101

XMAQC-102：地理坐标为北纬 44°24′44.16″，东经 115°17′01.11″。岩面朝南，尺寸为 23cm×26cm。凿刻，刻痕褐色。调查确认 3 个单体，为 3 圆圈，岩面左侧为石斑覆盖（图 2-355）。

XMAQC-103：地理坐标为北纬 44°24′44.16″，东经 115°17′00.90″。岩面朝西，尺寸为 47cm×40cm。凿刻，刻痕褐色。调查确认 2 个单体，左侧可能为 1 人面图像，右侧为 1 同心圆（图 2-356）。

图 2-355　几何形岩画
XMAQC-102

图 2-356　人面像、几何形岩画
XMAQC-103

XMAQC-104：地理坐标为北纬 44°24′44.08″，东经 115°17′00.94″。岩面朝上，尺寸为 47cm×23cm。凿刻，刻痕褐色。调查确认 2 个单体，2 人面像（图 2-357）。

XMAQC-105：地理坐标为北纬 44°24′44.08″，东经 115°17′00.94″。岩面朝上，尺寸为 47cm×23cm。凿刻，刻痕褐色。调查确认 3 个单体，2 符号、1 圆圈（图 2-358）。

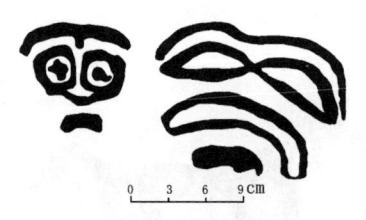

图 2-357　人面像岩画
XMAQC-104

图 2-358　符号、几何形岩画
XMAQC-105

XMAQC-106：地理坐标为北纬 44°24′44.12″，东经 115°17′01.54″。岩面朝东，尺寸为 20cm×15cm。磨刻，刻痕褐色。调查确认 1 个单体，1

人面像（图 2-359）。

XMAQC-107：地理坐标为北纬 44°24′44.26″，东经 115°17′01.45″。岩面朝东，尺寸为 27cm×38cm。磨刻，刻痕褐色。调查确认 2 个单体，2 同心圆。左边图像因岩面断裂缺失（图 2-360）。

图 2-359　人面像岩画 XMAQC-106 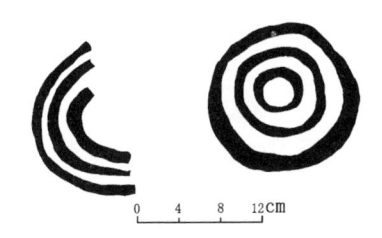　　图 2-360　几何形岩画 XMAQC-107

XMAQC-108：地理坐标为北纬 44°24′43.87″，东经 115°17′01.35″。岩面朝东，尺寸为 53cm×46cm。凿刻，刻痕褐色。调查确认 1 个单体，可能是符号（图 2-361）。

XMAQC-109：地理坐标为北纬 44°24′43.88″，东经 115°17′01.45″。岩面朝南，尺寸为 40cm×37cm。凿刻，刻痕灰褐色。调查确认 1 个单体，1 同心圆（图 2-362）。

图 2-361　符号岩画 XMAQC-108 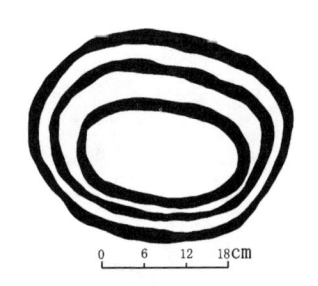　　图 2-362　几何形岩画 XMAQC-109

XMAQC-110：地理坐标为北纬 44°24′43.64″，东经 115°17′01.53″。岩面朝东南，尺寸为 27cm×26cm。凿刻，刻痕褐色。调查确认 1 个单体，1 马（图 2-363）。

XMAQC-111：地理坐标为北纬 44°24′43.79″，东经 115°17′01.70″。岩面朝上，尺寸为 43cm×34cm。凿刻，刻痕褐色。调查确认 1 个单体，1 人面像（图 2-364）。

图 2-363　动物岩画 XMAQC-110 　　　图 2-364　人面像岩画 XMAQC-111

XMAQC-112：地理坐标为北纬 44°24′43.32″，东经 115°17′01.08″。岩面朝东，尺寸为 43cm×97cm。凿刻，刻痕为黑褐色，线条造型。调查确认 2 个单体，1 人面像、1 不可识别图像（图 2-365）。

XMAQC-113：地理坐标为北纬 44°24′44.52″，东经 115°17′01.91″。岩面朝南，尺寸为 67cm×75cm。磨刻，刻痕为黑褐色，线条造型。调查确认 2 个单体图像，1 人面像、1 符号（图 2-366）。

图 2-365　人面像岩画
XMAQC-东经 112

图 2-366　人面像、符号
岩画 XMAQC-113

XMAQC-114：地理坐标为北纬 44°24′44.60″，东经 115°17′02.00″。岩面朝南，尺寸为 67cm×75cm。凿刻，刻痕为黑褐色，线条式造型。调查确认 13 个单体图像，1 鹿、1 人、1 人面像、4 同心圆、4 符号、2 组凹穴（图 2-367）。

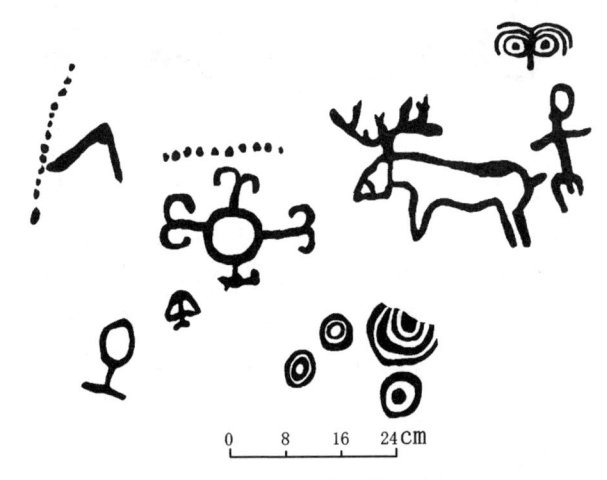

图 2-367　动物、人物、人面像、符号岩画 XMAQC-114

XMAQC-115：地理坐标为北纬 44°24′44.44″，东经 115°17′01.88″。岩面朝东，尺寸为 65cm×81cm。凿刻，刻痕为黑褐色，线条较细。调查确认 3 个单体图像，3 符号（图 2-368）。

图 2-368　符号岩画 XMAQC-115

XMAQC-116：地理坐标为北纬 44°24′44.40″，东经 115°17′01.91″。岩面朝西，尺寸为 30cm×44cm。凿刻，刻痕为黑褐色。调查确认 1 个单体图像，1 人面像（图 2-369）。

XMAQC-117：地理坐标为北纬 44°24′44.47″，东经 115°17′02.65″。岩面朝西，尺寸为 60cm×70cm。磨刻，刻痕为灰褐色。调查确认 2 个单体图像，2 同心圆。左侧同心圆左上半部分缺失（图 2-370）。

图 2-369 人面像岩画
XMAQC-116

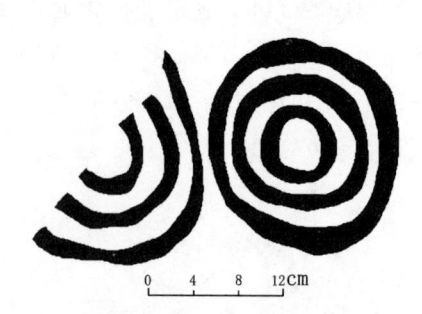

图 2-370 几何形岩画
XMAQC-117

XMAQC-118：地理坐标为北纬 44°24′44.50″，东经 115°17′02.73″。岩面朝上，尺寸为 78cm×64cm。磨刻，刻痕为黑褐色。调查确认 1 个单体图像，1 同心圆。岩面大部分被石斑覆盖（图 2-371）。

XMAQC-119：地理坐标为北纬 44°24′44.38″，东经 115°17′02.74″。岩面朝上，尺寸为 53cm×37cm。刻痕为黑褐色，线条造型，有石斑。调查确认 3 个单体图像，1 人面像、2 羊。动物为凿刻，人面像为磨刻（图 2-372）。

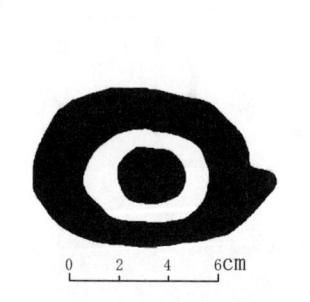

图 2-371 符号岩画 XMAQC-118

图 2-372 人面像岩画 XMAQC-119

XMAQC-120：地理坐标为北纬 44°24′44.34″，东经 115°17′02.78″。岩面朝东，尺寸为 137cm×127cm。刻痕为黑褐色，线条造型。调查确认 4 个单体图像，3 人面像、1 同心圆。人面像为磨刻，其余图像为凿刻（图 2-373）。

图 2-373　人面像、几何形岩画 XMAQC-120

　　XMAQC-121：地理坐标为北纬 44°24′44.38″，东经 115°17′02.78″。岩面朝南，尺寸为 74cm×170cm。磨刻，刻痕为灰褐色，线条造型。调查确认 9 个单体图像，2 人面像、2 圆圈、2 同心圆、1 人物，还有 2 可能是植物的图像。有叠压打破（图 2-374）。

　　XMAQC-122：地理坐标为北纬 44°24′44.34″，东经 115°17′02.57″。岩面朝南，尺寸为 40cm×90cm。凿刻，刻痕为灰褐色，线条造型。调查确认 1 个单体图像，不可识别（图 2-375）。

图 2-374　人面像、符号岩画 XMAQC-121 　　图 2-375　图案岩画 XMAQC-122

XMAQC－123：地理坐标为北纬 44°24′44.40″，东经 115°17′02.68″。岩面朝上，尺寸为 30cm×63cm。凿刻，刻痕为黑褐色，线条造型。调查确认 1 个单体图像，1 同心圆（图 2－376）。

XMAQC－124：地理坐标为北纬 44°24′43.39″，东经 115°17′01.33″。岩面朝上，尺寸为 26cm×60cm。凿刻，刻痕为黑褐色。调查确认 1 个单体图像，1 人面像（图 2－377）。

图 2－376　几何形岩画 XMAQC－123 　　图 2－377　人面像岩画 XMAQC－124

XMAQC－125：地理坐标为北纬 44°24′43.62″，东经 115°17′00.71″。岩面朝南，尺寸为 40cm×70cm。凿刻，刻痕为黑褐色。调查确认 1 个单体图像，1 人面像，岩面风化严重（图 2－378）。

XMAQC－126：地理坐标为北纬 44°24′43.20″，东经 115°17′01.60″。岩面朝东南，尺寸为 46cm×50cm。凿刻，刻痕为黑褐色，线条造型。调查确认 1 个单体图像，可能为 1 牛（图 2－379）。

图 2－378　人面像岩画 XMAQC－125 　　图 2－379　动物岩画 XMAQC－126

XMAQC－127：地理坐标为北纬44°24′44.06″，东经115°17′02.87″。岩面朝东，尺寸为54cm×69cm。凿刻，刻痕为黑褐色，线条造型，有浅绿和白色的石斑。调查确认2组图像，1组凹穴、1组竖线（图2－380）。

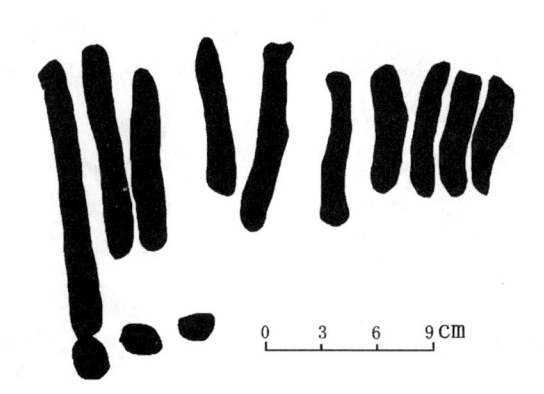

图2－380　几何形岩画 XMAQC－127

XMAQC－128：地理坐标为北纬44°24′44.45″，东经115°17′02.75″。岩面朝东南，尺寸为130cm×77cm。凿刻，刻痕为黑褐色，刻痕较浅。线条较细。调查确认2个单体图像，2符号（图2－381）。

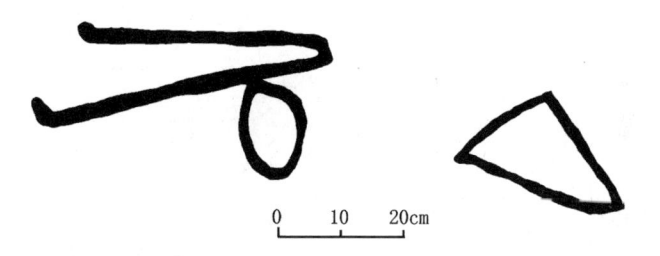

图2－381　符号岩画 XMAQC－128

XMAQC－129：地理坐标为北纬44°24′44.38″，东经115°17′03.89″。岩面朝南，尺寸为90cm×94cm。凿刻，刻痕为灰褐色，线条较细。调查确认6个单体图像，1羊、2猛兽、1人面像、2同心圆（图2－382）。

XMAQC－130：地理坐标为北纬44°24′38.66″，东经115°17′07.73″。岩面朝上，尺寸为150cm×130cm。凿刻，刻痕为黑褐色，线条造型，图案模糊。调查确认8个单体图像，4同心圆、3圆圈、1不可识别图像（图2－383）。

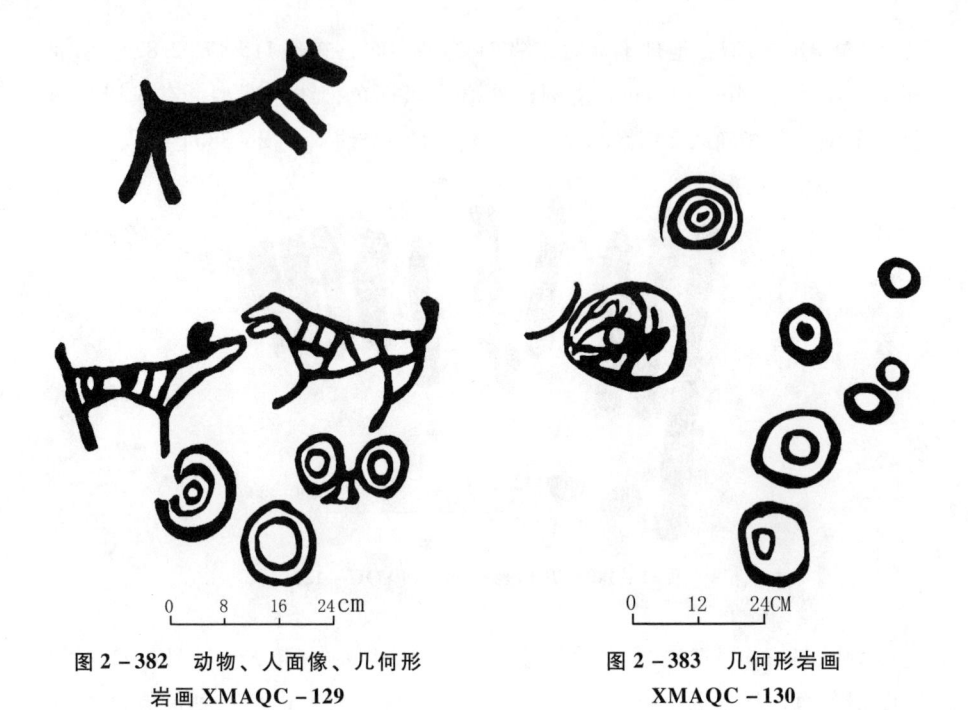

图 2-382 动物、人面像、几何形
岩画 XMAQC-129

图 2-383 几何形岩画
XMAQC-130

XMAQC-131：地理坐标为北纬 44°24′38.74″，东经 115°17′08.70″。岩面朝南，尺寸为 64cm×36cm。凿刻，刻痕为灰褐色，线条造型。调查确认 1 个单体图像，1 人面像（图 2-384）。

XMAQC-132：地理坐标为北纬 44°24′38.70″，东经 115°17′09.68″，岩面朝西，尺寸为 30cm×32cm。磨刻，粗线条形态，刻痕为灰色。调查确认 1 个单体图像，1 人面像（图 2-385）。

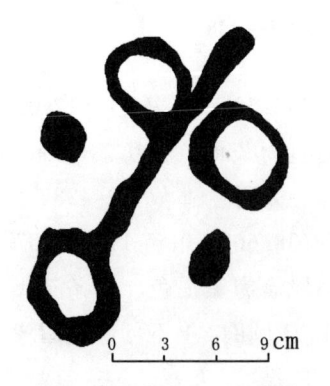

图 2-384 人面像岩画 XMAQC-131

图 2-385 人面像岩画 XMAQC-132

XMAQC-133：地理坐标为北纬 44°24′38.70″，东经 115°17′09.68″，岩面朝西，尺寸为 30cm×32cm。凿刻，粗线条形态，刻痕为灰褐色。调查确认 1 个单体图像，1 同心圆（图 2-386）。

XMAQC-134：地理坐标为北纬 44°24′39.18″，东经 115°17′10.77″。岩面朝南，尺寸为 67cm×90cm。磨刻，刻痕为灰褐色。调查确认 5 个图像，2 同心圆、1 圆圈，以及左边似流水状的 1 组线条，右上方为 1 不可识别图像（图 2-387）。

图 2-386　几何形岩画 XMAQC-133 　　图 2-387　几何形岩画 XMAQC-134

XMAQC-135：地理坐标为北纬 44°24′39.18″，东经 115°17′10.76″。岩面朝东，尺寸为 37cm×57cm。凿刻，刻痕为褐色。调查确认 5 个单体图像，1 同心圆、2 凹穴、2 不可识别图像（图 2-388）。

XMAQC-136：地理坐标为北纬 44°24′39.30″，东经 115°17′10.76″，岩面朝北，尺寸为 55cm×66cm。凿刻，刻痕为灰褐色。调查确认 1 个单体图像，1 符号（图 2-389）。

图 2-388　同心圆岩画 XMAQC-135 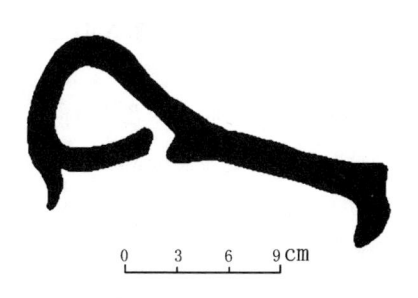　　图 2-389　符号岩画 XMAQC-136

XMAQC－137：地理坐标为北纬44°24′38.96″，东经115°17′12.92″，岩面朝南，尺寸为150cm×78cm。凿刻，线条形态，刻痕为褐色。调查确认4个单体图像，4马（图2－390）。

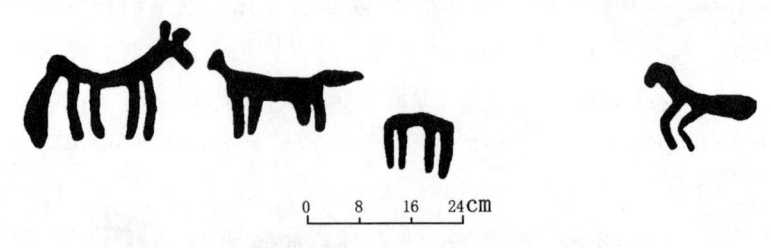

图2－390　动物岩画 XMAQC－137

XMAQC－138所在的岩面为石斑覆盖，无法识别图像与绘图。

XMAQC－139：地理坐标为北纬44°24′36.79″，东经115°17′09.55″，岩面朝东南，尺寸为30cm×97cm。凿刻，线条形态，刻痕为褐色。调查确认5个单体图像，2对动物脚印、1马（图2－391）。

XMAQC－140：地理坐标为北纬44°24′37.89″，东经115°17′05.82″，岩面朝南，尺寸为70cm×30cm。凿刻，刻痕为褐色。调查确认1个单体图像，1人面像（图2－392）。

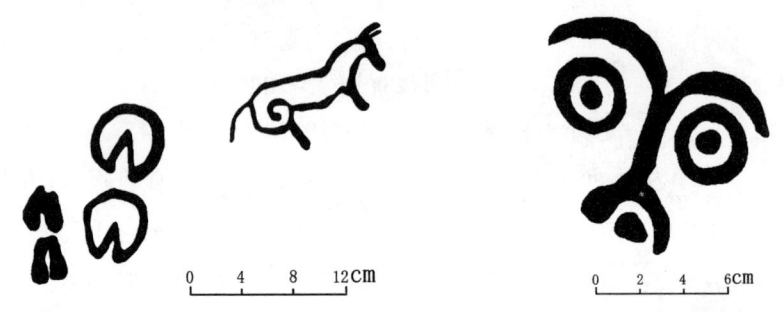

图2－391　动物、蹄印岩画 XMAQC－139　　图2－392　人面像岩画 XMAQC－140

XMAQC－141：地理坐标为北纬44°24′38.19″，东经115°17′02.64″，岩面朝南，尺寸为80cm×35cm。磨刻，刻痕为褐色。调查确认1个单体图像，1人面像（图2－393）。

XMAQC－142：地理坐标为北纬44°24′38.79″，东经115°17′00.55″，岩面朝南，尺寸为80cm×85cm。磨刻，刻痕为灰褐色。调查确认1个单体图像，1圆圈（图2－394）。

图 2-393　人面像岩画 XMAQC-141 　　图 2-394　几何形岩画 XMAQC-142

XMAQC-143：地理坐标为北纬 44°24′36.64″，东经 115°16′53.80″。岩面朝南，尺寸为 73cm×81cm。磨刻，刻痕为褐色。调查确认 1 个单体图像，1 人面像（图 2-395）。

XMAQC-144：地理坐标为北纬 44°24′34.47″，东经 115°16′49.05″，岩面朝东，尺寸为 180cm×130cm。磨刻，线条形态，刻痕为褐色。调查确认 9 个单体图像、3 同心圆、2 人面图像、2 圆圈、2 不可识别图像（图 2-396）。

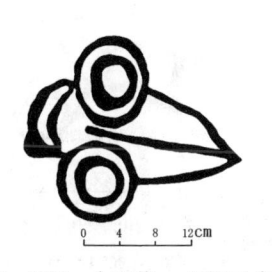

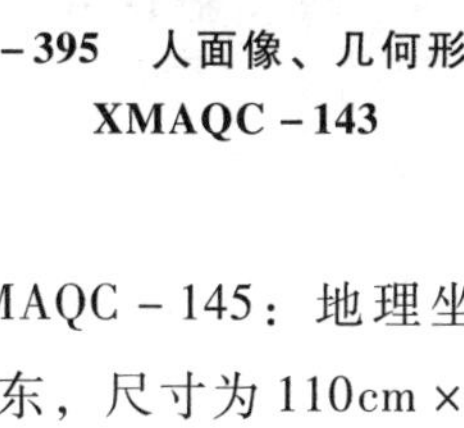

图 2-395　人面像、几何形岩画 XMAQC-143 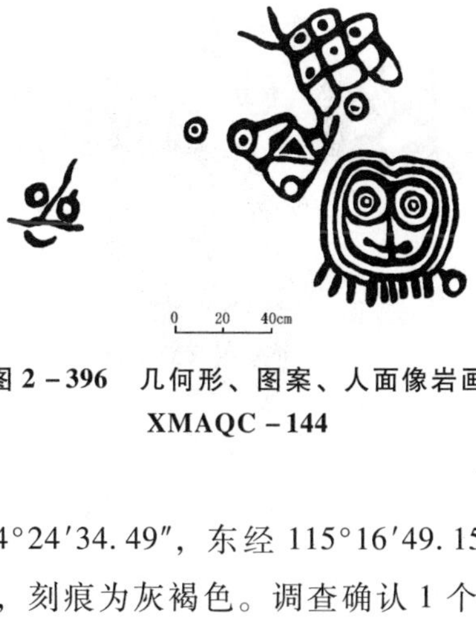　　图 2-396　几何形、图案、人面像岩画 XMAQC-144

XMAQC-145：地理坐标为北纬 44°24′34.49″，东经 115°16′49.15″，岩面朝东，尺寸为 110cm×40cm。磨刻，刻痕为灰褐色。调查确认 1 个单体图像，1 人面像（图 2-397）。

XMAQC-146：地理坐标为北纬 44°24′34.40″，东经 115°16′49.00″。岩面朝南，尺寸为 45cm×48cm。磨刻，刻痕为褐色。调查确认 1 个单体图像，1 人面像（图 2-398）。

图 2-397 人面像岩画 XMAQC-145　　图 2-398 人面像岩画 XMAQC-146

　　XMAQC-147：地理坐标为北纬 44°24′34.62″，东经 115°16′48.86″。岩面朝东，尺寸为 70cm×237cm。磨刻，刻痕为灰褐色。调查确认 14 个单体图像、1 人面像、8 同心圆、3 圆圈、2 不可识别图像（图 2-399）。

　　XMAQC-148：地理坐标为北纬 44°24′34.55″，东经 115°16′48.89″，岩面朝西南，尺寸为 47cm×34cm。凿刻，刻痕为褐色。调查确认 4 个单体图像，2 圆圈、1 鹿、1 同心圆（图 2-400）。

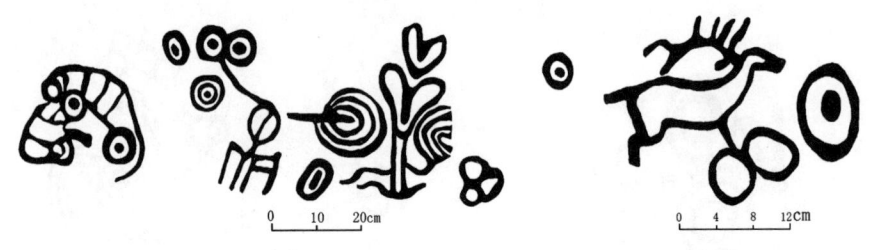

图 2-399 人面像、几何形、符号　　图 2-400 几何形、动物
　　　岩画 XMAQC-147　　　　　　　　岩画 XMAQC-148

　　XMAQC-149：地理坐标为北纬 44°24′46.16″，东经 115°17′01.98″，岩面朝东，尺寸为 64cm×102cm。凿刻，刻痕为褐色。调查确认 1 个单体图像，两圆相接（图 2-401）。

　　XMAQC-150：地理坐标为北纬 44°24′44.59″，东经 115°17′00.97″。岩面朝上，尺寸为 114cm×26cm。凿刻，刻痕为褐色。调查确认 6 个单体，1 人面像、3 同心圆、1 圆圈、1 符号（图 2-402）。

图 2-401　几何形岩画
XMAQC-149

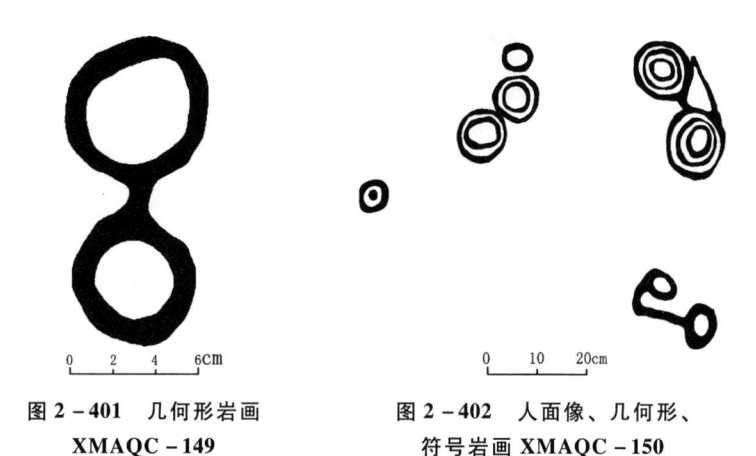

图 2-402　人面像、几何形、符号岩画 XMAQC-150

XMAQC-151：地理坐标为北纬 44°24′44.70″，东经 115°16′54.48″，岩面朝西，尺寸为 62cm×155cm。凿刻，刻痕为褐色。调查确认 6 个单体图像，1 同心圆、2 凹穴、2 个不可识别图案、1 人面像（图 2-403）。

XMAQC-152：地理坐标为北纬 44°24′44.79″，东经 115°16′54.56″，岩面朝东，尺寸为 129cm×111cm。磨刻，刻痕为褐色。调查确认 7 个单体，6 人面像、1 圆（图 2-404）。

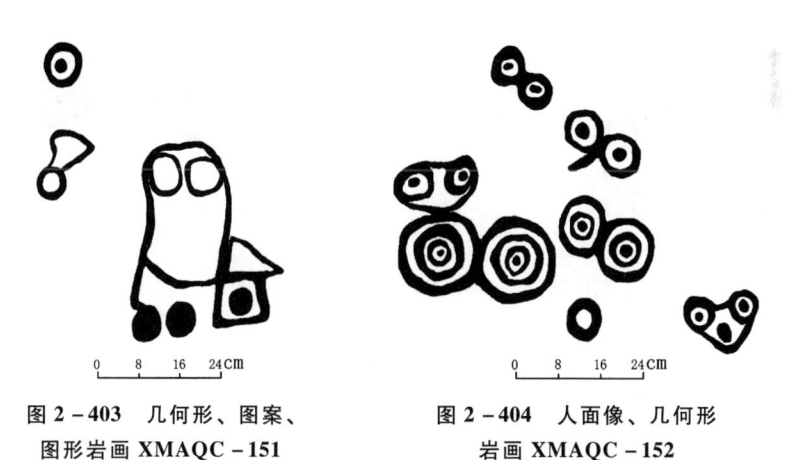

图 2-403　几何形、图案、图形岩画 XMAQC-151

图 2-404　人面像、几何形岩画 XMAQC-152

XMAQC-153：地理坐标为北纬 44°24′44.75″，东经 115°16′54.66″，岩面朝东，尺寸为 62cm×50cm。凿刻，刻痕为灰褐色。调查确认 2 个单体图像，可能是 2 人面像（图 2-405）。

图 2-405 人面像岩画 XMAQC-153

XMAQC-154：地理坐标为北纬 44°24′44.25″，东经 115°16′54.64″，岩面朝东，尺寸为 130cm×54cm。凿刻，刻痕为灰褐色。调查确认 2 个单体图像，1 人面像、1 圆圈（图 2-406）。

XMAQC-155：地理坐标为北纬 44°24′46.80″，东经 115°16′52.80″。岩面朝东，尺寸为 41cm×40cm。凿刻，刻痕褐色。调查确认 1 个单体，可能是 1 人物形象。岩面整体覆盖石斑（图 2-407）。

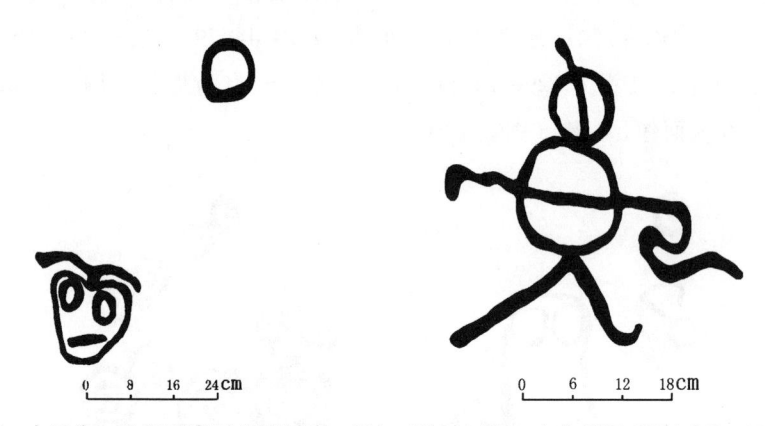

图 2-406 人面像、几何形岩画 XMAQC-154　　图 2-407 人物岩画 XMAQC-155

XMAQC-156：地理坐标为北纬 44°24′46.70″，东经 115°16′52.71″。岩面朝东，尺寸为 34cm×40cm。磨刻，刻痕褐色。确认 1 个单体，1 人面像（图 2-408）。

XMAQC-157：地理坐标为北纬 44°24′48.96″，东经 115°16′50.89″。岩面朝东，尺寸为 48cm×18cm。磨刻，刻痕褐色。确认 1 个单体，1 人面像（图 2-409）。

图 2-408　人面像岩画 XMAQC-156 　　图 2-409　人面像岩画 XMAQC-157

　　XMAQC-158：地理坐标为北纬 44°24′52.56″，东经 115°16′45.20″。岩面朝上，尺寸为 107cm×85cm。凿刻，刻痕为褐色。调查确认 4 个单体，3 同心圆、1 圆圈（图 2-410）。

　　XMAQC-159：地理坐标为北纬 44°24′60.56″，东经 115°15′59.09″。岩面朝东，尺寸为 75cm×69cm。凿刻，刻痕为褐色。调查确认 3 个单体，3 马（图 2-411）。

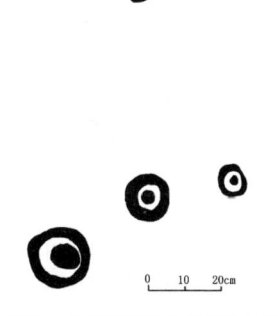

图 2-410　几何形岩画 XMAQC-158 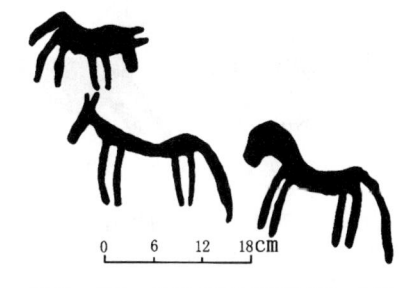　　图 2-411　动物岩画 XMAQC-159

　　XMAQC-160：地理坐标为北纬 44°24′43.42″，东经 115°15′59.42″。岩面朝上，尺寸为 60cm×21cm。凿刻，刻痕为褐色，动物形象为剪影式造型。调查确认 4 个单体，1 人、1 马、1 羊，人物左侧可能是弓箭（图 2-412）。

　　XMAQC-161：地理坐标为北纬 44°24′42.48″，东经 115°15′59.78″。岩面朝东，尺寸为 60cm×30cm。磨刻，刻痕为褐色。调查确认 1 个单体，1 同心圆（图 2-413）。

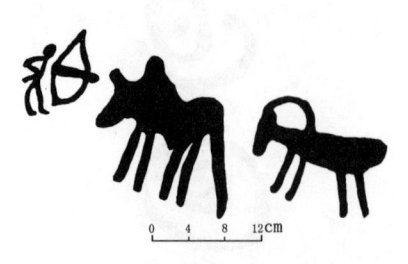

图 2-412　人物、动物岩画 XMAQC-160 　　图 2-413　几何形岩画 XMAQC-161

XMAQC-162：地理坐标为北纬 44°24′46.70″，东经 115°15′57.71″。岩面朝东南，尺寸为 60cm×57cm。凿刻，刻痕为褐色，剪影式造型。调查确认 2 个单体，2 马（图 2-414）。

XMAQC-163：地理坐标为北纬 44°24′16.02″，东经 115°16′34.60″。岩面朝东，尺寸为 150cm×57cm。磨刻，刻痕为褐色。调查确认 3 个单体，右侧为 1 人面像，下方为 1 方形图案，左侧 1 不可识别图像（图 2-415）。

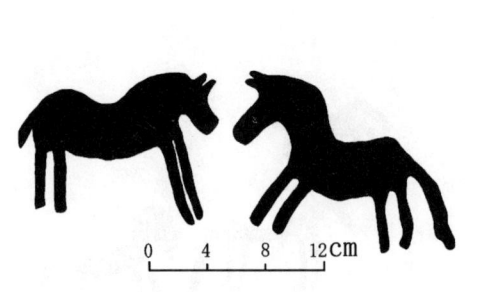

图 2-414　动物岩画 XMAQC-162 　　图 2-415　人面像、几何形、图案岩画 XMAQC-163

XMAQC-164：地理坐标为北纬 44°24′15.51″，东经 115°16′37.72″。岩面朝北，尺寸为 68cm×30cm。凿刻，刻痕为褐色。调查确认 2 个单体，1 人面像、1 羊（图 2-416）。

XMAQC-165：地理坐标为北纬 44°24′10.93″，东经 115°16′40.33″。岩面朝东，尺寸为 40cm×66cm。凿刻，刻痕褐色。调查确认 1 个单体，类似于重圈纹。图像右上方因岩面断裂而缺失（图 2-417）。

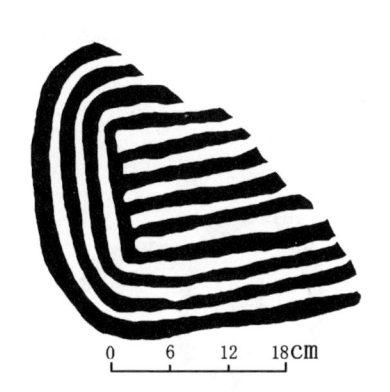

图 2-416　人面像、动物岩画 XMAQC-164　　图 2-417　图案岩画 XMAQC-165

　　XMAQC-166：地理坐标为北纬 44°24′54.59″，东经 115°17′06.43″。岩面朝东，尺寸为 72cm×84cm。凿刻，刻痕为褐色。调查确认 3 个单体，1 圆圈、1 人，中间部分可能是 1 人面像，岩面风化严重（图 2-418）。

　　XMAQC-167 标尺放置错误，与 XMAQC-177 重复。

　　XMAQC-168：地理坐标为北纬 44°24′53.39″，东经 115°17′18.76″。岩面朝东，尺寸为 53cm×45cm。凿刻，刻痕为褐色，刻痕模糊。无法识别与绘图。

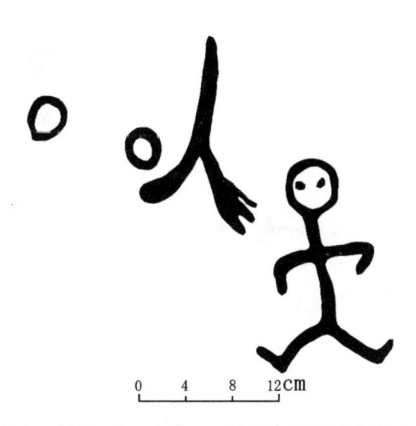

图 2-418　几何形、人物、人面像岩画 XMAQC-166

　　XMAQC-169：地理坐标为北纬 44°24′53.39″，东经 115°17′18.76″。岩面朝东，尺寸为 53cm×45cm。凿刻，刻痕褐色，刻痕较深。调查确认 1 个单体，1 符号（图 2-419）。

XMAQC－170：地理坐标为北纬 44°24′43.39″，东经 115°17′12.79″。岩面朝东南，尺寸为 95cm×55cm。凿刻，刻痕为褐色，刻痕较浅，图案模糊。调查确认 1 个单体，不可识别（图 2－420）。

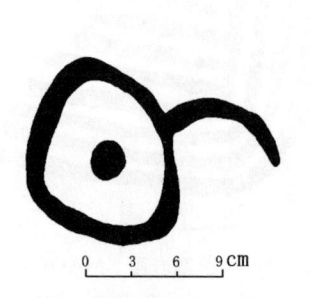

图 2－419　符号岩画 XMAQC－169 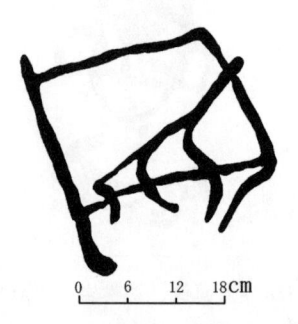　　图 2－420　一不可识别岩画 XMAQC－170

XMAQC－171：地理坐标为北纬 44°24′49.72″，东经 115°17′12.36″。岩面朝东南，尺寸为 95cm×102cm。凿刻，刻痕为褐色。调查确认 3 个单体，2 马、1 符号（图 2－421）。

XMAQC－172：地理坐标为北纬 44°24′49.60″，东经 115°17′09.59″。岩面朝东南，尺寸为 70cm×40cm。凿刻，刻痕为褐色。调查确认 1 个单体，1 马（图 2－422）。

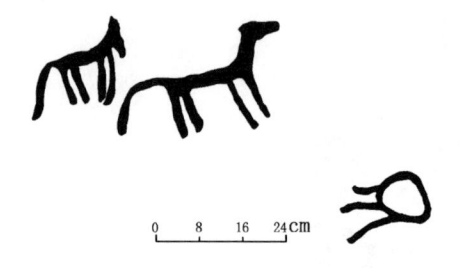

图 2－421　动物、符号岩画 XMAQC－171 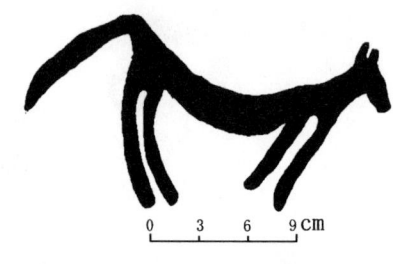　　图 2－422　动物岩画 XMAQC－172

XMAQC－173：地理坐标为北纬 44°24′57.22″，东经 115°17′12.22″。岩面朝东南，尺寸为 115cm×130cm。凿刻，刻痕褐色。调查确认 1 个单体，不规则的椭圆组成的重圈纹（图 2－423）。

XMAQC－174：地理坐标为北纬 44°24′57.18″，东经 115°17′12.50″。岩面朝上，尺寸为 115cm×130cm。凿刻，刻痕为褐色。调查确认 1 个单体，1 人面像。图像被石斑覆盖（图 2－424）。

图 2–423　几何形岩画 XMAQC–173　　图 2–424　人面像岩画 XMAQC–174

XMAQC–175：地理坐标为北纬 44°24′59.68″，东经 115°17′14.47″。岩面朝上，尺寸为 40cm×47cm。凿刻，刻痕为褐色。调查确认 1 个单体，可能图像未完成，不可识别（图 2–425）。

XMAQC–176：地理坐标为北纬 44°24′59.68″，东经 115°17′14.47″。岩面朝上，尺寸为 44cm×56cm。凿刻，刻痕褐色。调查确认 1 个单体，岩面整体被石斑覆盖，无法识别图像（图 2–426）。

图 2–425　一不可识别岩画 XMAQC–175　　图 2–426　一不可识别岩画 XMAQC–176

XMAQC–177：地理坐标为北纬 44°25′01.29″，东经 115°17′03.04″。岩面朝西南，尺寸为 95cm×61cm。凿刻，刻痕褐色。调查确认 9 个单体，6 同心圆、1 人物、1 符号、1 圆圈。右侧同心圆纵向排列，由底部至上部越来越大（图 2–427）。

XMAQC–178：地理坐标为北纬 44°24′34.69″，东经 115°16′49.48″。岩面朝东，尺寸为 151cm×60cm。磨刻，刻痕褐色，确认 3 个单体，1 符号、2 圆圈。其余部分难以辨认（图 2–428）。

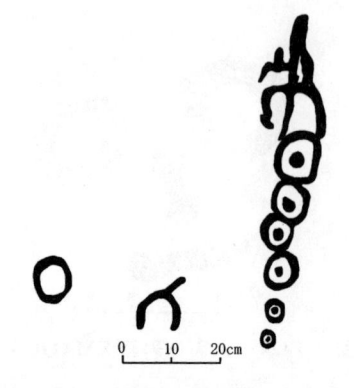

图 2-427 符号、几何形、人物岩画 XMAQC-177

图 2-428 符号、几何形岩画 XMAQC-178

2.4 乌林乌苏岩画

乌林乌苏岩画点，编号为 D 区。乌林乌苏，蒙古语为"山上流下来的水"，位于阿巴嘎旗东北约 50km 处，隶属于阿巴嘎旗伊和高勒苏木、阿拉坦嘎达苏嘎查。坐标为北纬 44°25′29.08″，东经 115°08′21.47″，海拔 1997~1230m，属半干旱草原，间有低山，地形多缓坡、斜坡。此区域岩画编号 XMAQD-001~038，线图共 34 幅。岩画多分布于山底部缓斜坡的碎石上，刻于平坦的岩面上，岩石为玄武岩，黑褐色或黄褐色，硬度为 6 度左右。

XMAQD-001：地理坐标为北纬 44°25′33.99″，东经 115°08′22.08″。岩面朝南，尺寸为 130cm×85cm。凿刻，刻痕为黄褐色。调查确认 2 个单体图像，1 符号、左侧 1 不可识别图像（图 2-429）。

图 2-429 符号岩画 XMAQD-001

XMAQD-002：地理坐标为北纬 44°25′34.10″，东经 115°08′22.58″。岩面朝东南，尺寸为 40cm×35cm。凿刻，刻痕为黄褐色。调查确认 1 个单体，1 人面像（图 2-430）。

XMAQD-003 为藏文字母，书中不做收录。

XMAQD-004：地理坐标为北纬 44°25′34.78″，东经 115°08′25.48″。岩面朝南，尺寸为 80cm×65cm。凿刻，刻痕为黄褐色。调查确认为一个单体，1 符号（图 2-431）。

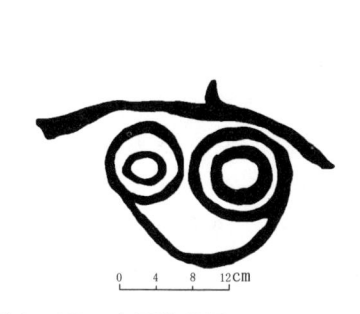

图 2-430　人面像岩画 XMAQD-002 　　图 2-431　符号岩画 XMAQD-004

XMAQD-005：地理坐标为北纬 44°25′35.99″，东经 115°08′26.09″。岩面朝南，尺寸为 80cm×40cm。凿刻，刻痕为黑灰色。调查确认 7 个图像，1 马、3 圆、1 同心圆、1 凹穴、1 不可识别图案（图 2-432）。

图 2-432　动物、几何形岩画 XMAQD-005

XMAQD-006：地理坐标为北纬 44°25′36.59″，东经 115°08′26.08″。岩面朝南，尺寸为 95cm×58cm。凿刻，刻痕为黄褐色，线条造型。调查确认 1 个单体图像，1 不可识别动物（图 2-433）。

XMAQD-007：地理坐标为北纬 44°25′29.99″，东经 115°08′22.05″。

岩面朝东南，尺寸为 43cm×15cm。凿刻，刻痕为黑褐色，线条造型。调查确认 1 个单体，可能是 1 动物（图 2-434）。

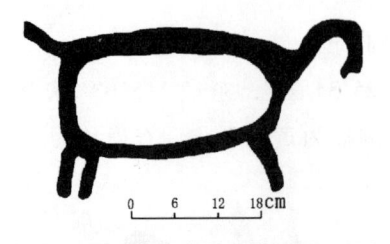

图 2-433　动物岩画 XMAQD-006 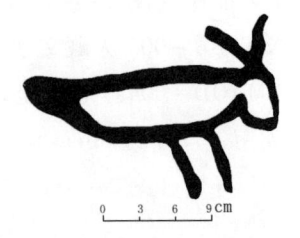　　　图 2-434　动物岩画 XMAQD-007

XMAQD-008：地理坐标为北纬 44°25′29.10″，东经 115°08′21.99″。岩面朝东，尺寸为 60cm×20cm。凿刻，刻痕为黑褐色，线条造型，调查确认 1 个单体图像，1 不可识别动物（图 2-435）。

XMAQD-009：地理坐标为北纬 44°25′29.03″，东经 115°08′21.59″。岩面朝南，尺寸为 140cm×84cm。动物形象为凿刻，刻痕较浅。同心圆为磨刻而成，刻痕为黑褐色。调查确认 3 个单体，2 羊、1 同心圆（图 2-436）。

图 2-435　动物岩画 XMAQD-008 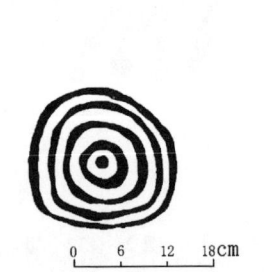 　　　图 2-436　动物、几何形岩画 XMAQD-009

XMAQD-010 为藏文字母，书中不做收录。

XMAQD-011：地理坐标为北纬 44°25′29.08″，东经 115°08′21.47″。岩面朝南，尺寸为 73cm×56cm。凿刻，刻痕为黑褐色，线条较细。调查确认 3 个单体，1 动物形象、1 方形与三角组合的图案、1 同心圆（图 2 - 437）。

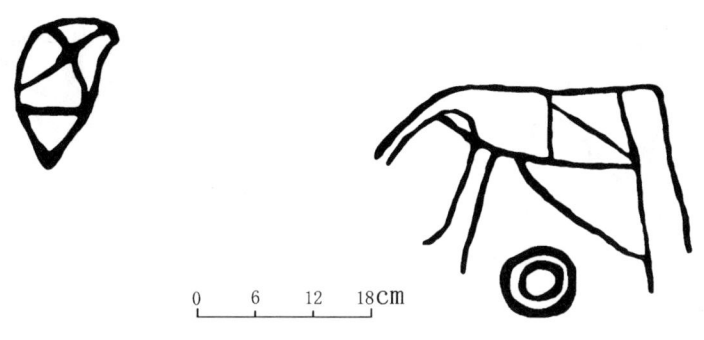

图 2 - 437　动物、几何形岩画 XMAQD - 011

XMAQD - 012：地理坐标为北纬 44°25′29.34″，东经 115°08′22.53″。岩面朝南，尺寸为 55cm×35cm。磨刻，刻痕为黑褐色，调查确认 1 个单体，1 同心圆（图 2 - 438）。

XMAQD - 013：地理坐标为北纬 44°25′34.69″，东经 115°08′30.78″。岩面朝西，尺寸为 50cm×27cm，磨刻，刻痕为黄褐色。调查确认 1 个单体，1 同心圆（图 2 - 439）。

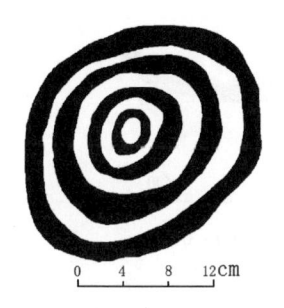

图 2 - 438　几何形岩画 XMAQD - 012　　图 2 - 439　几何形岩画 XMAQD - 013

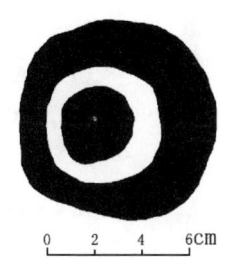

XMAQD - 014：地理坐标为北纬 44°25′34.73″，东经 115°08′31.98″。岩面朝北，尺寸为 40cm×34cm。凿刻，刻痕为黄褐色。调查确认 2 个单体，1 不可识别动物，动物身体内部凿刻的可能是 1 人物形象（图 2 - 440）。

XMAQD - 015：地理坐标为北纬 44°25′34.73″，东经 115°08′30.90″。岩面朝北，尺寸为 60cm×90cm。凿刻，刻痕为黄褐色。调查确认 3 个单体，1

同心圆、1细类似于植物的线条、1方形图案（图2-441）。

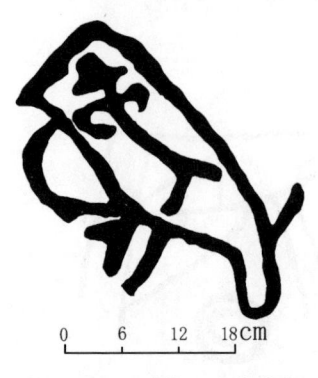

图2-440 动物、人物岩画 XMAQD-014

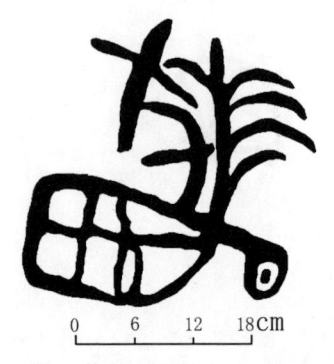

图2-441 植物、几何形岩画 XMAQD-015

XMAQD-016：地理坐标为北纬44°25′35.41″，东经115°08′32.04″。岩面朝东南，尺寸为40cm×100cm。凿刻，刻痕为黑褐色。调查确认1个单体图像，不可识别（图2-442）。

XMAQD-017：线条模糊，无法识别与绘图。

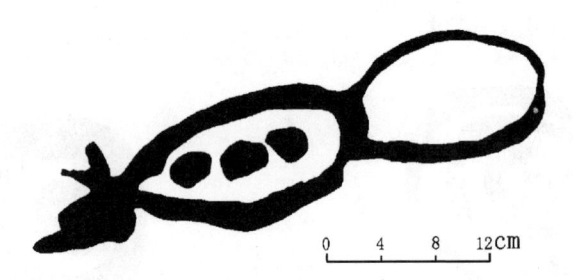

图2-442 一不可识别岩画 XMAQD-016

XMAQD-018：地理坐标为北纬44°25′34.28″，东经115°08′32.55″。岩面朝上，尺寸为49cm×77cm。凿刻，刻痕为黑褐色。调查确认1个单体，1符号（图2-443）。

XMAQD-019：地理坐标为北纬44°25′34.60″，东经115°08′35.80″。岩面朝东，尺寸为100cm×85cm。凿刻，刻痕为黑褐色。调查确认2个单体，可能是1牛、1马（图2-444）。

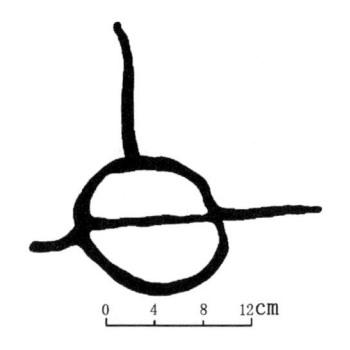

图 2-443 符号岩画 XMAQD-018 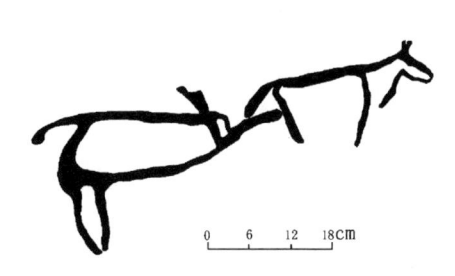　　　图 2-444 动物岩画 XMAQD-019

XMAQD-020：地理坐标为北纬 44°25′32.76″，东经 115°08′34.22″。岩面朝东南，尺寸为 67cm×30cm。凿刻，刻痕为黑褐色。调查确认 1 个单体，1 羊（图 2-445）。

XMAQD-021：地理坐标为北纬 44°25′32.61″，东经 115°08′34.08″。岩面朝东南，尺寸为 50cm×50cm。凿刻，刻痕为黄褐色。调查确认 2 个单体，2 符号（图 2-446）。

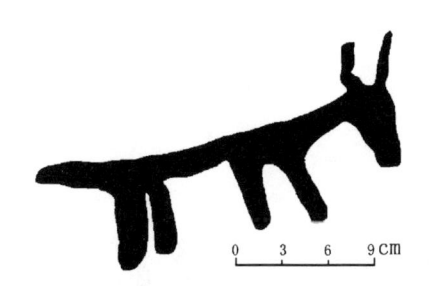

图 2-445 动物岩画 XMAQD-020 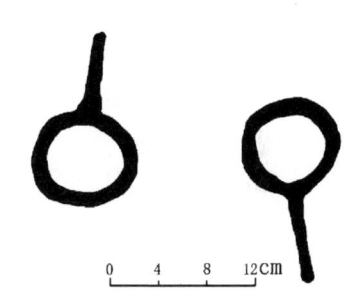　　　图 2-446 符号岩画 XMAQD-021

XMAQD-022：地理坐标为北纬 44°25′32.65″，东经 115°08′34.20″。岩面朝东南，尺寸为 70cm×100cm。凿刻，刻痕为黄褐色。调查确认 2 个单体，2 符号（图 2-447）。

XMAQD-023：地理坐标为北纬 44°25′30.03″，东经 115°08′30.17″。岩面朝南，尺寸为 70cm×100cm。磨刻，刻痕为黄褐色。调查确认 13 个单体，分别为 1 圆圈、1 符号、3 人面图像、6 同心圆、1 动物、1 不可识别图像。符号和动物岩画为凿刻技法（图 2-448）。

图 2-447　符号岩画
XMAQD-022

图 2-448　几何形、符号、人面像岩画
XMAQD-023

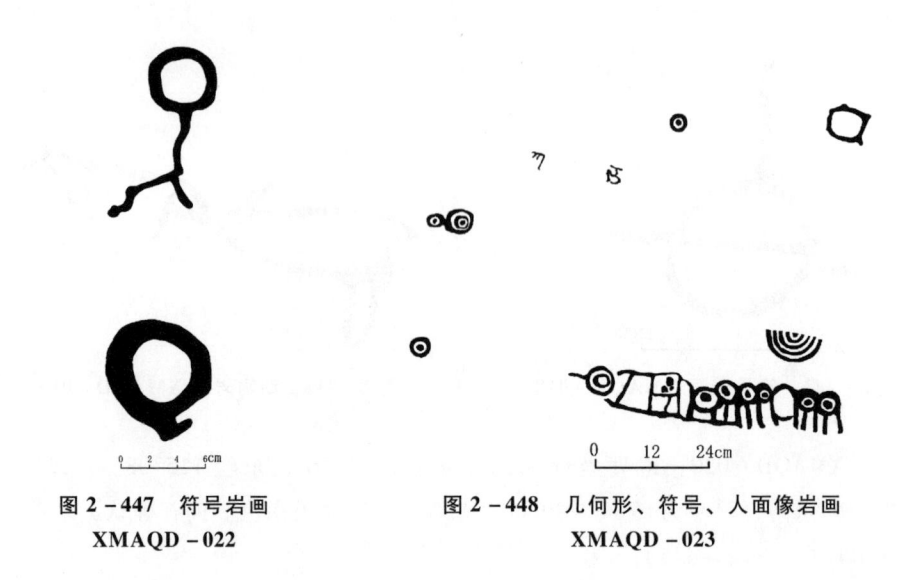

XMAQD-024：地理坐标为北纬 44°25′30.16″，东经 115°08′30.45″。岩面朝东，尺寸为 30cm×45cm。凿刻，刻痕为黑褐色。调查确认 1 个单体，1 马（图 2-449）。

XMAQD-025：地理坐标为北纬 44°25′30.36″，东经 115°08′31.03″。岩面朝东，尺寸为 40cm×65cm。凿刻，刻痕为黑褐色。调查确认 1 个单体，1 符号（图 2-450）。

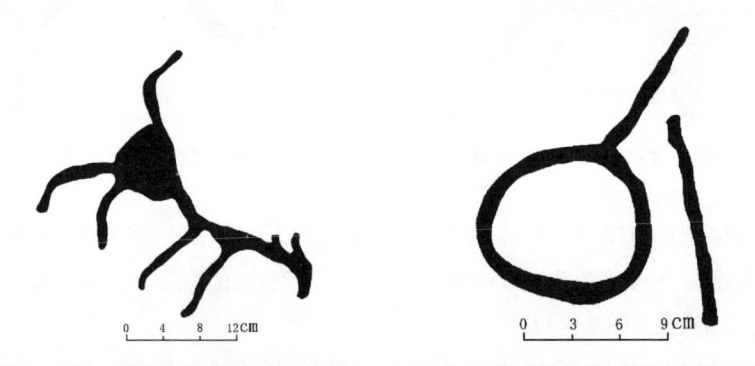

图 2-449　动物岩画 XMAQD-024

图 2-450　符号岩画 XMAQD-025

XMAQD-026：地理坐标为北纬 44°25′30.51″，东经 115°08′31.26″。岩面朝东，尺寸为 81cm×73cm。凿刻，刻痕为黑褐色。调查确认 2 个单体，1 同心圆、1 人面像（图 2-451）。

XMAQD-027：地理坐标为北纬 44°25′30.63″，东经 115°08′32.82″。岩面朝东南，尺寸为 50cm×30cm。凿刻，刻痕为黑褐色。调查确认 1 个单体，1 马（图 2-452）。

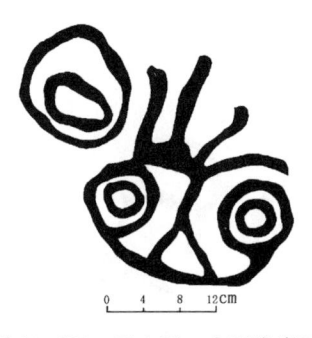

图 2-451　同心圆、人面像岩画 XMAQD-026

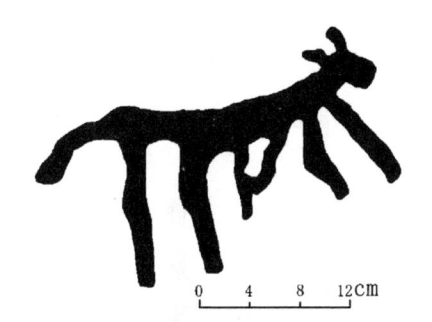

图 2-452　动物岩画 XMAQD-027

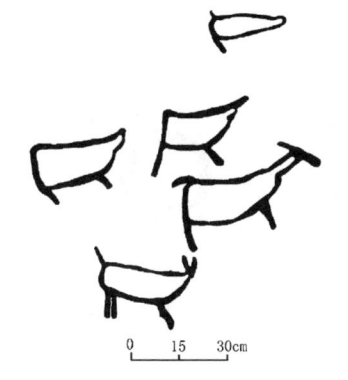

XMAQD-028：地理坐标为北纬 44°25′29.53″，东经 115°08′35.81″。岩面朝上，尺寸为 67cm×39cm。凿刻，刻痕为黑褐色。调查确认 1 个单体，可能是羊（图 2-453）。

XMAQD-029：地理坐标为北纬 44°25′30.11″，东经 115°08′36.50″。岩面朝东南，尺寸为 206cm×102cm。凿刻，刻痕黑褐色。调查确认 5 个单体，5 羊（图 2-454）。

图 2-453　动物岩画 XMAQD-028

图 2-454　动物岩画 XMAQD-029

XMAQD-030：地理坐标为北纬 44°25′30.28″，东经 115°08′37.66″。岩面朝东南，尺寸为 87cm×75cm。凿刻，刻痕为黄褐色。调查确认 1 个单体，可能是羊（图2-455）。

XMAQD-031：线条模糊，无法识别与绘图。

XMAQD-032：地理坐标为北纬44°25′31.95″，东经115°08′41.46″。岩面朝东，尺寸为143cm×87cm。凿刻，刻痕为浅黄色。调查确认4个单体，1符号、2羊、1同心圆（图2-456）。

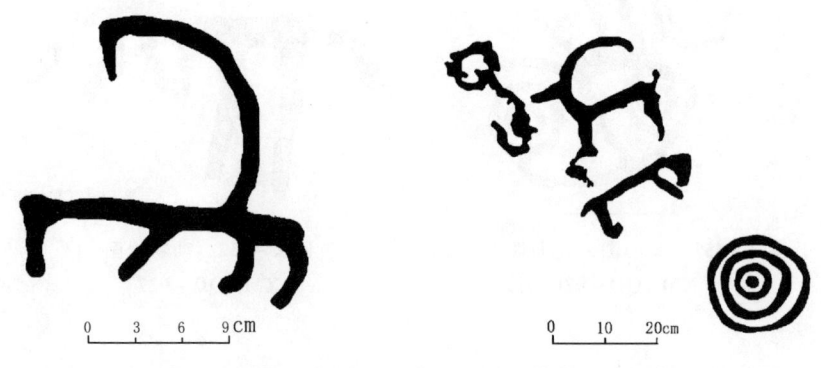

图2-455 动物岩画 XMAQD-030　　图2-456 人物、动物岩画 XMAQD-032

XMAQD-033：地理坐标为北纬44°25′32.33″，东经115°08′43.09″。岩面朝南，尺寸为63cm×41cm。凿刻，刻痕为褐黄色。调查确认2个单体，2符号（图2-457）。

XMAQD-034：地理坐标为北纬44°25′24.78″，东经115°08′33.75″。岩面朝东南，磨刻，刻痕为黑褐色。调查确认4个单体，可能是1人面像、3同心圆（图2-458）。

图2-457 符号岩画 XMAQD-033　　图2-458 人面像、符号岩画 XMAQD-034

XMAQD-035：地理坐标为北纬44°25′25.38″，东经115°08′37.71″。岩面朝南，尺寸为47cm×30cm。凿刻，刻痕为浅褐黄色。调查确认1个单体，1符号（图2-459）。

XMAQD-036：地理坐标为北纬44°25′27.29″，东经115°08′41.68″。

岩面朝东南，尺寸为170cm×140cm。凿刻，刻痕为褐黄色。调查确认5个单体，1人面像、1羊、2同心圆、1猛兽（图2-460）。

图2-459 符号岩画
XMAQD-035

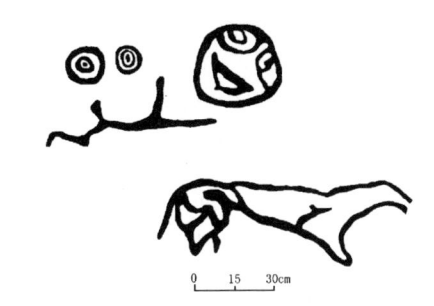

图2-460 人面像、动物、几何形岩画
XMAQD-036

XMAQD-037：地理坐标为北纬44°25′27.57″，东经115°08′42.56″。岩面朝东南，尺寸为41cm×56cm。凿刻，刻痕为黄褐色。调查确认1个单体，可能是羊（图2-461）。

XMAQD-038：地理坐标为北纬44°25′46.93″，东经115°09′00.90″。岩面朝北，尺寸为14cm×27cm。凿刻，岩面全部被石斑覆盖。调查确认1个单体，1同心圆（图2-462）。

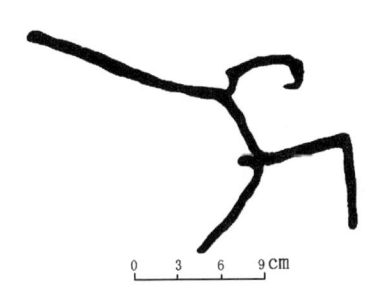

图2-461 动物岩画 XMAQD-037

图2-462 几何形岩画 XMAQD-038

2.5 白音胡舒岩画

白音胡舒岩画编号为E区，海拔为1176~1217m，是坦荡起伏的低山丘陵草原，其间分布着一道道时断时续的岩脉，布满黑色的岩石，岩画散刻于这些岩石中平坦的岩面上，岩体为灰褐色或黑褐色玄武岩。白音胡舒区岩画编号为 XMAQE001～013，共有线图 13 幅。绝大多数为单面岩体上创作的作品，选择的岩面大小、密度、颜色均有差别。

　　XMAQE001：地理坐标为北纬 44°26′44.92″，东经 115°13′39.12″。岩面朝东南，尺寸为 54cm×68cm。凿刻，刻痕黑褐色。调查确认 1 个单体，岩面风化严重，可能是动物（图 2-463）。

　　XMAQE-002：地理坐标为北纬 44°26′50.52″，东经 115°14′15.80″。岩面朝东南，尺寸为 71cm×70cm。凿刻，刻痕为黄褐色。调查确认 1 个单体，不可识别（图 2-464）。

图 2-463　动物岩画 XMAQE001 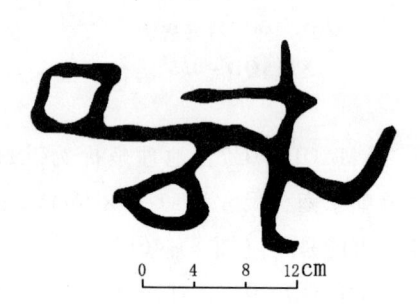　　　　图 2-464　一不可识别岩画 XMAQE-002

　　XMAQE-003：地理坐标为北纬 44°26′50.74″，东经 115°14′17.01″。岩面朝东南，尺寸为 57cm×82cm。凿刻，刻痕黄褐色。调查确认 1 个单体，可能为 1 符号（图 2-465）。

　　XMAQE-004：地理坐标为北纬 44°26′50.66″，东经 115°14′17.88″。岩面朝南，尺寸为 70cm×70cm。凿刻，刻痕为黄褐色，刻痕较浅，线条造型。调查确认 3 个单体图像，可能是 3 符号（图 2-466）。

图 2-465　符号岩画 XMAQE-003 　　　　图 2-466　符号岩画 XMAQE-004

XMAQE-005：地理坐标为北纬44°26′50.43″，东经115°14′18.47″。岩面朝南，尺寸为40cm×35cm。凿刻，浅黄褐色刻痕，线条较粗。调查确认2个单体图像，2马（图2-467）。

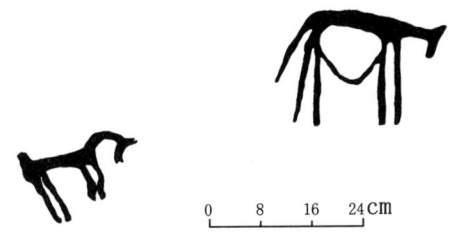

图2-467 动物岩画 XMAQE-005

XMAQE-006：地理坐标为北纬44°26′53.95″，东经115°14′33.63″，岩面朝南，尺寸为51cm×87cm。凿刻，黑褐色刻痕，剪影式造型。调查确认2个单体图像，2马（图2-468）。

XMAQE-007：地理坐标为北纬44°26′54.55″，东经115°14′30.58″。岩面朝南，尺寸为36cm×60cm。凿刻，黑褐色刻痕，剪影式造型。调查确认1个单体图像，1马（图2-469）。

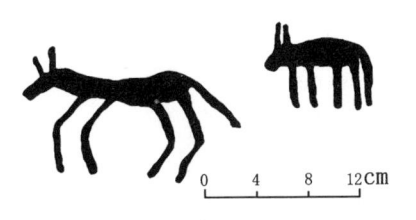

图2-468 动物岩画 XMAQE-006 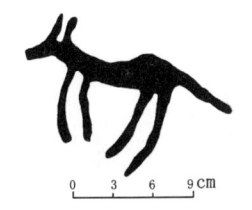　　图2-469 动物岩画 XMAQE-007

XMAQE-008：地理坐标为北纬44°26′56.43″，东经115°14′30.95″。岩面朝南，尺寸为40cm×50cm。凿刻，黑褐色刻痕，线条造型。调查确认2个单体，2马（图2-470）。

图2-470 动物岩画 XMAQE-008

XMAQE－009：地理坐标为北纬 44°26′56.47″，东经 115°14′31.34″。岩面朝西，尺寸为 56cm×159cm。凿刻，刻痕为褐色，线条造型。调查确认 3 个单体图像，2 马、1 牵马人（图 2－471）。

图 2－471　人物、动物岩画 XMAQE－009

XMAQE－010：地理坐标为北纬 44°26′58.60″，东经 115°14′38.86″。岩面朝南，尺寸为 71cm×100cm。凿刻，刻痕为黄褐色。调查确认 3 个单体图像，1 马、1 羊，右侧可能是 1 未完成的动物图案（图 2－472）。

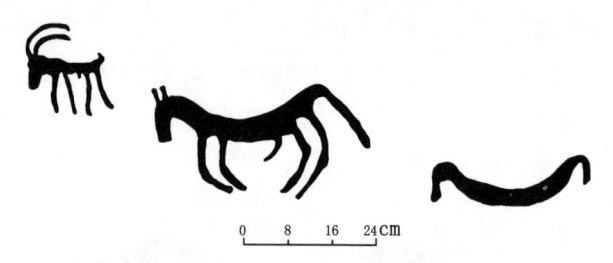

图 2－472　动物岩画 XMAQE－010

XMAQE－011：地理坐标为北纬 44°26′57.66″，东经 115°14′44.05″。岩面朝西，尺寸为 43cm×50cm。凿刻，黑褐色刻痕，剪影式造型。调查确认 2 个单体图像，2 马（图 2－473）。

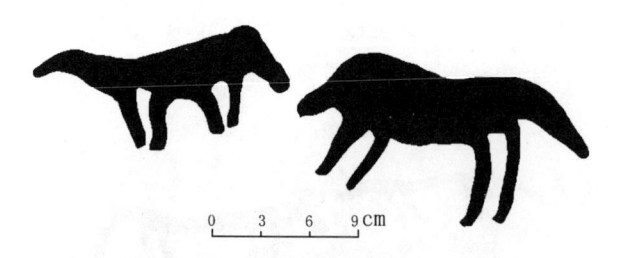

图 2－473　动物岩画 XMAQE－011

XMAQE－012：地理坐标为北纬 44°26′51.37″，东经 115°14′42.51″。岩面朝东，尺寸为 87cm×135cm。凿刻，粗线条形态。调查确认 4 个单体，

2 羊、1 马、1 人（图 2 - 474）。

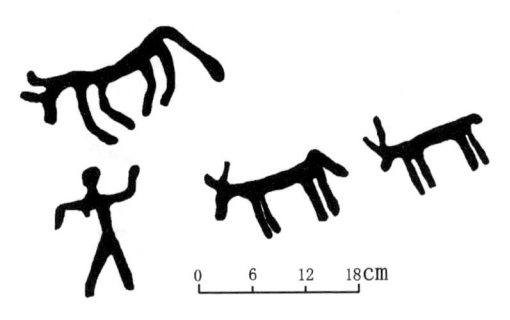

图 2 - 474　人物、动物岩画 XMAQE - 012

XMAQE - 013：地理坐标为北纬 44°26′47.94″，东经 115°14′37.62″。岩面朝南，尺寸为 159cm×120cm。凿刻，黑褐色刻痕，线条造型。调查确认 3 个单体图像，可能是 3 符号（图 2 - 475）。

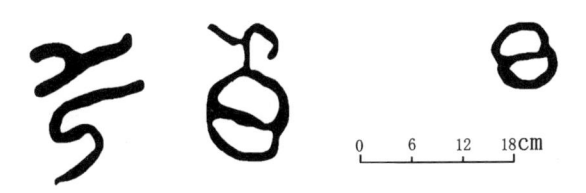

图 2 - 475　符号岩画 XMAQE - 013

2.6　恩格尔呼都嘎岩画

恩格尔呼都嘎岩画群编号为 F 区，位于阿巴嘎旗的西北部，那仁宝力格苏木以东 30km 处，恩格尔呼都嘎蒙古语为"阳坡下的泉水"，海拔为 1287～1307m，属低山丘陵草原，岩画散刻于平坦的岩面上，岩体为灰褐色或黑褐色玄武岩。F 区岩画编号为 XMAQF - 001～009，线图 8 幅，技法为凿刻。

XMAQF - 001：地理坐标为北纬 44°46′31.26″，东经 114°16′40.41″。岩面朝东南，尺寸为 50cm×80cm。磨刻，刻痕为黑褐色，线条造型。调查确认 3 个单体图像，2 符号、1 由同心圆和两个半圆组成的图案（图 2 - 476）。

XMAQF - 002：地理坐标为北纬 44°46′30.08″，东经 114°16′39.22″。岩面

朝东南，尺寸为 74cm×150cm。凿刻，刻痕为浅黄褐色，刻痕较浅，线条造型。调查确认 4 个单体，1 马、1 符号、1 圆圈、1 三角形（图 2-477）。

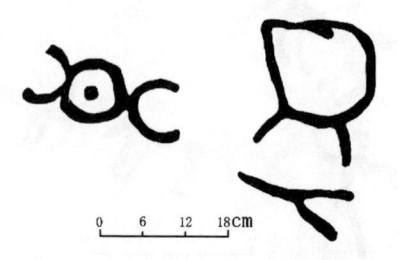

图 2-476 符号岩画 XMAQF-001

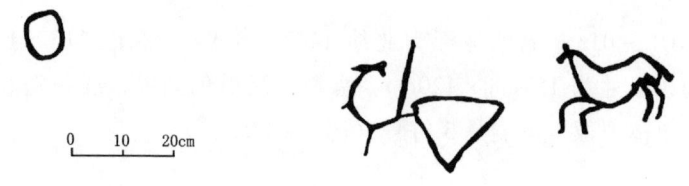

图 2-477 动物、符号、几何形岩画 XMAQF-002

XMAQF-003：地理坐标为北纬 44°46′29.96″，东经 114°16′38.86″。岩面朝西南，尺寸为 83cm×44cm。凿刻，刻痕为黄褐色。调查确认 1 个单体图像，1 符号（图 2-478）。

XMAQF-004：地理坐标为北纬 44°46′32.80″，东经 114°16′35.288″。岩面朝南，尺寸为 56cm×130cm。凿刻，刻痕为黑褐色，线条造型，岩面风化严重。调查确认 1 个单体图像，1 马（图 2-479）。

图 2-478 符号岩画 XMAQF-003　　图 2-479 动物岩画 XMAQF-004

XMAQF-005：地理坐标为北纬 44°46′32.83″，东经 114°16′35.44″。岩面朝南，尺寸为 88cm×200cm。凿刻，黑褐色刻痕，线条造型。调查确认 1 个单体图像，1 马（图 2-480）。

XMAQF-006：岩面风化严重，图像不能辨识与绘图。

XMAQF-007：地理坐标为北纬44°46′32.84″，东经114°16′34.63″。岩面朝西南，尺寸为111cm×100cm。凿刻，黑褐色刻痕，刻痕较浅。调查确认5个单体，2马、3同心圆（图2-481）。

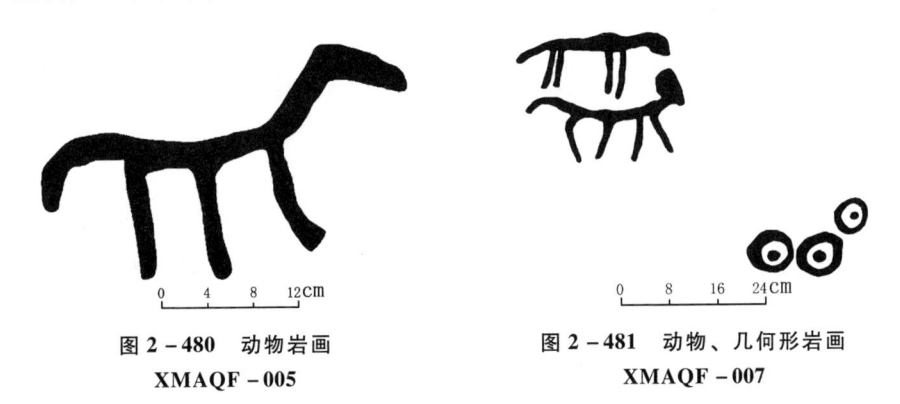

图2-480 动物岩画
XMAQF-005

图2-481 动物、几何形岩画
XMAQF-007

XMAQF-008：地理坐标为北纬44°46′33.98″，东经114°16′39.46″。岩面朝西，尺寸为70cm×64cm。凿刻，黑褐色刻痕。调查确认1个单体，可能为1人面像（图2-482）。

XMAQF-009：地理坐标为北纬44°26′56.47″，东经115°14′31.34″。岩面朝南，尺寸为70cm×27cm。凿刻，刻痕为黄褐色，调查确认1个单体图像，不可识别（图2-483）。

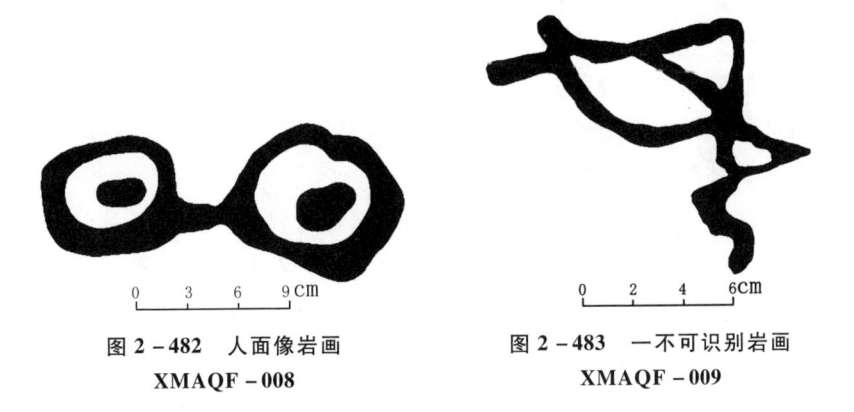

图2-482 人面像岩画
XMAQF-008

图2-483 一不可识别岩画
XMAQF-009

第3章 锡林浩特市岩画分布地点和内容

锡林浩特市位于内蒙古自治区锡林郭勒盟中部，是锡林郭勒盟行政公署驻地。北靠东乌珠穆沁旗，东连西乌珠穆沁旗，西接阿巴嘎旗，南连正蓝旗和克什克腾旗。地理坐标为北纬43°02′~44°52′，东经115°17′~116°59′。总面积为15758km²。锡林浩特市地势南高北低，南部为低山丘陵，北部为平缓的波状平原，平均海拔1100m左右。锡林河流经市区西郊。市区气候属北温带大陆性气候，年均降水量294.9mm，无霜期110天，年平均温度1.7℃。

"锡林"蒙古语意为丘陵，"浩特"蒙古语意为城，地名因境内丘陵命名。锡林浩特地区汉为上谷郡北境，晋为拓跋氏地，隋及唐初为突厥所据，辽为上京道西北境，金为西京路桓州辖境，元属岭北省上都路，归应昌所管辖，明代属元太祖成吉思汗第别勒古台十七世孙的游牧地，清为蒙古阿巴哈纳尔部驻地。康熙六年（1667），阿巴哈纳尔左翼设旗，阿巴哈纳尔左翼旗庙由贝子爵管辖，故后改称贝子旗。1983年10月10日，经国务院批准，撤销阿巴哈纳尔旗，设锡林浩特市建制，原阿巴哈纳尔旗行政区划归属锡林浩特市管辖。①

锡林浩特市境内的巴彦淖尔遗址为新石器时代遗存，是锡林郭勒地区面积较大、保存较好的遗址，地表采集有石杵、石斧、石磨盘、磨棒等磨制石器，以及铲形器与锄形器等打制石器，还有石叶、石核、石镞等。此外，市境内还有汉代的呼和陶力盖窑址，辽金元时期的巴彦锡勒古城遗址、哈珠乌苏遗址、马蹄山墓葬群、朝克乌拉山墓葬群，明清时期的贝子

---

① 张魁义、魏琢主编《锡林郭勒盟志》（上），内蒙古文化出版社、内蒙古出版集团，2014，第170~171页。

庙，等等。①

锡林浩特市的岩画点分为 A、B、C、D、E、F 共 6 个区（图 3-1）。岩画刻于平坦的岩面上，多分布于山丘及半山腰处，岩石为玄武岩，灰褐色或黑褐色，硬度为 6 度左右。

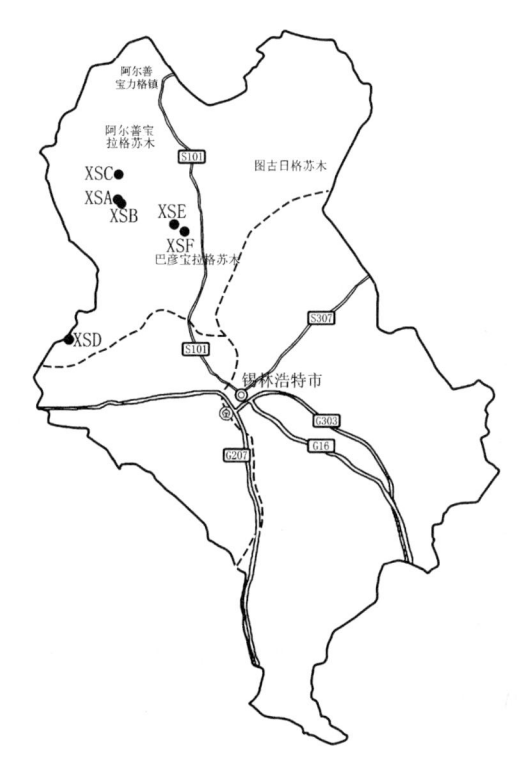

图 3-1 锡林浩特市岩画分布

XSA 为阿尔岗格根岩画；XSB 为包日呼吉尔岩画；XSC 为哈那哈达岩画；
XSD 为巴彦温都尔岩画；XSE 为善敦陶拉盖岩画；XSF 为额勒斯特岩画

3.1 阿尔岗格根岩画

阿尔岗格根岩画编号为 A 区。阿尔岗格根，蒙古语意为"干净、明亮"，位于锡林浩特市西北约 73km 处，属锡林浩特市阿尔善宝力格镇。坐

---

① 内蒙古自治区文物考古研究所编《锡林郭勒文化遗产》，文物出版社，2014。

标为北纬 44°27′13.34″，东经 115°37′27.35″，海拔 1070~1097m，属于半干旱草原，为低山、丘陵地带，北部有一片湖泊。

此区域岩画编号为 XMXSA-001~004，线图共 4 幅，以凿刻为主。

XMXSA-001：地理坐标为北纬 44°27′13.34″，东经 115°37′27.35″。岩面朝上，尺寸为 120cm×100cm。凿刻，刻痕为黄褐色，刻痕较浅。调查确认 4 个单体，1 符号、1 实心圆、1 半圆、1 人物（图 3-2）。

XMXSA-002：地理坐标为北纬 44°27′13.29″，东经 115°37′27.22″。岩面朝上，尺寸为 65cm×45cm。凿刻，刻痕黄褐色。调查确认 2 个单体，1 同心圆、1 不可识别图案（图 3-3）。

图 3-2 符号、几何形、人物岩画 XMXSA-001　　图 3-3 几何形岩画 XMXSA-002

XMXSA-003：地理坐标为北纬 44°27′13.38″，东经 115°37′27.27″。岩面朝南，尺寸为 90cm×62cm。凿刻，刻痕黄褐色，刻痕较浅，线条造型。调查确认 10 单体图像，4 同心圆、1 符号、1 圆圈、2 羊、2 马（图 3-4）。

XMXSA-004：地理坐标为北纬 44°27′07.92″，东经 115°37′35.10″。岩面朝南，尺寸为 100cm×70cm。凿刻，刻痕为灰褐色，线条造型。调查确认 9 个单体，9 同心圆（图 3-5）。

图 3-4 符号、几何形、动物岩画 XMXSA-003 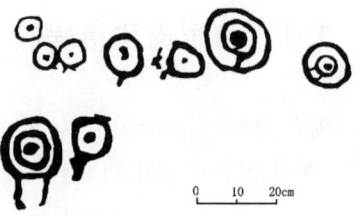　　图 3-5 几何形岩画 XMXSA-004

3.2 包日呼吉尔岩画

包日呼吉尔岩画编号为 B 区，包日呼吉尔，蒙古语意为"青碱"，位于锡林浩特市阿尔善宝力格镇巴彦塔拉嘎查。坐标为北纬 44°27′13.34″，东经 115°37′27.35″，海拔 1070～1097m，属于半干旱草原，为低山、丘陵地带，南部和北部各有一片湖泊。

此区域岩画编号 XMXSB-001～032，线图共 32 幅。

XMXSB-001：地理坐标为北纬 44°26′48.37″，东经 115°38′51.36″。岩面朝南，尺寸为 120cm×75cm。凿刻，刻痕为黄褐色，线条造型。调查确认 3 个单体，3 马。图像因岩面断裂而部分缺失（图 3-6）。

XMXSB-002：地理坐标为北纬 44°26′48.36″，东经 115°38′51.56″。岩面朝南，尺寸为 45cm×75cm。凿刻，刻痕为黑褐色，线条造型。调查确认 2 个单体，2 不可识别动物。图像因岩面断裂而部分缺失（图 3-7）。

图 3-6　动物岩画 XMXSB-001　　　图 3-7　动物岩画 XMXSB-002

XMXSB-003：地理坐标为北纬 44°26′48.37″，东经 115°38′51.55″。岩面朝南，尺寸为 115cm×55cm。凿刻，刻痕为黑褐色。调查确认 1 个单体，1 马（图 3-8）。

XMXSB-004：地理坐标为北纬 44°26′49.34″，东经 115°38′55.31″。岩面朝南，尺寸为 100cm×60cm。凿刻，刻痕为黑褐色，线条较细。调查确认 1 个单体，1 马（图 3-9）。

XMXSB-005：地理坐标为北纬 44°26′54.57″，东经 115°39′06.79″。岩面朝南，尺寸为 120cm×90cm。凿刻，刻痕为黑褐色，线条较细。调查确认 2 个单体，右侧 1 马，左上方可能是 1 未完成的动物图像（图 3-10）。

XMXSB-006：地理坐标为北纬 44°26′55.86″，东经 115°39′09.60″。岩面朝北，尺寸为 78cm×65cm。凿刻，刻痕为黑褐色。调查确认 1 个单体，1 人面像（图 3-11）。

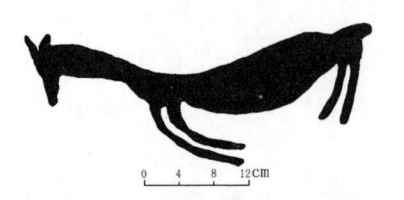

图 3-8　动物岩画 XMXSB-003

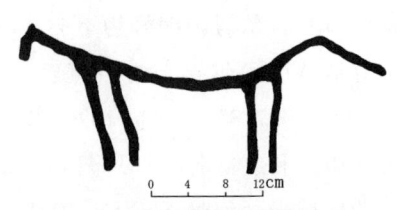

图 3-9　动物岩画 XMXSB-004

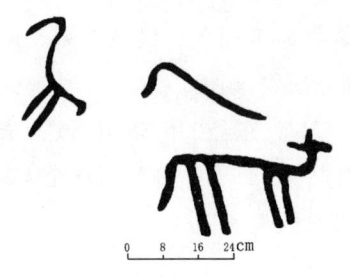

图 3-10　动物岩画 XMXSB-005

图 3-11　人面像岩画 XMXSB-006

XMXSB-007：地理坐标为北纬 44°26′56″，东经 115°39′09.81″。岩面朝北，尺寸为 150cm×60cm。凿刻，刻痕为灰色，线条较细。调查确认 1 个单体，可能是牛。图像有叠压（图 3-12）。

XMXSB-008：地理坐标为北纬 44°26′56.06″，东经 115°39′10.11″。岩面朝北，尺寸为 120cm×57cm。凿刻，刻痕为灰色。调查确认 1 个单体，可能是 1 人面像（图 3-13）。

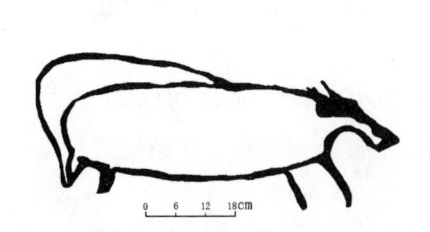

图 3-12　动物岩画 XMXSB-007

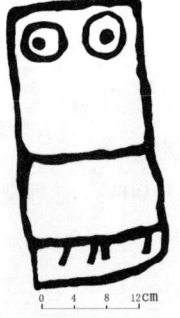

图 3-13　人面像岩画 XMXSB-008

XMXSB-009：地理坐标为北纬 44°26′56.07″，东经 115°39′10.08″。

岩面朝西北，尺寸为105cm×60cm。磨刻，刻痕为褐色。调查确认3个单体，3同心圆（图3-14）。

XMXSB-010：地理坐标为北纬44°26′09.61″，东经115°39′56.27″。岩面朝南，尺寸为170cm×110cm。凿刻，刻痕为褐色。调查确认2个单体，2马（图3-15）。

图3-14　几何形岩画 XMXSB-009　　　图3-15　动物岩画 XMXSB-010

XMXSB-011：地理坐标为北纬44°26′56.28″，东经115°39′09.84″。岩面朝南，尺寸为78cm×65cm。磨刻，刻痕为褐色。调查确认6个单体，2同心圆、3人面像、1网格状图案（图3-16）。

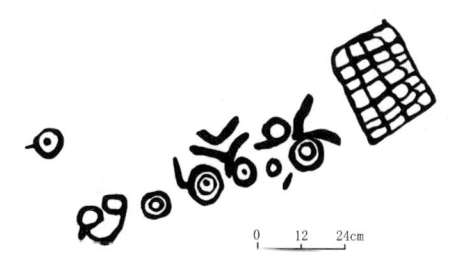

图3-16　几何形、人面像、图案岩画 XMXSB-011

XMXSB-012：地理坐标为北纬44°26′56.29″，东经115°39′09.93″。岩面朝南，尺寸为50cm×15cm。凿刻，刻痕为灰色。调查确认1个单体，可能为1马（图3-17）。

XMXSB-013：地理坐标为北纬44°26′56.48″，东经115°39′09.91″。岩面朝南，尺寸为60cm×35cm。凿刻，刻痕为褐色。调查确认1个单体，1人物形象（图3-18）。

XMXSB-014：地理坐标为北纬44°26′56.40″，东经115°39′10.06″。岩面朝南，尺寸为50cm×30cm。磨刻，刻痕为黑褐色。调查确认1个单体，1人面像（图3-19）。

图 3-17 动物岩画　　　图 3-18 人物岩画　　　图 3-19 人面像岩画
　　XMXSB-012　　　　　　XMXSB-013　　　　　　XMXSB-014

XMXSB-015：地理坐标为北纬 44°26′56.61″，东经 115°39′10.60″。岩面朝南，尺寸为 80cm×100cm。凿刻，刻痕为黑褐色。调查确认 3 个单体，2 网格状图案、1 同心圆（图 3-20）。

XMXSB-016：地理坐标为北纬 44°26′56.72″，东经 115°39′10.70″。岩面朝南，尺寸为 100cm×85cm。凿刻，刻痕为黑褐色。调查确认 3 个单体，3 同心圆（图 3-21）。

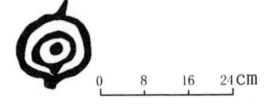

图 3-20 几何形、图案　　　　图 3-21 几何形岩画
　　岩画 XMXSB-015　　　　　　　　XMXSB-016

XMXSB-017：地理坐标为北纬 44°26′56.77″，东经 115°39′10.82″。岩面朝南，尺寸为 80cm×80cm。凿刻，刻痕为黑褐色。调查确认 1 个单体，1 马（图 3-22）。

XMXSB-018：地理坐标为北纬 44°26′57.23″，东经 115°39′11.85″。岩面朝南，尺寸为 48cm×30cm。凿刻，刻痕为黑褐色。调查确认 4 个单体，4 同心圆（图 3-23）。

XMXSB-019：地理坐标为北纬 44°26′57.13″，东经 115°39′11.96″。

岩面朝南，尺寸为 15cm×70cm。磨刻，刻痕为黑褐色。调查确认 7 个单体，7 相连的同心圆（图 3-24）。

图 3-22 动物岩画 XMXSB-017　　图 3-23 几何形岩画 XMXSB-018

图 3-24 几何形岩画 XMXSB-019

XMXSB-020：地理坐标为北纬 44°26′57.17″，东经 115°39′12.19″。岩面朝南，尺寸为 100cm×43cm。凿刻，刻痕为黑褐色。调查确认 1 个单体，1 不可识别图案（图 3-25）。

XMXSB-021：地理坐标为北纬 44°26′57.25″，东经 115°39′12.30″。岩面朝南，尺寸为 68cm×40cm。磨刻，刻痕为褐色。调查确认 1 个单体，1 人面像（图 3-26）。

图 3-25 图案岩画 XMXSB-020 　　图 3-26 人面像岩画 XMXSB-021

XMXSB-022：地理坐标为北纬 44°26′57.33″，东经 115°39′12.65″。岩面朝南，尺寸为 180cm×170cm。凿刻，刻痕为褐色，刻痕较浅，线条造型。调查确认 11 个单体，3 人、2 马、3 不可识别动物、1 符号、1 圆圈、1 不可识别图案（图 3-27）。

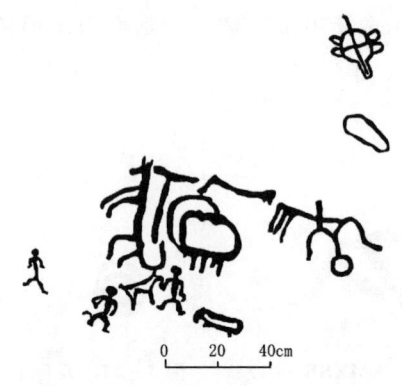

图 3–27　人物、动物、符号岩画
XMXSB–022

XMXSB–023：地理坐标为北纬 44°26′57.40″，东经 115°39′12.75″。岩面朝南，尺寸为 90cm×80cm。凿刻，刻痕为褐色。调查确认 1 个单体，不可识别（图 3–28）。

XMXSB–024：地理坐标为北纬 44°26′56.11″，东经 115°39′11.12″。岩面朝西，尺寸为 60cm×33cm。凿刻，刻痕为灰褐色。调查确认 3 个单体，左下方为 1 马，剪影式造型；上方可能是 2 马（图 3–29）。

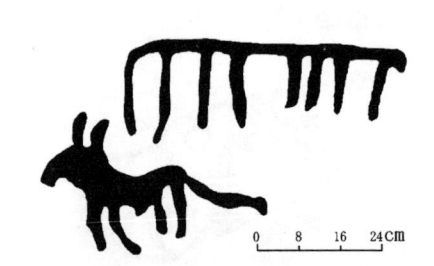

图 3–28　一不可识别岩画 XMXSB–023　　　图 3–29　动物岩画 XMXSB–024

XMXSB–025：地理坐标为北纬 44°26′58.12″，东经 115°39′16.14″。岩面朝南，尺寸为 90cm×50cm。凿刻，刻痕为褐色，粗线条形态。调查确认 2 个单体，2 马（图 3–30）。

XMXSB–026：地理坐标为北纬 44°26′55.57″，东经 115°39′10.20″。岩面朝南，尺寸为 95cm×65cm。刻痕为褐色，线条造型。调查确认 7 个单体，3 马、1 羊、1 涡旋纹、1 同心圆，1 人面像。动物形象为凿刻技法，其他为磨刻技法（图 3-31）。

图 3-30 动物岩画 XMXSB-025

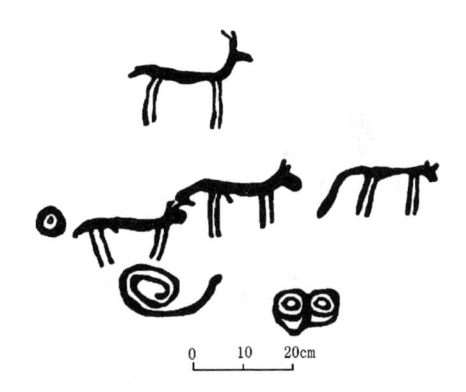

图 3-31 动物、符号、几何形、人面像岩画 XMXSB-026

XMXSB-027：地理坐标为北纬 44°26′55.65″，东经 115°39′10.32″。岩面朝南，尺寸为 130cm×65cm。凿刻，刻痕为褐色，刻痕较浅。调查确认 1 个单体，1 马（图 3-32）。

XMXSB-028：地理坐标为北纬 44°26′55.72″，东经 115°39′10.11″。岩面朝南，尺寸为 80cm×110cm。凿刻，刻痕为黄褐色，刻痕较浅。调查确认 1 个单体，1 马（图 3-33）。

图 3-32 动物岩画 XMXSB-027

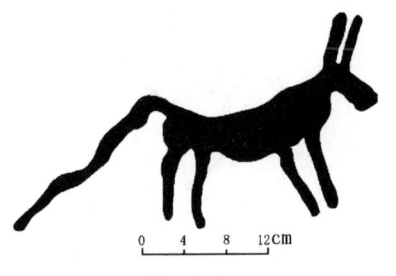

图 3-33 动物岩画 XMXSB-028

XMXSB-029：地理坐标为北纬 44°26′55.77″，东经 115°39′10.13″。岩面朝南，尺寸为 160cm×65cm。凿刻，刻痕为褐色，刻痕较浅。调查确认 5 个单体，4 马、1 同心圆（图 3-34）。

XMXSB-030：地理坐标为北纬 44°26′55.76″，东经 115°39′10.47″。

岩面朝南，尺寸为 68cm×45cm。凿刻，刻痕为褐色，剪影式造型。调查确认 1 个单体，1 马（图 3 – 35）。

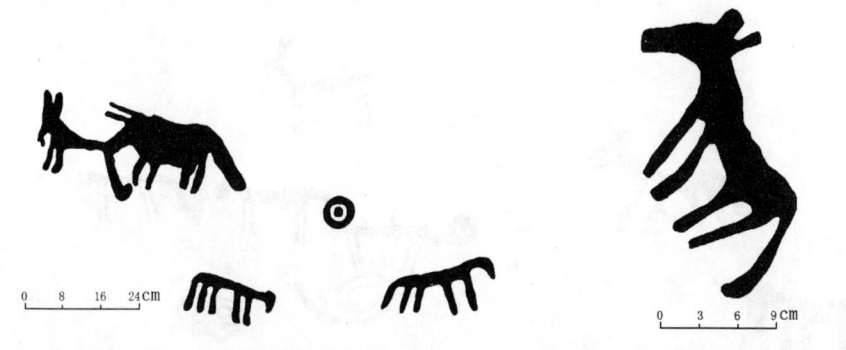

图 3 – 34　动物岩画 XMXSB – 029

图 3 – 35　动物岩画 XMXSB – 030

XMXSB – 031：地理坐标为北纬 44°26′55.53″，东经 115°39′09.97″。岩面朝南，尺寸为 70cm×65cm。凿刻，刻痕为黑褐色，线条较细。调查确认 1 个单体，不可识别的图案（图 3 – 36）。

XMXSB – 032：地理坐标为北纬 44°26′55.54″，东经 115°39′09.25″。岩面朝南，尺寸为 35cm×57cm。凿刻，刻痕为灰褐色，刻痕较浅。调查确认 1 个单体，可能是狐狸（图 3 – 37）。

图 3 – 36　图案岩画 XMXSB – 031

图 3 – 37　动物岩画 XMXSB – 032

3.3　哈那哈达岩画

哈那哈达岩画编号为 C 区，哈那哈达，蒙古语为"岩石"的意思，位于锡林浩特市西北方向约 71km 处，隶属锡林浩特市阿尔善宝力格镇斯日古楞嘎查。坐标为北纬44°30′58.42″，东经115°38′24.85″，海拔1102～1117m，属于半干旱草原，间有低山、丘陵。此区域岩画编号XMXSC-001～009，线图共9幅。

XMXSC-001：地理坐标为北纬44°30′58.42″，东经115°38′24.85″。岩面朝东南，尺寸为150cm×100cm。凿刻，刻痕为黑褐色，凿点稀疏，线条造型。调查确认1个单体，1狗（图3-38）。

XMXSC-002：地理坐标为北纬44°30′58.45″，东经115°38′24.92″。岩面朝南，尺寸为100cm×80cm。凿刻，刻痕为灰色，刻痕较浅，线条造型。调查确认2个单体，2马（图3-39）。

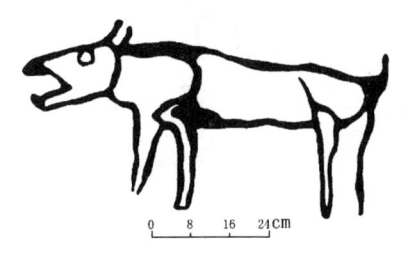

图3-38 动物岩画XMXSC-001 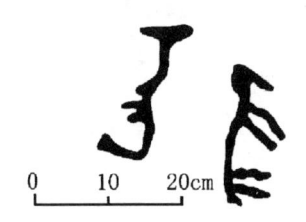　　图3-39 动物岩画XMXSC-002

XMXSC-003：地理坐标为北纬44°30′58.44″，东经115°38′24.95″。岩面朝南，尺寸为120cm×80cm。凿刻，刻痕为灰褐色，刻痕较浅，线条造型。调查确认1个单体，1马（图3-40）。

XMXSC-004：地理坐标为北纬44°30′58.40″，东经115°38′24.85″。岩面朝南，尺寸为45cm×55cm。凿刻，刻痕为褐色，刻痕较浅。调查确认2个单体，可能是2符号（图3-41）。

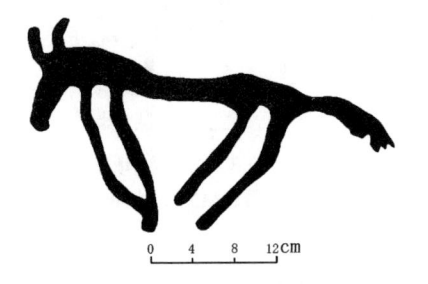

图3-40 动物岩画XMXSC-003 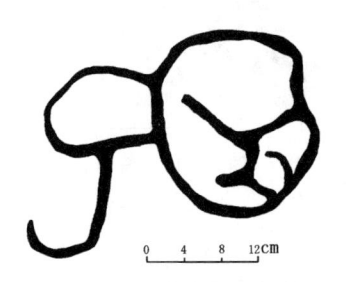　　图3-41 符号岩画XMXSC-004

XMXSC-005：地理坐标为北纬44°30′58.44″，东经115°38′24.86″。

岩面朝南，尺寸为 30cm×65cm。凿刻，刻痕为褐色，刻痕较浅。调查确认 1 个单体，可能是人面像（图 3-42）。

XMXSC-006：地理坐标为北纬 44°30′58.44″，东经 115°38′24.93″。岩面朝南，尺寸为 30cm×65cm。凿刻，刻痕为黑褐色，刻痕较浅。调查确认 1 个单体，可能是 1 符号（图 3-43）。

图 3-42　人面像岩画 XMXSC-005 　　**图 3-43　符号岩画 XMXSC-006**

XMXSC-007：地理坐标为北纬 44°30′58.52″，东经 115°38′24.91″。岩面朝南，尺寸为 90cm×70cm。凿刻，刻痕为褐色，刻痕较浅。调查确认 2 个单体，1 符号、1 马（图 3-44）。

XMXSC-008：地理坐标为北纬 44°30′58.10″，东经 115°38′25.27″。岩面朝南，尺寸为 130cm×100cm。凿刻，刻痕为灰褐色，刻痕较浅。调查确认 3 个单体，3 符号（图 3-45）。

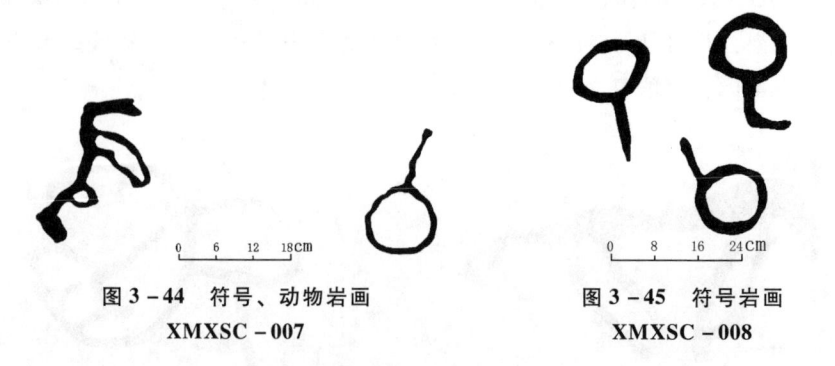

图 3-44　符号、动物岩画　　图 3-45　符号岩画
　　　　XMXSC-007　　　　　　　　XMXSC-008

XMXSC-009：地理坐标为北纬 44°30′58.45″，东经 115°38′24.92″。岩面朝南，尺寸为 100cm×80cm。凿刻，刻痕为灰色，刻痕较浅，线条造型。调查确认 3 个单体，3 马（图 3-46）。

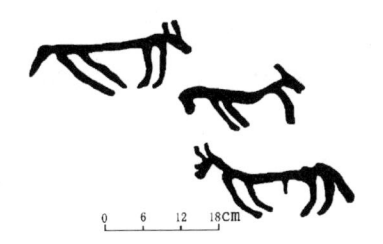

图 3-46 动物岩画 XMXSC-009

3.4 巴彦温都尔岩画

巴彦温都尔岩画编号为 D 区，巴彦温都尔，蒙古语意为"富饶的高山"，位于锡林浩特市向西约 47km 处，隶属于锡林浩特市阿尔善宝拉格苏木。坐标为北纬 44°05′25.41″，东经 115°26′37.79″，海拔 1168~1178m，属于半干旱草原，为低山、丘陵地带。此区域岩画编号 XMXSD-001~015，线图共 7 幅。

XMXSD-001~006、013 均为藏文或蒙文的文字，不做收录。

XMXSD-007：地理坐标为北纬 44°05′25.48″，东经 115°26′38.71″。岩面朝西，尺寸为 110cm×41cm。凿刻，刻痕为褐色，刻痕较浅，线条造型。调查确认有 2 个单体，2 马（图 3-47）。

XMXSD-008：地理坐标为北纬 44°05′25.23″，东经 115°26′38.78″。岩面朝南，尺寸为 97cm×151cm。凿刻，动物的刻痕为褐色，符号和圆圈的刻痕为灰褐色，刻痕较浅。调查确认有 5 个单体，3 马、1 符号、1 圆圈（图 3-48）。

图 3-47 动物岩画 XMXSD-007　　图 3-48 动物、几何形、符号岩画 XMXSD-008

XMXSD-009 与 XMXSD-008 重复。

XMXSD-010：地理坐标为北纬 44°05′25.36″，东经 115°26′38.73″。岩面朝南，尺寸为 75cm×110cm。凿刻，刻痕为黄褐色，线条造型。确认有 2 个单体，右侧上方为 1 马，下方可能是 1 车（图 3-49）。

图 3-49　动物、车辆岩画 XMXSD-010

XMXSD-011：地理坐标为北纬 44°05′25.34″，东经 115°26′38.77″。岩面朝南，尺寸为 44cm×86cm。凿刻，刻痕为黄褐色。调查确认有 1 个单体，可能为 1 符号（图 3-50）。

XMXSD-012：地理坐标为北纬 44°05′25.40″，东经 115°26′38.67″。岩面朝南，尺寸为 110cm×144cm。凿刻，刻痕为黄褐色，刻痕较浅。调查确认有 6 个单体，5 马、1 圆圈（图 3-51）。

图 3-50　符号岩画
XMXSD-011

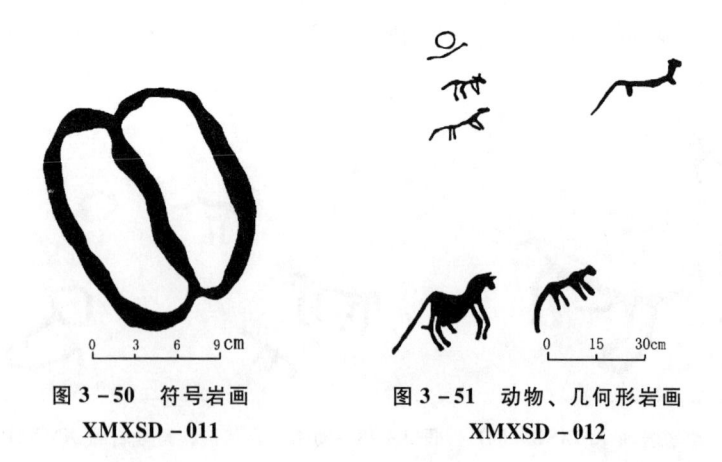

图 3-51　动物、几何形岩画
XMXSD-012

XMXSD-014：地理坐标为北纬44°05′25.52″，东经115°26′38.69″。岩面朝南，尺寸为92cm×61cm。凿刻，刻痕为褐色，刻痕较浅，剪影式造型。调查确认有1个单体，1马（图3-52）。

XMXSD-015：地理坐标为北纬44°05′25.55″，东经115°26′38.65″。岩面朝南，尺寸为105cm×72cm。凿刻，刻痕为褐色，刻痕较浅，剪影式造型。调查确认有2个单体，2马（图3-53）。

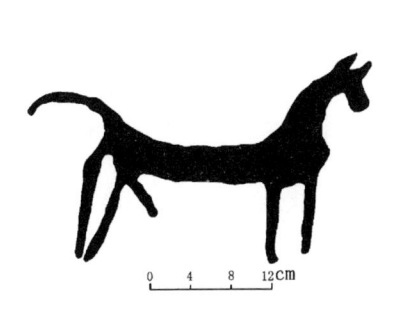

图3-52 动物岩画 XMXSD-014 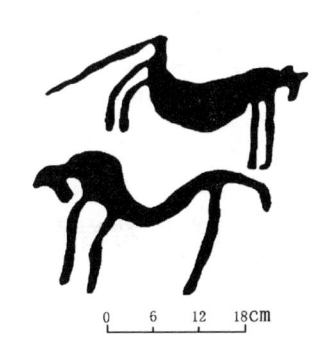　　图3-53 动物岩画 XMXSD-015

3.5 善敦陶拉盖岩画

善敦陶拉盖岩画编号为E区，善敦陶拉盖，蒙古语意为"山头"，位于锡林浩特市北偏西53km处，隶属于锡林浩特市巴彦宝拉格苏木那仁宝力格嘎查。坐标为北纬44°23′26.8″，东经115°49′59.6″，海拔1168~1178m，属于半干旱草原，为低山、丘陵地带。此区域岩画编号XMXSE-001~003，线图2幅。

XMXSE-001：地理坐标为北纬44°23′26.8″，东经115°49′59.6″。岩面朝西，尺寸为37cm×50cm。凿刻，刻痕黄褐色，刻痕较深。调查确认1个单体，1人面像（图3-54）。

XMXSE-002：地理坐标为北纬44°23′26.8″，东经115°49′59.6″。岩面朝西，尺寸为30cm×45cm。凿刻，刻痕为黄褐色，刻痕较深。调查确认1个单体，1人面图像。岩面风化严重，图像部分残缺（图3-55）。

XMXSE-003为藏文文字，不做收录。

图 3-54　人面像岩画　　　　　图 3-55　人面像岩画
　　XMXSE-001　　　　　　　　　　XMXSE-002

3.6　额勒斯特岩画

额勒斯特岩画编号为 F 区，额勒斯特，蒙古语意为"有沙子的地方"，位于锡林浩特市东北约 50km 的巴彦宝拉格苏木那仁宝力格嘎查。坐标为北纬 44°21′54.96″，东经 115°51′44.67″，海拔 1025～1032m，属于半干旱草原，为低山、丘陵地带。此区域岩画编号 XMXSF-001～009，线图共 1 幅。

XMXSF-001、003～009 均为藏文文字，不做收录。

XMXSF-002：地理坐标为北纬 44°21′54.81″，东经 115°41′44.55″。岩面朝南，尺寸为 76cm×65cm。凿刻，刻痕为灰色，刻痕较浅。调查确认 4 个单体，4 同心圆（图 3-56）。

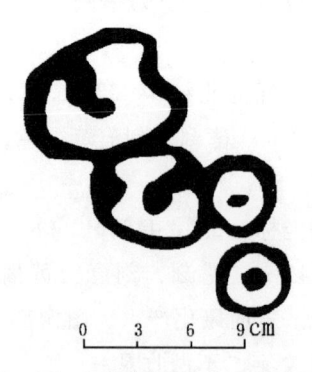

图 3-56　同心圆岩画 XMXSF-002

第4章 苏尼特左旗岩画分布地点和内容

苏尼特左旗位于内蒙古自治区锡林郭勒盟西北部，北与蒙古国接壤，南邻镶黄旗、正镶白旗、正蓝旗，西接苏尼特右旗、二连浩特市，东接阿巴嘎旗，旗政府所在地为满都拉图镇。地理坐标为北纬42°58′~45°06′，东经111°24′~115°12′。总面积为33469km²。苏尼特左旗地形南北较高，中部为平川丘陵交错，旗内可利用草场面积达30939km²，其中65%分布于平原、丘陵、荒漠草地，20%分布于沙漠草地，其余以戈壁形式延伸于草场各处。气候属北温带大陆性草原气候，降水稀少，日照充足，冬季寒冷，春秋多风。年降水量139mm，年平均气温3.3℃。"苏尼特"一词系蒙古语，从古代部落名称演变而来，是锡林郭勒盟五部之一。苏尼特草原以该部落在此定居而得名。中华人民共和国成立后，旗府驻贝勒庙，辖五个苏木。1969年，贝勒庙改称满都拉图。①

苏尼特左旗历史悠久，早在新石器时代就已有人类繁衍生息，苏尼特左旗那仁宝拉格嘎查境内的巴嘎高勒遗址发现有面积1万余m²的陶片、石器分布区，遗址主体为新石器时代遗存。有达来苏木海留吐沟墓群、赛罕高毕苏木萨如拉登吉墓群、勿尔图宝拉格墓群等隋唐时期遗址，恩格尔河辽金元时期墓葬遗址，以及明清时期的玄石坡、立马峰石刻、查干敖包庙，等等。②

---

① 张魁义、魏琢主编《锡林郭勒盟志》（上），内蒙古文化出版社、内蒙古出版集团，2014，第181~182页。
② 内蒙古自治区文物考古研究所编《锡林郭勒文化遗产》，文物出版社，2014。

图 4-1　苏尼特左旗岩画分布

SZA、SZB 为呼和朝鲁岩画；SZC 为毕其格图岩画；SZD 为巴日嘎图岩画；
SZE 为图莱图岩画；SZF 为哈丹宝齐山岩画；SZG 为旭日图岩画；
SZH 为宝康图岩画；SZI 为毛瑞苏特岩画；SZJ 为宝德尔石林岩画

　　苏尼特左旗岩画主要分布于洪格尔苏木旭日昌图嘎查的呼和朝鲁、毕其格图、巴日嘎图、图莱图、哈丹宝齐山、旭日图、宝康图、毛瑞苏特和达来苏木新阿米都日嘎查的宝德尔石林，共9个岩画地点（图4-1），其中呼和朝鲁岩画是苏尼特左旗岩画分布最密集地区之一。
　　该区域为荒漠草原，低山丘陵分布其间。岩画主要位于低山丘陵中一些平坦的岩面上，山顶和山腰均有分布。岩体为灰褐色花岗岩，硬度为6~7度。

4.1　呼和朝鲁岩画

　　呼和朝鲁岩画群位于洪格尔苏木旭日昌图嘎查查干敖包庙以北，我们将其分为两个区域，编号为A区和B区。A区地理坐标为北纬44°30′44″，东经 111°32′49″，海拔为 1110m 左右。A 区线图共 120 幅，编号为 XMSZA - 001 ~ 120。制作技法均为凿刻。B 区地理坐标为北纬 44°30′48.55″，东经 111°32′44.30″，东南距 A 区约 180m，海拔为 1100m 左右。B 区线图共 259 幅，编号为 XMSZB - 001 ~ 259。制作技法均为凿刻。

XMSZA - 001：地理坐标为北纬 44°30′29.31″，东经 111°32′02.07″。岩面朝上，尺寸为 180cm × 70cm。凿刻，刻痕为褐色，线条较粗，线条造型。调查确认 9 个单体图像，5 马、1 鸟、3 不可识别动物。岩面居中可能为 1 鸟类动物（图 4 - 2）。

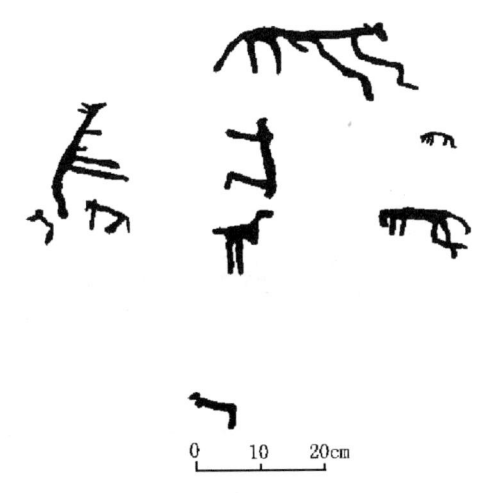

图 4 - 2 动物岩画 XMSZA - 001

XMSZA - 002：地理坐标为北纬 44°30′44.77″，东经 111°32′49.98″。岩面朝上，尺寸为 70cm × 60cm。凿刻，粗线条形态，刻痕为褐色。调查确认 2 个单体图像，2 马（图 4 - 3）。

XMSZA - 003：地理坐标为北纬 44°30′44.75″，东经 111°32′49.96″。岩面朝上，尺寸为 90cm × 40cm。凿刻，刻痕为褐色，线条较细。调查确认 1 个单体图像，1 羊（图 4 - 4）。

XMSZA - 004：地理坐标为北纬 44°30′44.73″，东经 111°32′49.93″。岩面朝南，尺寸为 190cm × 150cm。凿刻，刻痕为褐色，线条造型，线条较细。调查确认 18 个单体图像，8 马、4 羊、4 人、2 不可识别动物。画面中央被两平行线分割，并且和岩面中央的"出"字形人物形象及右侧马的形象有叠压打破关系（图 4 - 5）。

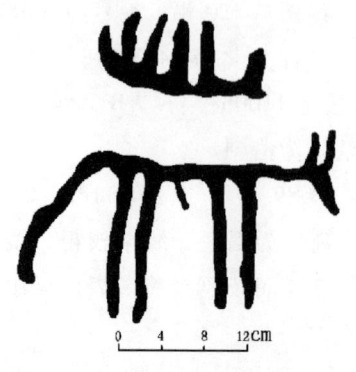

图 4-3　动物岩画 XMSZA-002 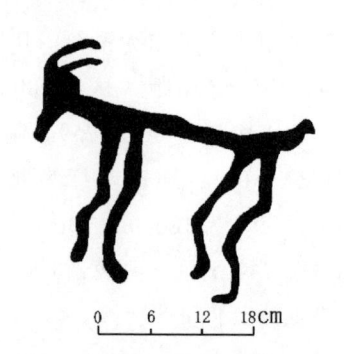　　　图 4-4　动物岩画 XMSZA-003

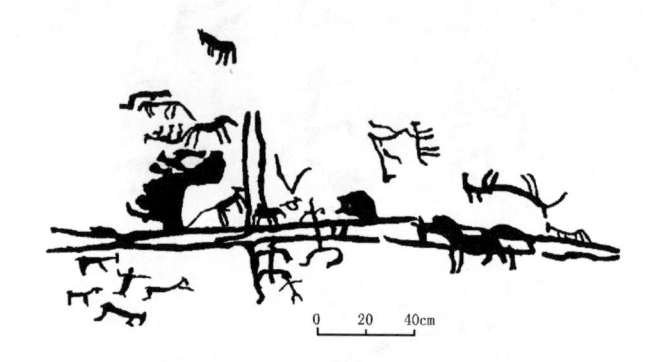

图 4-5　人物、动物岩画 XMSZA-004

XMSZA-005：地理坐标为北纬 44°30′44.73″，东经 111°32′49.90″。岩面朝上，尺寸为 40cm×85cm。凿刻，刻痕为褐色，线条较粗。调查确认 2 个单体图像，1 符号、1 不可识别图像（图 4-6）。

XMSZA-006：地理坐标为北纬 44°30′44.70″，东经 111°32′49.89″。岩面朝上，尺寸为 102cm×70cm。凿刻，岩面为红褐色，刻痕为褐色，线条较粗。调查确认 7 个单体图像，2 人、3 马、2 不可识别动物（图 4-7）。

XMSZA-007：地理坐标为北纬 44°30′44.65″，东经 111°32′49.86″。岩面朝上，尺寸为 100cm×60cm。凿刻，线条较细，刻痕为褐色，刻痕较浅。调查确认 4 个单体图像，2 羊、2 不可识别图像（图 4-8）。

XMSZA-008：地理坐标为北纬 44°30′44.63″，东经 111°32′49.83″。岩面朝上，尺寸为 120cm×120cm。凿刻，粗线条形态，刻痕为褐色。调查确认 11 个单体图像，3 马、3 羊、3 不可识别动物、2 符号（图 4-9）。

图4-6 符号岩画 XMSZA-005 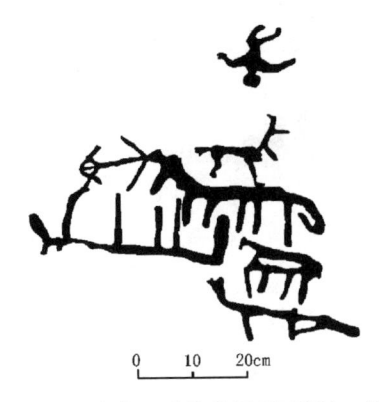　　图4-7 人物、动物岩画 XMSZA-006

图4-8 动物岩画 XMSZA-007 　　图4-9 动物、符号岩画 XMSZA-008

XMSZA-009：地理坐标为北纬 44°30′44.60″，东经 111°32′49.85″。岩面朝上，尺寸为 50cm×40cm。凿刻，粗线条形态，刻痕为黄褐色。调查确认 1 个单体图像，1 骑者（图 4-10）。

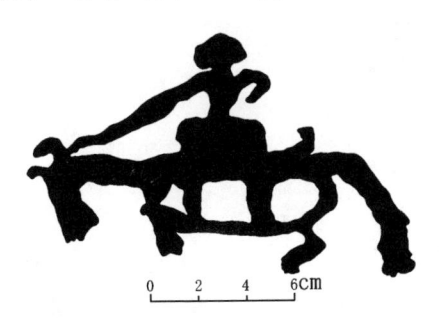

图4-10 骑者岩画 XMSZA-009

XMSZA-010：地理坐标为北纬 44°30′44.61″，东经 111°32′49.80″。岩面朝上，尺寸为 110cm×60cm。制作技法为凿刻，粗线条形态，刻痕为褐色。调查确认2个单体图像，1马、1不可识别图像（图4-11）。

图4-11 动物岩画 XMSZA-010

XMSZA-011：地理坐标为北纬44°30′44.30″，东经111°32′49.67″。岩面朝上，尺寸为80cm×100cm。凿刻，粗线条形态，刻痕为褐色。调查确认4个单体图像，3羊、岩面下方动物可能是1狗（图4-12）。

XMSZA-012：地理坐标为北纬44°30′44.26″，东经111°32′49.59″。岩面朝上，尺寸为195cm×250cm。凿刻，刻痕为褐色，图像损坏较为严重，识别困难。调查确认7个单体图像，4马、1羊、2不可识别动物（图4-13）。

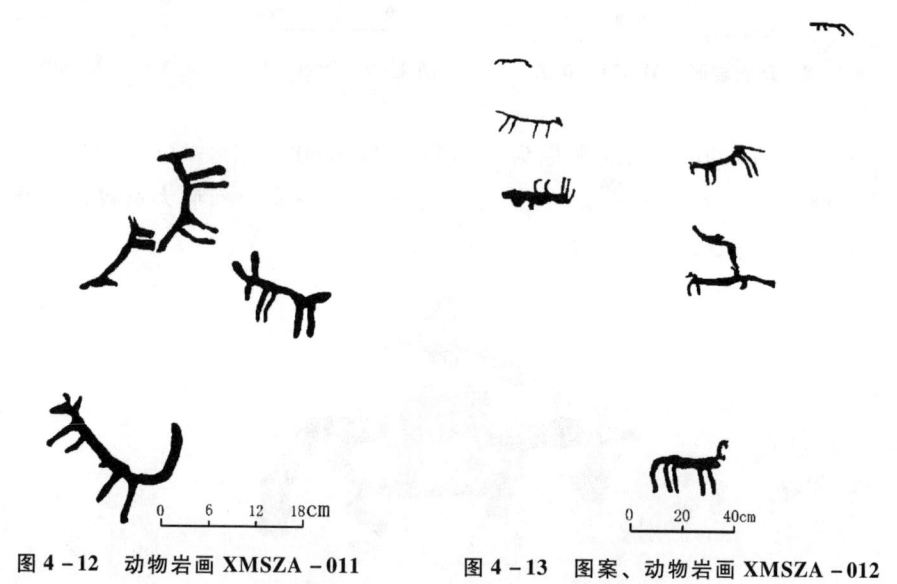

图4-12 动物岩画 XMSZA-011　　图4-13 图案、动物岩画 XMSZA-012

XMSZA-013：地理坐标为北纬44°30′44.23″，东经111°32′49.65″。岩面朝上，尺寸为40cm×100cm。凿刻，粗线条形态，刻痕为褐色。调查确认2个单体图像，1马、1不可识别动物（图4-14）。

XMSZA－014：地理坐标为北纬44°30′44.24″，东经111°32′49.61″。岩面朝上，尺寸为140cm×220cm。凿刻，刻痕为褐色，刻痕浅，线条较粗。调查确认10个单体图像，2马、1人物、1车辆、6不可识别动物。岩面风化严重（图4－15）。

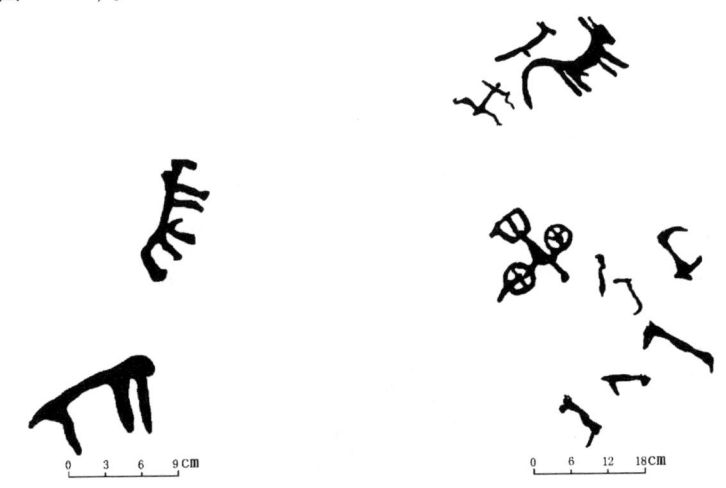

图4－14 动物岩画 XMSZA－013　　图4－15 人物、动物、车辆岩画 XMSZA－014

XMSZA－015：地理坐标为北纬44°30′44.02″，东经111°32′49.90″。岩面朝上，尺寸为90cm×25cm。凿刻，刻痕为褐色。调查确认2个单体图像，1马、1人物（图4－16）。

XMSZA－016：地理坐标为北纬44°30′43.92″，东经111°32′49.91″。岩面朝上，尺寸为50cm×20cm。凿刻，刻痕为褐色。调查确认1个单体图像，1不可识别动物（图4－17）。

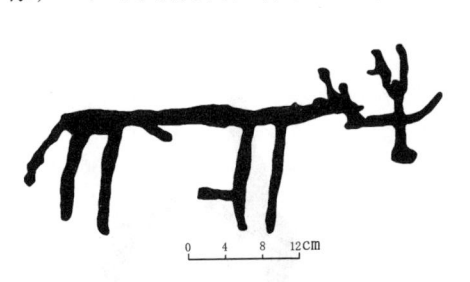

图4－16 人物、动物岩画 XMSZA－015 　　图4－17 动物岩画 XMSZA－016

XMSZA－017：地理坐标为北纬44°30′44.32″，东经111°32′49.36″。岩面朝上，尺寸为130cm×28cm。凿刻，刻痕为褐色。调查确认2个单体图像，2 马（图 4 – 18）。

图 4 – 18　动物岩画 XMSZA – 017

XMSZA – 018：地理坐标为北纬 44°30′44.49″，东经 111°32′49.49″。岩面朝上，尺寸为 180cm×70cm。凿刻，刻痕为褐色，线条较粗。调查确认 4 个单体，4 不可识别动物形象，有叠压打破关系（图 4 – 19）。

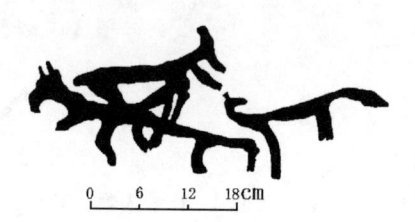

图 4 – 19　动物岩画 XMSZA – 018

XMSZA – 019：地理坐标为北纬 44°30′44.41″，东经 111°32′49.46″。岩面朝上，尺寸为 105cm×100cm。凿刻，岩面为灰色，刻痕为灰色，线条较粗。调查确认 2 个单体图像，1 符号、1 不可识别动物（图 4 – 20）。

XMSZA – 020：地理坐标为北纬 44°30′44.47″，东经 111°32′49.32″。岩面朝上，尺寸为 105cm×60cm。凿刻，刻痕为灰色，刻痕较浅。调查确认 1 个单体图像，1 符号（图 4 – 21）。

图 4 – 20　符号、动物岩画 XMSZA – 019 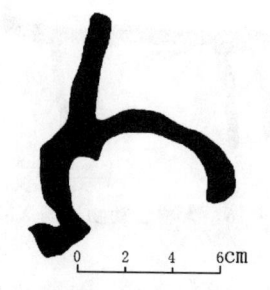　　图 4 – 21　符号岩画 XMSZA – 020

XMSZA-021：地理坐标为北纬44°30′44.63″，东经111°32′49.83″。岩面朝上，尺寸为170cm×100cm。凿刻，刻痕为褐色，为线条造型。调查确认9个单体，9不可识别图像（图4-22）。

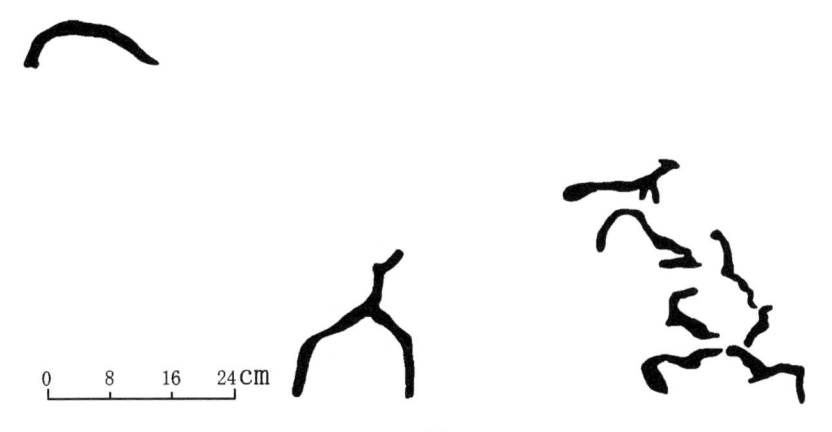

图4-22 一不可识别岩画 XMSZA-021

XMSZA-022：地理坐标为北纬44°30′49.87″，东经111°32′44.56″。岩面朝上，尺寸为60cm×60cm。凿刻，刻痕为褐色。调查确认1个单体图像，可能为1狼，剪影式造型（图4-23）。

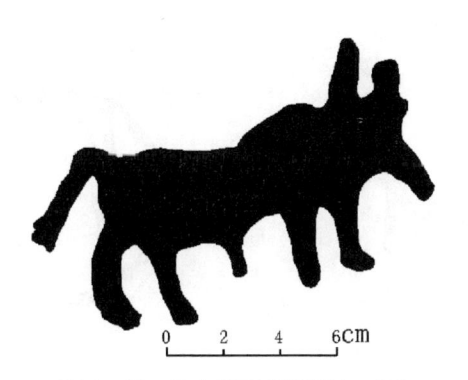

图4-23 动物岩画 XMSZA-022

XMSZA-023：地理坐标为北纬44°30′44.75″，东经111°32′49.78″。岩面朝上，尺寸为160cm×140cm。凿刻，刻痕为褐色，线条较细，为线条造型。调查确认9个单体图像，2马、2人物、2羊、3不可识别动物（图4-24）。

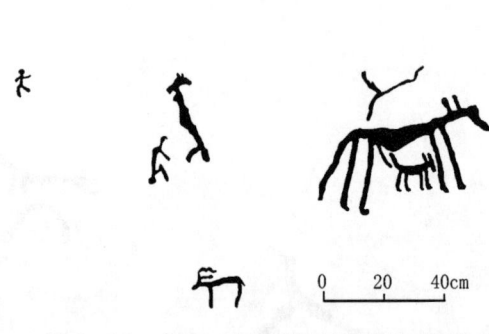

图4-24 人物、动物岩画 XMSZA-023

XMSZA-024：地理坐标为北纬44°30′44.67″，东经111°32′49.87″。岩面朝上，尺寸为190cm×150cm。凿刻，刻痕为褐色，为线条造型。调查确认1个单体图像，1马（图4-25）。

XMSZA-025：地理坐标为北纬44°30′44.70″，东经111°32′49.84″。岩面朝上，尺寸为40cm×30cm。凿刻，刻痕为褐色，线条造型。调查确认3个单体图像，1马、1未完成图形、1符号（图4-26）。

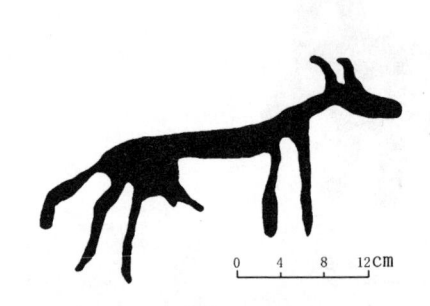

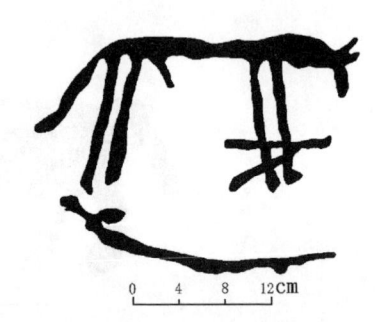

图4-25 动物岩画 XMSZA-024　　图4-26 动物、符号岩画 XMSZA-025

XMSZA-026：地理坐标为北纬44°30′44.76″，东经111°32′49.91″。岩面朝上，尺寸为60cm×40cm。凿刻，刻痕为褐色，为线条造型，线条较粗。调查确认4个单体图像，右侧可能1人物手执弓箭，左侧3不可识别动物形象（图4-27）。

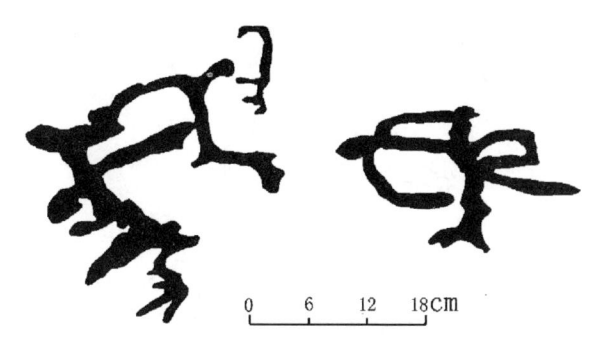

图 4 - 27　动物、人物岩画 XMSZA - 026

XMSZA - 027：地理坐标为北纬 44°30′44.82″，东经 111°32′49.89″。岩面朝上，尺寸为 100cm × 138cm。凿刻，线条较粗，刻痕为褐色，刻痕较浅。调查确认 7 个单体图像，1 人物、1 马、1 羊、4 不可识别动物形象（图 4 - 28）。

XMSZA - 028：地理坐标为北纬 44°30′44.82″，东经 111°32′49.94″。岩面朝上，尺寸为 70cm × 70cm。凿刻，粗线条形态，刻痕为褐色。调查确认 7 个单体图像，1 人物、5 羊、1 马（图 4 - 29）。

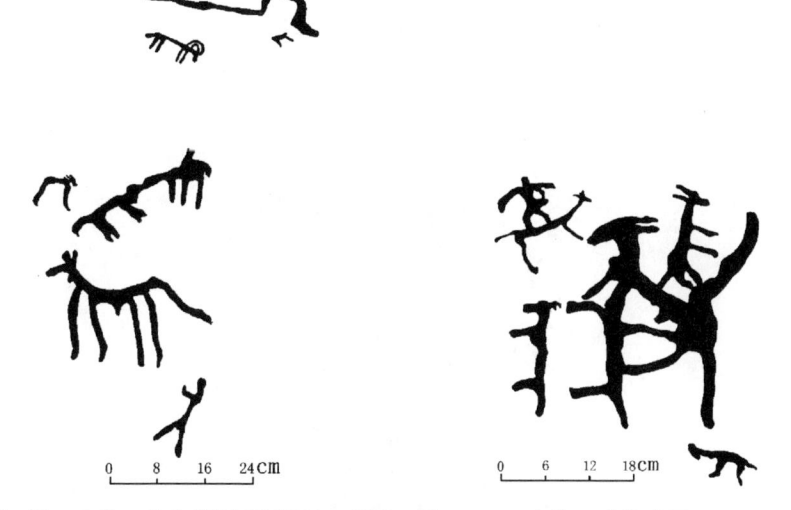

图 4 - 28　人物、动物岩画 XMSZA - 027　　图 4 - 29　人物、动物岩画 XMSZA - 028

XMSZA - 029：地理坐标为北纬 44°30′44.86″，东经 111°32′49.94″。岩面朝上，尺寸为 140cm × 270cm。凿刻，线条形态，刻痕为褐色。调查

确认 37 个单体图像，岩面经多次反复凿刻，图像部分叠压，有 20 马、5 羊、2 人物、1 道路、9 不可识别动物（图 4-30）。

图 4-30　人物、动物、道路岩画 XMSZA-029

XMSZA-030：地理坐标为北纬 44°30′74.77″，东经 111°32′83.43″。岩面朝上，尺寸为 130cm×200cm。凿刻，粗线条形态，刻痕为褐色。调查确认 34 个单体图像，6 人物、1 网格状物、1 车辆、2 狗、7 羊、10 马、7 不可识别动物。可能是一个生活的场景（图 4-31）。

图 4-31　人物、车辆、几何形、动物岩画 XMSZA-030

XMSZA-031：地理坐标为北纬 44°30′74.78″，东经 111°32′83.46″。岩面朝上，尺寸为 70cm×140cm。凿刻，粗线条形态，刻痕为褐色。调查确认 3 个单体图像，1 马、1 不可识别动物形象，右侧 1 不可识别图像（图 4-32）。

XMSZA-032：地理坐标为北纬 44°30′74.47″，东经 111°32′83.26″。岩面朝上，尺寸为 40cm×37cm。凿刻，粗线条形态，刻痕为褐色。调查确认 1 个单体图像，可能为 1 动物（图 4-33）。

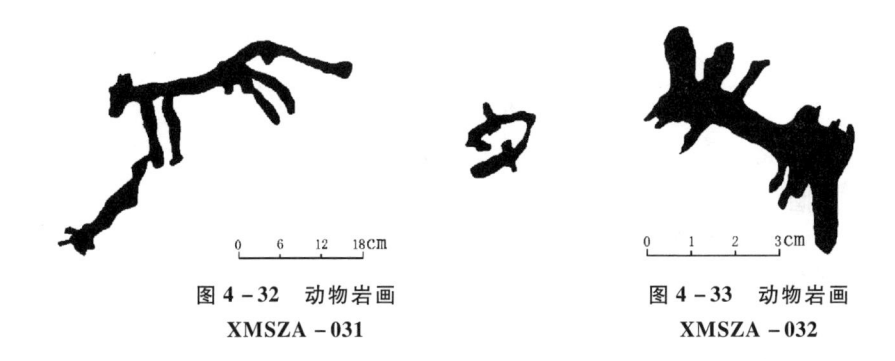

图 4-32 动物岩画 XMSZA-031

图 4-33 动物岩画 XMSZA-032

XMSZA-033：地理坐标为北纬 44°30′74.47″，东经 111°32′83.28″。岩面朝上，尺寸为 90cm×80cm。凿刻，刻痕为褐色，线条造型。调查确认 10 个单体图像，3 人物、3 马、1 羊、3 不可识别动物（图 4-34）。

XMSZA-034：地理坐标为北纬 44°30′74.56″，东经 111°32′83.34″。岩面朝上，尺寸为 40cm×70cm。凿刻，刻痕为褐色，线条造型。调查确认 3 个单体图像，2 羊、1 不可识别动物形象（图 4-35）。

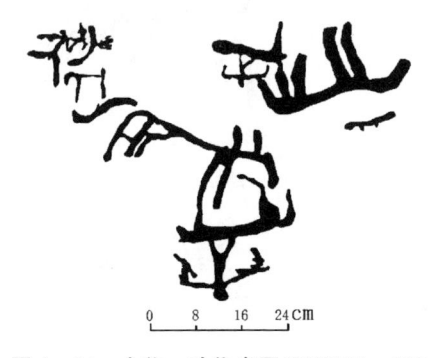

图 4-34 人物、动物岩画 XMSZA-033

图 4-35 动物岩画 XMSZA-034

XMSZA - 035：地理坐标为北纬 44°30′74.63″，东经 111°32′83.49″。岩面朝上，尺寸为 200cm×140cm。凿刻，刻痕为褐色。调查确认 6 个单体图像，2 马、1 羊、2 鸟，1 不可识别动物（图 4-36）。

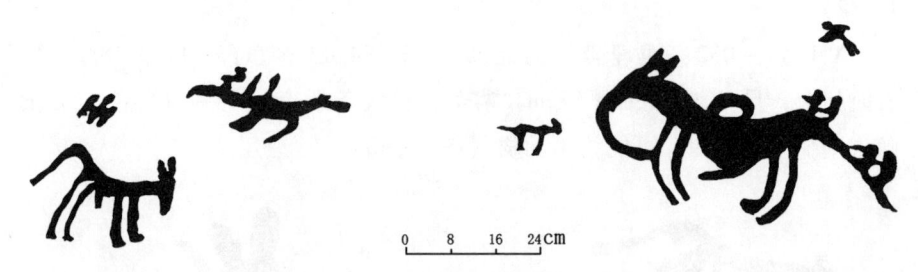

图 4-36　动物岩画 XMSZA-035

XMSZA - 036：地理坐标为北纬 44°30′74.63″，东经 111°32′83.50″。岩面朝上，尺寸为 130cm×80cm。凿刻，刻痕为褐色。调查确认 2 个单体图像，可能为 2 马（图 4-37）。

XMSZA - 037：地理坐标为北纬 44°30′74.78″，东经 111°32′83.57″。岩面朝上，尺寸为 185cm×120cm。凿刻，刻痕为褐色。调查确认 3 个单体图像，2 马，其左侧为 1 狗（图 4-38）。

图 4-37　动物岩画 XMSZA-036　　　图 4-38　动物岩画 XMSZA-037

XMSZA - 038：地理坐标为北纬 44°30′74.87″，东经 111°32′83.63″。岩面朝上，尺寸为 110cm×140cm。凿刻，刻痕为褐色，线条较粗。调查确认 5 个单体图像，1 马、4 羊（图 4-39）。

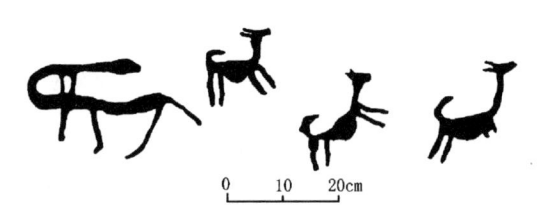

图 4-39　动物岩画 XMSZA-038

XMSZA-039：地理坐标为北纬 44°30′74.87″，东经 111°32′83.63″。岩面朝上，尺寸为 110cm×140cm。凿刻，刻痕为褐色，线条较粗。调查确认 1 不可识别动物形象（图 4-40）。

XMSZA-040：地理坐标为北纬 44°30′75.11″，东经 111°32′83.56″。岩面朝上，尺寸为 40cm×65cm。凿刻，刻痕为红褐色，刻痕较浅。调查确认 2 个单体图像，1 马、1 不可识别动物形象（图 4-41）。

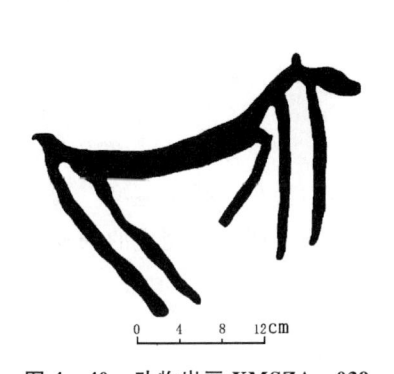

图 4-40　动物岩画 XMSZA-039 　　　图 4-41　动物岩画 XMSZA-040

XMSZA-041：地理坐标为北纬 44°30′74.73″，东经 111°32′83.96″。岩面朝上，尺寸为 50cm×35cm。凿刻，刻痕为褐色，线条造型。调查确认 1 个单体图像，可能为 1 羊（图 4-42）。

XMSZA-042：地理坐标为北纬 44°30′74.50″，东经 111°32′84.30″。岩面朝上，尺寸为 44cm×30cm。凿刻，粗线条形态，刻痕为褐色。调查确认 1 个单体图像，1 马（图 4-43）。

图 4 – 42 动物岩画 XMSZA – 041 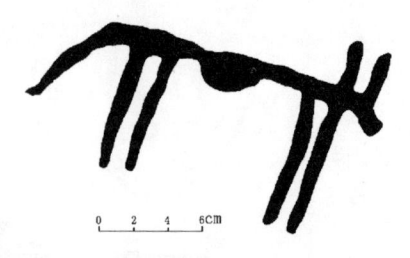　　　图 4 – 43 动物岩画 XMSZA – 042

　　XMSZA – 043：地理坐标为北纬 44°30′74.54″，东经 111°32′84.43″。岩面朝上，尺寸为 60cm × 36cm。凿刻，刻痕为褐色，线条造型。调查确认 1 个单体图像，可能为狼的形象（图 4 – 44）。

　　XMSZA – 044：地理坐标为北纬 44°30′74.64″，东经 111°32′84.88″。岩面朝上，尺寸为 50cm × 30cm。凿刻，刻痕为褐色，线条造型。调查确认 1 个单体图像，为 1 不可识别动物形象（图 4 – 45）。

图 4 – 44 动物岩画 XMSZA – 043 　　　图 4 – 45 动物岩画 XMSZA – 044

　　XMSZA – 045：地理坐标为北纬 44°30′75.21″，东经 111°32′85.13″。岩面朝上，尺寸为 150cm × 95cm。凿刻，刻痕为褐色，线条造型。调查确认 11 个单体图像，6 马、1 人物，其余 4 个线条可能是未完成的动物图像（图 4 – 46）。

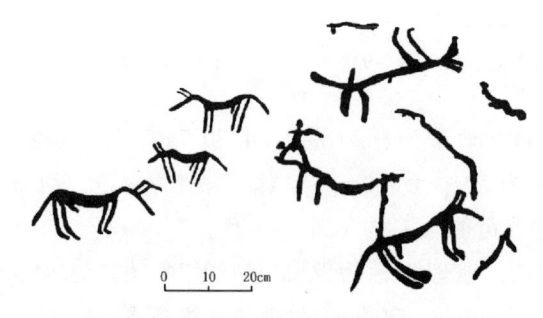

图 4 – 46 动物、人物岩画 XMSZA – 045

XMSZA-046：地理坐标为北纬44°30′75.26″，东经111°32′85.33″。岩面朝上，尺寸为54cm×35cm。凿刻，刻痕为褐色，线条造型，线条较粗。调查确认1个单体图像，为1人物形象（图4-47）。

XMSZA-047：地理坐标为北纬44°30′75.24″，东经111°32′85.43″。岩面朝上，尺寸为50cm×30cm。凿刻，线条较粗，刻痕为褐色，刻痕较浅。调查确认1个单体图像，为1人物形象（图4-48）。

图4-47　人物岩画 XMSZA-046 　　　图4-48　人物岩画 XMSZA-047

XMSZA-048：地理坐标为北纬44°30′75.29″，东经111°32′85.51″。岩面朝上，尺寸为70cm×70cm。凿刻，粗线条形态，刻痕为褐色。调查确认1个单体图像，1马（图4-49）。

XMSZA-049：地理坐标为北纬44°30′75.47″，东经111°32′84.35″。岩面朝上，尺寸为90cm×40cm。凿刻，粗线条形态，刻痕为褐色。调查确认2个单体图像，1狗、1不可识别动物形象（图4-50）。

图4-49　动物岩画 XMSZA-048 　　　图4-50　动物岩画 XMSZA-049

XMSZA-050：地理坐标为北纬44°30′75.47″，东经111°32′84.48″。

岩面朝上，尺寸为 70cm×50cm。凿刻，粗线条形态，刻痕为褐色。调查确认 1 个单体图像，可能为 1 动物（图 4-51）。

XMSZA-051：地理坐标为北纬 44°30′75.55″，东经 111°32′85.26″。岩面朝上，尺寸为 50cm×50cm。凿刻，粗线条形态，刻痕为褐色。调查确认 1 个单体图像，1 马（图 4-52）。

图 4-51　动物岩画 XMSZA-050 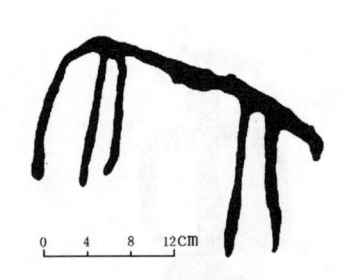　　　图 4-52　动物岩画 XMSZA-051

XMSZA-052：地理坐标为北纬 44°30′75.71″，东经 111°32′85.38″。岩面朝上，尺寸为 60cm×30cm。凿刻，粗线条形态，刻痕为褐色。调查确认 1 个单体图像，1 马（图 4-53）。

XMSZA-053：地理坐标为北纬 44°30′75.96″，东经 111°32′84.43″。岩面朝上，尺寸为 70cm×90cm。凿刻，粗线条形态，刻痕为褐色。调查确认 1 个单体图像，1 马（图 4-54）。

图 4-53　动物岩画 XMSZA-052 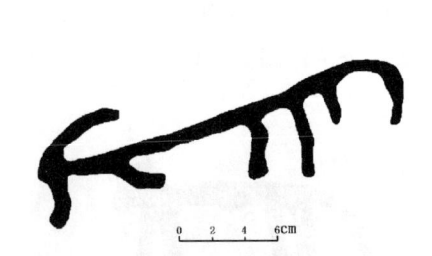　　　图 4-54　动物岩画 XMSZA-053

XMSZA-054：地理坐标为北纬 44°30′76.14″，东经 111°32′85.69″。岩面朝上，尺寸为 120cm×100cm。凿刻，刻痕为黄褐色，线条造型。调查确认 3 个单体图像，1 马、2 不可识别动物（图 4-55）。

图 4-55 动物岩画 XMSZA-054

XMSZA-055：地理坐标为北纬 44°30′76.18″，东经 111°32′85.84″。岩面朝上，尺寸为 50cm×110cm。凿刻，线条造型，刻痕为褐色。调查确认 2 个单体图像，1 人物、1 马（图 4-56）。

XMSZA-056：地理坐标为北纬 44°30′76.31″，东经 111°32′85.76″。岩面朝上，尺寸为 50cm×30cm。凿刻，刻痕为褐色。调查确认 3 个单体图像，3 人（图 4-57）。

XMSZA-057：地理坐标为北纬 44°30′76.45″，东经 111°32′86.08″。岩面朝上，尺寸为 70cm×80cm。凿刻，刻痕为褐色，线条造型。调查确认 3 个单体图像，1 动物、2 不可识别图像（图 4-58）。

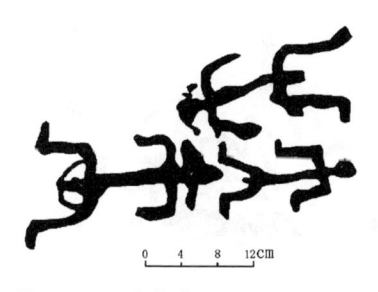

图 4-57 人物岩画 XMSZA-056

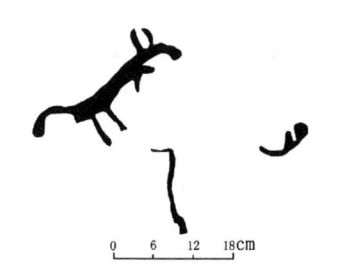

图 4-56 人物、动物岩画 XMSZA-055

图 4-58 动物岩画 XMSZA-057

XMSZA-058：地理坐标为北纬44°30′77.27″，东经111°32′86.10″。岩面朝上，尺寸为90cm×40cm。凿刻，刻痕为褐色，线条造型。调查确认8个单体图像，5马、2人物、1车辆。车辆的车辕为两条平行线，与常见的车辆岩画有所区别，这两条平行线也可能表示道路（图4-59）。

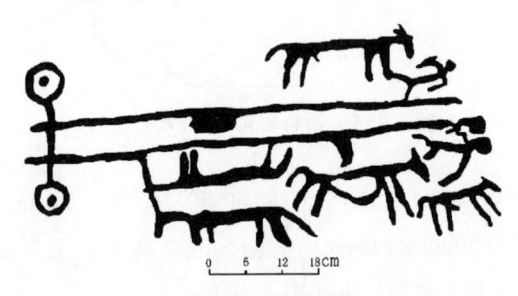

图4-59 人物、动物、车辆岩画 XMSZA-058

XMSZA-059：地理坐标为北纬44°30′77.21″，东经111°32′86.25″。岩面朝上，尺寸为90cm×50cm。凿刻，刻痕为褐色，线条造型。调查确认8个单体图像，4人物形象、3不可识别动物、1符号（图4-60）。

XMSZA-060：地理坐标为北纬44°30′77.38″，东经111°32′86.00″。岩面朝上，尺寸为80cm×100cm。凿刻，岩面为灰色，刻痕为灰褐色，刻痕较浅。调查确认3个单体图像，2蹄印、1动物（图4-61）。

图4-60 人物、动物岩画 XMSZA-059　　图4-61 动物、蹄印岩画 XMSZA-060

XMSZA-061：地理坐标为北纬44°30′77.54″，东经111°32′85.94″。岩面朝上，尺寸为100cm×60cm。凿刻，刻痕为褐色，线条造型。调查确认2个单体图像，1人物与1方格状物体叠压，方格状物体内部有图像，其余图像仅可见线条（图4-62）。

图 4-62 人物、图案岩画 XMSZA-061

XMSZA-062：地理坐标为北纬 44°30′77.66″，东经 111°32′86.24″。岩面朝上，尺寸为 90cm×25cm。凿刻，粗线条形态，刻痕为褐色。调查确认 1 个单体图像，1 条长直线贯穿大部分岩面，共有 14 条线段垂直于直线（图 4-63）。

图 4-63 图案岩画 XMSZA-062

XMSZA-063：地理坐标为北纬 44°30′78.10″，东经 111°32′86.90″。岩面朝上，尺寸为 70cm×40cm。凿刻，刻痕为褐色，线条造型。调查确认 1 个单体图像，1 马（图 4-64）。

XMSZA-064：地理坐标为北纬 44°30′77.39″，东经 111°32′86.60″。岩面朝上，尺寸为 50cm×55cm。凿刻，刻痕为褐色，线条造型。调查确认 1 个单体图像，为 1 网格状图像。可能表示捕猎的陷阱或者饲养动物的畜圈（图 4-65）。

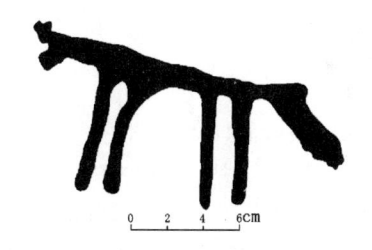

图 4-64 动物岩画 XMSZA-063 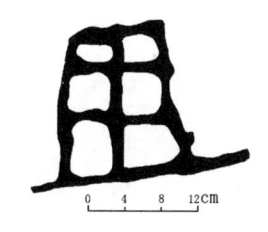　　图 4-65 图案岩画 XMSZA-064

XMSZA-065：地理坐标为北纬44°30′79.39″，东经111°32′86.31″。岩面朝上，尺寸为50cm×65cm。凿刻，岩面灰色，刻痕为灰褐色，线条造型。调查确认2个单体图像。1近似长方形的图案，内部被一条横线分割；下方可能为1羊（图4-66）。

XMSZA-066：地理坐标为北纬44°30′79.46″，东经111°32′86.40″。岩面朝上，尺寸为60cm×50cm。凿刻，岩面为灰色，刻痕为灰褐色，线条造型。调查确认1个单体图像，可能为1马（图4-67）。

图4-66　动物、图案岩画 XMSZA-065 　　图4-67　动物岩画 XMSZA-066

XMSZA-067：地理坐标为北纬44°30′80.79″，东经111°32′89.50″。岩面朝上，尺寸为50cm×35cm。凿刻，线条较粗，刻痕为褐色。调查确认2个单体图像，1马、1圆圈（图4-68）。

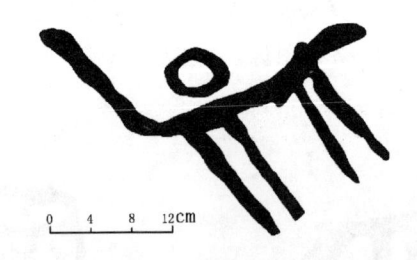

图4-68　几何形、动物岩画 XMSZA-067

XMSZA-068：地理坐标为北纬44°30′79.94″，东经111°32′92.05″。岩面朝上，尺寸为80cm×60cm。凿刻，粗线条形态，刻痕为褐色。调查确认4个单体图像，1车辆、3马（图4-69）。

XMSZA-069：地理坐标为北纬44°30′79.81″，东经111°32′91.73″。岩面朝上，尺寸为70cm×65cm。凿刻，粗线条形态，刻痕为褐色。调查确认1个单体图像，可能是1羊（图4-70）。

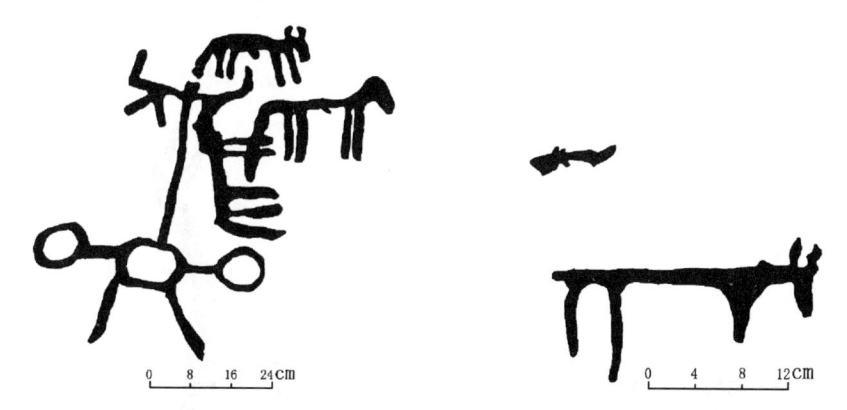

图4-69 车辆、动物岩画 XMSZA-068

图4-70 动物岩画 XMSZA-069

XMSZA-070：地理坐标为北纬44°30′77.82″，东经111°32′89.92″。岩面朝上，尺寸为360cm×150cm。凿刻，线条造型，刻痕为褐色。调查确认9个单体图像，1人物、2平行线、1马、1不可识别图案、4不可识别动物形象（图4-71）。

图4-71 动物、人物、图案岩画 XMSZA-070

XMSZA-071：地理坐标为北纬44°30′76..35″，东经111°32′89.07″。

岩面朝上，尺寸为 90cm×50cm。凿刻，粗线条形态，刻痕为褐色。调查确认 1 个单体图像，1 马（图 4-72）。

XMSZA-072：地理坐标为北纬 44°30′76.30″，东经 111°32′88.89″。岩面朝上，尺寸为 90cm×75cm。凿刻，粗线条形态，刻痕为褐色。调查确认 1 个单体图像，1 马（图 4-73）。

图 4-72 动物岩画 XMSZA-071 　　图 4-73 动物岩画 XMSZA-072

XMSZA-073：地理坐标为北纬 44°30′75.53″，东经 111°32′88.00″。岩面朝上，尺寸为 40cm×100cm。凿刻，线条造型，刻痕为褐色。调查确认 1 个单体图像，1 马（图 4-74）。

XMSZA-074：地理坐标为北纬 44°30′74.37″，东经 111°32′88.00″。岩面朝上，尺寸为 80cm×60cm。凿刻，刻痕为黄褐色，线条造型。调查确认 6 个单体图像，1 人物、1 狗、2 马、1 羊、1 不可识别图像（图 4-75）。

图 4-74 动物岩画 XMSZA-073 　　图 4-75 动物、人物岩画 XMSZA-074

XMSZA-075：地理坐标为北纬44°30′74.60″，东经111°32′87.75″。岩面朝上，尺寸为70cm×46cm。凿刻，线条造型，刻痕为褐色。调查确认1个单体图像，可能是1车轮的图像（图4-76）。

XMSZA-076：地理坐标为北纬44°30′74.94″，东经111°32′88.28″。岩面朝上，尺寸为50cm×30cm。凿刻，刻痕为褐色。调查确认1个单体图像，可能是1狗（图4-77）。

图4-76　车轮岩画 XMSZA-075 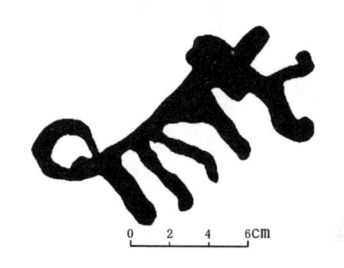　　　图4-77　动物岩画 XMSZA-076

XMSZA-077：地理坐标为北纬44°30′74.92″，东经111°32′88.39″。岩面朝西，尺寸为50cm×80cm。凿刻，刻痕为褐色，线条较粗。调查确认1个单体图像，1马（图4-78）。

XMSZA-078：地理坐标为北纬44°30′75.73″，东经111°32′88.83″。岩面朝上，尺寸为60cm×95cm。凿刻，岩面为灰色，刻痕为褐色，线条较粗。调查确认2个单体图像，可能为2马（图4-79）。

图4-78　动物岩画 XMSZA-077 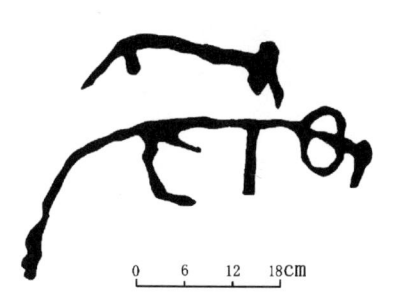　　　图4-79　动物岩画 XMSZA-078

XMSZA-079：地理坐标为北纬44°30′76.32″，东经111°32′89.46″。岩面朝上，尺寸为35cm×35cm。凿刻，岩面为灰色，刻痕为褐色，线条较粗。调查确认2个单体图像，2马（图4-80）。

XMSZA-080：地理坐标为北纬44°30′76.39″，东经111°32′89.51″。岩面朝上，尺寸为42cm×64cm。凿刻，岩面为红褐色，刻痕为褐色，粗线条形态。调查确认2个单体图像，2马（图4-81）。

图4-80 动物岩画 XMSZA-079

图4-81 动物岩画 XMSZA-080

XMSZA-081：地理坐标为北纬44°30′76.43″，东经111°32′89.44″。岩面朝上，尺寸为70cm×115cm。凿刻，岩面为灰色，刻痕为灰褐色，线条造型。调查确认3个单体图像，2人物、1马（图4-82）。

XMSZA-082：地理坐标为北纬44°30′76.43″，东经111°32′89.62″。岩面朝北，尺寸为200cm×140cm。凿刻，岩面为灰色，刻痕为灰褐色，粗线条形态。调查确认19个单体图像，3人物形象、5马、4羊、3猛兽、2不可识别动物、2不可识别图像。图像有叠压打破关系（图4-83）。

图4-82 人物、动物岩画 XMSZA-081

图4-83 动物、人物、图案岩画 XMSZA-082

XMSZA-083：地理坐标为北纬44°30′77.10″，东经111°32′90.34″。岩面朝北，尺寸为90cm×135cm。凿刻，岩面为灰色，刻痕为灰褐色，线条式造型。调查确认5个单体图像，3人物形象，居中位置图像破损严重，为1车辆，左下方为1只不可识别动物（图4-84）。

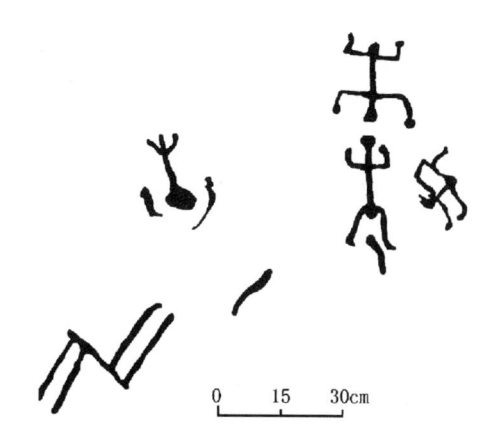

图4-84 人物、车辆、动物岩画 XMSZA-083

XMSZA-084：地理坐标为北纬44°30′77.10″，东经111°32′90.34″。岩面朝上，尺寸为80cm×85cm。凿刻，刻痕为褐色，线条造型，线条较粗。调查确认2个单体图像，2马（图4-85）。

XMSZA-085：地理坐标为北纬44°30′77.34″，东经111°32′91.44″。岩面朝上，尺寸为55cm×70cm。凿刻，岩面为灰褐色，刻痕为褐色，线条式造型。调查确认1个单体图像，1车辆（图4-86）。

图4-85 动物岩画 XMSZA-084 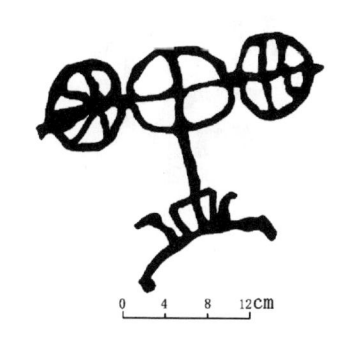　　图4-86 车辆岩画 XMSZA-085

XMSZA-086：地理坐标为北纬44°30′77.13″，东经111°32′90.88″。岩面朝上，尺寸为100cm×65cm。凿刻，岩面为灰色，刻痕为灰褐色，线条造型，刻痕较浅。调查确认9个单体图像，3人、1车辆、4马、1不可识别图像。马车两侧有挽畜。岩面右侧可能为未完成的图像（图 4-87）。

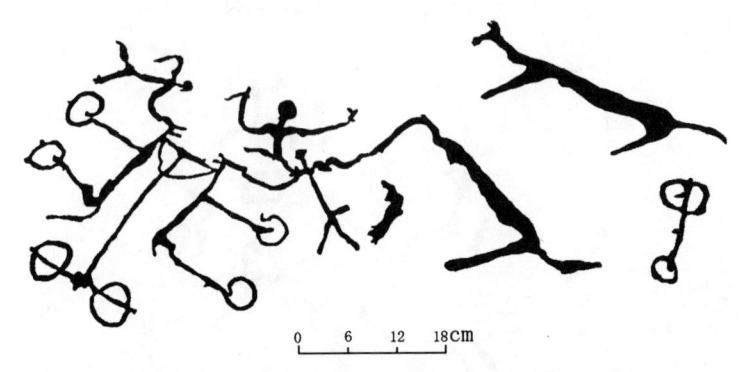

图 4-87 人物、动物、车辆岩画 XMSZA-086

XMSZA-087：地理坐标为北纬 44°30′76.23″，东经 111°32′90.51″。岩面朝上，尺寸为 43cm×30cm。凿刻，线条粗，刻痕为褐色。调查确认 3 个单体图像，2 人、1 马（图 4-88）。

XMSZA-088：地理坐标为北纬 44°30′76.20″，东经 111°32′90.39″。岩面朝上，尺寸为 80cm×30cm。凿刻，粗线条形态，刻痕为褐色。调查确认 1 个单体图像，1 车辆（图 4-89）。

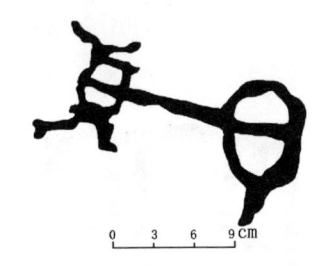

图 4-88 人物、动物岩画 XMSZA-087　　图 4-89 图案岩画 XMSZA-088

XMSZA-089：地理坐标为北纬 44°30′76.15″，东经 111°32′90.60″。岩面朝上，尺寸为 50cm×30cm。凿刻，粗线条形态，刻痕为褐色。调查确认 1 个单体图像，1 马（图 4-90）。

XMSZA-090：地理坐标为北纬 44°30′75.01″，东经 111°32′90.70″。岩面朝上，尺寸为 50cm×80cm。凿刻，粗线条形态，刻痕为褐色。调查确认 3 个单体图像，2 羊、1 人（图 4-91）。

图 4-90 动物岩画 XMSZA-089　　图 4-91 动物、人物岩画 XMSZA-090

XMSZA-091：地理坐标为北纬 44°30′73.58″，东经 111°32′91.42″。岩面朝上，尺寸为 90cm×45cm。凿刻，粗线条形态，刻痕为黄褐色。调查确认 7 个单体图像，2 马、3 羊、2 圆圈。左侧图像因岩面损毁而缺失（图 4-92）。

图 4-92 动物、几何形岩画 XMSZA-091

XMSZA-092：地理坐标为北纬 44°30′74.55″，东经 111°32′91.14″。岩面朝上，尺寸为 60cm×45cm。凿刻，粗线条形态，刻痕为褐色。调查确认 3 个单体图像，2 马、1 不可识别图像（图 4-93）。

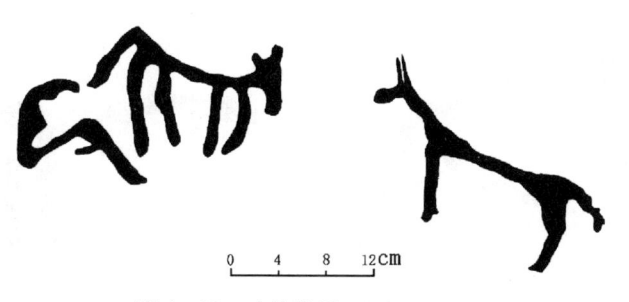

图 4-93 动物岩画 XMSZA-092

XMSZA - 093：地理坐标为北纬 44°30′72.54″，东经 111°32′87.36″。岩面朝上，尺寸为 65cm×50cm。凿刻，粗线条形态，岩面为灰色，刻痕为灰褐色。调查确认 5 个单体图像，3 马、1 车辆、1 不可识别图像（图 4-94）。

XMSZA - 094：地理坐标为北纬 44°30′72.18″，东经 111°32′87.13″。岩面朝上，尺寸为 35cm×20cm。凿刻，刻痕为灰褐色，线条造型。调查确认 1 个单体图像，可能为 1 羊（图 4-95）。

图 4-94　动物、车辆岩画 XMSZA-093 　　　图 4-95　动物岩画 XMSZA-094

XMSZA - 095：地理坐标为北纬 44°30′76.46″，东经 111°32′83.08″。岩面朝上，尺寸为 28cm×30cm。凿刻，线条造型，刻痕为褐色。调查确认 1 个单体图像，1 马（图 4-96）。

XMSZA - 096：地理坐标为北纬 44°30′75.14″，东经 111°32′81.75″。岩面朝北，尺寸为 60cm×50cm。凿刻，刻痕为褐色，线条较粗。调查确认 1 个单体图像，1 残缺的动物形象（图 4-97）。

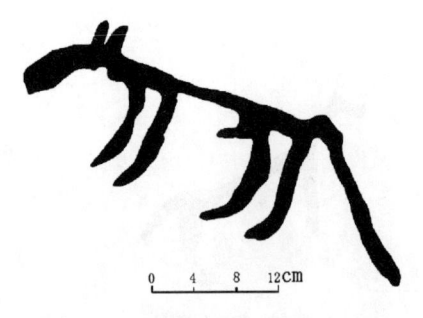

图 4-96　动物岩画 XMSZA-095 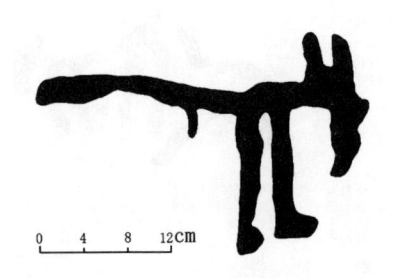　　　图 4-97　动物岩画 XMSZA-096

XMSZA-097：地理坐标为北纬44°30′72.12″，东经111°32′80.72″。岩面朝上，尺寸为23cm×50cm。凿刻，刻痕为褐色，线条较粗。调查确认3个单体图像，3羊（图4-98）。

XMSZA-098：地理坐标为北纬44°30′70.46″，东经111°32′82.46″。岩面朝上，尺寸为90cm×70cm。凿刻，岩面为青灰色，刻痕为褐色，刻痕明显，线条较粗。调查确认6个单体图像，2交媾人物形象、4马（图4-99）。

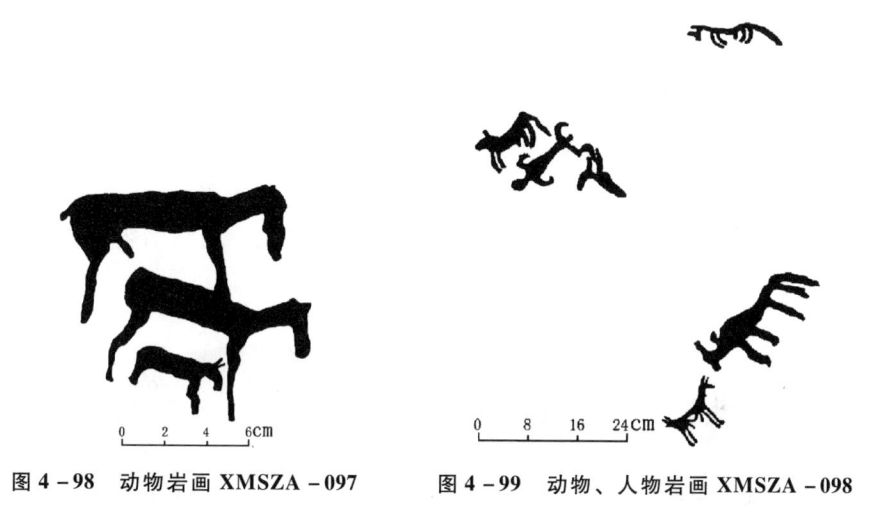

图4-98 动物岩画 XMSZA-097　　图4-99 动物、人物岩画 XMSZA-098

XMSZA-099：地理坐标为北纬44°30′70.96″，东经111°32′82.17″。岩面朝上，尺寸为50cm×40cm。凿刻，刻痕为褐色，刻痕较浅，线条较粗。调查确认1个单体图像，不可识别（图4-100）。

图4-100 一不可识别岩画 XMSZA-099

XMSZA-100：地理坐标为北纬44°30′40.50″，东经111°32′43.46″。岩面朝上，尺寸为220cm×120cm。凿刻，岩面为红褐色，刻痕为黄褐色，粗线条形态。调查确认9个单体图像，4人、3马、2不可识别图像（图4-101）。

图 4 – 101　人物、动物岩画 XMSZA – 100

XMSZA – 101：地理坐标为北纬 44°30′40.50″，东经 111°32′43.59″。岩面朝上，尺寸为 70cm×90cm。凿刻，刻痕为褐色，线条较粗，为线条式造型。调查确认 1 个单体图像，可能为 1 马（图 4 – 102）。

XMSZA – 102：地理坐标为北纬 44°30′40.68″，东经 111°32′43.86″。岩面朝上，尺寸为 50cm×45cm。凿刻，粗线条形态，刻痕为褐色。调查确认 1 个单体图像，1 马（图 4 – 103）。

图 4 – 102　动物岩画 XMSZA – 101　　　图 4 – 103　动物岩画 XMSZA – 102

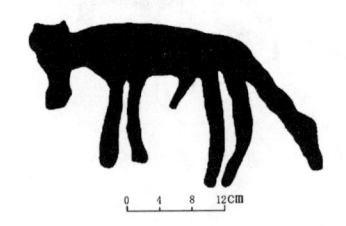

XMSZA – 103：地理坐标为北纬 44°30′40.68″，东经 111°32′86.90″。岩面朝上，尺寸为 70cm×40cm。凿刻，刻痕为灰褐色，线条较粗。调查确认 1 个单体图像，不可识别（图 4 – 104）。

XMSZA – 104：地理坐标为北纬 44°30′40.65″，东经 111°32′44.14″。岩面朝上，尺寸为 70cm×60cm。凿刻，刻痕为褐色，线条较粗。调查确认 1 个单体图像，可能为 1 马（图 4 – 105）。

XMSZA – 105：地理坐标为北纬 44°30′40.42″，东经 111°32′44.20″。岩面朝上，尺寸为 60cm×60cm。凿刻，刻痕为褐色，为线条造型，线条较粗。调查确认 1 个单体图像，为 1 动物形象（图 4 – 106）。

XMSZA – 106：地理坐标为北纬 44°30′38.51″，东经 111°32′42.73″。岩面朝上，尺寸为 70cm×36cm。凿刻，岩面为灰色，刻痕为灰褐色，线条造型。调查确认1个单体图像，1马（图4-107）。

图4-104 一不可识别岩画 XMSZA-103

图4-105 动物岩画 XMSZA-104

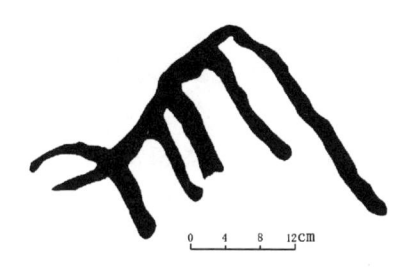

图4-106 动物岩画 XMSZA-105

图4-107 动物岩画 XMSZA-106

XMSZA-107：地理坐标为北纬44°30′38.56″，东经111°32′42.77″。岩面朝北，尺寸为77cm×70cm。凿刻，线条较粗，刻痕为褐色。调查确认6个单体图像，2马、4条曲线可能为蛇（图4-108）。

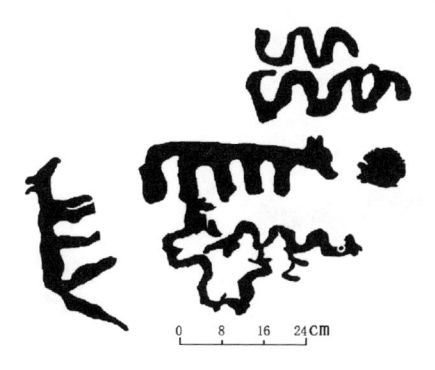

图4-108 动物岩画 XMSZA-107

XMSZA-108：地理坐标为北纬 44°30′38.34″，东经 111°32′42.71″。岩面朝上，尺寸为 140cm×80cm。凿刻，粗线条形态，刻痕为褐色。调查确认 3 个单体图像，2 马、1 不可识别动物（图 4-109）。

XMSZA-109：地理坐标为北纬 44°30′38.10″，东经 111°32′42.76″。岩面朝上，尺寸为 30cm×36cm。凿刻，线条较细，刻痕为褐色。此次调查确认 1 个单体图像，1 羊（图 4-110）。

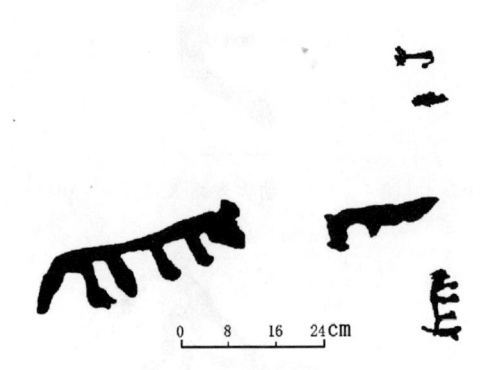

图 4-109　动物岩画 XMSZA-108 　　　图 4-110　动物岩画 XMSZA-109

XMSZA-110：地理坐标为北纬 44°30′38.12″，东经 111°32′42.62″。岩面朝上，尺寸为 35cm×20cm。凿刻，线条较细，刻痕为褐色。调查确认 1 个单体图像，可能为 1 羊（图 4-111）。

XMSZA-111：地理坐标为北纬 44°30′38.00″，东经 111°32′42.68″。岩面朝上，尺寸为 80cm×85cm。凿刻，线条较细，刻痕为褐色。调查确认 2 个单体图像，2 羊（图 4-112）。

图 4-111　动物岩画 XMSZA-110 　　　图 4-112　动物岩画 XMSZA-111

XMSZA－112：地理坐标为北纬 44°30′37.82″，东经 111°32′42.39″。岩面朝上，尺寸为 70cm×90cm。凿刻，粗线条形态，刻痕为褐色。调查确认 1 个单体图像，1 骑者（图 4－113）。

XMSZA－113：地理坐标为北纬 44°30′37.90″，东经 111°32′42.21″。岩面朝上，尺寸为 90cm×147cm。凿刻，粗线条形态，刻痕为褐色。调查确认 5 个单体图像，2 马、1 不可识别动物、2 不可识别图案（图 4－114）。

图 4－113　骑马岩画 XMSZA－112　　　图 4－114　动物岩画 XMSZA－113

XMSZA－114：地理坐标为北纬 44°30′37.72″，东经 111°32′42.76″。岩面朝上，尺寸为 120cm×60cm。凿刻，刻痕为黄褐色，为线条造型。调查确认 5 个单体图像，3 马、2 不可识别图像（图 4－115）。

图 4－115　动物岩画 XMSZA－114

XMSZA－115：地理坐标为北纬 44°30′37.62″，东经 111°32′42.64″。岩面朝北，尺寸为 50cm×50cm。凿刻，刻痕为褐色，线条造型。调查确认 1 个单体图像，1 马（图 4－116）。

XMSZA－116：地理坐标为北纬 44°30′37.50″，东经 111°32′42.60″。岩面朝北，尺寸为 110cm×110cm。凿刻，刻痕为褐色。调查确认 4 个单体图像，可能为 3 马、1 不可识别动物（图 4－117）。

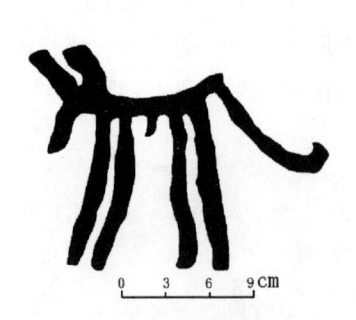

图 4－116　动物岩画 XMSZA－115 　　　图 4－117　动物岩画 XMSZA－116

XMSZA－117：地理坐标为北纬 44°30′36.82″，东经 111°32′42.28″。岩面朝上，尺寸为 70cm×55cm。凿刻，刻痕为黄褐色，线条较粗。调查确认 2 个单体图像，可能为 2 马（图 4－118）。

XMSZA－118：地理坐标为北纬 44°30′35.02″，东经 111°32′42.81″。岩面朝上，尺寸为 40cm×25cm。凿刻，刻痕为褐色，线条造型。调查确认 1 个单体图像，1 人（图 4－119）。

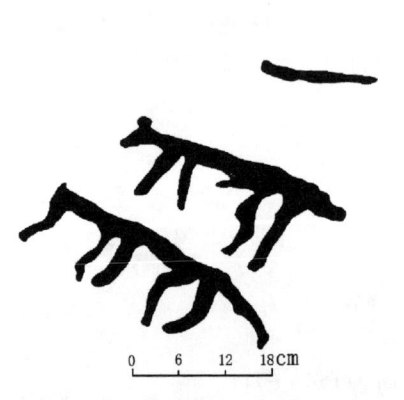

图 4－118　动物岩画 XMSZA－117 　　　图 4－119　人物岩画 XMSZA－118

XMSZA－119：地理坐标为北纬 44°30′37.89″，东经 111°32′43.25″。岩面朝上，尺寸为 50cm×50cm。凿刻，刻痕为褐色，线条造型。调查确认 1 个单体图像，1 马（图 4－120）。

XMSZA-120：地理坐标为北纬44°30′42.95″，东经111°32′43.16″。岩面朝上，尺寸为50cm×80cm。凿刻，岩面为红褐色，刻痕为褐色，粗线条形态。调查确认3个单体图像，1马、1羊、1不可识别动物（图4-121）。

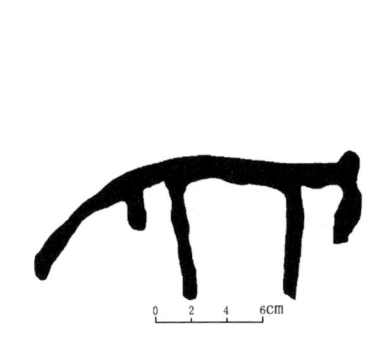

图4-120 动物岩画 XMSZA-119 　　图4-121 动物岩画 XMSZA-120

以下为呼和朝鲁B区岩画。

XMSZB-001：地理坐标为北纬44°30′48.55″，东经111°32′44.30″。岩面朝南，尺寸为105cm×60cm。凿刻，刻痕为黄褐色，线条造型。调查确认3个单体图像，可能为3羊（图4-122）。

图4-122 动物岩画 XMSZB-001

XMSZB-002：地理坐标为北纬44°30′48.51″，东经111°32′44.22″。岩面朝南，尺寸为88cm×50cm。凿刻，粗线条形态，刻痕为褐色。调查确认9个单体图像，2人、3马、2羊、1狐狸、1狗（图4-123）。

XMSZB-003：地理坐标为北纬44°30′48.51″，东经111°32′44.21″。岩面朝南，尺寸为75cm×62cm。凿刻，刻痕为褐色，线条造型。调查确认4个单体图像，1马、2人物形象、1不可识别动物形象（图4-124）。

XMSZB-004：地理坐标为北纬 44°30′48.55″，东经 111°32′44.22″。岩面朝南，尺寸为 74cm×42cm。凿刻，刻痕为褐色，为线条造型。调查确认 4 个单体图像，3 马、1 不可识别动物形象（图 4-125）。

图 4-123　人物、动物岩画 XMSZB-002

图 4-124　动物、人物岩画
XMSZB-003

图 4-125　动物岩画
XMSZB-004

XMSZB-005：地理坐标为北纬 44°30′48.55″，东经 111°32′44.24″。岩面朝南，尺寸为 58cm×28cm。凿刻，刻痕为褐色，为线条造型。调查确认 2 个单体图像，1 人物、1 符号（图 4-126）。

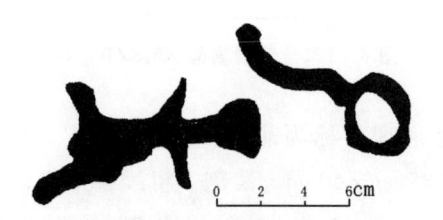

4-126　人物、符号岩画 XMSZB-005

XMSZB-006：地理坐标为北纬 44°30′48.50″，东经 111°32′44.24″。岩面朝南，尺寸为 68cm×52cm。凿刻，刻痕为褐色和浅黄色，为线条造型。调查确认 2 个单体图像。左下方可能为 1 骆驼，中间可能为 1 羊，右上方图像凿点模糊，不可识别（图 4-127）。

XMSZB-007：地理坐标为北纬 44°30′48.55″，东经 111°32′44.30″。岩面朝南，尺寸为 80cm×52cm。凿刻，粗线条形态，刻痕为褐色。调查确认 1 个单体图像，可能为 1 羊（图 4-128）。

XMSZB-008：地理坐标为北纬 44°30′44.49″，东经 111°32′44.38″。岩面朝南，尺寸为 30cm×48cm。凿刻，粗线条形态，刻痕为褐色。调查确认 1 个单体图像，1 骑者（图 4-129）。

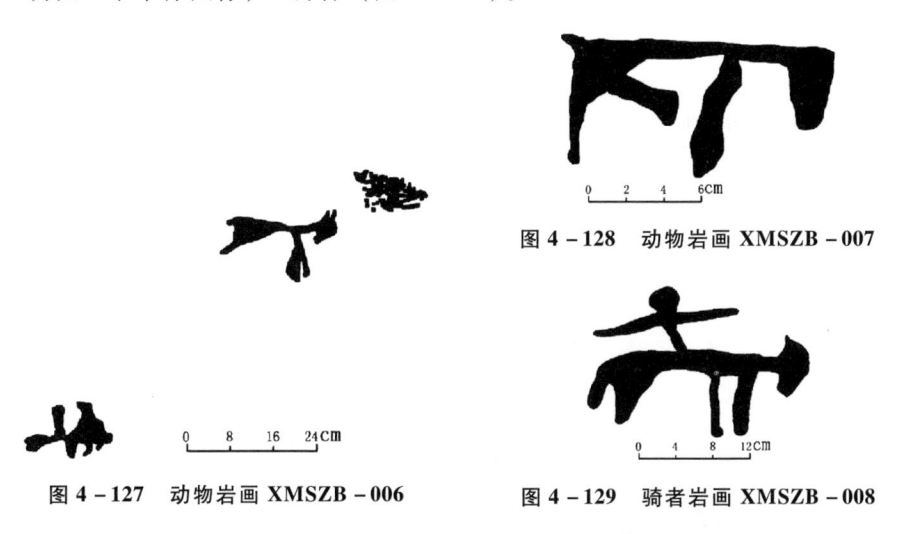

图 4-128 动物岩画 XMSZB-007

图 4-127 动物岩画 XMSZB-006

图 4-129 骑者岩画 XMSZB-008

XMSZB-009：地理坐标为北纬 44°30′48.50″，东经 111°32′44.14″。岩面朝南，尺寸为 77cm×38cm。凿刻，粗线条形态，刻痕为褐色。调查确认 4 个单体图像，3 马，下方的马身上可能是 1 人物形象（图 4-130）。

XMSZB-010：地理坐标为北纬 44°30′48.51″，东经 111°32′44.12″。岩面朝南，尺寸为 100cm×78cm。凿刻，粗线条形态，刻痕为褐色。调查确认 9 个单体图像，1 人物、7 马、1 不可识别动物（图 4-131）。

XMSZB-011：地理坐标为北纬 44°30′48.55″，东经 111°32′43.86″。岩面朝西，尺寸为 130cm×100cm。岩画均凿刻而成，表现为粗线条形态，刻痕为褐色。调查确认 9 个单体图像，6 马、2 羊、1 不可识别动物（图 4-132）。

图4-130 动物、人物岩画
XMSZB-009

图4-131 动物、人物岩画
XMSZB-010

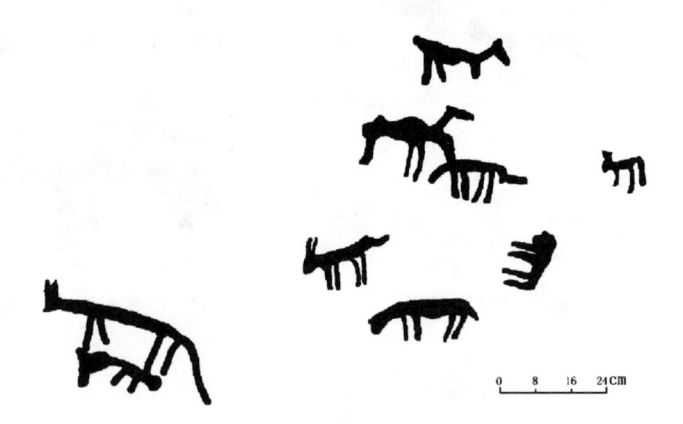

图4-132 动物岩画 XMSZB-011

XMSZB-012：地理坐标为北纬44°30′48.63″，东经111°32′43.91″。岩面朝西，尺寸为30cm×49cm。岩画均凿刻而成，表现为粗线条形态，刻痕为褐色。调查确认3个单体图像，3马（图4-133）。

XMSZB-013：地理坐标为北纬44°30′48.55″，东经111°32′43.95″。岩面朝西，尺寸为130cm×70cm。凿刻，粗线条形态，刻痕为褐色。调查确认6个单体图像，3马、2羊、1不可识别动物形象（图4-134）。

XMSZB-014：地理坐标为北纬44°30′48.53″，东经111°32′44.03″。岩面朝北，尺寸为94cm×25cm。岩画均凿刻而成，粗线条形态，刻痕为褐色。调查确认2个单体图像，1羊、1马（图4-135）。

图 4 – 133 动物岩画 XMSZB – 012 　　　图 4 – 134 动物岩画 XMSZB – 013

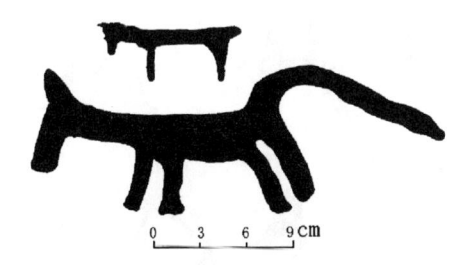

图 4 – 135 动物岩画 XMSZB – 014

XMSZB – 015：地理坐标为北纬 44°30′48.61″，东经 111°32′44.09″。岩面朝北，尺寸为 94cm×25cm。凿刻，粗线条形态，刻痕为褐色。调查确认 2 个单体图像，2 马（图 4 – 136）。

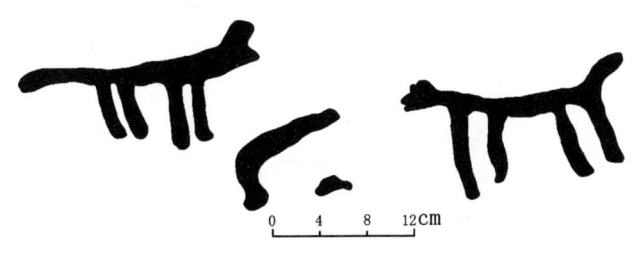

图 4 – 136 动物岩画 XMSZB – 015

XMSZB-016：地理坐标为北纬44°30′48.65″，东经111°32′44.05″。岩面朝北，尺寸为90cm×60cm。凿刻，粗线条形态，刻痕为褐色。调查确认1个单体图像，1马（图4-137）。

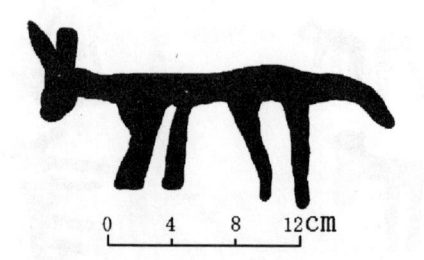

图4-137 动物岩画 XMSZB-016

XMSZB-017：地理坐标为北纬44°30′48.65″，东经111°32′44.24″。岩面朝南，尺寸为88cm×40cm。凿刻，线条造型，刻痕为黄褐色和土黄色。调查确认8个单体图像，4马、2羊、1人、1符号（图4-138）。

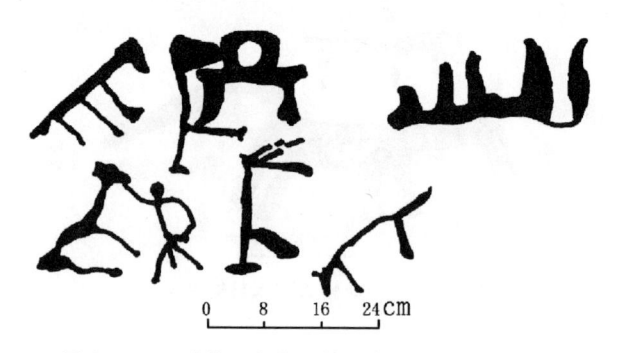

图4-138 动物、人物、符号岩画 XMSZB-017

XMSZB-018：地理坐标为北纬44°30′48.65″，东经111°32′44.19″。岩面朝西，尺寸为110cm×45cm。凿刻，线条造型，刻痕为黄褐色和土黄色。调查确认3个单体图像，1马、1人、1弓箭。人物背后清晰凿刻出所背负的箭杆（图4-139）。

XMSZB-019：地理坐标为北纬44°30′48.58″，东经111°32′44.28″。岩面朝北，尺寸为110cm×81cm。凿刻，表现为粗线条形态，岩面为灰色，刻痕为黄褐色，风化严重。调查确认6个单体图像，4马、2人（图4-140）。

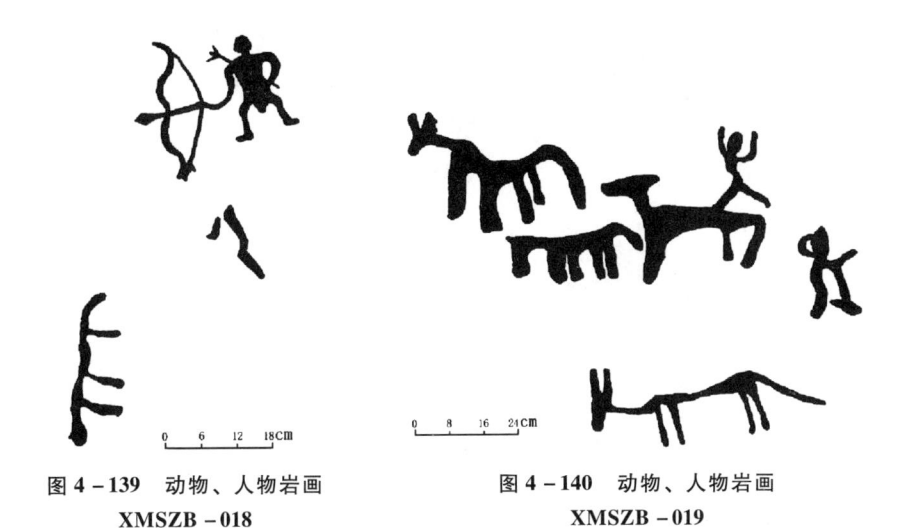

图 4-139　动物、人物岩画
XMSZB-018

图 4-140　动物、人物岩画
XMSZB-019

XMSZB-020：地理坐标为北纬 44°30′48.50″，东经 111°32′44.33″。岩面朝北，尺寸为 80cm×70cm。凿刻，粗线条形态，岩面为灰色，刻痕为灰色。调查确认 3 个单体图像，1 马、1 人物、1 不可识别动物（图 4-141）。

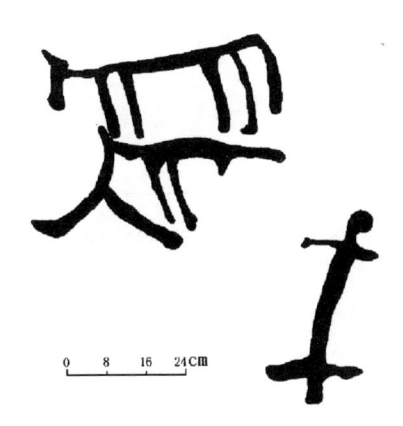

图 4-141　动物、人物岩画 XMSZB-020

XMSZB-021：地理坐标为北纬 44°30′48.61″，东经 111°32′48.61″。岩面朝西北，尺寸为 133cm×130cm。凿刻，粗线条形态，岩面为褐色，刻痕为褐色。调查确认 16 个单体图像，1 人、1 骑者、7 马、4 羊、3 不可识别动物（图 4-142）。

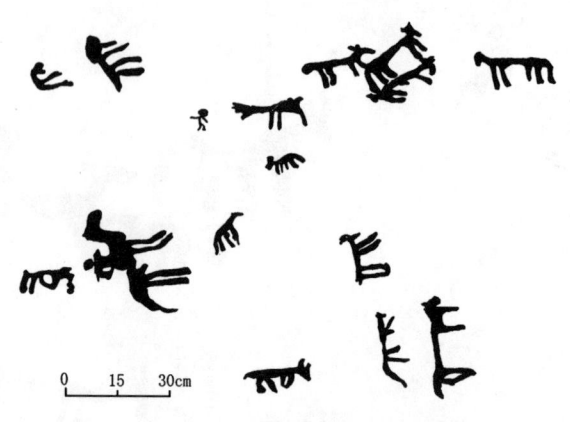

图 4 – 142　动物、人物岩画 XMSZB – 021

XMSZB – 022：地理坐标为北纬 44°30′48.63″，东经 111°32′44.17″。岩面朝上，尺寸为 114cm×60cm。凿刻，粗线条形态，岩面为褐色，刻痕为褐色。调查确认 6 个单体图像，4 马、2 羊（图 4 – 143）。

图 4 – 143　动物岩画 XMSZB – 022

XMSZB – 023：地理坐标为北纬 44°30′48.69″，东经 111°32′44.18″。岩面朝北，尺寸为 58cm×97cm。凿刻，粗线条形态，岩面为灰褐色，刻痕为灰褐色。调查确认 6 个单体图像，3 羊、3 马（图 4 – 144）。

XMSZB – 024：地理坐标为北纬 44°30′48.71″，东经 111°32′44.23″。岩面朝北，尺寸为 70cm×90cm。凿刻，粗线条形态。岩面为褐色，刻痕为褐色。调查确认 3 个单体图像，下方可能为 1 马、1 羊，上方的曲线可能表示 1 蛇（图 4 – 145）。

图 4-144 动物岩画 XMSZB-023 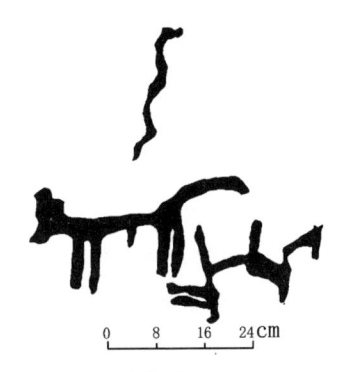　　图 4-145 动物岩画 XMSZB-024

XMSZB-025：地理坐标为北纬 44°30′49.42″，东经 111°32′44.94″。岩面朝北，尺寸为 70cm×90cm。凿刻，粗线条形态，岩面为褐色，刻痕为褐色。调查确认 1 个单体图像，1 不可识别动物（图 4-146）。

XMSZB-026：地理坐标为北纬 44°30′49.47″，东经 111°32′45.10″。岩面朝上，尺寸为 45cm×70cm。凿刻，粗线条形态，刻痕为褐色。调查确认为 1 个单体图像，不可识别（图 4-147）。

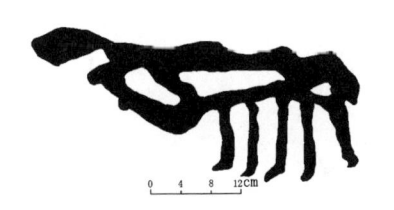

图 4-146 动物岩画 XMSZB-025 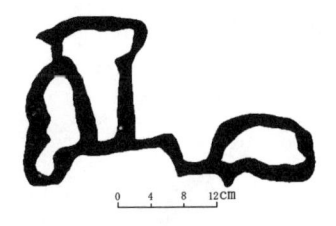　　图 4-147 一不可识别岩画 XMSZB-026

XMSZB-027：地理坐标为北纬 44°30′49.84″，东经 111°32′45.89″。岩面朝上，尺寸为 79cm×45cm。凿刻，粗线条形态，刻痕为褐色。调查确认 2 个单体图像，可能为 2 羊（图 4-148）。

XMSZB-028：地理坐标为北纬 44°30′49.75″，东经 111°32′45.80″。岩面朝上，尺寸为 79cm×45cm。凿刻，粗线条形态，刻痕为褐色和黄色。调查确认 2 个单体图像，上方可能为 1 牛，下方为 1 马（图 4-149）。

图4-148 动物岩画 XMSZB-027 　　图4-149 动物岩画 XMSZB-028

XMSZB-029：地理坐标为北纬44°30′49.75″，东经111°32′45.89″。岩面朝上，尺寸为104cm×27cm。凿刻，粗线条形态，刻痕为褐色。调查确认1个单体图像，1马（图4-150）。

XMSZB-030：地理坐标为北纬44°30′49.55″，东经111°32′46.00″。岩面朝上，尺寸为200cm×130cm。凿刻，刻痕为褐色，线条较粗，为线条造型。调查确认1个单体图像，可能是1头牛（图4-151）。

图4-150 动物岩画 XMSZB-029 　　图4-151 动物岩画 XMSZB-030

XMSZB-031：地理坐标为北纬44°30′49.55″，东经111°32′46.00″。岩面朝上，尺寸为200cm×130cm。凿刻，线条造型，造型技法相似，均为线条造型，刻痕为褐色。调查确认13个单体图像，3马、6羊、1人、3不可识别动物（图4-152）。

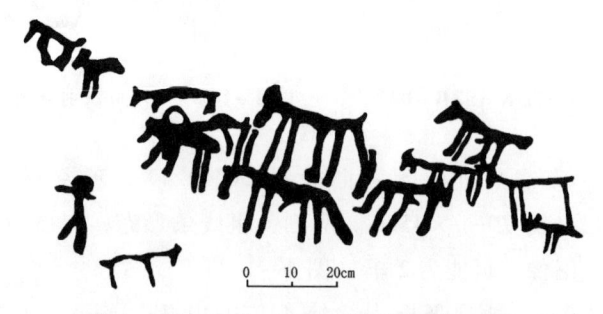

图4-152 人物、动物岩画 XMSZB-031

XMSZB-032：地理坐标为北纬44°30′49.57″，东经111°32′46.03″。

岩面朝上，尺寸为200cm×130cm。凿刻，线条造型，造型技法相似，均为线条造型，刻痕为褐色。调查确认11个单体图像，6马、2人、2羊、1不可识别动物。整幅岩画应为放牧场景（图4-153）。

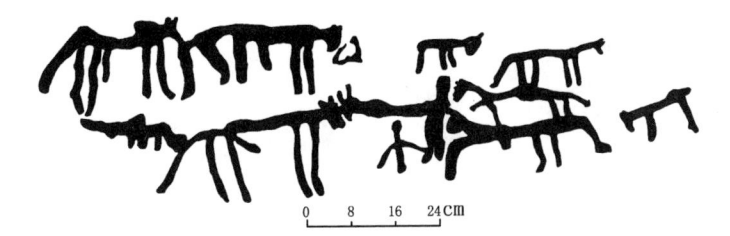

图4-153 人物、动物岩画 XMSZB-032

XMSZB-033：地理坐标为北纬44°30′49.67″，东经111°32′46.01″。岩面朝上，尺寸为103cm×53cm。凿刻，为线条造型，线条较粗，刻痕为褐色。调查确认4个单体图像。可识别的有2马、1人物形象，右侧可能为1猛兽，人物形象和周围的图像有叠压打破关系（图4-154）。

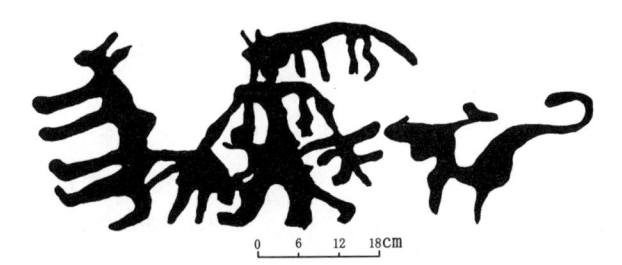

图4-154 动物岩画 XMSZB-033

XMSZB-034：地理坐标为北纬44°30′49.04″，东经111°32′44.95″。岩面朝上，尺寸为109cm×48cm。凿刻，为线条造型，线条较粗，刻痕为褐色。调查确认6个单体图像，4马、1人、1同心圆（图4-155）。

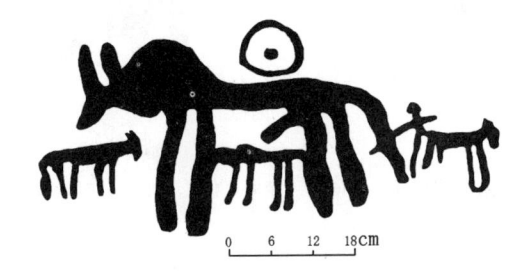

图4-155 人物、动物、几何形岩画 XMSZB-034

XMSZB-035：地理坐标为北纬 44°30′49.03″，东经 111°32′44.89″。岩面朝上，尺寸为 116cm×58cm。凿刻而成，刻痕为褐色，为线条造型。调查确认 10 个单体图像，2 人、4 马、3 羊、1 狗（图 4-156）。

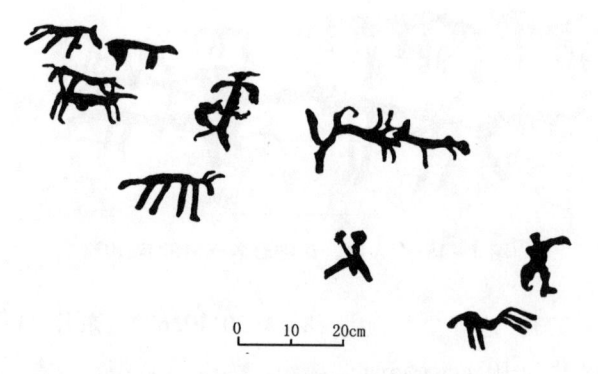

图 4-156 人物、动物岩画 XMSZB-035

XMSZB-036：地理坐标为北纬 44°30′48.94″，东经 111°32′44.84″。岩面朝上，尺寸为 111cm×35cm。凿刻，刻痕为褐色，为线条造型。调查确认 1 个单体图像，1 羊（图 4-157）。

XMSZB-037：地理坐标为北纬 44°30′48.67″，东经 111°32′44.58″。岩面朝上，尺寸为 80cm×99cm。凿刻而成，刻痕为红褐色，为线条造型，线条较粗。调查确认 2 个单体图像，1 人、1 不可识别动物（图 4-158）。

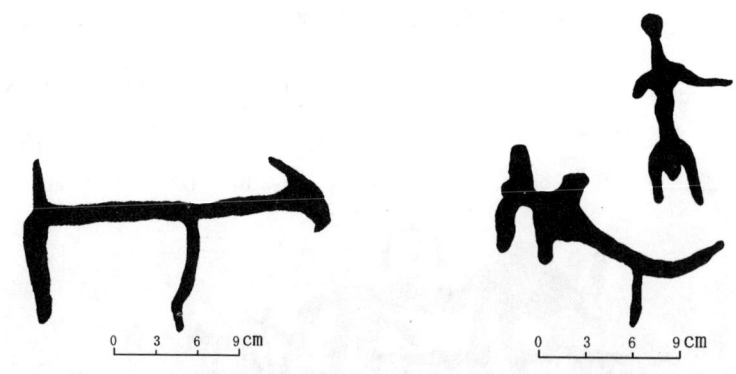

图 4-157 动物岩画 XMSZB-036　　图 4-158 人物、动物岩画 XMSZB-037

XMSZB-038：地理坐标为北纬 44°30′48.70″，东经 111°32′44.47″。岩面朝南，尺寸为 70cm×66cm。凿刻，刻痕为红褐色，为线条造型。调查确认2个单体图像，2羊（图4-159）。

XMSZB-039：地理坐标为北纬44°30′48.48″，东经111°32′44.48″。岩面朝上，尺寸为111cm×35cm。凿刻，刻痕为褐色，剪影式造型。调查确认1个单体图像，1牛（图4-160）。

图4-159　动物岩画 XMSZB-038 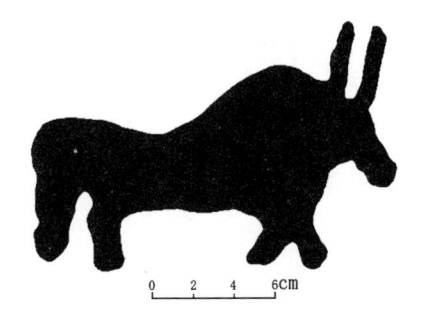　　　图4-160　动物岩画 XMSZB-039

XMSZB-040：地理坐标为北纬44°30′48.94″，东经111°32′44.84″。岩面朝上，尺寸为111cm×35cm。凿刻，刻痕为灰褐色，为线条造型。调查确认4个单体图像，2羊、2马（图4-161）。

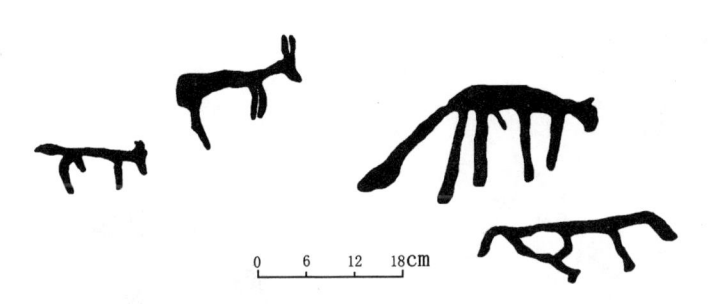

图4-161　动物岩画 XMSZB-040

XMSZB-041：地理坐标为北纬44°30′48.56″，东经111°32′44.31″。岩面朝上，尺寸为110cm×62cm。凿刻，线条造型，刻痕为褐色。调查确认7个单体图像，1羊、2符号、4不可识别动物（图4-162）。

XMSZB-042：地理坐标为北纬44°30′48.63″，东经111°32′44.37″。岩面朝上，尺寸为110cm×62cm。凿刻，线条造型，刻痕为褐色。调查确认7个单体图像，4羊、1马、1不可识别动物、1图案，上方图案可能表示栅栏（图4-163）。

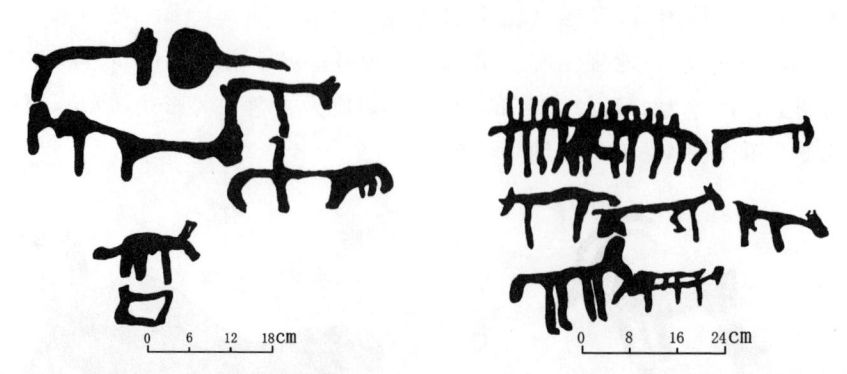

图 4 – 162 动物、符号岩画 XMSZB – 041　　图 4 – 163 动物、图案岩画 XMSZB – 042

　　XMSZB – 043：地理坐标为北纬 44°30′48.80″，东经 111°32′44.95″。岩面朝西，尺寸为 31cm×56cm。凿刻，粗线条形态，刻痕为褐色。调查确认 3 个单体图像，3 不可识别动物，下方两个图像破损（图 4 – 164）。

　　XMSZB – 044：地理坐标为北纬 44°30′48.79″，东经 111°32′45.06″。岩面朝上，尺寸为 64cm×24cm。凿刻，粗线条形态，刻痕为褐色。调查确认 1 个单体图像，可能为 1 狗（图 4 – 165）。

图 4 – 164 动物岩画 XMSZB – 043 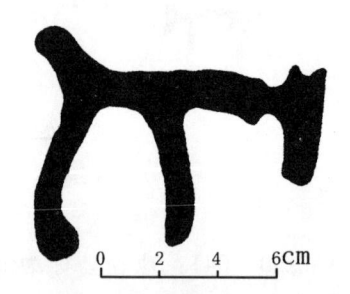　　图 4 – 165 动物岩画 XMSZB – 044

　　XMSZB – 045：地理坐标为北纬 44°30′48.95″，东经 111°32′44.91″。岩面朝上，尺寸为 56cm×48cm。凿刻，线条形态，刻痕为褐色。调查确认 1 个单体图像，可能为、蹄印（图 4 – 166）。

XMSZB - 046：地理坐标为北纬 44°30′48.94″，东经 111°32′45.10″。岩面朝南，尺寸为 110cm×83cm。凿刻，线条形态，刻痕为褐色。调查确认 3 个单体图像，2 羊、1 雁（图 4 - 167）。

图 4 - 166　蹄印岩画 XMSZB - 045

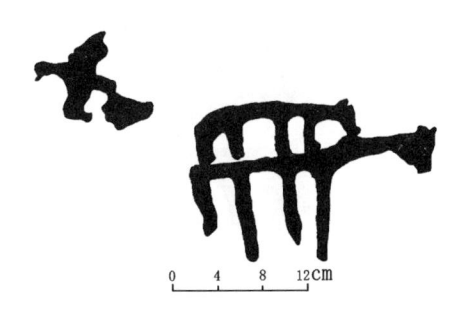

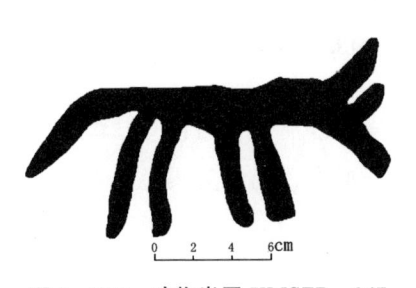

图 4 - 167　动物岩画 XMSZB - 046

XMSZB - 047：地理坐标为北纬 44°30′49.07″，东经 111°32′45.19″。岩面朝南，尺寸为 100cm×56cm。凿刻，粗线条形态，刻痕为褐色。调查确认 1 个单体图像，1 马（图 4 - 168）。

XMSZB - 048：地理坐标为北纬 44°30′49.10″，东经 111°32′44.98″。岩面朝南，尺寸为 56cm×48cm。凿刻，线条形态，刻痕为褐色。调查确认 3 个单体图像，1 人物、1 马、1 羊（图 4 - 169）。

图 4 - 168　动物岩画 XMSZB - 047

图 4 - 169　动物、人物岩画 XMSZB - 048

XMSZB - 049：地理坐标为北纬 44°30′49.17″，东经 111°32′45.41″。岩面朝南，尺寸为 50cm×37cm。凿刻，粗线条形态，刻痕为褐色。调查确认 2 个单体图像，可能为 2 马（图 4 - 170）。

XMSZB - 050：地理坐标为北纬 44°30′49.19″，东经 111°32′45.45″。岩面朝南，尺寸为 42cm×31cm。凿刻，粗线条形态，刻痕为褐色。调查确认 1 个单体图像，可能为 1 牛（图 4-171）。

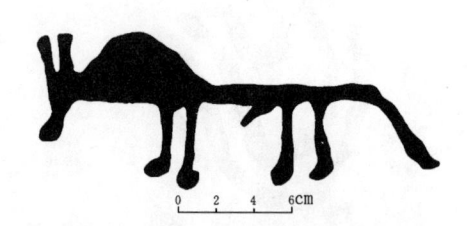

图 4-170　动物岩画 XMSZB-049　　图 4-171　动物岩画 XMSZB-050

XMSZB-051：地理坐标为北纬 44°30′49.08″，东经 111°32′44.71″。岩面朝上，尺寸为 90cm×19cm。凿刻，线条形态，刻痕为褐色。调查确认 4 个单体图像，2 马、1 骑者、1 狗（图 4-172）。

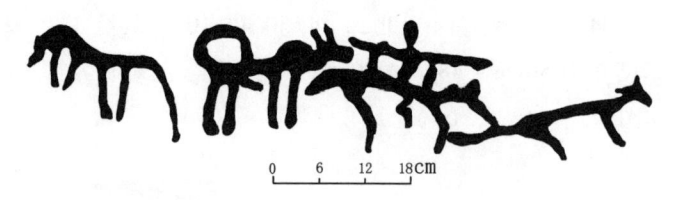

图 4-172　动物、骑者岩画 XMSZB-051

XMSZB-052：地理坐标为北纬 44°30′49.25″，东经 111°32′44.78″。岩面朝上，尺寸为 37cm×12cm。凿刻，线条形态，刻痕为褐色。调查确认 2 个单体图像，可能为 2 蹄印（图 4-173）。

图 4-173　蹄印岩画 XMSZB-052

XMSZB－053：地理坐标为北纬 44°30′50.10″，东经 111°32′45.18″。岩面朝上，尺寸为 54cm×60cm。凿刻，粗线条形态，刻痕为褐色。调查确认 2 个单体图像，1 马、1 符号（图 4－174）。

图 4－174 动物、符号岩画 XMSZB－053

XMSZB－054：地理坐标为北纬 44°30′50.12″，东经 111°32′45.23″。岩面朝上，尺寸为 54cm×60cm。凿刻，粗线条形态，刻痕为褐色。调查确认 3 个单体图像，3 马（图 4－175）。

XMSZB－055：地理坐标为北纬 44°30′49.55″，东经 111°32′46.05″。岩面朝上，尺寸为 39cm×32cm。凿刻，线条形态，刻痕为褐色。调查确认 3 个单体图像，2 羊、1 狗（图 4－176）。

图 4－175 动物岩画 XMSZB－054 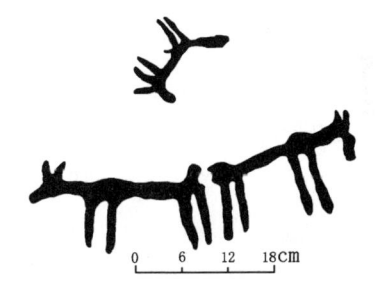　　图 4－176 动物岩画 XMSZB－055

XMSZB－056：地理坐标为北纬 44°30′49.57″，东经 111°32′46.15″。岩面朝南，尺寸为 140cm×45cm。凿刻，线条形态，刻痕为褐色。调查确认 5 个单体图像，5 马（图 4－177）。

XMSZB－057：地理坐标为北纬 44°30′49.56″，东经 111°32′46.10″。岩面朝南，尺寸为 145cm×60cm。凿刻，线条形态，刻痕为褐色。调查确认 8 个单体图像。6 马、1 羊、1 不可识别动物（图 4－178）。

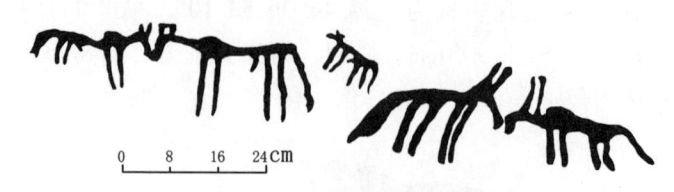

图 4 – 177　动物岩画 XMSZB – 056

图 4 – 178　动物岩画 XMSZB – 057

XMSZB – 058：地理坐标为北纬 44°30′49.66″，东经 111°32′46.20″。岩面朝上，尺寸为 88cm × 78cm。凿刻，线条形态，刻痕为褐色。调查确认 5 个单体图像，3 马、1 羊、1 人物（图 4 – 179）。

XMSZB – 059：地理坐标为北纬 44°30′49.62″，东经 111°32′45.96″。岩面朝南，尺寸为 32cm × 19cm。凿刻，粗线条形态，刻痕为褐色。调查确认 1 个单体图像，为 1 月牙形象，周围饰有线条（图 4 – 180）。

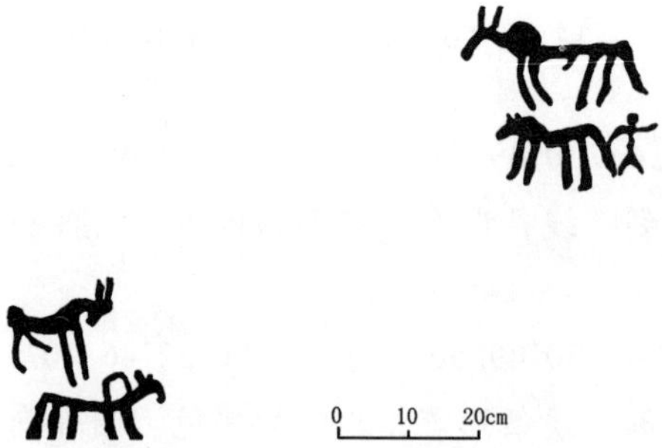

图 4 – 179　动物、人物岩画 XMSZB – 058 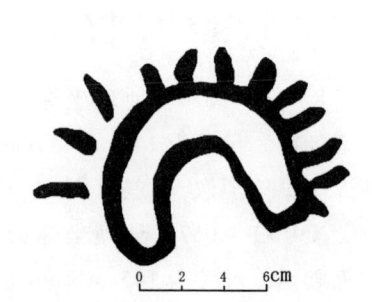　　　图 4 – 180　图案岩画 XMSZB – 059

XMSZB-060：地理坐标为北纬 44°30′49.67″，东经 111°32′46.03″。岩面朝南，尺寸为 40cm×20cm。凿刻，粗线条形态，刻痕为褐色。调查确认 2 个单体图像，1 人、1 羊（图 4-181）。

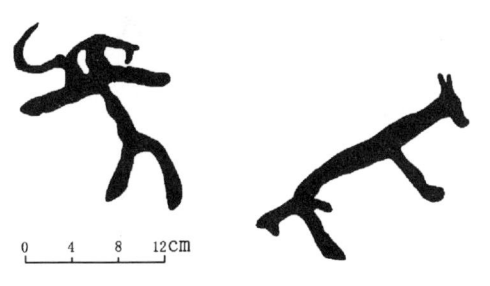

图 4-181　人物、动物岩画 XMSZB-060

XMSZB-061：地理坐标为北纬 44°30′48.63″，东经 111°32′46.07″。岩面朝南，尺寸为 63cm×42cm。凿刻，粗线条形态，刻痕为褐色。调查确认 3 个单体图像，1 狗、1 羊、1 人（图 4-182）。

XMSZB-062：地理坐标为北纬 44°30′49.71″，东经 111°32′46.03″。岩面朝上，尺寸为 38cm×13cm。凿刻，粗线条形态，刻痕为灰褐色。调查确认 1 个单体图像，可能为 1 马（图 4-183）。

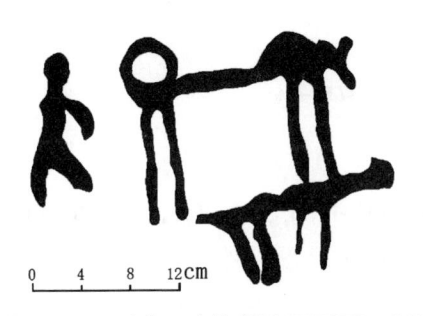

图 4-182　动物、人物岩画 XMSZB-061　　　图 4-183　动物岩画 XMSZB-062

XMSZB-063：地理坐标为北纬 44°30′49.85″，东经 111°32′45.94″。岩面朝南，尺寸为 23cm×17cm。凿刻，粗线条形态，刻痕为灰褐色。调查确认 1 个单体图像，可能为 1 羊（图 4-184）。

XMSZB-064：地理坐标为北纬 44°30′51.58″，东经 111°32′45.84″。岩面朝北，尺寸为 60cm×65cm。凿刻，线条形态，刻痕为灰色。调查确认 6 个单体图像，5 人、1 符号（图 4-185）。

图 4-184　动物岩画
XMSZB-063

图 4-185　人物、符号岩画
XMSZB-064

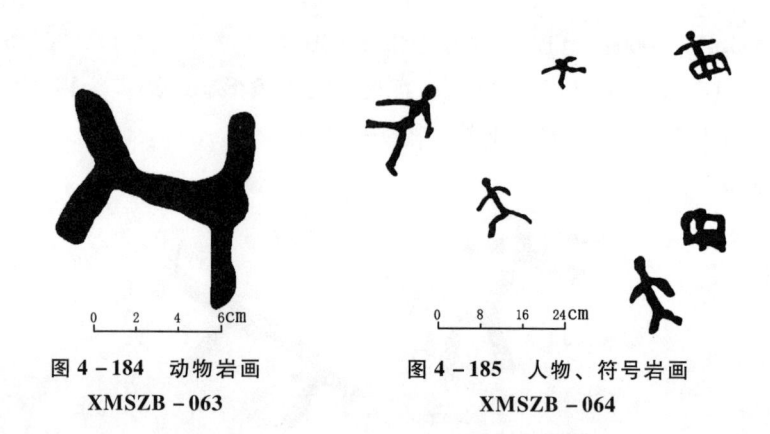

XMSZB-065：地理坐标为北纬 44°30′51.72″，东经 111°32′46.06″。岩面朝北，尺寸为 60cm×65cm。凿刻，线条形态，刻痕为灰色。调查确认 5 个单体图像，中间为 2 马，右侧为 1 未完成的动物图像，左侧图像风化严重，可能是 2 羊（图 4-186）。

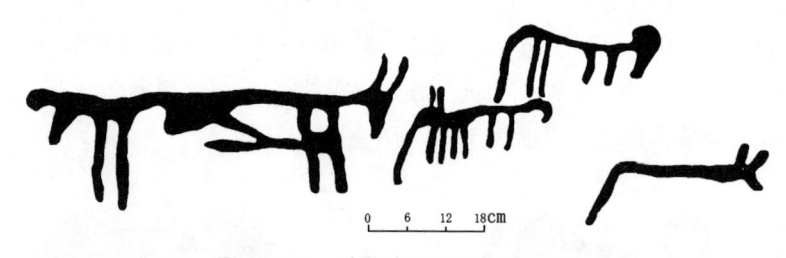

图 4-186　动物岩画 XMSZB-065

XMSZB-066：数据丢失。

XMSZB-067：地理坐标为北纬 44°30′51.54″，东经 111°32′46.44″。岩面朝北，尺寸为 23cm×8cm。凿刻，粗线条形态，刻痕为灰色。调查确认 1 个单体图像，为 1 马（图 4-187）。

图 4-187　动物岩画 XMSZB-067

XMSZB-068：地理坐标为北纬44°30′51.49″，东经111°32′46.61″。岩面朝北，尺寸为20cm×12cm。凿刻，粗线条形态，刻痕为灰色。调查确认1个单体图像，为1马（图4-188）。

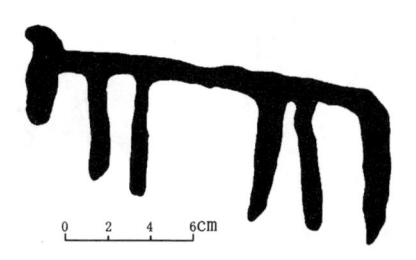

图4-188 动物岩画 XMSZB-068

XMSZB-069：地理坐标为北纬44°30′49.33″，东经111°32′46.40″。岩面朝南，尺寸为80cm×72cm。凿刻，粗线条形态，刻痕为黄褐色。调查确认2个单体图像，可能为2马（图4-189）。

XMSZB-070：地理坐标为北纬44°30′52.28″，东经111°32′44.68″。岩面朝北，尺寸为68cm×28cm。凿刻，粗线条形态，刻痕为灰褐色。调查确认4个单体图像，可能是3马，中间为1圆圈（图4-190）。

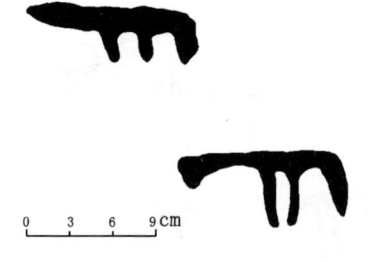

图4-189 动物岩画 XMSZB-069 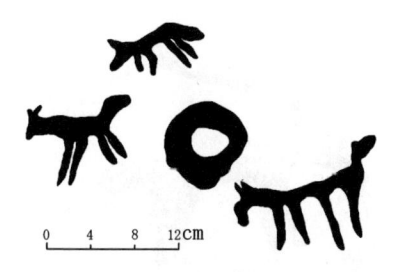　　图4-190 动物、几何形岩画 XMSZB-070

XMSZB-071：地理坐标为北纬44°30′52.35″，东经111°32′44.84″。岩面朝北，尺寸为80cm×123cm。凿刻，粗线条形态，刻痕为灰褐色。调查确认8个单体图像，4马、2羊、1符号、1同心圆（图4-191）。

XMSZB-072：地理坐标为北纬44°30′50.43″，东经111°32′45.07″。岩面朝北，尺寸为80cm×123cm。凿刻，粗线条形态，刻痕为灰褐色。调查确认4个单体图像，4马（图4-192）。

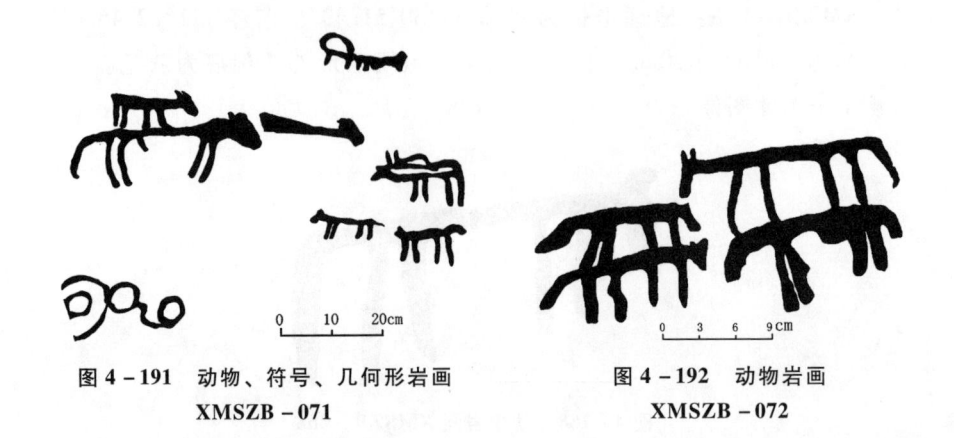

图 4 – 191　动物、符号、几何形岩画
XMSZB – 071

图 4 – 192　动物岩画
XMSZB – 072

XMSZB – 073：地理坐标为北纬 44°30′52.20″，东经 111°32′44.97″。岩面朝东，尺寸为 32cm×29cm。岩面为褐色，凿刻，粗线条形态，刻痕为褐色。调查确认 1 个单体图像，图像有破损，为不可识别动物形象（图 4 – 193）。

XMSZB – 074：地理坐标为北纬 44°30′52.69″，东经 111°32′45.14″。岩面朝南，尺寸为 89cm×47cm。凿刻，粗线条形态，刻痕为褐色。调查确认 4 个单体图像，3 马、1 狗（图 4 – 194）。

图 4 – 193　动物岩画 XMSZB – 073

图 4 – 194　动物岩画 XMSZB – 074

XMSZB – 075：地理坐标为北纬 44°30′52.65″，东经 111°32′45.16″。岩面朝东，尺寸为 66cm×40cm。凿刻，粗线条形态，刻痕为灰褐色。调查确认 3 个单体图像，1 人、1 符号、1 羊（图 4 – 195）。

XMSZB – 076：地理坐标为北纬 44°30′52.30″，东经 111°32′46.24″。岩面朝东，尺寸为 140cm×46cm。凿刻，粗线条形态，刻痕为红褐色。调查确认 1 个单体图像，1 马（图 4 – 196）。

图 4–195 动物、符号、
人物岩画 XMSZB–075

图 4–196 动物岩画
XMSZB–076

XMSZB–077：地理坐标为北纬 44°30′52.21″，东经 111°32′46.32″。岩面朝上，尺寸为 78cm×30cm。凿刻，粗线条形态，刻痕为灰褐色。调查确认 2 个单体图像，2 马（图 4–197）。

XMSZB–078：地理坐标为北纬 44°30′52.17″，东经 111°32′46.26″。岩面朝东南，尺寸为 60cm×24cm。凿刻，粗线条形态，刻痕为褐色。调查确认 2 个单体图像，可能是 2 马（图 4–198）。

图 4–197 动物岩画 XMSZB–077　　图 4–198 动物岩画 XMSZB–078

XMSZB–079：地理坐标为北纬 44°30′52.15″，东经 111°32′46.25″。岩面朝上，尺寸为 69cm×34cm。凿刻，粗线条形态，刻痕为黄褐色。调查确认 1 个单体图像，可能为 1 马（图 4–199）。

图 4–199 动物岩画 XMSZB–079

XMSZB-080：地理坐标为北纬44°30′52.28″，东经111°32′46.24″。岩面朝上，尺寸为32cm×26cm。凿刻，粗线条形态，刻痕为褐色。调查确认2个单体图像，1羊、1近似"凸"字的符号（图4-200）。

XMSZB-081：地理坐标为北纬44°30′52.14″，东经111°32′46.19″。岩面朝西，尺寸为56cm×13cm。凿刻，粗线条形态，刻痕为褐色。调查确认2个单体图像，左侧可能为1马，右侧图像不可识别（图4-201）。

图4-200 动物、符号岩画 XMSZB-080　　图4-201 动物岩画 XMSZB-081

XMSZB-082：地理坐标为北纬44°30′52.14″，东经111°32′46.19″。岩面朝南，尺寸为56cm×13cm。凿刻，粗线条形态，刻痕为褐色。调查确认2个单体图像，可能为1鹿、1狐狸（图4-202）。

XMSZB-083：地理坐标为北纬44°30′53.11″，东经111°32′48.40″。岩面朝南，尺寸为62cm×44cm。凿刻，粗线条形态，刻痕为褐色。调查确认2个单体图像，1狗、1不可识别动物形象（图4-203）。

图4-202 动物岩画 XMSZB-082　　图4-203 动物岩画 XMSZB-083

XMSZB-084：地理坐标为北纬44°30′53.46″，东经111°32′50.52″。岩面朝上，尺寸为62cm×44cm。凿刻，线条造型，刻痕为褐色。调查确认4个单体图像，4羊（图4-204）。

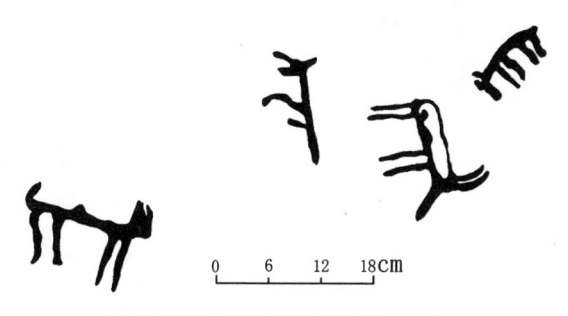

图 4-204 动物岩画 XMSZB-084

XMSZB-085：地理坐标为北纬 44°30′53.02″，东经 111°32′50.57″。岩面朝南，尺寸为 75cm×55cm。凿刻，粗线条形态，刻痕为褐色。调查确认 1 个单体图像，1 马（图 4-205）。

XMSZB-086：地理坐标为北纬 44°30′53.35″，东经 111°32′50.84″。岩面朝上，尺寸为 49cm×85cm。凿刻，粗线条形态，刻痕为灰褐色。调查确认 3 个单体图像，左侧为 1 不可识别动物，右侧为 2 不可识别图像（图 4-206）。

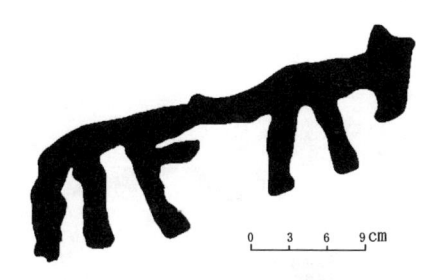

图 4-205 动物岩画 XMSZB-085　　图 4-206 动物岩画 XMSZB-086

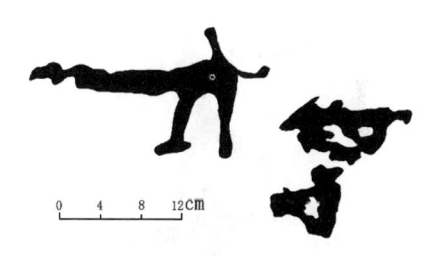

XMSZB-087：地理坐标为北纬 44°30′53.37″，东经 111°32′50.90″。岩面朝南，尺寸为 75cm×68cm。上方的图像为凿刻，粗线条形态，刻痕为灰色。调查确认 6 个单体图像，2 羊、1 狗、3 马，其中，岩画下方为划刻的 2 马（图 4-207）。

XMSZB-088：地理坐标为北纬 44°30′53.45″，东经 111°32′50.67″。岩面朝南，尺寸为 60cm×29cm。凿刻，粗线条形态，刻痕为土黄色。调查确认 1 个单体图像，1 人（图 4-208）。

图 4-207　动物岩画 XMSZB-087 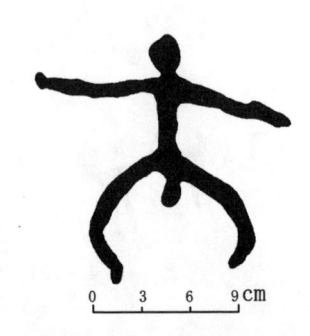　　图 4-208　人物岩画 XMSZB-088

　　XMSZB-089：地理坐标为北纬 44°30′53.40″，东经 111°32′50.63″。岩面朝南，尺寸为 46cm×19cm。凿刻，粗线条形态，刻痕为灰褐色。调查确认 2 个单体图像，2 人（图 4-209）。

　　XMSZB-090：地理坐标为北纬 44°30′53.99″，东经 111°32′51.36″。岩面朝上，尺寸为 129cm×79cm。凿刻，粗线条形态，刻痕为褐色。调查确认 2 个单体图像，1 马、1 人（图 4-210）。

图 4-209　人物岩画 XMSZB-089 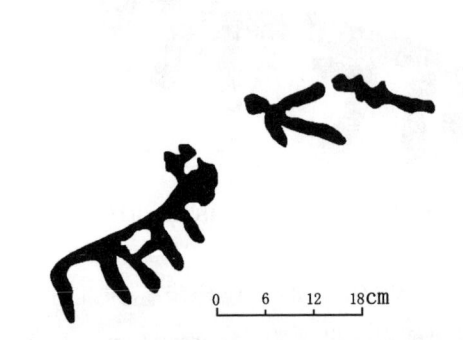　　图 4-210　动物、人物岩画 XMSZB-090

　　XMSZB-091：地理坐标为北纬 44°30′55.02″，东经 111°32′51.12″。岩面朝上，尺寸为 118cm×133cm。凿刻，粗线条形态，刻痕为灰色。调查确认 2 个单体图像，上方可能是 1 猛兽，下方为 1 "Y" 形符号，线条较粗（图 4-211）。

　　XMSZB-092：地理坐标为北纬 44°30′55.29″，东经 111°32′51.91″。

岩面朝上，尺寸为 68cm×38cm。凿刻，粗线条形态，刻痕为土黄色。调查确认 1 个单体图像，1 人（图 4-212）。

图 4-211　动物、符号岩画 XMSZB-091 　　　图 4-212　人物岩画 XMSZB-092

XMSZB-093：地理坐标为北纬 44°30′55.59″，东经 111°32′51.01″。岩面朝上，尺寸为 49cm×60cm。凿刻，粗线条形态，刻痕为灰色。调查确认 2 个单体图像，可能是 2 骆驼（图 4-213）。

XMSZB-094：地理坐标为北纬 44°30′55.68″，东经 111°32′51.00″。岩面朝东南，尺寸为 32cm×48cm。凿刻，粗线条形态，刻痕为灰色。调查确认 2 个单体图像，1 人物、1 不可识别图像（图 4-214）。

图 4-213　动物岩画 XMSZB-093 　　　图 4-214　人物岩画 XMSZB-094

XMSZB－095：地理坐标为北纬 44°30′56.27″，东经 111°32′50.61″。岩面朝上，尺寸为 44cm×50cm。凿刻，粗线条形态，刻痕为深褐色。调查确认 1 个单体图像，1 马（图 4－215）。

XMSZB－096：地理坐标为北纬 44°30′57.29″，东经 111°32′50.32″。岩面朝上，尺寸为 85cm×28cm。凿刻，线条形态，刻痕为灰色。调查确认 1 个单体图像，1 马（图 4－216）。

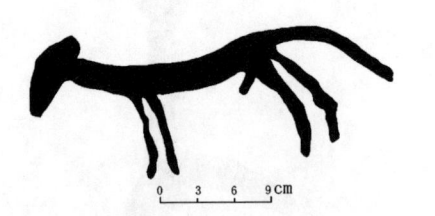

图 4－215　动物岩画 XMSZB－095 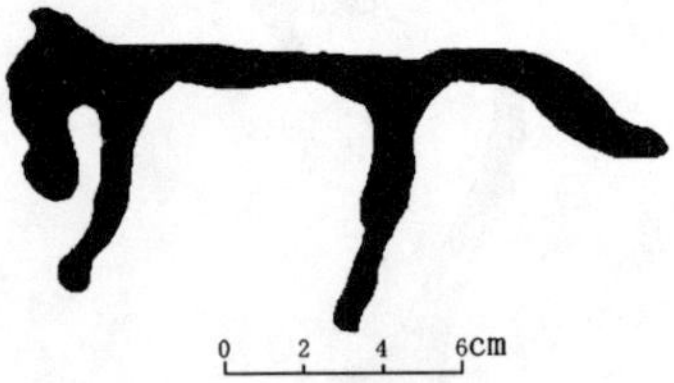　　　图 4－216　动物岩画 XMSZB－096

XMSZB－097：地理坐标为北纬 44°30′57.93″，东经 111°32′51.91″。岩面朝北，尺寸为 105cm×39cm。凿刻，线条形态，刻痕为灰色。调查确认 1 个单体图像，1 羊（图 4－217）。

XMSZB－098：地理坐标为北纬 44°30′58.48″，东经 111°32′51.34″。岩面朝南，尺寸为 157cm×51cm。凿刻，线条形态，刻痕为黑褐色。调查确认 3 个单体图像，可能为 3 羊（图 4－218）。

图 4－217　动物岩画
XMSZB－097

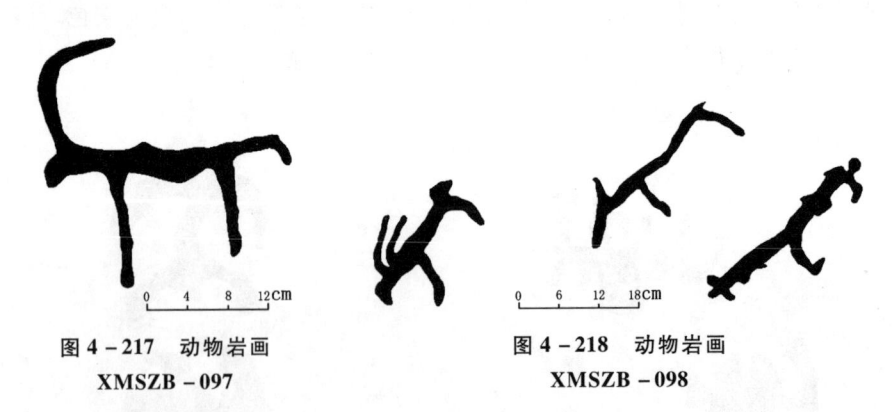

图 4－218　动物岩画
XMSZB－098

XMSZB－099：地理坐标为北纬 44°30′00.00″，东经 111°32′48.61″。岩面朝上，尺寸为 123cm×84cm。凿刻，粗线条形态，右侧动物为剪影式造型，刻痕为土黄色。调查确认 2 个单体图像，可能为 1 羊、1 猛兽（图 4－219）。

XMSZB-100：地理坐标为北纬 44°30′57.52″，东经 111°32′46.68″。岩面朝上，尺寸为 99cm×49cm。凿刻，粗线条形态，刻痕为褐色。调查确认 1 个单体图像，1 不可识别动物（图 4-220）。

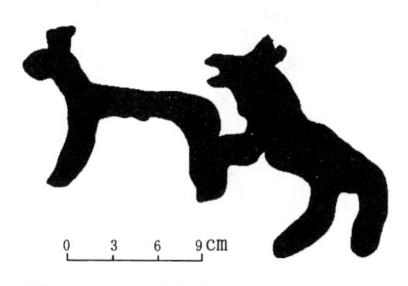

图 4-219　动物岩画 XMSZB-099 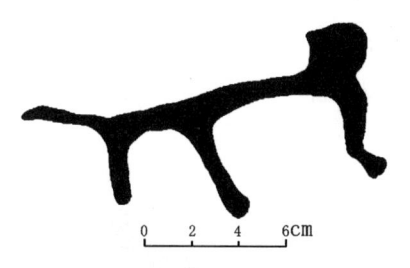　　图 4-220　动物岩画 XMSZB-100

XMSZB-101：地理坐标为北纬 44°30′56.70″，东经 111°32′46.45″。岩面朝北，尺寸为 68cm×88cm。凿刻，线条造型，刻痕为灰色。调查确认 6 个单体图像，5 人、1 马。岩面中间的人物图像有破损（图 4-221）。

XMSZB-102：地理坐标为北纬 44°30′56.22″，东经 111°32′46.69″。岩面朝上，尺寸为 55cm×60cm。凿刻，线条造型，刻痕为灰色。调查确认 2 个单体图像，1 人、1 马（图 4-222）。

图 4-221　动物、人物岩画
XMSZB-101

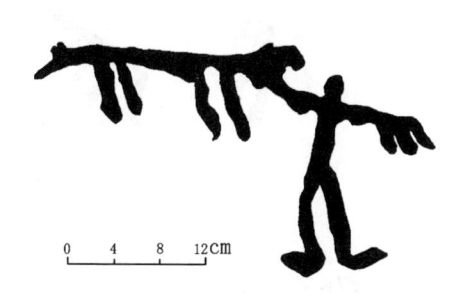

图 4-222　动物、人物岩画
XMSZB-102

XMSZB – 103：地理坐标为北纬 44°30′56.37″，东经 111°32′46.84″。岩面朝上，尺寸为 54cm×63cm。凿刻，粗线条形态，刻痕为褐色。调查确认 1 个单体图像，可能是 1 大雁（图 4 – 223）。

XMSZB – 104：地理坐标为北纬 44°30′56.20″，东经 111°32′47.17″。岩面朝上，尺寸为 57cm×60cm。凿刻，粗线条形态，刻痕为灰色。调查确认 2 个单体图像，2 不可识别动物形象（图 4 – 224）。

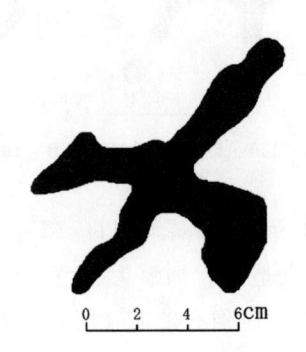

图 4 – 223　动物岩画 XMSZB – 103 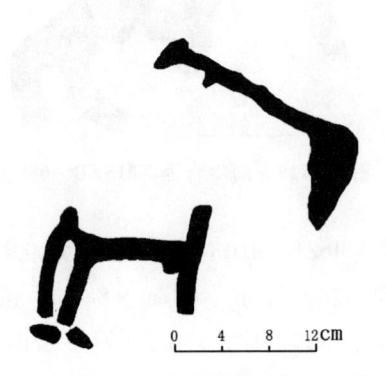　　　图 4 – 224　动物岩画 XMSZB – 104

XMSZB – 105：地理坐标为北纬 44°30′54.30″，东经 111°32′49.61″。岩面朝上，尺寸为 95cm×47cm。凿刻，粗线条形态，刻痕为褐色。调查确认 3 个单体图像，右侧为 1 不可识别动物形象，中间可能为 1 驴，左侧图像不能辨认（图 4 – 225）。

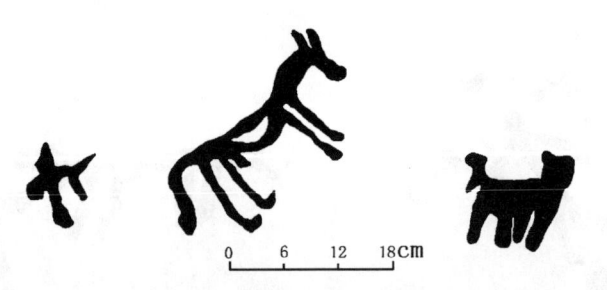

图 4 – 225　动物岩画 XMSZB – 105

XMSZB – 106：地理坐标为北纬 44°30′54.30″，东经 111°32′49.62″。岩面朝上，尺寸为 70cm×57cm。凿刻，粗线条形态，刻痕为褐色。调查确认 1 个单体图像，可能是 1 马（图 4 – 226）。

XMSZB – 107：地理坐标为北纬 44°30′55.06″，东经 111°32′44.70″。

岩面朝上，尺寸为85cm×60cm。凿刻，刻痕为褐色。调查确认2个单体图像，不可识别（图4-227）。

图4-226 动物岩画 XMSZB-106 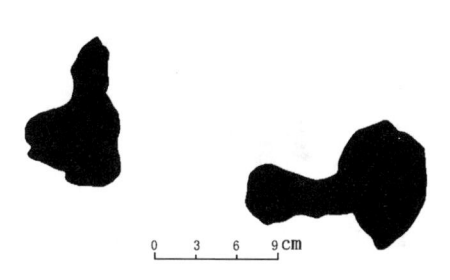　　图4-227 一不可识别岩画 XMSZB-107

XMSZB-108：地理坐标为北纬44°30′52.76″，东经111°32′44.89″。岩面朝上，尺寸为45cm×16cm。凿刻，粗线条形态，刻痕灰色。调查确认1个单体图像，1马（图4-228）。

XMSZB-109：地理坐标为北纬44°30′50.99″，东经111°32′43.69″。岩面朝上，尺寸为48cm×26cm。凿刻，线条造型，刻痕为灰色。调查确认1个单体图像，可能为1狗（图4-229）。

图4-228 动物岩画 XMSZB-108 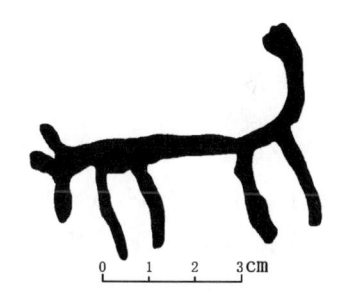　　图4-229 动物岩画 XMSZB-109

XMSZB-110：地理坐标为北纬44°30′51.04″，东经111°32′43.66″。岩面朝上，尺寸为56cm×106cm。凿刻，线条造型，刻痕为灰色。调查确认1个单体图像，不可识别（图4-230）。

XMSZB-111：地理坐标为北纬44°30′51.00″，东经111°32′43.65″。岩面朝上，尺寸为56cm×106cm。凿刻，线条造型，刻痕为灰色。调查确认1个单体图像，1蹄印（图4-231）。

图 4-230　一不可识别岩画 XMSZB-110　　图 4-231　蹄印岩画 XMSZB-111

XMSZB-112：地理坐标为北纬 44°30′50.93″，东经 111°32′43.66″。岩面朝上，尺寸为 79cm×23cm。凿刻，线条造型，刻痕为灰色。调查确认 3 个单体图像，3 羊（图 4-232）。

图 4-232　动物岩画 XMSZB-112

XMSZB-113：地理坐标为北纬 44°30′48.99″，东经 111°32′43.32″。岩面朝上，尺寸为 114cm×48cm。凿刻，线条造型，刻痕为灰色。调查确认 2 个单体图像，2 羊（图 4-233）。

图 4-233　动物岩画 XMSZB-113

XMSZB-114：地理坐标为北纬 44°30′48.96″，东经 111°32′43.29″。岩面朝西，尺寸为 92cm×80cm。凿刻，线条造型，刻痕为灰色。调查确认 3 个单体图像，3 羊（图 4-234）。

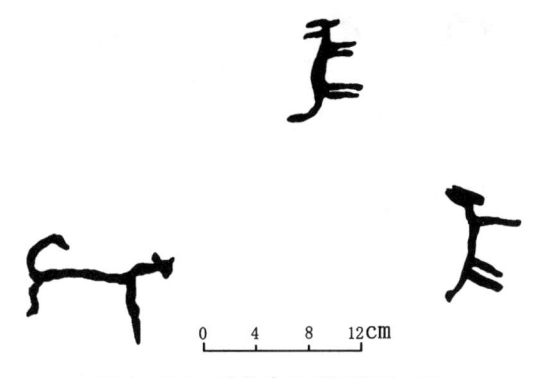

图 4 – 234　动物岩画 XMSZB – 114

XMSZB – 115：地理坐标为北纬 44°30′49.25″，东经 111°32′44.46″。岩面朝东，尺寸为 73cm×40cm。凿刻，粗线条形态，刻痕为褐色。调查确认 2 个单体图像，2 蹄印（图 4 – 235）。

XMSZB – 116：地理坐标为北纬 44°30′49.20″，东经 111°32′44.33″。岩面朝西，尺寸为 68cm×18cm。凿刻，粗线条形态，刻痕为灰色。调查确认 1 个单体图像，可能为 1 羊（图 4 – 236）。

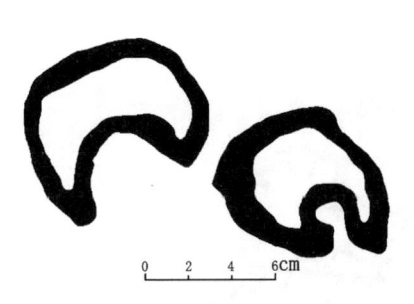

图 4 – 235　蹄印岩画 XMSZB – 115　　　图 4 – 236　动物岩画 XMSZB – 116

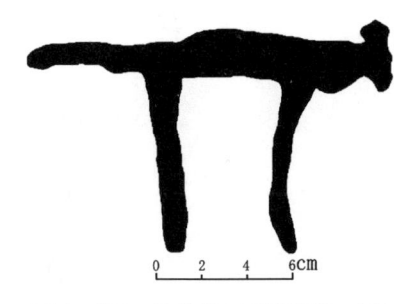

XMSZB – 117：地理坐标为北纬 44°30′49.26″，东经 111°32′42.58″。岩面朝上，尺寸为 102cm×63cm。凿刻，线条造型，刻痕为褐色。调查确认 8 个单体图像，1 人、3 马、1 羊、3 不可识别动物、2 平行线，2 平行线和 1 马有叠压，平行线可能表示道路（图 4 – 237）。

XMSZB – 118：地理坐标为北纬 44°30′49.19″，东经 111°32′42.39″。岩面朝上，尺寸为 132cm×56cm。凿刻，线条造型，刻痕为褐色。调查确认 5 个单体图像，2 人、1 马、2 羊（图 4 – 238）。

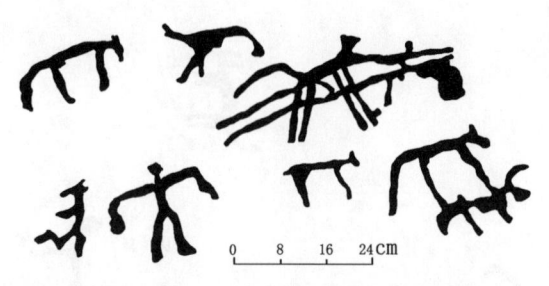

图 4-237 人物、几何形动物岩画 XMSZB-117

图 4-238 人物、动物岩画 XMSZB-118

XMSZB-119：地理坐标为北纬 44°30′49.11″，东经 111°32′42.40″。岩面朝上，尺寸为 105cm×120cm。凿刻，线条造型，刻痕为褐色。岩面自然断裂为三部分，左上方为第一部分，左下方为第二部分，右侧为第三部分。调查确认 22 个单体图像，5 马、6 羊、4 人、1 骑者、5 不可识别动物、1 符号（图 4-239）。

图 4-239 动物、人物、符号岩画 XMSZB-119

第 4 章 苏尼特左旗岩画分布地点和内容 237

XMSZB-120：地理坐标为北纬 44°30′48.98″，东经 111°32′42.32″。岩面朝西，尺寸为 40cm×20cm。凿刻，粗线条形态，刻痕为褐色。调查确认 1 个单体图像，1 马，右侧图像残损（图 4-240）。

XMSZB-121：地理坐标为北纬 44°30′48.91″，东经 111°32′42.31″。岩面朝西，尺寸为 85cm×43cm。凿刻，粗线条形态，刻痕为褐色。调查确认 2 个单体图像，2 羊（图 4-241）。

图 4-240 动物岩画 XMSZB-120　　图 4-241 动物岩画 XMSZB-121

XMSZB-122：地理坐标为北纬 44°30′48.68″，东经 111°32′41.80″。岩面朝北，尺寸为 98cm×104cm。凿刻，粗线条形态，刻痕为褐色。调查确认 7 个单体图像，4 羊、2 马、1 不可识别动物（图 4-242）。

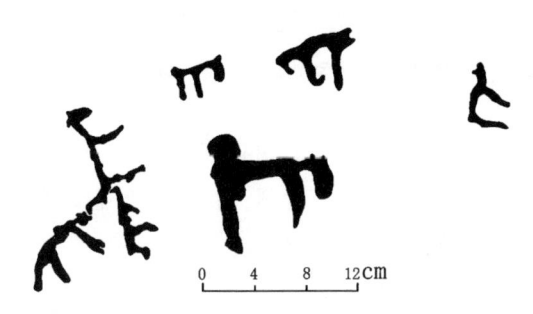

图 4-242 动物岩画 XMSZB-122

XMSZB-123：地理坐标为北纬 44°30′48.97″，东经 111°32′42.03″。岩面朝西，尺寸为 30cm×45cm。凿刻，粗线条形态，刻痕为灰色。调查确认 1 个单体图像，可能为 1 羊（图 4-243）。

XMSZB-124：地理坐标为北纬 44°30′48.99″，东经 111°32′41.69″。岩面朝西南，尺寸为 28cm×66cm。凿刻，粗线条形态，刻痕为褐色。调查确认 1 个单体图像，1 不可识别动物（图 4-244）。

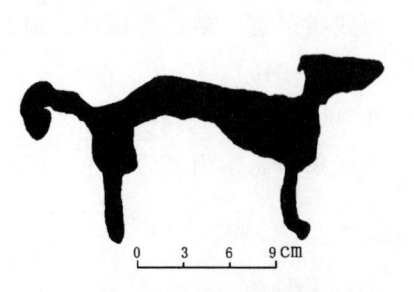

图 4 – 243 动物岩画 XMSZB – 123 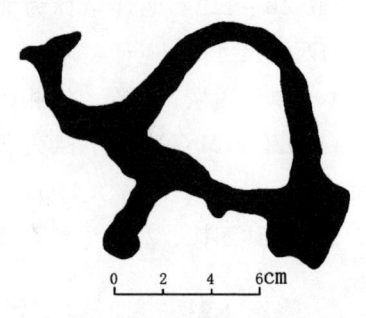　　图 4 – 244 动物岩画 XMSZB – 124

XMSZB – 125：地理坐标为北纬 44°30′49.28″，东经 111°32′42.45″。岩面朝上，尺寸为 84cm×86cm。凿刻，线条造型，刻痕为褐色。调查确认 4 个单体图像，2 羊、1 马、1 不可识别动物（图 4 – 245）。

图 4 – 245 动物岩画 XMSZB – 125

XMSZB – 126：地理坐标为北纬 44°30′49.29″，东经 111°32′42.55″。岩面朝上，尺寸为 70cm×21cm。凿刻，粗线条形态，刻痕为褐色。调查确认 2 个单体图像，2 马（图 4 – 246）。

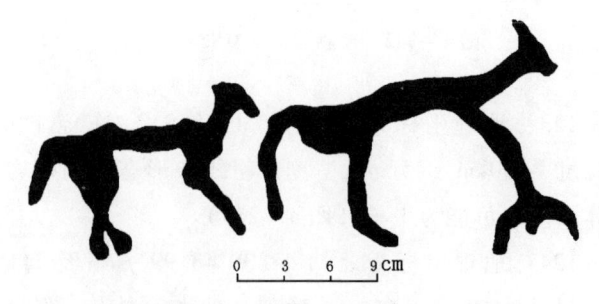

图 4 – 246 动物岩画 XMSZB – 126

XMSZB-127：地理坐标为北纬 44°30′51.11″，东经 111°32′40.66″。岩面朝北，尺寸为 97cm×60cm。凿刻，线条造型，刻痕为灰色。调查确认 4 个单体图像，不可识别（图 4-247）。

XMSZB-128：地理坐标为北纬 44°30′48.50″，东经 111°32′41.65″。岩面朝南，尺寸为 30cm×34cm。凿刻，线条造型，刻痕为灰色。调查确认 1 个单体图像，1 羊（图 4-248）。

图 4-247　不可识别岩画 XMSZB-127　　　图 4-248　动物岩画 XMSZB-128

XMSZB-129：地理坐标为北纬 44°30′51.41″，东经 111°32′38.28″。岩面朝南，尺寸为 120cm×115cm。凿刻，粗线条形态，刻痕为褐色。调查确认 2 个单体图像，1 羊、1 狗（图 4-249）。

XMSZB-130：地理坐标为北纬 44°30′51.55″，东经 111°32′38.09″。岩面朝南，尺寸为 115cm×68cm。凿刻，粗线条形态，刻痕为褐色。调查确认 5 个单体图像，2 马、3 羊（图 4-250）。

图 4-249　动物岩画 XMSZB-129　　　图 4-250　动物岩画 XMSZB-130

XMSZB-131：地理坐标为北纬 44°30′51.59″，东经 111°32′38.16″。岩面朝西南，尺寸为 90cm×106cm。凿刻，粗线条形态，刻痕为褐色。调查确认 10 个单体图像，1 人、1 骑者、4 马、1 狗、2 羊、1 不可识别动物

（图4–251）。

图4–251 动物、人物岩画 XMSZB–131

XMSZB–132：地理坐标为北纬44°30′51.63″，东经111°32′38.31″。岩面朝南，尺寸为89cm×60cm。凿刻，粗线条形态，刻痕为褐色。调查确认2个单体图像，1马、1牛（图4–252）。

XMSZB–133：地理坐标为北纬44°30′51.65″，东经111°32′38.11″。岩面朝上，尺寸为84cm×53cm。凿刻，粗线条形态，刻痕为褐色。调查确认1个单体图像，1羊（图4–253）。

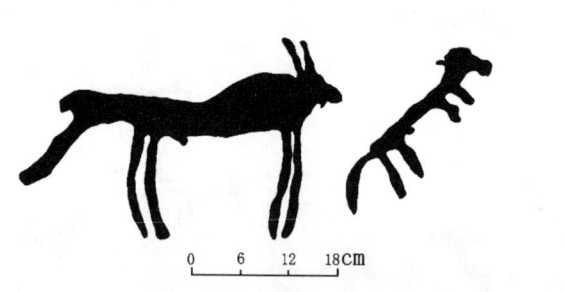

图4–252 动物岩画 XMSZB–132 　　图4–253 动物岩画 XMSZB–133

XMSZB–134：地理坐标为北纬44°30′51.65″，东经111°32′38.11″。岩面朝上，尺寸为84cm×53cm。凿刻，粗线条形态，刻痕为褐色。调查确认1个单体图像，可能为1只鸟，双翅张开呈飞翔状态（图4–254）。

XMSZB-135：地理坐标为北纬 44°30′52.87″，东经 111°32′38.37″。岩面朝上，尺寸为 75cm×46cm。凿刻，粗线条形态，刻痕为褐色。调查确认 1 个单体图像，1 羊（图 4-255）。

图 4-254　动物岩画 XMSZB-134 　　图 4-255　动物岩画 XMSZB-135

XMSZB-136：地理坐标为北纬 44°30′53.23″，东经 111°32′38.61″。岩面朝南，尺寸为 81cm×56cm。凿刻，粗线条形态，刻痕为褐色。调查确认 1 个单体图像，1 羊（图 4-256）。

XMSZB-137：地理坐标为北纬 44°30′52.92″，东经 111°32′38.38″。岩面朝上，尺寸为 93cm×32cm。凿刻，粗线条形态，刻痕为灰色。调查确认 1 个单体图像，可能为 1 马（图 4-257）。

图 4-256　动物岩画 XMSZB-136 　　图 4-257　动物岩画 XMSZB-137

XMSZB-138：地理坐标为北纬 44°30′52.64″，东经 111°32′36.58″。岩面朝西，尺寸为 130cm×50cm。凿刻，线条造型，刻痕为褐色。调查确认 3 个单体图像，1 符号、1 鹿、1 狗（图 4-258）。

XMSZB-139：地理坐标为北纬 44°30′52.63″，东经 111°32′36.02″。岩面朝西北，尺寸为 94cm×40cm。凿刻，线条造型，刻痕为灰色。调查确认 3 个单体图像，2 人、1 骑者（图 4-259）。

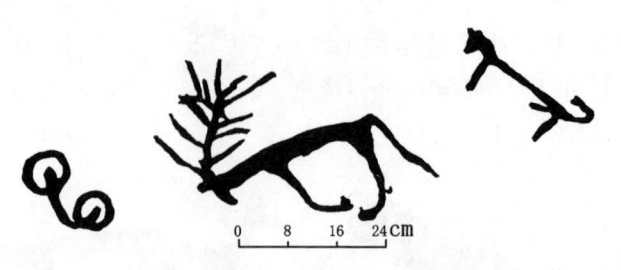

图 4 – 258　动物、符号岩画 XMSZB – 138

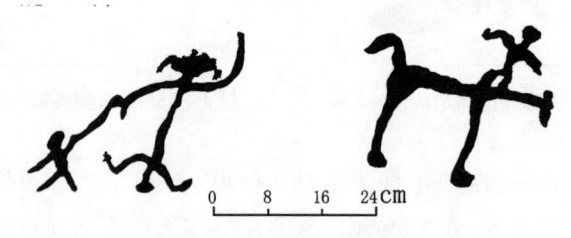

图 4 – 259　人物岩画 XMSZB – 139

XMSZB – 140：地理坐标为北纬 44°30′52.61″，东经 111°32′36.00″。岩面朝西，尺寸为 110cm×77cm。凿刻，粗线条形态，刻痕褐色。调查确认 4 个单体图像，3 骑者、中间可能为 1 马（图 4 – 260）。

图 4 – 260　人物、动物岩画 XMSZB – 140

XMSZB – 141：地理坐标为北纬 44°30′52.48″，东经 111°32′36.08″。岩面朝西北，尺寸为 88cm×70cm。凿刻，粗线条形态，刻痕为褐色。调查确认 1 个单体图像，1 不可识别动物（图 4 – 261）。

XMSZB – 142：地理坐标为北纬 44°30′52.47″，东经 111°32′35.95″。

岩面朝上，尺寸为 54cm×17cm。凿刻，线条造型，刻痕为褐色。调查确认 1 个单体图像，1 羊（图 4-262）。

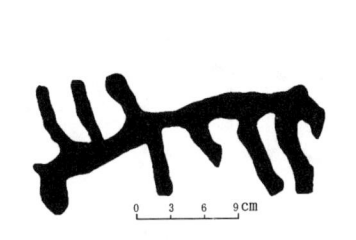

图 4-261　动物岩画 XMSZB-141 　　　图 4-262　动物岩画 XMSZB-142

XMSZB-143：地理坐标为北纬 44°30′52.47″，东经 111°32′35.94″。岩面朝上，尺寸为 57cm×80cm。凿刻，线条造型，下方动物为剪影形式造型，刻痕为灰色。调查确认 3 个单体图像，1 马、1 牛、1 不可识别动物（图 4-263）。

XMSZB-144：地理坐标为北纬 44°30′52.51″，东经 111°32′35.97″。岩面朝西北，尺寸为 150cm×103cm。凿刻，粗线条形态，刻痕为灰褐色。调查确认 1 个单体图像，1 骑者（图 4-264）。

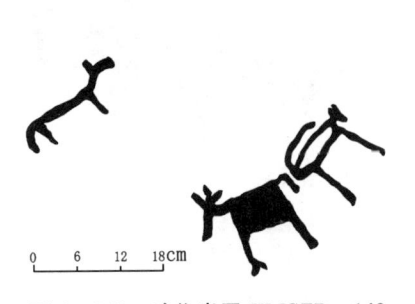

图 4-263　动物岩画 XMSZB-143 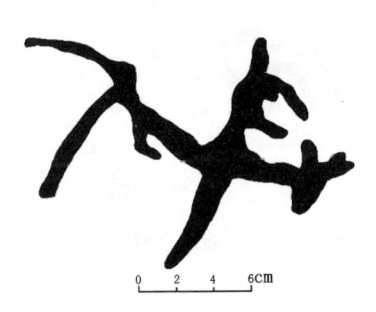　　　4-264　骑者岩画 XMSZB-144

XMSZB-145：地理坐标为北纬 44°30′52.50″，东经 111°32′36.13″。岩面朝上，尺寸为 55cm×28cm。凿刻，线条造型，刻痕为褐色。调查确认 1 个单体图像，1 羊（图 4-265）。

XMSZB-146：地理坐标为北纬 44°30′52.48″，东经 111°32′36.08″。岩面朝上，尺寸为 90cm×58cm。凿刻，线条造型，刻痕为褐色。调查确认 5 个单体图像，2 马、3 不可识别动物（图 4-266）。

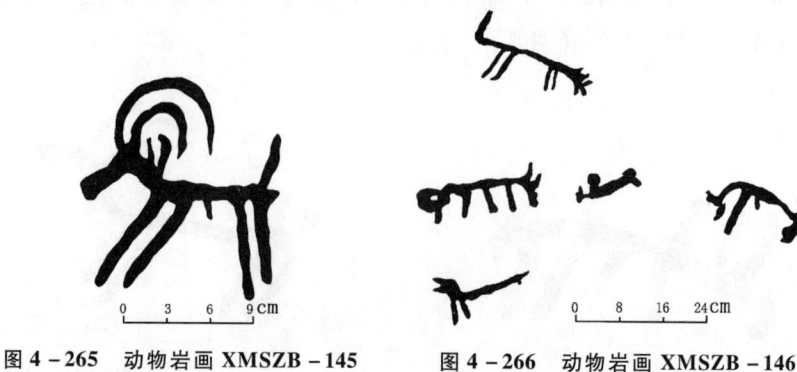

图 4 – 265　动物岩画 XMSZB – 145　　　图 4 – 266　动物岩画 XMSZB – 146

XMSZB – 147：地理坐标为北纬 44°30′52.46″，东经 111°32′36.09″。岩面朝西北，尺寸为 50cm × 36cm。凿刻，粗线条形态，刻痕为褐色。调查确认 1 个单体图像，可能为 1 狗（图 4 – 267）。

XMSZB – 148：地理坐标为北纬 44°30′52.08″，东经 111°32′36.34″。岩面朝南，尺寸为 98cm × 66cm。凿刻，剪影式造型，刻痕灰褐色。调查确认 1 个单体图像，为 1 不可识别动物（图 4 – 268）。

图 4 – 267　动物岩画 XMSZB – 147　　　图 4 – 268　动物岩画 XMSZB – 148

XMSZB – 149：地理坐标为北纬 44°30′52.57″，东经 111°32′36.58″。岩面朝东南，尺寸为 30cm × 50cm。凿刻，粗线条形态，刻痕为褐色。图像模糊，无法识别绘图。

XMSZB – 150：地理坐标为北纬 44°30′52.48″，东经 111°32′36.57″。岩面朝东南，尺寸为 40cm × 43cm。凿刻，线条造型，刻痕为褐色。调查确认 1 个单体图像，1 羊（图 4 – 269）。

XMSZB – 151：地理坐标为北纬 44°30′54.55″，东经 111°32′38.45″。岩面朝东南，尺寸为 60cm × 42cm。凿刻，线条造型，刻痕为褐色。调查确认2个单体图像，为2不可识别动物（图4－270）。

XMSZB－152：地理坐标为北纬44°30′54.52″，东经111°32′38.42″。岩面朝东南，尺寸为47cm×23cm。凿刻，粗线条形态，刻痕为褐色。调查确认3个单体图像，可能是3羊（图4－271）。

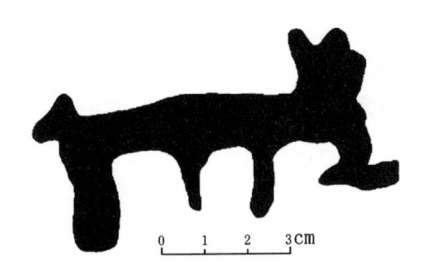

图4－269 动物岩画 XMSZB－150

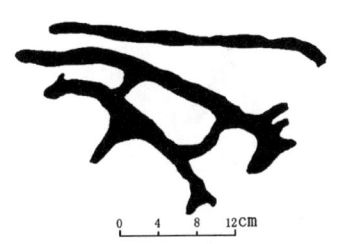

图4－270 动物岩画 XMSZB－151　　图4－271 动物岩画 XMSZB－152

XMSZB－153：地理坐标为北纬44°30′55.11″，东经111°32′40.68″。岩面朝北，尺寸为110cm×106cm。凿刻，粗线条形态，刻痕为灰色。调查确认2个单体图像，1羊、1猛兽（图4－272）。

XMSZB－154：地理坐标为北纬44°30′55.38″，东经111°32′40.01″。岩面朝南，尺寸为83cm×56cm。凿刻，刻痕为褐色。调查确认1个单体图像，为一凿点密集的不可识别图像（图4－273）。

XMSZB－155：地理坐标为北纬44°30′54.91″，东经111°32′44.29″。岩面朝西，尺寸为528cm×42cm。凿刻，线条造型，刻痕为灰色。调查确认1个单体图像，1马（图4－274）。

XMSZB－156：地理坐标为北纬44°30′58.58″，东经111°32′41.59″。岩面朝北，尺寸为72cm×98cm。凿刻，线条造型，刻痕为灰色。调查确认3个单体图像，3马（图4－275）。

XMSZB-157：地理坐标为北纬 44°30′58.60″，东经 111°32′41.48″。岩面朝北，尺寸为 122cm×81cm。凿刻，线条造型，刻痕为灰色。调查确认 2 个单体图像，可能是 2 羊（图 4-276）。

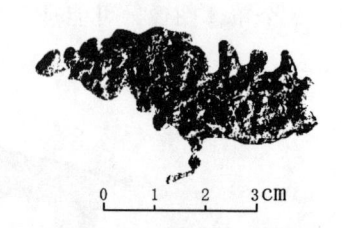

图 4-273　一不可识别岩画 XMSZB-154

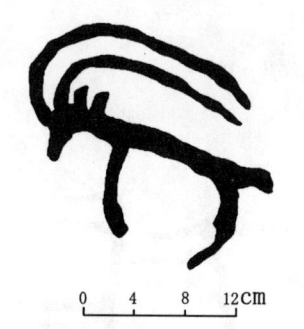

图 4-272　动物岩画 XMSZB-153

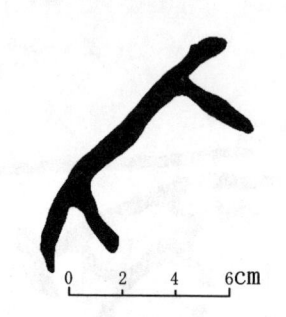

图 4-274　动物岩画 XMSZB-155

图 4-275　动物岩画 XMSZB-156

图 4-276　动物岩画 XMSZB-157

XMSZB-158：地理坐标为北纬 44°31′00.88″，东经 111°32′42.70″。岩面朝北，尺寸为 143cm×69cm。凿刻，线条造型，刻痕为灰色。调查确认 8 个单体图像，1 人物形象，2 圆可能代表车轮，2 平行线，1 鹿，2 马（图 4-277）。

XMSZB-159：地理坐标为北纬 44°31′01.17″，东经 111°32′43.64″。岩面朝北，尺寸为 174cm×60cm。凿刻，粗线条形态，刻痕为灰色。调查确认 2 个单体图像，可能是 2 狗（图 4-278）。

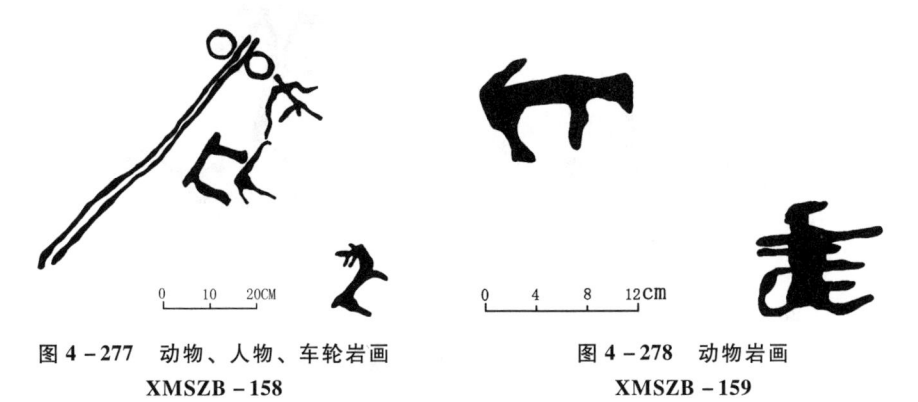

图 4-277　动物、人物、车轮岩画
XMSZB-158

图 4-278　动物岩画
XMSZB-159

XMSZB-160：地理坐标为北纬 44°31′01.38″，东经 111°32′43.96″。岩面朝东，尺寸为 82cm×49cm。凿刻，粗线条形态，刻痕为黄褐色。调查确认 2 个单体图像，2 羊（图 4-279）。

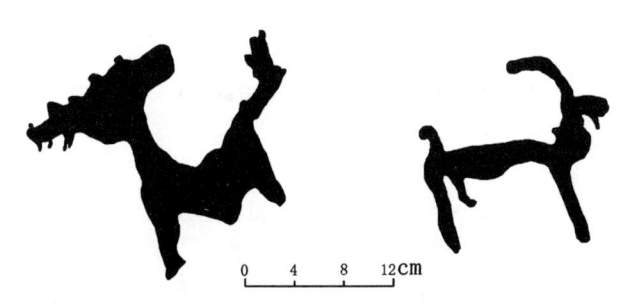

图 4-279　动物岩画 XMSZB-160

XMSZB-161：地理坐标为北纬 44°31′01.08″，东经 111°32′35.64″。岩面朝南，尺寸为 70cm×40cm。凿刻，线条造型，刻痕为灰色。调查确认 4 个单体图像，4 马（图 4-280）。

XMSZB-162：地理坐标为北纬 44°31′01.10″，东经 111°32′35.65″。岩面朝东南，尺寸为 66cm×60cm。凿刻，线条造型，刻痕为褐色。调查确认 3 个单体图像，2 马、1 车辆（图 4-281）。

XMSZB-163：地理坐标为北纬 44°31′01.51″，东经 111°32′34.82″。岩面朝南，尺寸为 145cm×60cm。凿刻，线条造型，刻痕为褐色。调查确认 11 个单体图像，可识别出 1 人物形象、2 羊、1 马、1 圆圈、2 平行线、4 不可识别动物（图 4-282）。

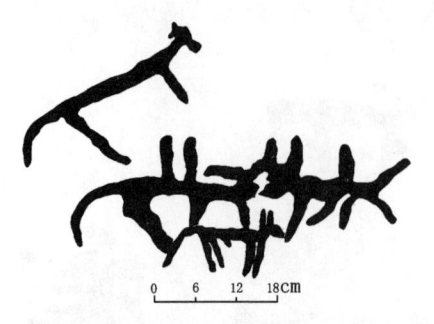

图 4-280 动物岩画 XMSZB-161 　　图 4-281 动物、车辆岩画 XMSZB-162

4-282 动物、人物、道路岩画 XMSZB-163

XMSZB-164：地理坐标为北纬 44°31′01.56″，东经 111°32′34.85″。岩面朝南，尺寸为 70cm×39cm。凿刻，粗线条形态，刻痕为褐色。调查确认 3 个单体图像，2 马、1 羊（图 4-283）。

XMSZB-165：地理坐标为北纬 44°31′01.64″，东经 111°32′34.85″。岩面朝南，尺寸为 43cm×18cm。凿刻，粗线条形态，刻痕为灰色。调查确认 1 个单体图像，1 马（图 4-284）。

图 4-283 动物岩画 XMSZB-164 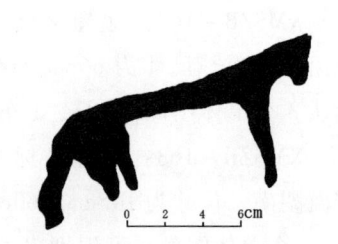　　图 4-284 动物岩画 XMSZB-165

XMSZB-166：地理坐标为北纬 44°31′12.45″，东经 111°32′35.51″。岩面朝上，尺寸为 100cm×35cm。凿刻，粗线条形态，刻痕为黄褐色。调查确认 4 个单体图像，1 圆点、3 不可识别符号，也可能是未完成或者已经残破的图像（图 4-285）。

XMSZB-167：地理坐标为北纬 44°31′02.57″，东经 111°32′35.56″。岩面朝上，尺寸为 60cm×70cm。凿刻，剪影式造型，刻痕为灰褐色。调查确认 6 个单体图像，5 羊、1 牛（图 4-286）。

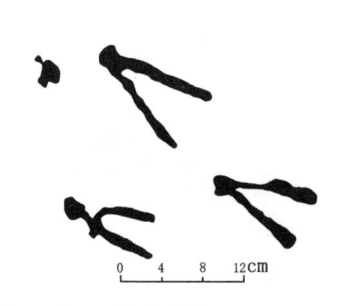

图 4-285　符号岩画 XMSZB-166 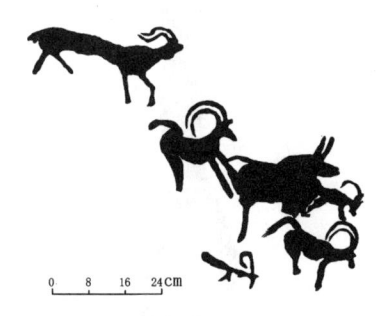　　　图 4-286　动物岩画 XMSZB-167

XMSZB-168：地理坐标为北纬 44°31′62.54″，东经 111°32′35.53″。岩面朝东南，尺寸为 110cm×70cm。凿刻，粗线条形态，部分为剪影式造型，刻痕褐色。调查确认 18 个单体图像，7 羊、4 马、3 牛、1 人物形象、4 不可识别动物。可能要表现放牧的场景（图 4-287）。

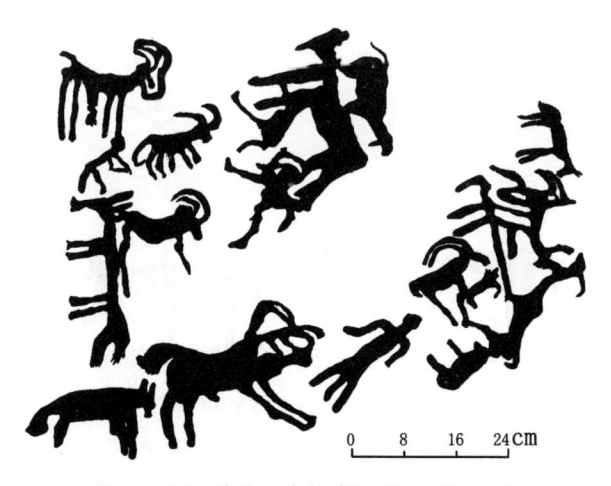

图 4-287　动物、人物岩画 XMSZB-168

XMSZB－169：地理坐标为北纬 44°31′02.94″，东经 111°32′35.47″。岩面朝东，尺寸为 55cm×25cm。凿刻，粗线条形态，刻痕为灰褐色。调查确认 1 个单体图像，1 人（图 4－288）。

XMSZB－170：地理坐标为北纬 44°31′03.33″，东经 111°32′34.27″。岩面朝上，尺寸为 40cm×65cm。凿刻，粗线条形态，刻痕为灰色。调查确认 1 个单体图像，可能为 1 个骑者的形象（图 4－289）。

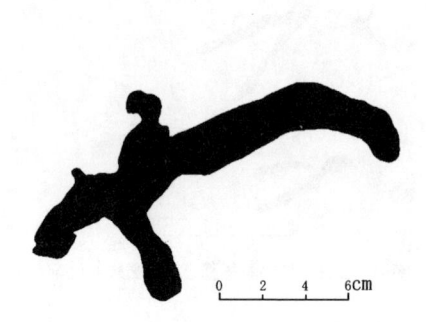

图 4－288　人物岩画 XMSZB－169　　图 4－289　骑者岩画 XMSZB－170

XMSZB－171：地理坐标为北纬 44°31′08.08″，东经 111°32′33.37″。岩面朝上，尺寸为 102cm×56cm。凿刻，粗线条形态，刻痕为黑褐色。调查确认 5 个单体图像，4 马、1 不可识别动物（图 4－290）。

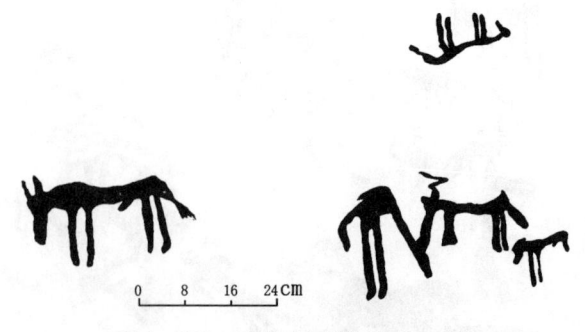

图 4－290　动物岩画 XMSZB－171

XMSZB－172：地理坐标为北纬 44°31′08.14″，东经 111°32′33.22″。岩面朝上，尺寸为 60cm×70cm。凿刻，粗线条形态，刻痕为褐色。调查确认 2 个单体图像，1 羊、1 人物（图 4-291）。

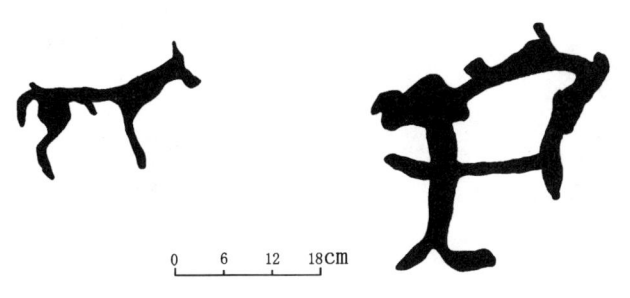

图 4-291 动物、人物岩画 XMSZB-172

XMSZB-173：地理坐标为北纬 44°31′08.55″，东经 111°32′33.48″。岩面朝北，尺寸为 50cm×42cm。凿刻，粗线条形态，刻痕为灰色。调查确认 1 个单体图像，1 人（图 4-292）。

XMSZB-174：地理坐标为北纬 44°31′09.36″，东经 111°32′33.73″。岩面朝北，尺寸为 60cm×40cm。凿刻，粗线条形态，刻痕为灰色。调查确认 1 个单体图像，1 人（图 4-293）。

图 4-292 人物岩画 XMSZB-173　　图 4-293 人物岩画 XMSZB-174

XMSZB-175：地理坐标为北纬 44°31′09.33″，东经 111°32′33.72″。岩面朝北，尺寸为 53cm×70cm。凿刻，粗线条形态，刻痕为灰色。调查确认 1 个单体图像，1 马（图 4-294）。

XMSZB-176：地理坐标为北纬 44°31′09.33″，东经 111°32′33.77″。岩面朝东，尺寸为 40cm×24cm。凿刻，粗线条形态，刻痕为灰色。调查确认 3 个单体图像，可能是 3 羊（图 4-295）。

图 4-294　人物岩画 XMSZB-175

图 4-295　动物岩画 XMSZB-176

　　XMSZB-177：地理坐标为北纬 44°31′07.99″，东经 111°32′33.45″。岩面朝上，尺寸为 140cm×57cm。凿刻，粗线条形态，刻痕为灰褐色。调查确认 4 个单体图像，1 马、1 网格状图案、左侧可能是 2 动物（图 4-296）。

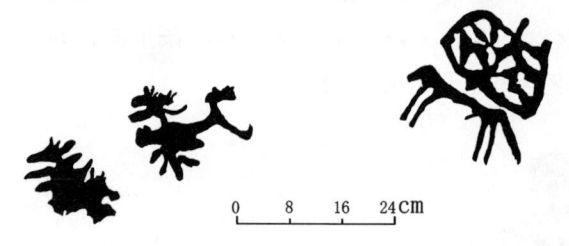

图 4-296　动物岩画 XMSZB-177

　　XMSZB-178：地理坐标为北纬 44°31′07.90″，东经 111°32′39.38″。岩面朝西，尺寸为 50cm×24cm。凿刻，粗线条形态，刻痕为黄色。调查确认 1 个单体图像，可能是 1 羊（图 4-297）。

　　XMSZB-179：地理坐标为北纬 44°31′07.45″，东经 111°32′38.82″。岩面朝西，尺寸为 67cm×24cm。凿刻，粗线条形态，刻痕为黄色。调查确认 1 个单体图像，1 骑者（图 4-298）。

　　XMSZB-180：地理坐标为北纬 44°31′10.44″，东经 111°32′41.60″。岩面朝上，尺寸为 30cm×26cm。凿刻，粗线条形态，刻痕为褐色。调查确认 1 个 单体图像，1 人（图 4-299）。

　　XMSZB-181：地理坐标为北纬 44°31′10.95″，东经 111°32′40.87″。岩面朝上，尺寸为 50cm×70cm。凿刻，粗线条形态，刻痕为褐色。调查确认 1 个 单体图像，1 羊（图 4-300）。

第 4 章　苏尼特左旗岩画分布地点和内容　253

图 4 – 297　动物岩画 XMSZB – 178 　　　图 4 – 298　人物岩画 XMSZB – 179

图 4 – 299　人物岩画 XMSZB – 180 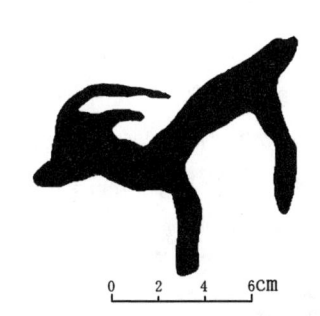　　　图 4 – 300　动物岩画 XMSZB – 181

XMSZB – 182：地理坐标为北纬 44°31′11.92″，东经 111°32′40.89″。岩面朝上，尺寸为 39cm × 50cm。凿刻，粗线条形态，刻痕为褐色。调查确认 2 个单体图像，可能是 2 动物形象（图 4 – 301）。

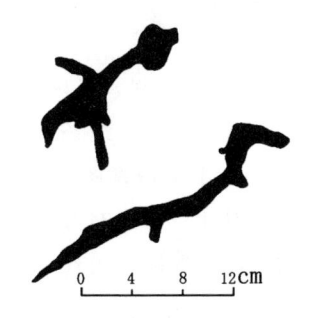

图 4 – 301　动物岩画 XMSZB – 182

XMSZB－183：地理坐标为北纬44°31′12.40″，东经111°32′40.31″。岩面朝上，尺寸为65cm×40cm。凿刻，线条造型，刻痕为灰色。调查确认3个单体图像，3马（图4－302）。

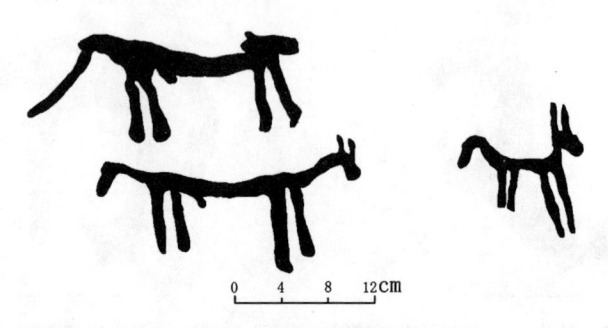

图4－302　动物岩画 XMSZB－183

XMSZB－184：地理坐标为北纬44°31′13.67″，东经111°32′43.69″。岩面朝西，尺寸为85cm×29cm。凿刻，线条造型，刻痕为褐色。调查确认3个单体图像，3人（图4－303）。

XMSZB－185：地理坐标为北纬44°31′14.18″，东经111°32′48.15″。岩面朝北，尺寸为59cm×43cm。凿刻，粗线条形态，刻痕为灰色。调查确认3个单体图像，1羊、2不可识别动物（图4－304）。

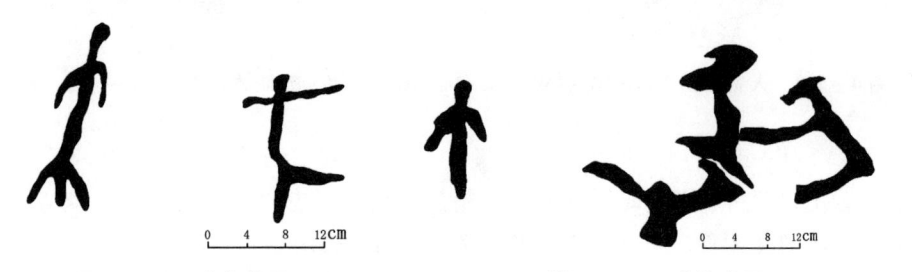

图4－303　人物岩画 XMSZB－184　　　　图4－304　动物岩画 XMSZB－185

XMSZB－186：地理坐标为北纬44°31′14.28″，东经111°32′38.21″。岩面朝北，尺寸为78cm×82cm。凿刻，线条造型，刻痕为灰色。调查确认6个单体图像，4羊、1马、1不可识别图案（图4－305）。

XMSZB－187：地理坐标为北纬44°31′14.25″，东经111°32′48.20″。岩面朝西，尺寸为57cm×79cm。凿刻，粗线条形态，刻痕为灰色。调查确认1个单体图像，1狗（图4－306）。

XMSZB－188：地理坐标为北纬44°31′14.18″，东经111°32′48.15″。

岩面朝北，尺寸为59cm×43cm。凿刻，粗线条形态，刻痕为灰色。调查确认3个单体图像，2羊、1马（图4-307）。

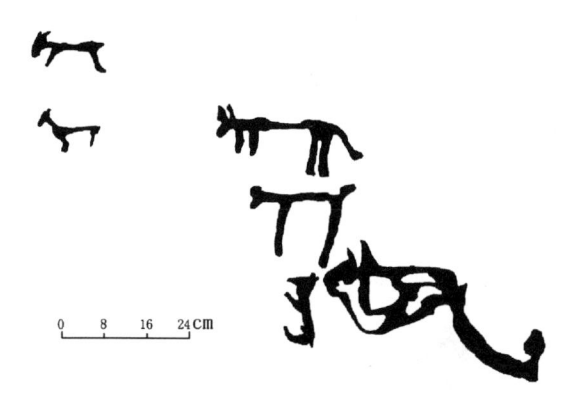

图4-305 动物岩画 XMSZB-186

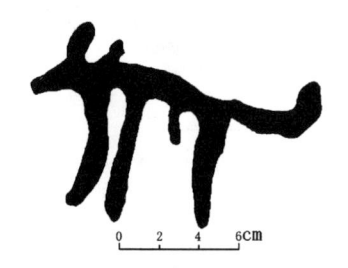

图4-306 动物岩画 XMSZB-187 　　图4-307 动物岩画 XMSZB-188

XMSZB-189：地理坐标为北纬44°31′14.80″，东经111°32′49.66″。岩面朝北，尺寸为50cm×30cm。凿刻，粗线条形态，刻痕为灰色。调查确认1个单体图像，1马（图4-308）。

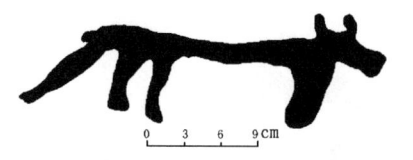

图4-308 动物岩画 XMSZB-189

XMSZB-190：地理坐标为北纬44°31′14.63″，东经111°32′49.37″。岩面朝南，尺寸为20cm×28cm。凿刻，线条造型，刻痕为灰色。调查确认1个单体图像，1马（图4-309）。

XMSZB-191：地理坐标为北纬 44°31′15.51″，东经 111°32′37.08″。岩面朝西，尺寸为 57cm×59cm。凿刻，粗线条形态，刻痕为灰色。调查确认 1 个单体图像，1 不可识别动物（图 4-310）。

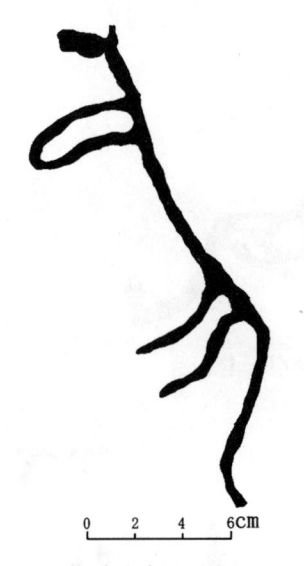

图 4-309　动物岩画 XMSZB-190 　　　图 4-310　动物岩画 XMSZB-191

XMSZB-192：地理坐标为北纬 44°31′19.27″，东经 111°32′35.46″。岩面朝西北，尺寸为 66cm×23cm。凿刻，粗线条形态，刻痕为灰褐色。调查确认 1 个单体图像，1 羊（图 4-311）。

XMSZB-193：地理坐标为北纬 44°31′19.32″，东经 111°32′35.49″。岩面朝东，尺寸为 97cm×54cm。凿刻，粗线条形态，刻痕为灰色。调查确认 1 个单体图像，1 羊（图 4-312）。

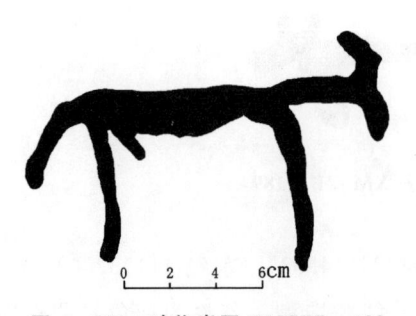

图 4-311　动物岩画 XMSZB-192 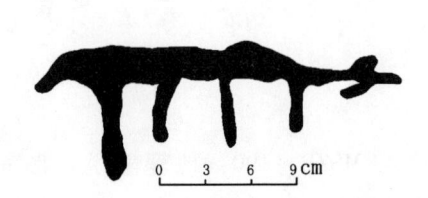　　　图 4-312　动物岩画 XMSZB-193

XMSZB-194：地理坐标为北纬 44°31′25.11″，东经 111°32′41.99″。岩面朝南，尺寸为 70cm×50cm。凿刻，线条造型，刻痕为灰色。调查确认 3 个单体图像，可能是 2 狗、1 马，右侧图像不可识别（图 4-313）。

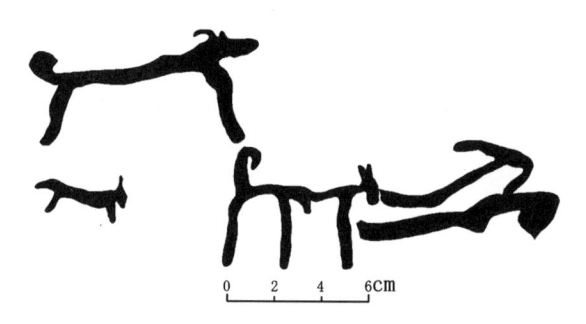

图 4-313 动物岩画 XMSZB-194

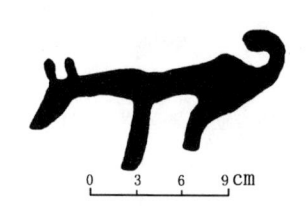

XMSZB-195：地理坐标为北纬 44°31′25.18″，东经 111°32′42.02″。岩面朝上，尺寸为 18cm×32cm。凿刻，线条造型，刻痕为灰色。调查确认 2 个单体图像，2 羊（图 4-314）。

XMSZB-196：地理坐标为北纬 44°31′26.22″，东经 111°32′42.59″。岩面朝上，尺寸为 37cm×22cm。凿刻，粗线条形态，刻痕为褐色。调查确认 1 个单体图像，1 狗（图 4-315）。

图 4-314 动物岩画 XMSZB-195　　图 4-315 动物岩画 XMSZB-196

XMSZB-197：地理坐标为北纬 44°31′26.46″，东经 111°32′42.80″。岩面朝南，尺寸为 62cm×33cm。凿刻，粗线条形态，刻痕为褐色。调查确认 2 个单体图像，1 狗、1 人物形象（图 4-316）。

XMSZB-198：地理坐标为北纬 44°31′26.47″，东经 111°32′42.85″。岩面朝南，尺寸为 17cm×39cm。凿刻，粗线条形态，刻痕为褐色。调查确认1个单体图像，1骑者（图4–317）。

图4–316 动物、人物岩画 XMSZB–197 　　图4–317 骑者岩画 XMSZB–198

XMSZB–199：地理坐标为北纬44°31′27.10″，东经111°32′42.93″。岩面朝上，尺寸为110cm×20cm。凿刻，粗线条形态，刻痕为褐色。调查确认1个单体图像，可能为1马（图4–318）。

XMSZB–200：地理坐标为北纬44°31′28.25″，东经111°32′33.85″。岩面朝西北，尺寸为45cm×40cm。凿刻，粗线条形态，刻痕为灰色。调查确认1个单体图像，1马（图4–319）。

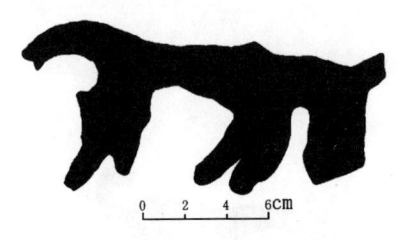

图4–318 动物岩画 XMSZB–199 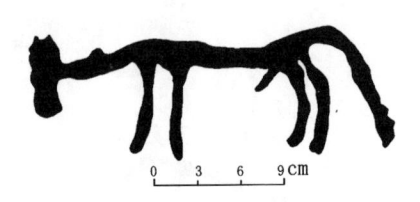　　图4–319 动物岩画 XMSZB–200

XMSZB–201：地理坐标为北纬44°31′28.21″，东经111°32′33.80″。岩面朝西北，尺寸为60cm×27cm。凿刻，粗线条形态，刻痕为灰色。调查确认4个单体图像，2马、2人（图4–320）。

XMSZB–202：地理坐标为北纬44°31′27.67″，东经111°32′33.62″。岩面朝西北，尺寸为50cm×57cm。凿刻，线条造型，刻痕为灰色。调查确认1个单体图像，1羊（图4–321）。

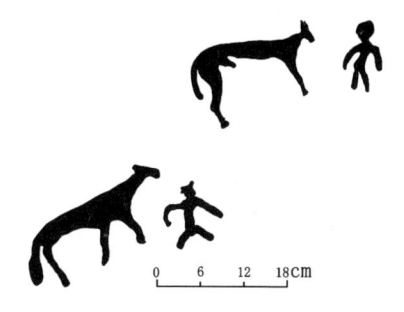

图 4-320 动物、人物岩画 XMSZB-201 　　图 4-321 动物岩画 XMSZB-202

XMSZB-202：地理坐标为北纬 44°31′26.67″，东经 111°32′31.58″。岩面朝西北，尺寸为 24cm×42cm。凿刻，粗线条形态，刻痕为灰色。调查确认 1 个单体图像，1 不可识别动物形象。岩面风化严重（图 4-322）。

XMSZB-204：地理坐标为北纬 44°31′25.23″，东经 111°32′31.20″。岩面朝南，尺寸为 47cm×22cm。凿刻，粗线条形态，刻痕褐色。调查确认 1 个单体图像，1 马（图 4-323）。

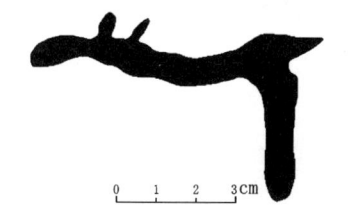

图 4-322 符号岩画 XMSZB-203 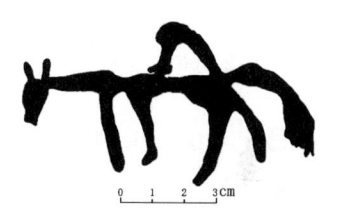　　图 4-323 动物岩画 XMSZB-204

XMSZB-205：地理坐标为北纬 44°31′25.26″，东经 111°32′31.09″。岩面朝西北，尺寸为 62cm×31cm。凿刻，粗线条形态，刻痕为灰色。调查确认 1 个单体图像，可能是 1 羊（图 4-324）。

XMSZB-206：地理坐标为北纬 44°31′23.74″，东经 111°32′30.59″。岩面朝东南，尺寸为 90cm×32cm。凿刻，线条造型，刻痕为褐色。调查确认 3 个单体图像，1 人、1 羊、1 不可识别动物（图 4-325）。

XMSZB-207：地理坐标为北纬 44°31′20.87″，东经 111°32′30.57″。岩面朝西北，尺寸为 110cm×53cm。凿刻，线条造型，刻痕为灰色。调查确认 1 个不可识别单体图像（图 4-326）。

XMSZB-208：地理坐标为北纬 44°31′20.94″，东经 111°32′30.74″。岩面

朝西北，尺寸为 95cm×60cm。凿刻，线条造型，刻痕为灰色。调查确认 7 个单体图像，4 马、1 人物、1 不可识别动物、1 不可识别图像（图 4-327）。

图 4-324 动物岩画 XMSZB-205

图 4-325 动物、人物岩画 XMSZB-206

图 4-326 一不可识别岩画 XMSZB-207

图 4-327 动物、人物岩画 XMSZB-208

XMSZB-209：地理坐标为北纬 44°31′20.42″，东经 111°32′31.30″。岩面朝西，尺寸为 38cm×23cm。凿刻，粗线条形态，刻痕为灰色。调查确认 1 个单体图像，1 符号（图 4-328）。

XMSZB-210：地理坐标为北纬 44°31′19.55″，东经 111°32′25.61″。岩面朝东，尺寸为 69cm×55cm。凿刻，粗线条形态，刻痕为褐色。调查确认 2 个单体图像，1 马、1 不可识别动物（图 4-329）。

图 4-328 符号岩画 XMSZB-209

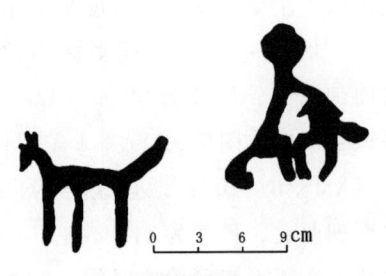

图 4-329 动物岩画 XMSZB-210

XMSZB-211：地理坐标为北纬44°31′11.80″，东经111°32′26.62″。岩面朝东，尺寸为103cm×54cm。凿刻，粗线条形态，刻痕为褐色。调查确认2个单体图像，2马（图4-330）。

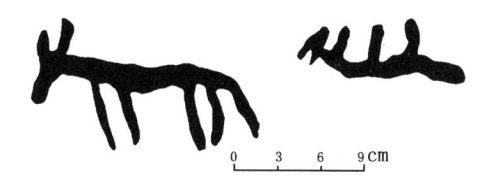

图4-330 动物岩画 XMSZB-211

XMSZB-212：地理坐标为北纬44°31′06.79″，东经111°32′27.01″。岩面朝上，尺寸为55cm×22cm。凿刻，粗线条形态，刻痕为浅灰色。调查确认2个单体图像，1人、1骆驼（图4-331）。

XMSZB-213：地理坐标为北纬44°31′06.79″，东经111°32′27.00″。岩面朝上，尺寸为57cm×30cm。凿刻，粗线条形态，刻痕为褐色。调查确认2个单体图像，2马（图4-332）。

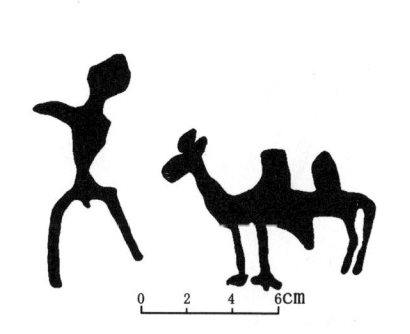

图4-331 动物、人物岩画 XMSZB-212　　图4-332 动物岩画 XMSZB-213

XMSZB-214：地理坐标为北纬44°31′08.32″，东经111°32′31.46″。岩面朝上，尺寸为67cm×58cm。凿刻，线条造型，刻痕为黑褐色。调查确认4个单体图像，2羊、1人物、1不可识别动物（图4-333）。

XMSZB-215：地理坐标为北纬44°30′57.48″，东经111°32′32.05″。岩面朝上，尺寸为70cm×95cm。凿刻，线条造型，刻痕为灰色。调查确认3个单体图像，2人、1不可识别动物（图4-334）。

图 4 - 333　动物、人物岩画 XMSZB - 214　　图 4 - 334　动物、人物岩画 XMSZB - 215

　　XMSZB - 216：地理坐标为北纬 44°30′57.30″，东经 111°32′32.09″。岩面朝上，尺寸为 16cm×23cm。凿刻，粗线条形态，刻痕为浅褐色。调查确认 1 个单体图像，1 羊（图 4 - 335）。

图 4 - 335　动物岩画 XMSZB - 216

　　XMSZB - 217：地理坐标为北纬 44°30′57.34″，东经 111°32′32.34″。岩面朝南，尺寸为 142cm×102cm。凿刻，线条造型，刻痕为浅褐色。调查确认 15 个单体图像，7 马、3 羊、3 人、2 不可识别动物（图 4 - 336）。

　　XMSZB - 218：地理坐标为北纬 44°30′57.23″，东经 111°32′32.27″。岩面朝南，尺寸为 60cm×28cm。凿刻，粗线条形态，刻痕为褐色，图像模糊不清。调查确认 4 个单体图像，左侧可能为 1 马，右侧图像不可识别，其余可能为 2 羊（图 4 - 337）。

　　XMSZB - 219：地理坐标为北纬 44°30′57.47″，东经 111°32′32.37″。岩面

朝南，尺寸为50cm×25cm。凿刻，粗线条形态，刻痕为土黄色。调查确认3个单体图像，1羊，2可识别动物（图4-338）。

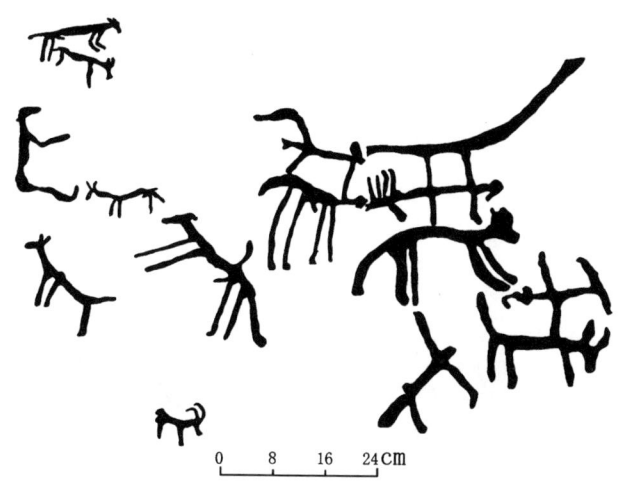

图4-336 动物、人物岩画 XMSZB-217

图4-337 动物岩画 XMSZB-218

图4-338 动物岩画 XMSZB-219

XMSZB-220：地理坐标为北纬44°30′57.48″，东经111°32′32.34″。岩面朝南，尺寸为31cm×34cm。凿刻，粗线条形态，刻痕为褐色和土黄色。调查确认2个单体图像，1马，1符号（图4-339）。

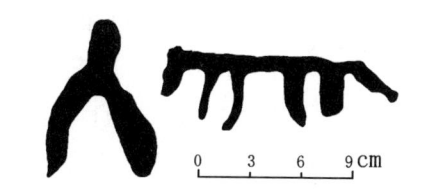

图4-339 动物、符号岩画 XMSZB-220

XMSZB-221：地理坐标为北纬44°30′57.54″，东经111°32′32.05″。

岩面朝东，尺寸为 80cm×75cm。凿刻，线条造型，刻痕为灰色。调查确认 4 个单体图像，1 人、2 平行线、1 不可识别图像（图 4-340）。

XMSZB-222：地理坐标为北纬 44°30′57.55″，东经 111°32′32.04″。岩面朝北，尺寸为 53cm×65cm。凿刻，线条造型，刻痕为灰色。调查确认 4 个单体图像，4 马（图 4-341）。

XMSZB-223：地理坐标为北纬 44°30′51.52″，东经 111°32′32.03″。岩面朝北，尺寸为 48cm×40cm。凿刻，线条造型，刻痕为灰色。调查确认 1 个单体图像，1 马（图 4-342）。

图 4-341　动物岩画 XMSZB-222

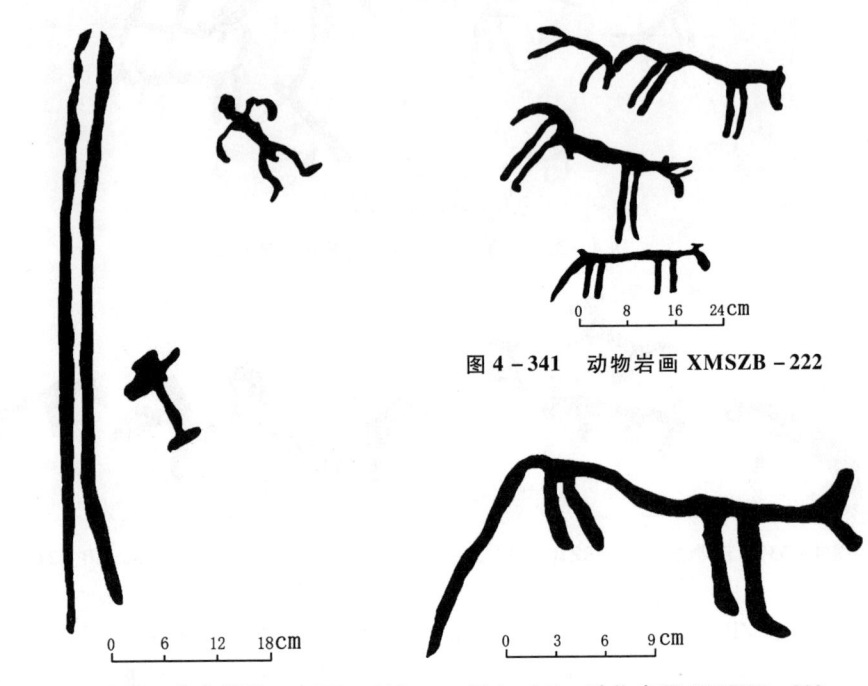

图 4-340　人物、道路岩画 XMSZB-221

图 4-342　动物岩画 XMSZB-223

XMSZB-224：地理坐标为北纬 44°30′57.15″，东经 111°32′32.32″。岩面朝北，尺寸为 130cm×74cm。凿刻，线条造型，刻痕为土黄色、褐色。调查确认 3 个单体图像，1 人物形象，中间可能为 1 狼，右侧为 1 羊（图 4-343）。

XMSZB-225：地理坐标为北纬 44°30′56.68″，东经 111°32′32.07″。岩面朝南，尺寸为 71cm×104cm。划刻，剪影式造型，刻痕为褐色。调查确认 1 个单体图像，1 马（图 4-344）。

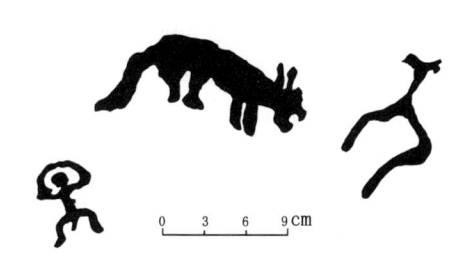

图 4-343 动物、人物岩画 XMSZB-224 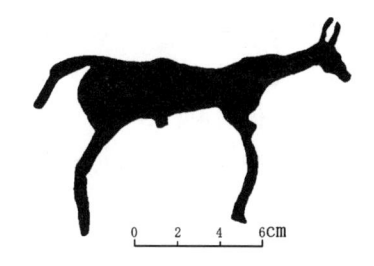　　图 4-344 动物岩画 XMSZB-225

XMSZB-226：地理坐标为北纬 44°30′56.59″，东经 111°32′32.51″。岩面朝西南，尺寸为 100cm×46cm。凿刻，粗线条形态，刻痕为灰褐色。调查确认 2 个单体图像，1 马、1 不可识别图像（图 4-345）。

XMSZB-227：地理坐标为北纬 44°30′56.92″，东经 111°32′32.08″。岩面朝北，尺寸为 95cm×42cm。凿刻，粗线条形态，刻痕为褐色。调查确认 2 个单体图像，1 马、1 不可识别图像（图 4-346）。

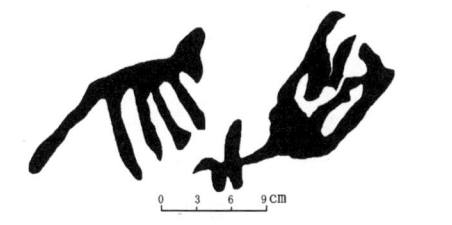

图 4-345 动物岩画 XMSZB-226 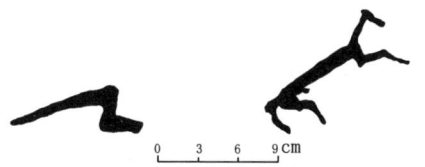　　图 4-346 动物岩画 XMSZB-227

XMSZB-228：地理坐标为北纬 44°30′57.28″，东经 111°32′32.88″。岩面朝南，尺寸为 70cm×85cm。凿刻，线条造型，刻痕为褐色。调查确认 3 个单体图像，2 羊、1 人（图 4-347）。

图 4-347 动物、人物岩画 XMSZB-228

XMSZB-229：地理坐标为北纬 44°30′59.07″，东经 111°32′31.97″。岩面朝北，尺寸为 74cm×32cm。凿刻，线条造型，刻痕为灰色。调查确认 3 个单体图像，2 马、1 不可识别动物（图 4-348）。

XMSZB-230：地理坐标为北纬 44°30′58.81″，东经 111°32′31.87″。岩面朝西，尺寸为 23cm×50cm。凿刻，线条造型，刻痕为褐色。调查确认 2 个单体图像，2 马（图 4-349）。

图 4-348　动物岩画 XMSZB-229　　图 4-349　动物岩画 XMSZB-230

XMSZB-231：地理坐标为北纬 44°30′57.40″，东经 111°32′32.40″。岩面朝西，尺寸为 59cm×87cm。凿刻，粗线条形态，刻痕为灰褐色。调查确认 1 个单体图像，可能是 1 羊（图 4-350）。

XMSZB-232：地理坐标为北纬 44°30′51.60″，东经 111°32′34.67″。岩面朝西南，尺寸为 75cm×31cm。凿刻，线条造型，刻痕为黄褐色。调查确认 1 个单体图像，1 符号，2 圆相连接，岩面分化严重（图 4-351）。

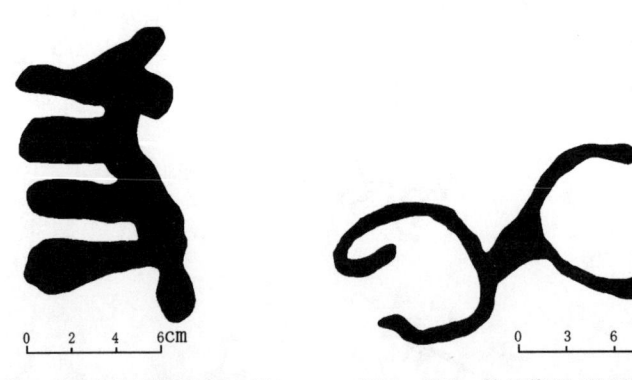

图 4-350　动物岩画 XMSZB-231　　图 4-351　符号岩画 XMSZB-232

XMSZB-233：地理坐标为北纬 44°30′51.41″，东经 111°32′34.42″。岩面朝西，尺寸为 57cm×18cm。凿刻，线条造型，刻痕为灰色。调查确认 1 个单体图像，可能为 1 蛇（图 4-352）。

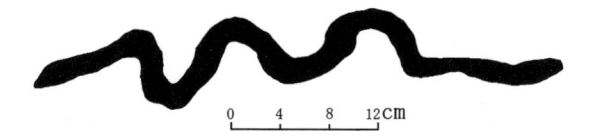

图 4-352 动物岩画 XMSZB-233

XMSZB-234：地理坐标为北纬 44°30′50.55″，东经 111°32′34.22″。岩面朝西，尺寸为 60cm×68cm。线条造型，刻痕为褐色。调查确认 2 个单体图像，1 羊、1 马。羊为凿刻技法。马是划刻而成的（图 4-353）。

XMSZB-235：地理坐标为北纬 44°30′50.72″，东经 111°32′34.32″。岩面朝上，尺寸为 37cm×27cm。凿刻，线条造型，刻痕为褐色。调查确认 2 个单体图像，2 羊（图 4-354）。

图 4-353 动物岩画 XMSZB-234　　图 4-354 动物岩画 XMSZB-235

XMSZB-236：地理坐标为北纬 44°30′50.67″，东经 111°32′34.41″。岩面朝西，尺寸为 22cm×43cm。凿刻，线条造型，刻痕为灰褐色。调查确认 1 个单体图像，1 羊（图 4-355）。

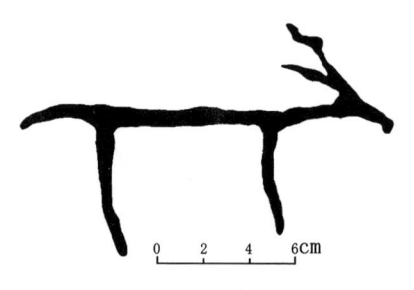

图 4-355 动物岩画 XMSZB-236

XMSZB－237：地理坐标为北纬 44°30′51.18″，东经 111°32′36.58″。岩面朝上，尺寸为 53cm×34cm。凿刻，线条造型，刻痕为褐色。调查确认 2 个单体图像，可能是 2 羊（图 4－356）。

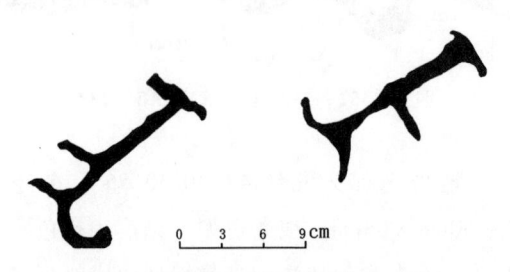

图 4－356　动物岩画 XMSZB－237

XMSZB－238：地理坐标为北纬 44°30′79.44″，东经 111°32′36.31″。岩面朝北，尺寸为 70cm×58cm。凿刻，线条造型，刻痕为灰色。调查确认 2 个单体图像，1 人、1 马，可能是人牵马形象（图 4－357）。

XMSZB－239：地理坐标为北纬 44°30′49.34″，东经 111°32′36.37″。岩面朝上，尺寸为 51cm×45cm。凿刻，线条造型，刻痕为灰色。调查确认 1 个单体图像，可能为 1 符号，呈"Y"字形（图 4－358）。

图 4－357　人物、动物岩画 XMSZB－238　　图 4－358　符号岩画 XMSZB－239

XMSZB－240：地理坐标为北纬 44°30′49.34″，东经 111°32′35.96″。岩面朝上，尺寸为 44cm×32cm。凿刻，粗线条形态，刻痕为灰色。调查确认 2 个单体图像，1 人、1 马，人牵马形象（图 4－359）。

XMSZB－241：地理坐标为北纬 44°30′48.53″，东经 111°32′36.28″。岩面朝西南，尺寸为 37cm×28cm。凿刻，粗线条形态，刻痕为灰褐色。调查确认 1 个单体图像，1 狗（图 4－360）。

图 4-359 动物、人物岩画 XMSZB-240 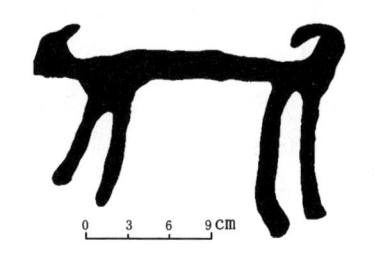　　图 4-360 动物岩画 XMSZB-241

　　XMSZB-242：地理坐标为北纬 44°30′48.59″，东经 111°32′36.30″。岩面朝南，尺寸为 142cm×138cm。凿刻，线条形态，刻痕为黄色、褐色。调查确认 12 个单体图像，4 羊、6 人、2 不可识别动物。岩面左上方可能是一个巫师的形象，头部有饰物（图 4-361）。

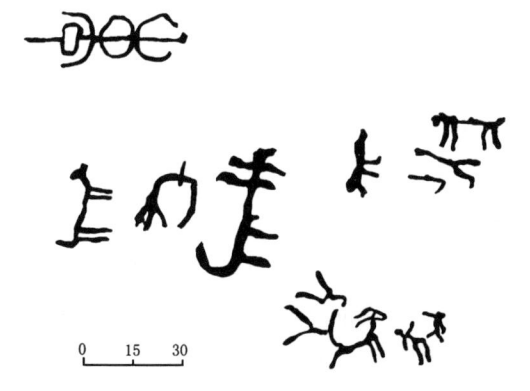

图 4-361 动物、人物岩画 XMSZB-242

　　XMSZB-243：地理坐标为北纬 44°30′48.66″，东经 111°32′36.36″。岩面朝上，尺寸为 80cm×17cm。凿刻，粗线条形态，刻痕为褐色、土黄色。调查确认 2 个单体图像，1 马、1 不可识别动物（图 4-362）。

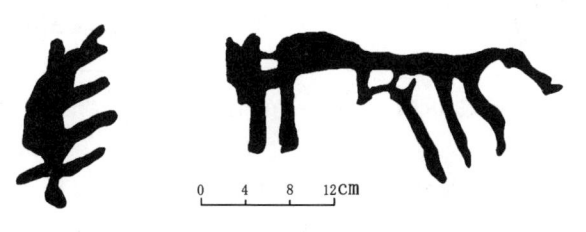

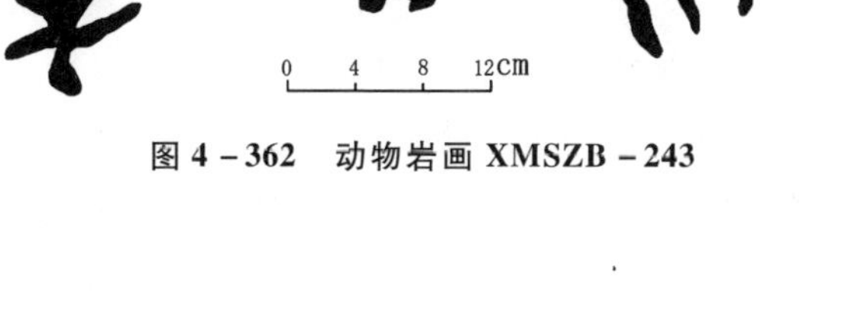

图 4-362 动物岩画 XMSZB-243

XMSZB - 244：地理坐标为北纬44°30′48.64″，东经111°32′36.16″。岩面朝北，尺寸为55cm×55cm。凿刻，粗线条形态，刻痕为灰色。调查确认1个单体图像，可能是1狗（图4-363）。

XMSZB - 245：地理坐标为北纬44°30′48.62″，东经111°32′36.23″。岩面朝北，尺寸为50cm×45cm。凿刻，线条造型，刻痕为灰色。调查确认2个单体图像，2羊（图4-364）。

图4-363 动物岩画 XMSZB-244 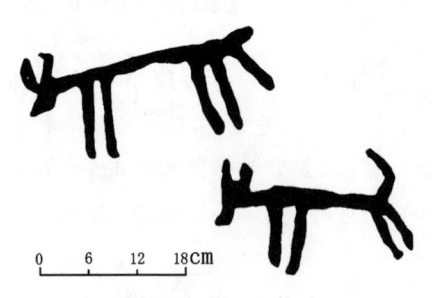　　图4-364 动物岩画 XMSZB-245

XMSZB - 245：地理坐标为北纬44°30′48.64″，东经111°32′36.13″。岩面朝上，尺寸为75cm×30cm。凿刻，粗线条形态，刻痕为褐色。调查确认1个单体图像，1马（图4-365）。

XMSZB - 247：地理坐标为北纬44°30′48.83″，东经111°32′35.94″。岩面朝北，尺寸为104cm×40cm。凿刻，线条造型，刻痕为褐色。调查确认1个单体图像，1羊（图4-366）。

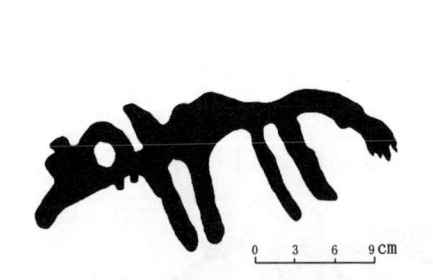

图4-365 动物岩画 XMSZB-246 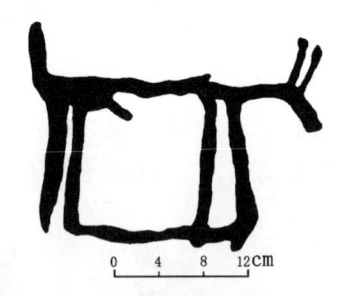　　图4-366 动物岩画 XMSZB-247

XMSZB - 248：地理坐标为北纬44°30′49.45″，东经111°32′35.39″。岩面朝北，尺寸为78cm×84cm。岩面为灰色，岩画均凿刻而成，表现为粗线条形态，刻痕为灰色。调查确认16个单体图像，9人、2马、3羊、2

不可识别图像。右侧人物和动物形象有叠压，中间的 2 人物为交媾图（图 4-367）。

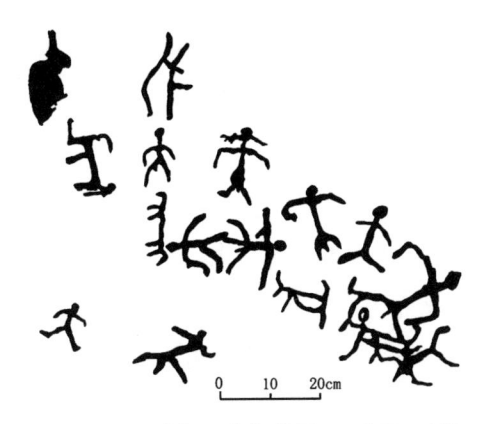

图 4-367 动物、人物岩画 XMSZB-248

XMSZB-249：地理坐标为北纬 44°30′49.38″，东经 111°32′35.36″。岩面朝西，尺寸为 54cm×60cm。凿刻，线条形态，刻痕为浅灰色。调查确认 2 个单体图像，可能是 2 羊（图 4-368）。

XMSZB-250：地理坐标为北纬 44°30′49.42″，东经 111°32′35.33″。岩面朝北，尺寸为 68cm×57cm。凿刻，线条形态，刻痕为灰色。调查确认 5 个单体图像，2 马、1 人、2 平行线（图 4-369）。

图 4-368 动物岩画 XMSZB-249　　图 4-369 动物、人物岩画 XMSZB-250

XMSZB-251：地理坐标为北纬 44°30′49.43″，东经 111°32′35.30″。

岩面朝西，尺寸为 71cm×70cm。凿刻，线条造型，刻痕为褐色。调查确认 7 个单体图像，3 马、1 人、3 组线条（图 4 – 370）。

图 4 – 370　动物、人物、几何形岩画 XMSZB – 251

XMSZB – 252：地理坐标为北纬 44°30′49.50″，东经 111°32′35.32″。岩面朝上，尺寸为 54cm×50cm。凿刻，线条造型，刻痕为褐色。调查确认 2 个单体图像，1 马、1 线条（图 4 – 371）。

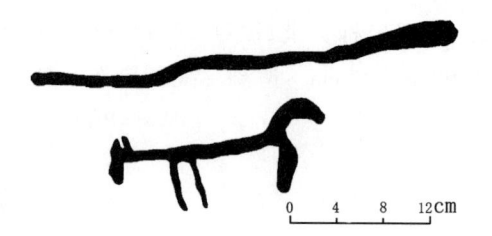

图 4 – 371　动物、几何形岩画 XMSZB – 252

XMSZB – 253：地理坐标为北纬 44°30′49.46″，东经 111°32′35.56″。岩面朝北，尺寸为 80cm×19cm。凿刻，粗线条形态，刻痕为灰色。调查确认 1 个单体图像，1 不可识别动物（图 4 – 372）。

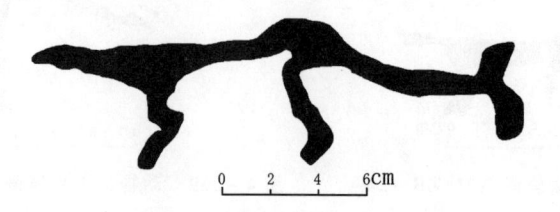

图 4 – 372　动物岩画 XMSZB – 253

XMSZB-254：地理坐标为北纬44°30′49.10″，东经111°32′33.50″。岩面朝北，尺寸为47cm×70cm。凿刻，线条造型，刻痕为灰色。调查确认1个单体图像，1不可识别动物（图4-373）。

XMSZB-255：地理坐标为北纬44°30′49.22″，东经111°32′33.87″。岩面朝西北，尺寸为70cm×37cm。凿刻，粗线条形态，刻痕为灰色。调查确认1个单体图像，可能为1马（图4-374）。

图4-373 动物岩画 XMSZB-254 　　图4-374 动物岩画 XMSZB-255

XMSZB-256：地理坐标为北纬44°30′49.25″，东经111°32′33.90″。岩面朝西北，尺寸为70cm×30cm。凿刻，粗线条形态，刻痕为褐色。调查确认1个单体图像，不可识别（图4-375）。

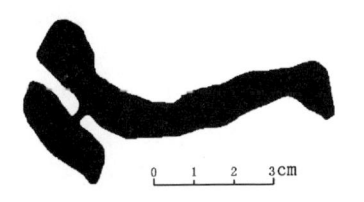

图4-375 一不可识别岩画 XMSZB-256

XMSZB-257：地理坐标为北纬44°30′48.64″，东经111°32′34.87″。岩面朝西，尺寸为35cm×80cm。凿刻，粗线条形态，刻痕为褐色。调查确认3个单体图像，可能是3羊（图4-376）。

XMSZB-258：地理坐标为北纬44°30′47.89″，东经111°32′35.46″。岩面朝上，尺寸为50cm×42cm。凿刻，粗线条形态，刻痕为褐色。调查确认1个单体图像，1马（图4-377）。

XMSZB-259：地理坐标为北纬44°30′48.62″，东经111°32′34.79″。

岩面朝西，尺寸为 30cm×41cm。凿刻，为粗线条形态，刻痕为灰褐色。调查确认 1 个单体图像，可能是 1 马（图 4-378）。

图 4-376 动物岩画 XMSZB-257

图 4-377 动物岩画 XMSZB-258

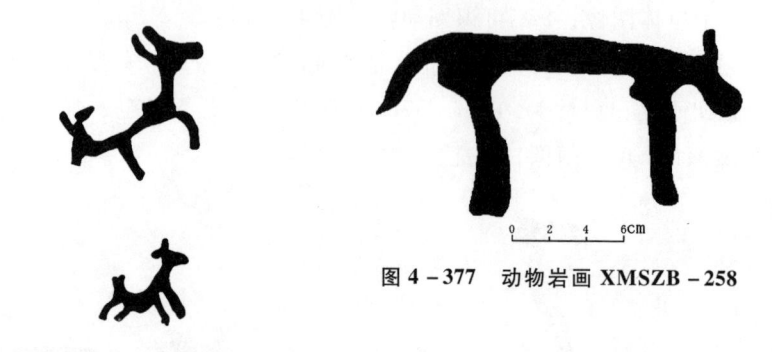

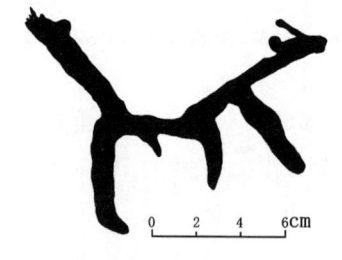

图 4-378 动物岩画 XMSZB-259

4.2 毕其格图岩画

毕其格图岩画群编号为 C 区，位于苏尼特左旗洪格尔苏木旭日昌图嘎查。在呼和朝鲁岩画群的西南方。编号为 XMSZC-001~156，线图共 155 幅。

XMSZC-001：地理坐标为北纬 44°30′29.31″，东经 111°32′02.07″。岩面朝东，尺寸为 170cm×140cm。凿刻，刻痕为褐色，线条造型。调查确认 8 个单体图像，5 马、3 人。5 马与 3 人的刻痕颜色不同（图 4-379）。

XMSZC-002：地理坐标为北纬 44°30′29.11″，东经 111°32′02.10″。岩面朝东，尺寸为 33cm×87cm。凿刻，粗线条形态，刻痕为褐色。调查确认 3 个单体图像，1 骑者、1 圆圈、1 不可识别动物（图 4-380）。

图 4-379　动物、人物岩画
XMSZC-001

图 4-380　骑者、动物、几何形岩画
XMSZC-002

XMSZC-003：地理坐标为北纬 44°30′29.14″，东经 111°32′02.01″。岩面朝上，尺寸为 186cm×65cm。凿刻，刻痕为褐色，线条造型。调查确认 9 个单体图像。5 人、2 马、2 图案。岩面左侧可能是 3 个拉手的人物形象，右侧为 1 人牵马的图像，中部有 1 马、1 人物形象，2 类似植物的图案（图 4-381）。

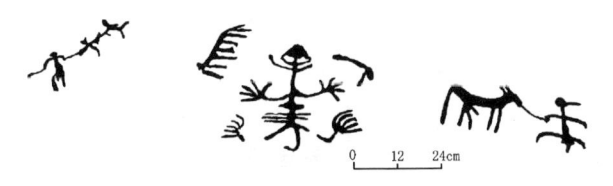

图 4-381　动物、人物岩画 XMSZC-003

XMSZC-004：地理坐标为北纬 44°30′29.13″，东经 111°32′01.87″。岩面朝上，尺寸为 195cm×120cm。凿刻，刻痕为褐色，线条造型。调查确认 6 个单体图像，3 马、1 羊、1 人、1 符号（图 4-382）。

XMSZC-005：地理坐标为北纬 44°30′29.02″，东经 111°32′01.95″。岩面朝上，尺寸为 160cm×100cm。凿刻，刻痕为褐色，刻痕较浅，线条造型。调查确认 10 个单体图像，6 马、1 羊、1 网格图案、2 不可识别动物形象（图 4-383）。

图4-382 动物、图案岩画 XMSZC-004

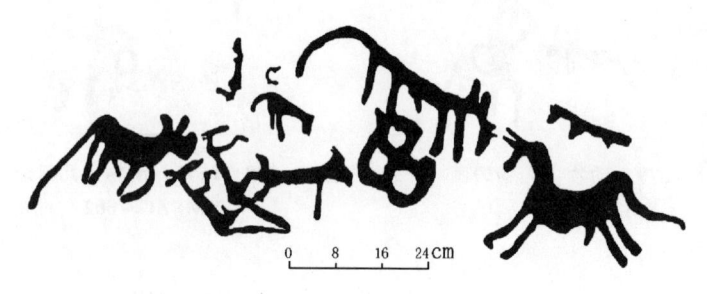

图4-383 动物、符号岩画 XMSZC-005

XMSZC-006：地理坐标为北纬44°30′29.06″，东经111°32′01.88″。岩面朝上，尺寸为86cm×84cm。凿刻，线条造型，刻痕为褐色。调查确认4个单体图像，2马、2人，为2组人牵马的图像（图4-384）。

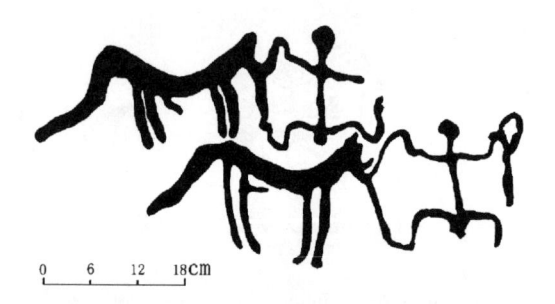

图4-384 人物、动物岩画 XMSZC-006

XMSZC-007：地理坐标为北纬44°30′29.16″，东经111°32′01.78″。岩面朝上，尺寸为45cm×38cm。凿刻，线条造型，刻痕为褐色，刻痕较浅。调查确认1个单体图像，1马（图4-385）。

XMSZC-008：地理坐标为北纬44°30′29.20″，东经111°32′01.81″。岩面朝上，尺寸为55cm×45cm。凿刻，线条造型，刻痕为褐色。调查确认2个单体图像，岩面上方可能是1马，下方为1不可识别图像（图4-386）。

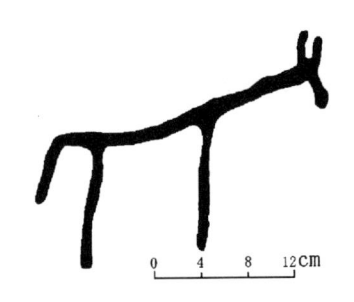

图4-385 动物岩画 XMSZC-007

图4-386 动物岩画 XMSZC-008

XMSZC-009：地理坐标为北纬44°30′29.00″，东经111°32′01.92″。岩面朝上，尺寸为42cm×90cm。凿刻，粗线条形态，刻痕为黄褐色，图案较模糊。调查确认4个单体图像，2马、1人、1不可识别动物（图4-387）。

图4-387 动物、人物岩画 XMSZC-009

XMSZC-010：地理坐标为北纬44°30′28.90″，东经111°32′01.63″。岩面朝上，尺寸为85cm×65cm。凿刻，剪影式造型，刻痕为褐色。调查确认1个单体图像，1马（图4-388）。

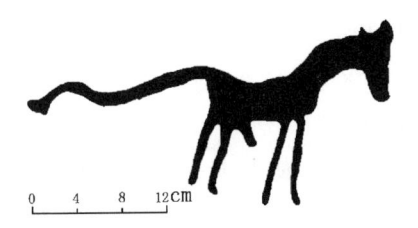

图4-388 动物岩画 XMSZC-010

XMSZC-011：地理坐标为北纬 44°30′28.93″，东经 111°32′01.49″。岩面朝上，尺寸为 143cm×90cm。凿刻，线条造型，刻痕为褐色。调查确认 3 个单体图像，2 马、1 不可识别动物（图 4-389）。

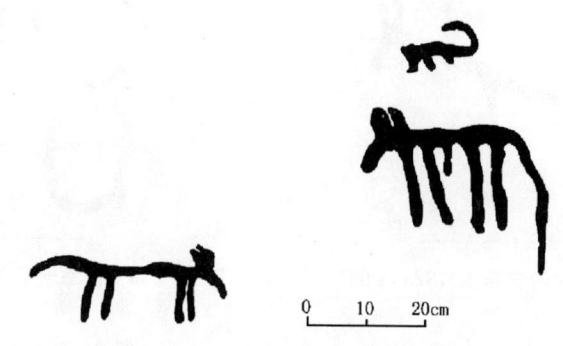

图 4-389　动物岩画 XMSZC-011

XMSZC-012：地理坐标为北纬 44°30′28.92″，东经 111°32′01.44″。岩面朝上，尺寸为 100cm×60cm。凿刻，刻痕为褐色，粗线条形态。调查确认 3 个单体图像，1 马、1 羊、1 不可识别动物（图 4-390）。

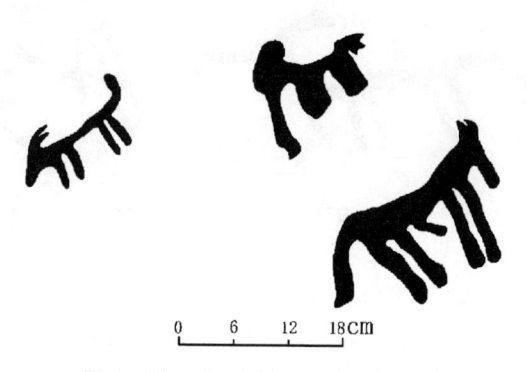

图 4-390　动物岩画 XMSZC-012

XMSZC-013：地理坐标为北纬 44°30′28.87″，东经 111°32′01.33″。岩面朝上，尺寸为 63cm×42cm。凿刻，剪影式造型，刻痕为褐色。调查确认 2 个单体图像，2 马（图 4-391）。

XMSZC-014：地理坐标为北纬 44°30′28.90″，东经 111°32′01.26″。岩面朝上，尺寸为 66cm×42cm。凿刻，刻痕为黄褐色，线条造型。调查确认 1 个单体图像，1 马（图 4-392）。

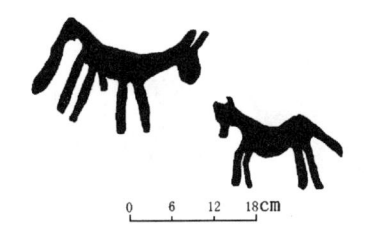

图 4-391 动物岩画 XMSZC-013　　图 4-392 动物岩画 XMSZC-014

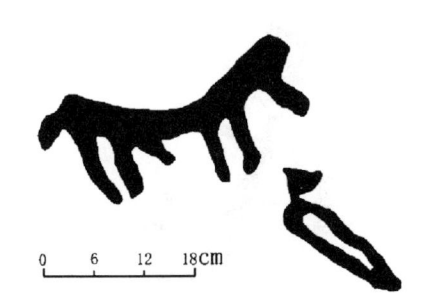

XMSZC-015：地理坐标为北纬 44°30′28.88″，东经 111°32′01.26″。岩面朝上，尺寸为 25cm×40cm。凿刻，剪影式造型，刻痕为灰褐色。调查确认 1 个单体图像，1 马（图 4-393）。

XMSZC-016：地理坐标为北纬 44°30′28.78″，东经 111°32′01.47″。岩面朝上，尺寸为 77cm×40cm。凿刻，刻痕为褐色，粗线条形态。调查确认 2 个单体图像，左上方可能是 1 马，下方图像不可识别（图 4-394）。

图 4-393 动物岩画 XMSZC-015　　图 4-394 动物岩画 XMSZC-016

XMSZC-017：地理坐标为北纬 44°30′28.82″，东经 111°32′01.56″。岩面朝上，尺寸为 50cm×45cm。凿刻，岩面为灰色，刻痕为灰褐色，刻痕较浅。调查确认 1 个单体图像，1 马，马前肢处可以看到一些凿刻点，线条还未完成（图 4-395）。

XMSZC-018：地理坐标为北纬 44°30′28.73″，东经 111°32′01.50″。岩面朝上，尺寸为 110cm×30cm。凿刻，刻痕为褐色，刻痕较浅，线条较粗。调查确认 4 个单体图像。左侧图像不可识别，右侧可能是 3 马（图 4-396）。

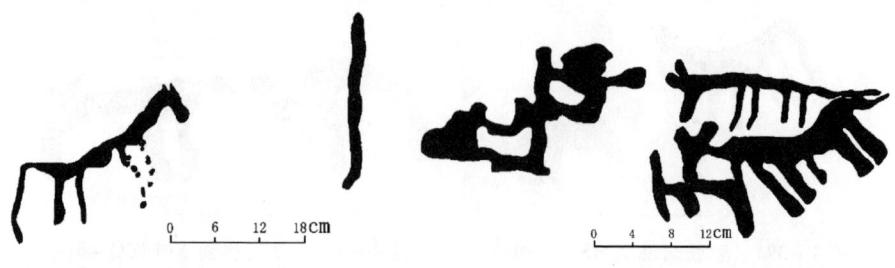

图 4 – 395　动物岩画 XMSZC – 017　　　　图 4 – 396　动物岩画 XMSZC – 018

　　XMSZC – 019：地理坐标为北纬 44°30′28.72″，东经 111°32′01.60″。岩面朝上，尺寸为 20cm×20cm。凿刻，刻痕为黄褐色，线条较粗。调查确认 1 个单体图像，可能为 1 马（图 4 – 397）。

　　XMSZC – 020：地理坐标为北纬 44°30′28.71″，东经 111°32′01.55″。岩面朝上，尺寸为 70cm×40cm。凿刻，刻痕为灰色，刻痕较浅，线条较粗。调查确认 2 个单体图像，1 马、1 不可识别动物（图 4 – 398）。

图 4 – 397　动物岩画 XMSZC – 019 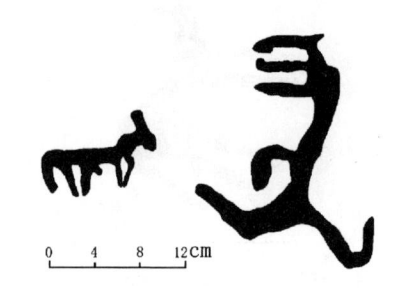　　　　图 4 – 398　动物岩画 XMSZC – 020

　　XMSZC – 021：地理坐标为北纬 44°30′28.69″，东经 111°32′01.48″。岩面朝上，尺寸为 110cm×33cm。凿刻，刻痕为褐色，线条较粗，线条造型。调查确认 3 个单体图像，2 马、1 人，中部的人物可能是人牵马形象（图 4 – 399）。

　　XMSZC – 022：地理坐标为北纬 44°30′28.69″，东经 111°32′01.55″。岩面朝西，尺寸为 60cm×36cm。凿刻，粗线条形态，刻痕为褐色，刻痕较浅。调查确认 4 个单体图像，3 马、1 狗（图 4 – 400）。

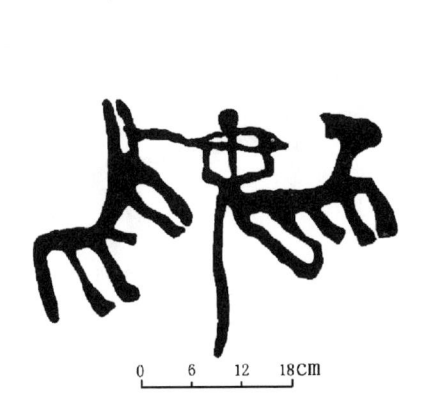

图 4-399 人物、动物岩画 XMSZC-021 　　图 4-400 动物岩画 XMSZC-022

XMSZC-023：地理坐标为北纬 44°30′29.06″，东经 111°32′01.95″。岩面朝上，尺寸为 90cm×30cm。凿刻，刻痕为褐色，线条较粗，线条造型。调查确认 3 个单体图像，2 羊、1 狗（图 4-401）。

XMSZC-024：地理坐标为北纬 44°30′29.08″，东经 111°32′01.07″。岩面朝上，尺寸为 80cm×46cm。凿刻，刻痕为褐色，线条造型。调查确认 1 个单体图像，可能是 1 狼（图 4-402）。

图 4-401 动物岩画 XMSZC-023　　图 4-402 动物岩画 XMSZC-024

XMSZC-025：地理坐标为北纬 44°30′29.14″，东经 111°32′01.44″。岩面朝上，尺寸为 50cm×25cm。凿刻，刻痕为黄褐色，剪影式造型。调查确认 1 个单体图像，1 骑者（图 4-403）。

XMSZC-026：地理坐标为北纬 44°30′29.27″，东经 111°32′01.76″。岩面朝上，尺寸为 40cm×34cm。凿刻，刻痕为褐色，线条造型，线条较粗。调查确认 1 个单体图像，1 马（图 4-404）。

图 4-403　骑者岩画 XMSZC-025 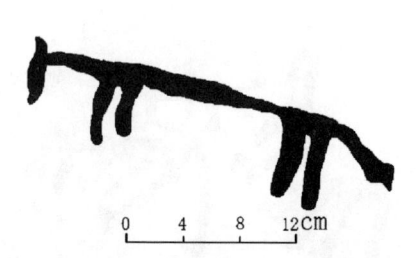　　　图 4-404　动物岩画 XMSZC-026

XMSZC-027：地理坐标为北纬 44°30′30.76″，东经 111°32′00.95″。岩面朝西，尺寸为 70cm×98cm。凿刻，线条较粗，刻痕为黄褐色。调查确认 2 个单体图像，2 马（图 4-405）。

XMSZC-028：地理坐标为北纬 44°30′30.81″，东经 111°32′00.79″。岩面朝西，尺寸为 48cm×120cm。凿刻，粗线条形态，刻痕为黄褐色，岩面风化严重。调查确认 3 个单体图像，2 马、1 不可识别动物（图 4-406）。

图 4-405　动物岩画 XMSZC-027 　　　图 4-406　动物岩画 XMSZC-028

XMSZC-029：地理坐标为北纬 44°30′30.62″，东经 111°32′00.71″。岩面朝上，尺寸为 150cm×120cm。凿刻，线条造型，刻痕为灰褐色。调查确认 6 个单体图像，3 马、1 人、2 不可识别动物（图 4-407）。

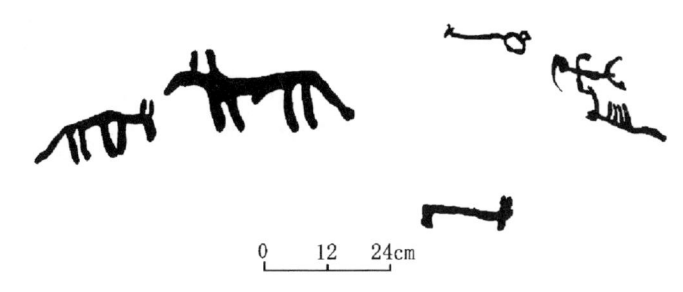

第 4 章　苏尼特左旗岩画分布地点和内容　283

图 4-407　动物、人物岩画 XMSZC-029

　　XMSZC-030：地理坐标为北纬 44°30′30.66″，东经 111°32′59.47″。岩面朝北，尺寸为 70cm×36cm。凿刻，粗线条形态，刻痕为褐色。调查确认 2 个单体图像，2 马（图 4-408）。

　　XMSZC-031：地理坐标为北纬 44°30′30.54″，东经 111°32′59.28″。岩面朝西，尺寸为 60cm×40cm。凿刻，线条造型，刻痕为褐色。调查确认 1 个单体图像，1 马（图 4-409）。

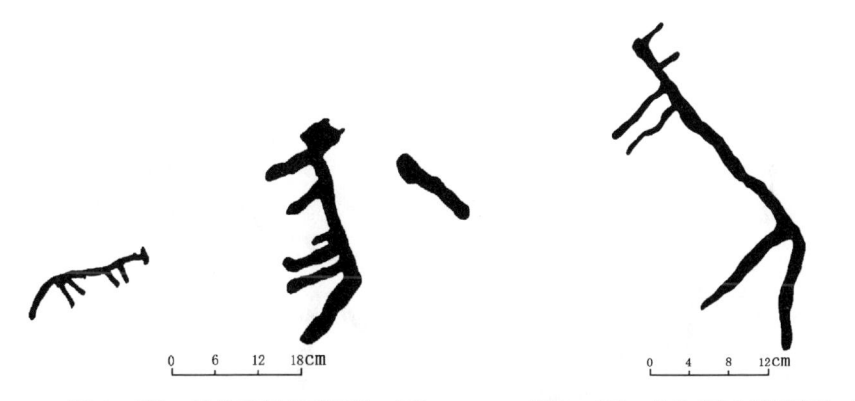

图 4-408　动物岩画 XMSZC-030　　　图 4-409　动物岩画 XMSZC-031

　　XMSZC-032：地理坐标为北纬 44°30′30.15″，东经 111°31′58.74″。岩面朝东北，尺寸为 44cm×45cm。凿刻，线条造型，刻痕为褐色。调查确认 1 个单体图像，可能为 1 羊（图 4-410）。

　　XMSZC-033：地理坐标为北纬 44°30′29.81″，东经 111°31′59.09″。岩面朝上，尺寸为 112cm×55cm。凿刻，线条造型，刻痕为黄褐色。调查确认 5 个单体图像，5 马（图 4-411）。

图 4-410 动物岩画 XMSZC-032　　　图 4-411 动物岩画 XMSZC-033

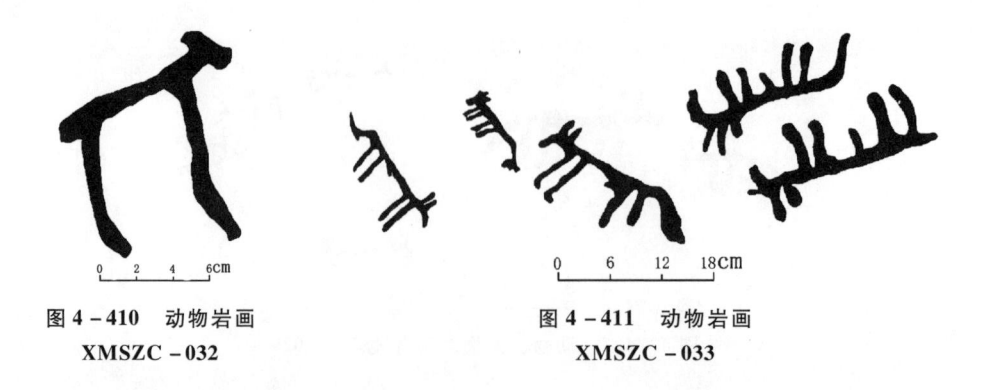

XMSZC-034：地理坐标为北纬 44°30′27.88″，东经 111°31′57.97″。岩面朝上，尺寸为 45cm×60cm。凿刻，刻痕为褐色，线条造型。调查确认 2 个单体图像，1 马、1 不可识别动物（图 4-412）。

XMSZC-035：地理坐标为北纬 44°30′29.13″，东经 111°32′02.14″。岩面朝上，尺寸为 70cm×55cm。凿刻，线条造型，刻痕为褐色。调查确认 2 个单体图像，1 人、1 狗（图 4-413）。

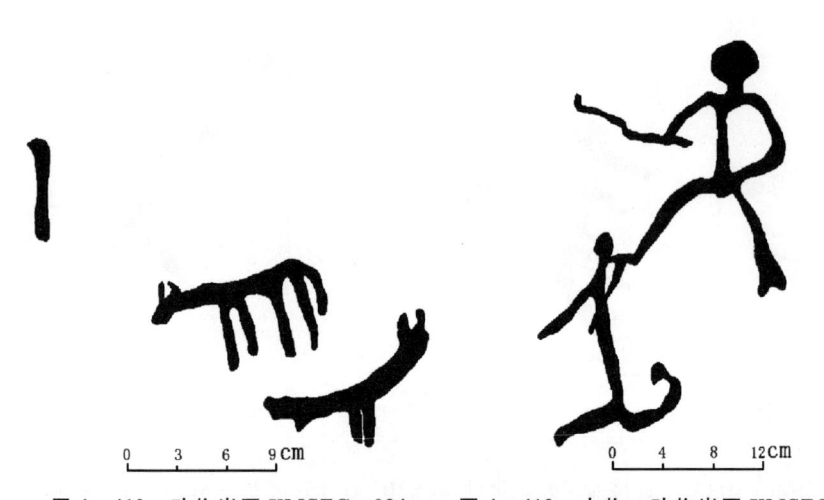

图 4-412 动物岩画 XMSZC-034　　　图 4-413 人物、动物岩画 XMSZC-035

XMSZC-036：地理坐标为北纬 44°30′24.44″，东经 111°32′07.99″。岩面朝上，尺寸为 35cm×38cm。凿刻，刻痕为褐色。调查确认 1 个单体图像，可能是 1 羊（图 4-414）。

XMSZC-037：地理坐标为北纬 44°30′24.07″，东经 111°32′08.02″。岩面朝上，尺寸为 50cm×85cm。凿刻，刻痕为褐色，线条较粗。调查确认 2 个单体图像，可能是 2 马（图 4-415）。

图 4-414 动物岩画 XMSZC-036 　　图 4-415 动物岩画 XMSZC-037

XMSZC-038：地理坐标为北纬 44°30′24.04″，东经 111°32′08.02″。岩面朝上，尺寸为 40cm×23cm。凿刻，刻痕为褐色，线条造型。调查确认 1 个单体图像，为 1 不可识别动物形象（图 4-416）。

XMSZC-039：地理坐标为北纬 44°30′23.80″，东经 111°32′07.81″。岩面朝上，尺寸为 70cm×40cm。凿刻，刻痕为褐色，线条较粗。调查确认 3 个单体图像，1 人、1 马、1 不可识别图像（图 4-417）。

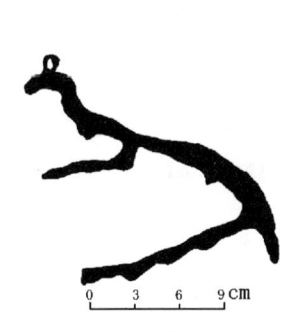

图 4-416 动物岩画 XMSZC-038 　　图 4-417 人物、动物岩画 XMSZC-039

XMSZC-040：地理坐标为北纬 44°30′22.05″，东经 111°32′07.22″。岩面朝上，尺寸为 40cm×60cm。凿刻，刻痕为黄褐色，刻痕较清晰，骆驼为剪影式造型。调查确认 3 个单体图像。1 骆驼、2 符号（图 4-418）。

XMSZC-041：地理坐标为北纬 44°30′21.66″，东经 111°32′06.69″。

岩面朝上，尺寸为 50cm×35cm。凿刻，刻痕为黄褐色，线条较粗。调查确认 2 个单体图像，2 马（图 4-419）。

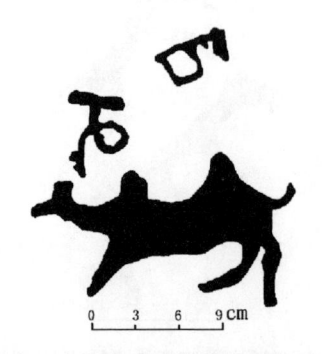

图 4-418 动物、符号岩画 XMSZC-040 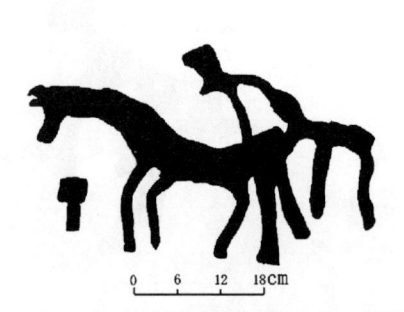   图 4-419 动物岩画 XMSZC-041

XMSZC-042：地理坐标为北纬 44°30′21.63″，东经 111°32′11.65″。岩面朝上，尺寸为 61cm×50cm。凿刻，部分图像为剪影式造型，刻痕为黄褐色。调查确认 8 个单体图像，1 骆驼、1 狗、1 人、2 牛、1 马、1 符号、1 不可识别图像（图 4-420）。

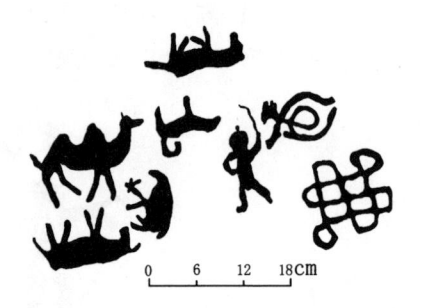

图 4-420 动物、人物、符号岩画 XMSZC-042

XMSZC-043：地理坐标为北纬 44°30′25.73″，东经 111°32′11.42″。岩面朝上，尺寸为 87cm×20cm。凿刻，刻痕为褐色，线条造型。调查确认 5 个单体图像，2 羊、1 人、2 不可识别图像。中间的人物和羊的形象有叠压（图 4-421）。

XMSZC-044：地理坐标为北纬 44°30′27.88″，东经 111°32′14.66″。岩面朝上，尺寸为 70cm×46cm。凿刻，刻痕为褐色，为线条造型。调查确认 14 个单体图像，2 马，上方 12 同心圆和圆圈相连（图 4-422）。

XMSZC-045：地理坐标为北纬 44°30′27.94″，东经 111°32′14.65″。

岩面朝上，尺寸为 100cm×46cm。凿刻，刻痕为黑褐色，为线条造型。调查确认 3 个单体图像，岩面左侧可能是 1 羊，右上方动物可能是 1 猛兽，下方图像不可识别，图像有破损（图 4-423）。

图 4-421 动物、人物岩画 XMSZC-043

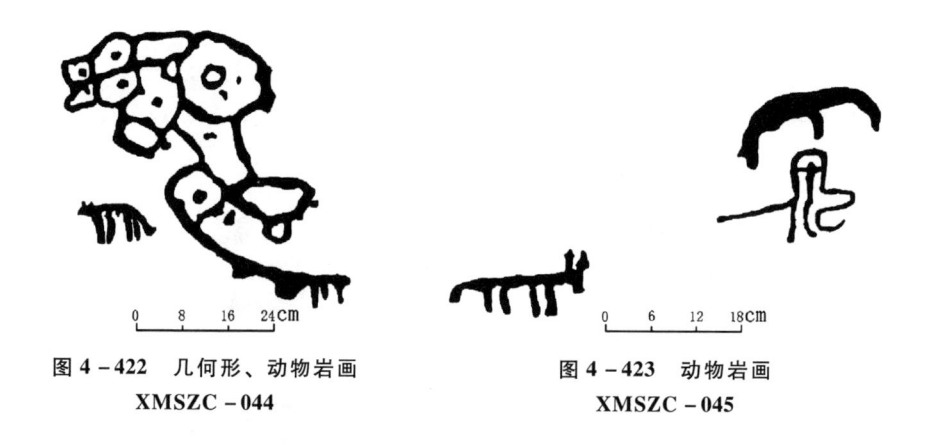

图 4-422 几何形、动物岩画
XMSZC-044

图 4-423 动物岩画
XMSZC-045

XMSZC-046：地理坐标为北纬 44°30′31.84″，东经 111°32′08.80″。岩面朝上，尺寸为 90cm×56cm。凿刻，刻痕为褐色，为线条造型。调查确认 4 个单体图像，2 马、2 人，为 2 组人牵马的形象（图 4-424）。

XMSZC-047：地理坐标为北纬 44°30′31.98″，东经 111°32′08.72″。岩面朝上，尺寸为 60cm×50cm。凿刻，线条较粗，刻痕为褐色，刻痕较浅。调查确认 1 个单体图像，1 人（图 4-425）。

XMSZC-048：地理坐标为北纬 44°30′32.04″，东经 111°32′08.64″。岩面朝西，尺寸为 34cm×80cm。凿刻，粗线条形态，刻痕为褐色。调查确认 1 个单体图像，1 人（图 4-426）。

XMSZC-049：地理坐标为北纬 44°30′31.90″，东经 111°32′08.20″。岩面朝北，尺寸为 43cm×40cm。凿刻，粗线条形态，岩面为灰色，刻痕为褐色。调查确认 2 个单体图像，1 人、1 马，为人牵马的图像（图 4-427）。

XMSZC-050：地理坐标为北纬 44°30′32.28″，东经 111°32′08.21″。岩面朝上，尺寸为 74cm×80cm。凿刻，线条较细，刻痕为褐色。调查确认 2 个单体图像，2 马（图 4-428）。

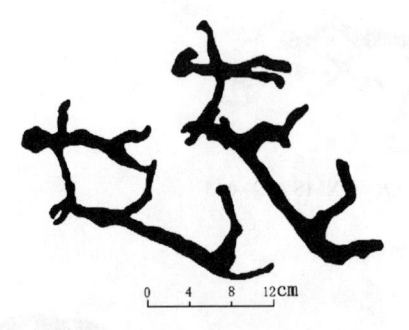

图 4-424　人牵马岩画 XMSZC-046

图 4-425　人物岩画 XMSZC-047

图 4-426　人物岩画 XMSZC-048

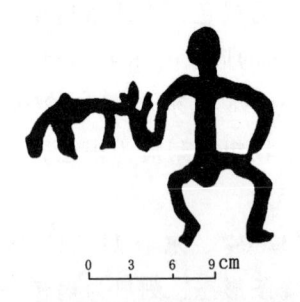

图 4-427　人牵马岩画 XMSZC-049

图 4-428　动物岩画 XMSZC-050

XMSZC-051：地理坐标为北纬 44°30′33.68″，东经 111°32′08.57″。岩面朝西，尺寸为 168cm×180cm。凿刻，线条较细，刻痕为褐色。调查确认 5 个单体图像，2 马、1 羊，左下方为 1 车辆，车辆一侧为 1 马（图 4-429）。

图 4-429 动物、车辆岩画 XMSZC-051

XMSZC-052：地理坐标为北纬 44°30′34.16″，东经 111°32′09.42″。岩面朝北，尺寸为 120cm×120cm。凿刻，线条较细，刻痕为灰褐色，图像线条较为模糊。调查确认 10 个单体图像，可能为 7 马、1 方形图案、2 不可识别图像（图 4-430）。

XMSZC-053：地理坐标为北纬 44°30′35.93″，东经 111°32′08.87″。岩面朝西，尺寸为 70cm×155cm。凿刻，线条造型，刻痕为褐色。调查确认 3 个单体图像，2 马、1 符号（图 4-431）。

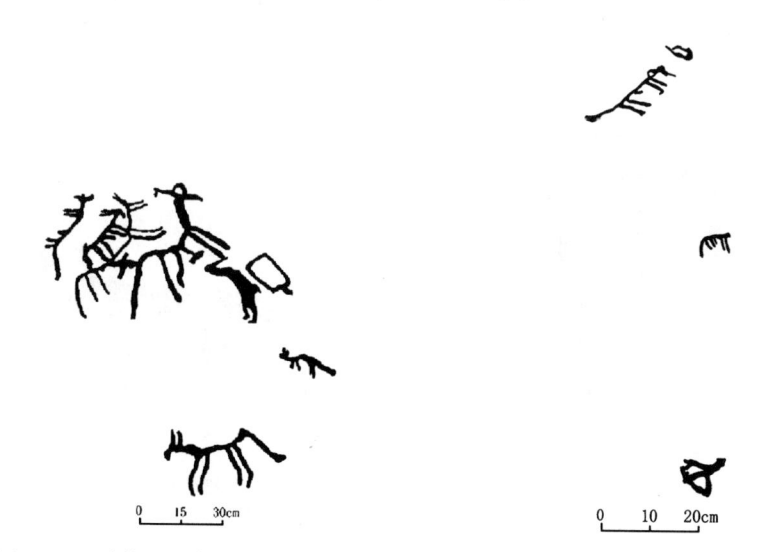

图 4-430 动物、图案岩画 XMSZC-052　　图 4-431 动物、符号岩画 XMSZC-053

XMSZC-054：地理坐标为北纬 44°30′36.48″，东经 111°32′08.67″。岩面朝北，尺寸为 40cm×20cm。凿刻，刻痕为黄褐色，线条较粗，为线条造型。调查确认 1 个单体图像，1 马（图 4-432）。

XMSZC-055：地理坐标为北纬 44°30′36.49″，东经 111°32′08.73″。岩面朝北，尺寸为 45cm×23cm。凿刻，线条较粗，刻痕为褐色。调查确认 1 个单体图像，可能为 1 狐狸（图 4-433）。

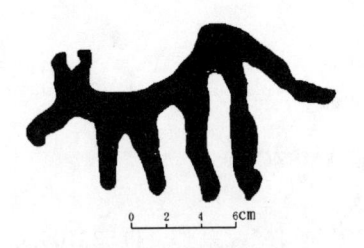

图 4-432　动物岩画 XMSZC-054 　　　图 4-433　动物岩画 XMSZC-055

XMSZC-056：地理坐标为北纬 44°30′36.52″，东经 111°32′08.93″。岩面朝北，尺寸为 38cm×60cm。凿刻，线条较粗，刻痕为褐色。调查确认 1 个单体图像，1 人（图 4-434）。

XMSZC-057：地理坐标为北纬 44°30′36.77″，东经 111°32′08.99″。岩面朝上，尺寸为 50cm×24cm。凿刻，刻痕为褐色，线条造型。调查确认 1 个单体图像，1 马（图 4-435）。

图 4-434　人物岩画 XMSZC-056 　　　图 4-435　动物岩画 XMSZC-057

XMSZC-058：地理坐标为北纬 44°30′36.16″，东经 111°32′08.63″。岩面朝北，尺寸为 40cm×40cm。凿刻，刻痕为黄褐色，线条较粗。调查确认 1 个单体图像，1 马（图 4－436）。

XMSZC－059：地理坐标为北纬 44°30′37.46″，东经 111°32′09.72″。岩面朝上，尺寸为 60cm×33cm。凿刻，刻痕为褐色，线条造型。调查确认 2 个单体图像，1 不可识别图像、1 马（图 4－437）。

XMSZC－060：地理坐标为北纬 44°30′37.53″，东经 111°32′09.85″。岩面朝北，尺寸为 60cm×36cm。凿刻，岩面为灰色，刻痕为褐色，线条造型。调查确认 2 个单体图像，可能是 1 马、1 狗（图 4－438）。

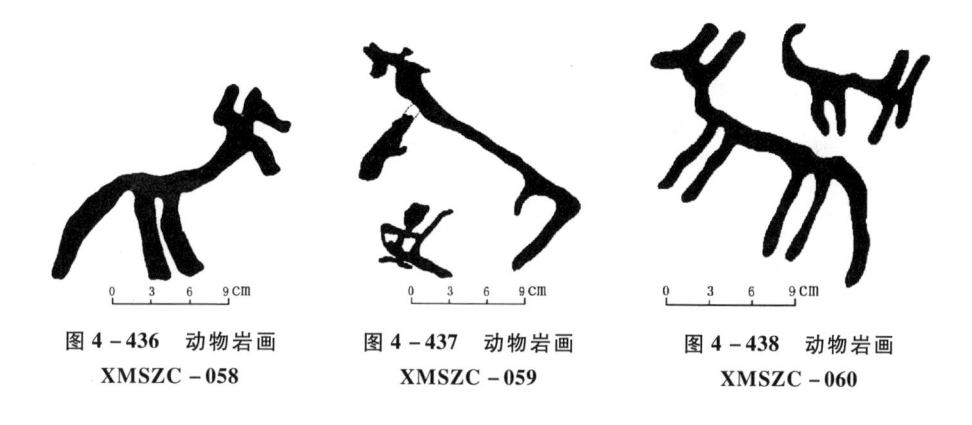

图 4－436　动物岩画 XMSZC－058　　图 4－437　动物岩画 XMSZC－059　　图 4－438　动物岩画 XMSZC－060

XMSZC－061：地理坐标为北纬 44°30′37.80″，东经 111°32′10.71″。岩面朝北，尺寸为 415cm×120cm。凿刻，刻痕为褐色，线条造型。调查确认 17 个单体图像，右侧可能为 3 动物形象，左侧图像集中，有叠压，可识别出 4 马、2 狗、2 羊、2 人、4 不可识别动物（图 4－439）。

图 4－439　人物、动物岩画 XMSZC－061

XMSZC－062：地理坐标为北纬 44°30′37.71″，东经 111°32′10.71″。岩面朝北，尺寸为 140cm×80cm。凿刻，线条较粗，刻痕为褐色。调查确认 4 个单体图像，为 4 不可识别动物（图 4－440）。

XMSZC－063：地理坐标为北纬 44°30′37.64″，东经 111°32′10.68″。岩面朝北，尺寸为 60cm×35cm。凿刻，刻痕为褐色，线条较粗，为线条造型。调查确认 1 个单体图像,可能是 1 羊(图 4 - 441)。

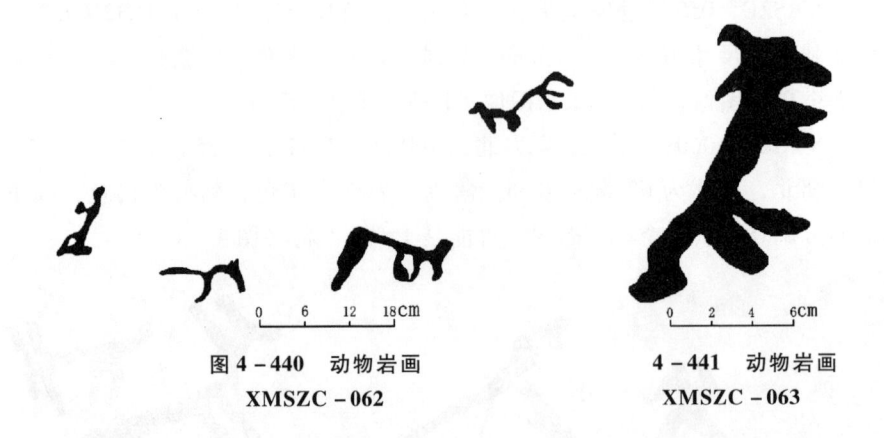

图 4 - 440 动物岩画 XMSZC - 062

4 - 441 动物岩画 XMSZC - 063

XMSZC - 064:地理坐标为北纬 44°30′37.85″,东经 111°32′10.85″。岩面朝北,尺寸为 25cm × 35cm。凿刻,刻痕为褐色,线条造型。调查确认 1 个单体图像,1 马(图 4 - 442)。

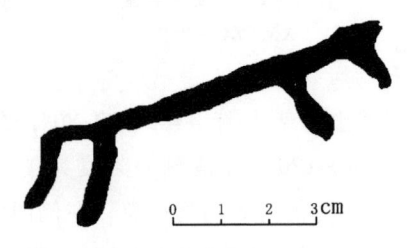

图 4 - 442 图案岩画 XMSZC - 064

XMSZC - 065:地理坐标为北纬 44°30′38.56″,东经 111°32′11.04″。岩面朝西北,尺寸为 60cm × 50cm。凿刻,岩面为红褐色,刻痕为褐色,线条造型,线条较细。调查确认 2 个单体图像,1 羊、1 不可识别图案(图 4 - 443)。

XMSZC - 066:地理坐标为北纬 44°30′38.56″,东经 111°32′11.03″。岩面朝东北,尺寸为 50cm × 40cm。凿刻,岩面为灰色,刻痕为灰褐色,线条较粗。调查确认 1 个单体图像,可能为 1 马(图 4 - 444)。

XMSZC - 067:地理坐标为北纬 44°30′39.21″,东经 111°32′11.81″。岩面朝上,尺寸为 70cm × 70cm。凿刻,线条造型,刻痕为褐色,刻痕较浅。调查确认 1 个单体图像,可能为 1 未完成动物(图 4 - 445)。

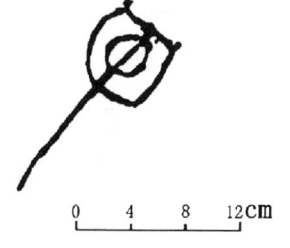

图 4-443　动物、图案岩画 XMSZC-065

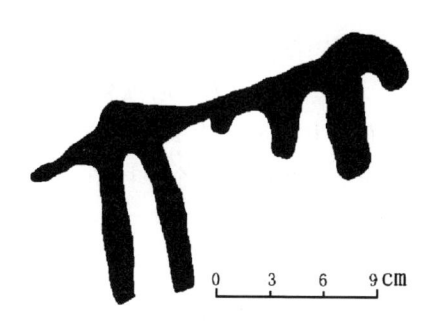

图 4-444　动物岩画 XMSZC-066

图 4-445　动物岩画 XMSZC-067

XMSZC-068：地理坐标为北纬 44°30′39.99″，东经 111°32′13.11″。岩面朝上，尺寸为 70cm×80cm。凿刻，线条造型，刻痕为黄褐色。调查确认 4 个单体图像，1 马、1 人、2 羊（图 4-446）。

图 4-446　人物、动物岩画 XMSZC-068

XMSZC-069：地理坐标为北纬 44°30′40.37″，东经 111°32′13.20″。岩面朝上，尺寸为 50cm×115cm。凿刻，线条较粗，刻痕为黄褐色。调查确认 3

个单体图像，3 人，其中 1 人手执弓箭，可能是表现战斗场景（图 4-447）。

XMSZC-070：地理坐标为北纬 44°30′40.41″，东经 111°32′14.30″。岩面朝上，尺寸为 50cm×80cm。凿刻，粗线条形态，刻痕为褐色，刻痕较浅。调查确认 1 个单体图像，1 不可识别动物（图 4-448）。

图 4-447 人物岩画 XMSZC-069 　　图 4-448 动物岩画 XMSZC-070

XMSZC-071：地理坐标为北纬 44°30′76.35″，东经 111°32′89.07″。岩面朝上，尺寸为 90cm×50cm。凿刻，刻痕为黄褐色，剪影式造型。调查确认 1 个单体图像，1 骑者，手执套马杆（图 4-449）。

XMSZC-072：地理坐标为北纬 44°30′40.98″，东经 111°32′17.75″。岩面朝上，尺寸为 40cm×20cm。凿刻，线条造型，刻痕为褐色。调查确认 2 个单体图像，1 人物形象，手拿一个椭圆形物体，右侧可能是 1 动物形象（图 4-450）。

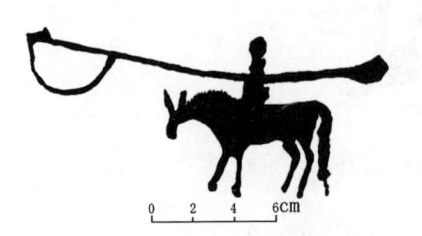

图 4-449 骑者岩画 XMSZC-071 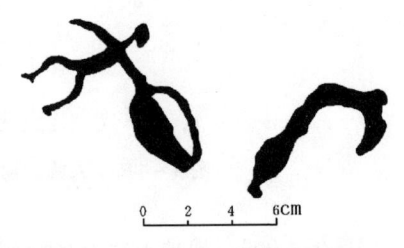　　图 4-450 人物、动物岩画 XMSZC-072

XMSZC－073：地理坐标为北纬44°30′36.61″，东经111°32′07.38″。岩面朝北，尺寸为69cm×50cm。凿刻，线条造型，岩面为灰褐色，刻痕为褐色。调查确认2个单体图像，2马（图4－451）。

XMSZC－074：地理坐标为北纬44°30′36.50″，东经111°32′05.64″。岩面朝东，尺寸为58cm×80cm。凿刻，刻痕为黄褐色，线条造型。调查确认5个单体图像，5羊（图4－452）。

图4－451　动物岩画 XMSZC－073 　　　图4－452　动物岩画 XMSZC－074

XMSZC－075：地理坐标为北纬44°30′36.43″，东经111°32′05.55″。岩面朝北，尺寸为96cm×65cm。凿刻，粗线条形态，岩面为灰褐色，刻痕为褐色，刻痕较浅。调查确认3个单体图像，可能是3羊（图4－453）。

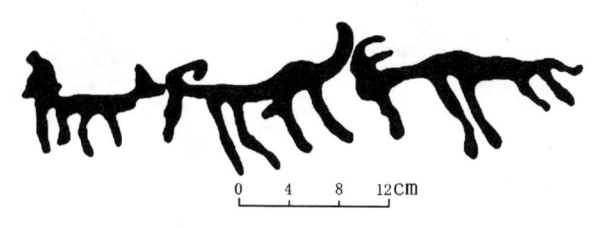

图4－453　动物岩画 XMSZC－075

XMSZC－076：地理坐标为北纬44°30′35.28″，东经111°32′04.80″。岩面朝北，尺寸为53cm×80cm。凿刻，刻痕为褐色，线条造型。调查确认6个单体图像，5马、1羊（图4－454）。

XMSZC－077：地理坐标为北纬44°30′36.29″，东经111°32′04.10″。

岩面朝北，尺寸为120cm×95cm。凿刻，刻痕为红褐色，线条较粗。调查确认3个单体图像，3马（图4-455）。

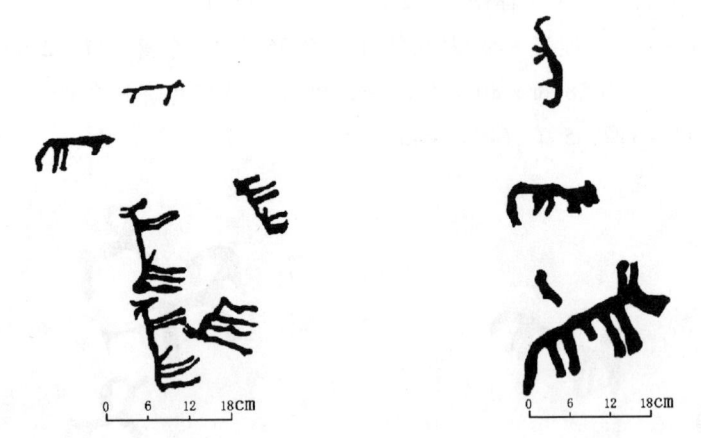

图4-454 动物岩画 XMSZC-076　　图4-455 动物岩画 XMSZC-077

XMSZC-078：地理坐标为北纬44°30′36.31″，东经111°32′04.17″。岩面朝上，尺寸为126cm×120cm。凿刻，刻痕为灰褐色，线条较粗。调查确认2个单体图像，1马、1不可识别动物（图4-456）。

XMSZC-079：地理坐标为北纬44°30′33.97″，东经111°31′56.29″。岩面朝上，尺寸为114cm×50cm。凿刻，刻痕为红褐色，线条较粗。调查确认2个单体图像，可能是1羊和1狐狸（图4-457）。

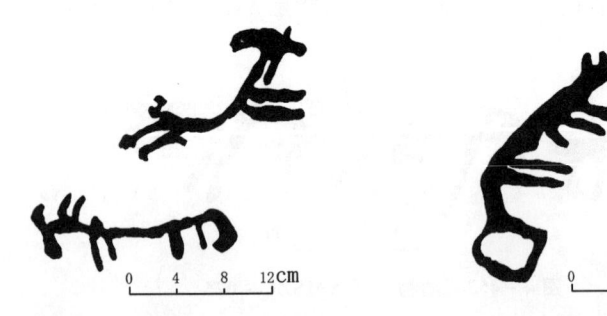

图4-456 动物岩画 XMSZC-078　　图4-457 动物岩画 XMSZC-079

XMSZC-080：地理坐标为北纬44°30′34.27″，东经111°31′56.58″。岩面朝上，尺寸为70cm×65cm。凿刻，刻痕为褐色，粗线条形态。调查确认1图像，1不可识别图像（图4-458）。

XMSZC-081：地理坐标为北纬44°30′34.43″，东经111°32′56.08″。岩面朝北，尺寸为76cm×60cm。凿刻，刻痕为灰褐色，刻痕较浅，线条造型。调查确认4个单体图像，4马（图4-459）。

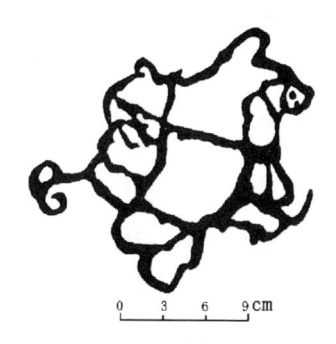

图4-458 一不可识别岩画 XMSZC-080 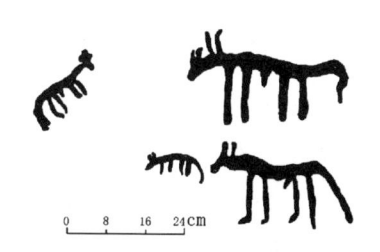　　图4-459 动物岩画 XMSZC-081

XMSZC-082：地理坐标为北纬44°30′34.38″，东经111°31′55.94″。岩面朝北，尺寸为90cm×37cm。凿刻，刻痕为褐色，粗线条形态。调查确认1个单体图像，1羊（图4-460）。

XMSZC-083：地理坐标为北纬44°30′34.47″，东经111°31′55.84″。岩面朝北，尺寸为60cm×36cm。凿刻，岩面为灰色，刻痕为灰褐色，线条造型。调查确认3个单体图像，1不可识别动物、2线条（图4-461）。

图4-460 动物岩画 XMSZC-082 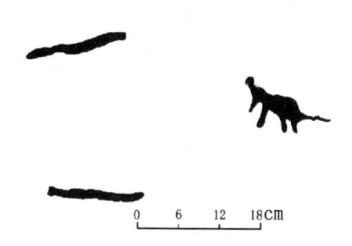　　图4-461 线条、动物岩画 XMSZC-083

XMSZC-084：地理坐标为北纬44°30′38.75″，东经111°37′50.40″。岩面朝西，尺寸为83cm×70cm。凿刻，刻痕为褐色，线条造型，线条较细。调查确认1个单体图像，1马（图4-462）。

XMSZC-085：地理坐标为北纬44°30′42.27″，东经111°31′51.80″。岩面朝南，尺寸为55cm×60cm。凿刻，刻痕为灰褐色，线条造型。调查确认2个单体图像，1羊、1猎人（图4-463）。

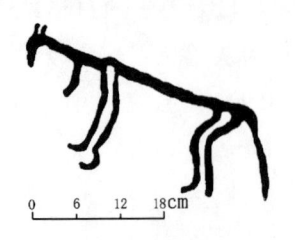

图 4-462 动物岩画 XMSZC-084 　　　图 4-463 狩猎岩画 XMSZC-085

XMSZC-086：地理坐标为北纬 44°30′77.13″，东经 111°31′51.63″。岩面朝东，尺寸为 130cm×40cm。凿刻，刻痕为灰褐色，线条造型，刻痕较浅。调查确认 7 个单体图像，1 人、2 马、1 组凹穴、3 不可识别图像（图 4-464）。

XMSZC-087：地理坐标为北纬 44°30′42.22″，东经 111°31′51.69″。岩面朝西，尺寸为 50cm×100cm。凿刻，线条造型，刻痕为褐色。调查确认 3 个单体图像，3 马（图 4-465）。

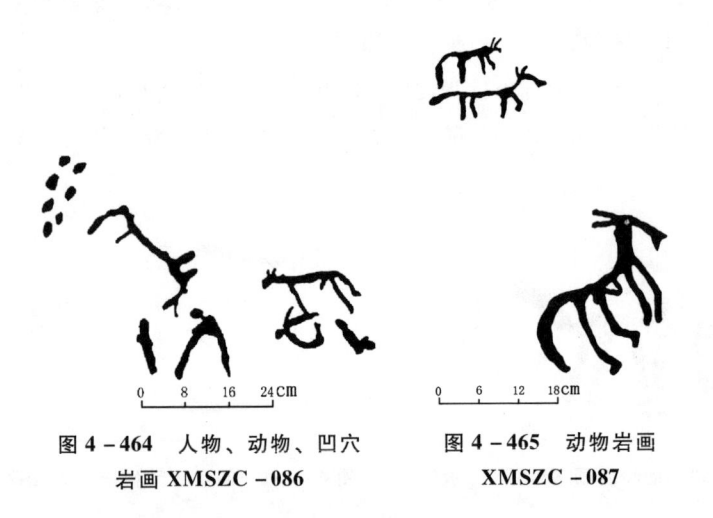

图 4-464 人物、动物、凹穴岩画 XMSZC-086　　　图 4-465 动物岩画 XMSZC-087

XMSZC-088：地理坐标为北纬 44°30′40.16″，东经 111°31′48.06″。岩面朝上，尺寸为 23cm×35cm。凿刻，刻痕为褐色，线条造型。调查确认 3 个单体图像，可能为 3 马（图 4-466）。

XMSZC-089：地理坐标为北纬 44°30′36.59″，东经 111°31′51.79″。岩面朝北，尺寸为 100cm×60cm。凿刻，线条造型，刻痕为褐色。调查确认 4 个单体图像，3 马、1 人。岩面下方为人牵马（图 4-467）。

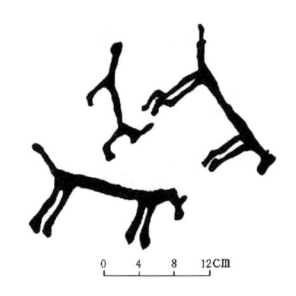

图 4 –466 动物岩画 XMSZC – 088 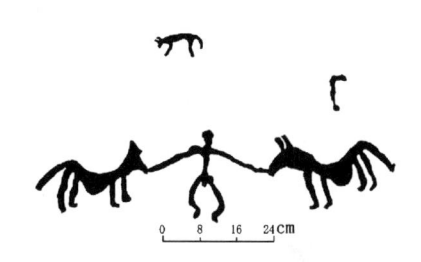　　图 4 –467 动物、人牵马岩画 XMSZC – 089

XMSZC – 090：地理坐标为北纬 44°30′27.51″，东经 111°31′47.59″。岩面朝上，尺寸为 60cm×55cm。凿刻，粗线条形态，刻痕为褐色。调查确认 1 个单体图像，1 不可识别动物（图 4 – 468）。

XMSZC – 091：地理坐标为北纬 44°30′27.53″，东经 111°31′48.75″。岩面朝上，尺寸为 120cm×70cm。凿刻，线条造型，刻痕为黄褐色，刻痕较浅。调查确认 3 个单体图像，3 马（图 4 – 469）。

XMSZC – 092：地理坐标为北纬 44°30′22.98″，东经 111°31′49.16″。岩面朝上，尺寸为 240cm×176cm。凿刻，线条造型，刻痕为褐色。调查确认 18 个单体图像，8 人物形象、5 马、1 牛、4 不可识别图像（图 4 – 470）。

图 4 – 468 动物岩画 XMSZC – 090　　图 4 – 469 动物岩画 XMSZC – 091

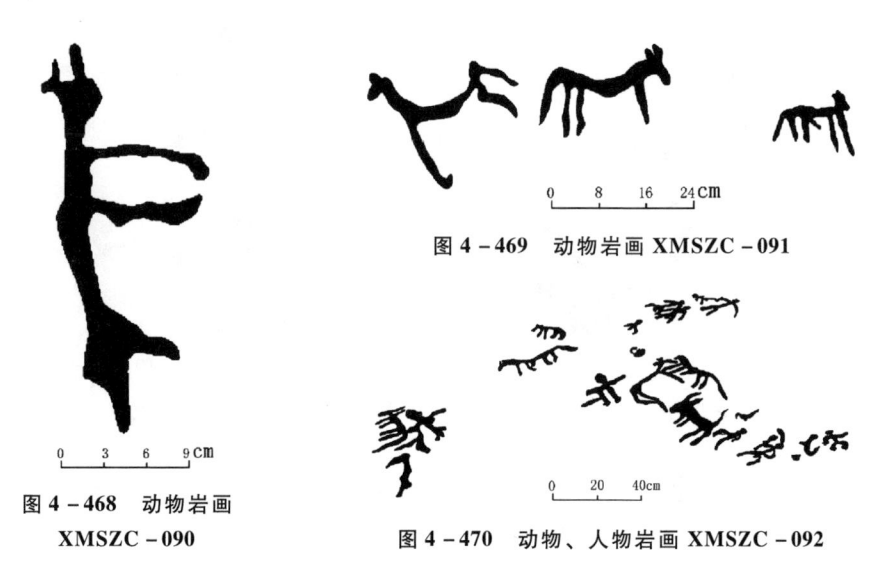

图 4 – 470 动物、人物岩画 XMSZC – 092

XMSZC – 093：地理坐标为北纬 44°30′82.95″，东经 111°31′48.59″。

岩面朝上，尺寸为 30cm×40cm。凿刻，粗线条形态，刻痕为褐色。调查确认 1 个单体图像，可能是 1 动物形象（图 4-471）。

XMSZC-094：地理坐标为北纬 44°30′08.24″，东经 111°31′34.22″。岩面朝上，尺寸为 90cm×70cm。凿刻，刻痕为灰褐色，线条造型。调查确认 2 个单体图像，2 马（图 4-472）。

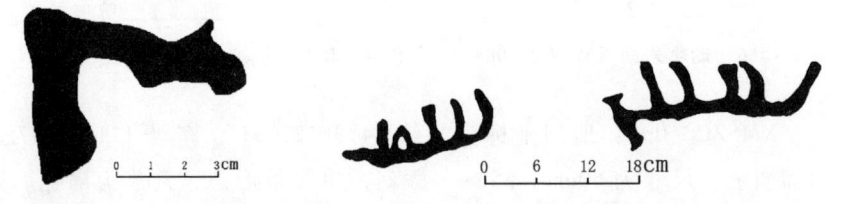

图 4-471　动物岩画 XMSZC-093　　图 4-472　动物岩画 XMSZC-094

XMSZC-095：地理坐标为北纬 44°30′08.03″，东经 111°31′33.82″。岩面朝上，尺寸为 45cm×40cm。凿刻，线条造型，刻痕为褐色。调查确认 1 个单体图像，1 羊（图 4-473）。

XMSZC-096：地理坐标为北纬 44°30′07.92″，东经 111°31′33.83″。岩面朝西，尺寸为 38cm×85cm。凿刻，刻痕为褐色，线条较粗。调查确认 1 个单体图像，1 羊（图 4-474）。

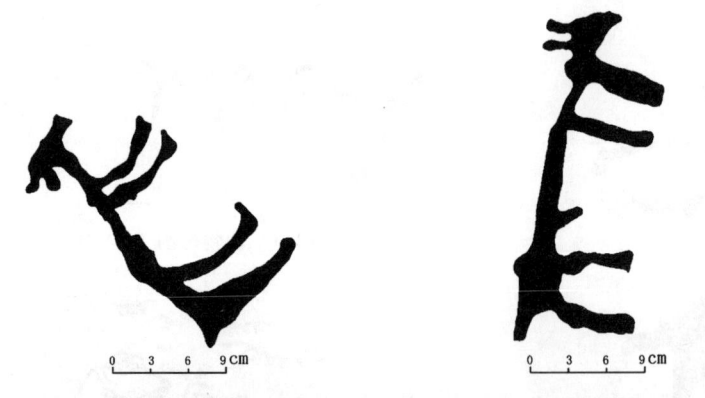

图 4-473　动物岩画 XMSZC-095　　图 4-474　动物岩画 XMSZC-096

XMSZC-097：地理坐标为北纬 44°30′07.97″，东经 111°31′33.84″。岩面朝上，尺寸为 60cm×52cm。凿刻，刻痕为褐色，线条较粗，刻痕较浅。调查确认 1 个单体图像，1 羊（图 4-475）。

XMSZC-098：地理坐标为北纬 44°30′08.12″，东经 111°31′33.45″。

岩面朝上，尺寸为40cm×25cm。凿刻，刻痕为褐色，刻痕较浅，线条造型。调查确认2个单体图像，2马（图4-476）。

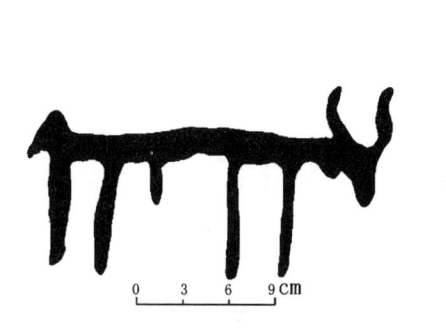

图4-475 动物岩画XMSZC-097 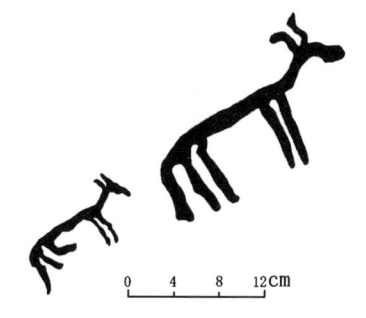　　图4-476 动物岩画XMSZC-098

XMSZC-099：地理坐标为北纬44°30′07.76″，东经111°31′33.26″。岩面朝上，尺寸为40cm×38cm。凿刻，刻痕为褐色，刻痕较浅，线条较粗。调查确认2个单体图像，1狗、1不可识别动物（图4-477）。

XMSZC-100：地理坐标为北纬44°30′07.77″，东经111°31′33.16″。岩面朝西，尺寸为55cm×70cm。凿刻，刻痕为褐色，线条造型，刻痕较浅。调查确认2个单体图像，1马、1羊（图4-478）。

图4-477 动物岩画XMSZC-099 　　图4-478 动物岩画XMSZC-100

XMSZC-101：地理坐标为北纬44°30′07.64″，东经111°31′32.79″。岩面朝上，尺寸为40cm×16cm。凿刻，刻痕为褐色，线条较粗，刻痕较浅。调查确认2个单体图像，1牛，1不可识别动物（图4-479）。

XMSZC-102：地理坐标为北纬44°30′07.75″，东经111°31′35.97″。岩面朝西，尺寸为54cm×82cm。凿刻，粗线条形态，刻痕为褐色，刻痕较浅。调查确认2个单体图像，2马（图4-480）。

XMSZC-103：地理坐标为北纬 44°30′06.52″，东经 111°31′37.18″。岩面朝上，尺寸为 53cm×120cm。凿刻，刻痕为灰褐色，线条造型。调查确认 5 个单体图像，1 人、2 马、2 不可识别动物（图 4-481）。

图 4-479　动物岩画 XMSZC-101

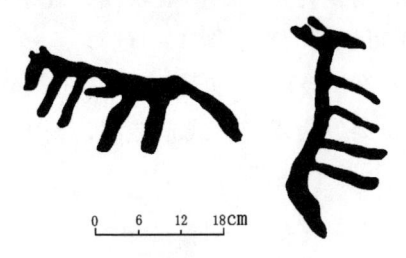

图 4-480　动物岩画 XMSZC-102

图 4-481　动物、人物岩画 XMSZC-103

XMSZC-104：地理坐标为北纬 44°30′06.47″，东经 111°31′37.15″。岩面朝上，尺寸为 40cm×20cm。凿刻，刻痕为褐色，线条较粗。调查确认 1 个单体图像，可能是 1 马（图 4-482）。

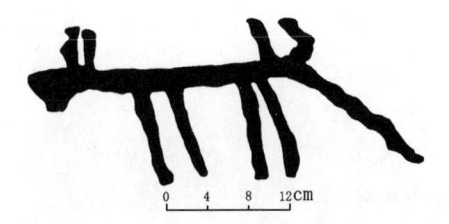

图 4-482　动物岩画 XMSZC-104

XMSZC-105：地理坐标为北纬 44°30′06.61″，东经 111°30′06.61″。岩面朝东，尺寸为 205cm×130cm。凿刻，岩面为黄褐色，刻痕为灰褐色，线条造型，线条较细。调查确认10个单体图像，5马、2羊、1狗、1猎人、1"Y"字形符号（图4-483）。

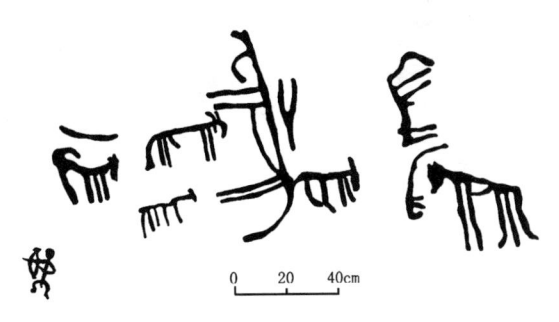

图4-483 动物、人物、符号岩画 XMSZC-105

XMSZC-106：地理坐标为北纬44°30′06.60″，东经111°31′37.20″。岩面朝上，尺寸为28cm×18cm。凿刻，刻痕为灰色，线条较粗。调查确认1个单体图像，可能为1马（图4-484）。

XMSZC-107：地理坐标为北纬44°30′06.58″，东经111°31′37.20″。岩面朝上，尺寸为10cm×15cm。凿刻，线条造型，刻痕为褐色，刻痕较深。调查确认1个单体图像，1马（图4-485）。

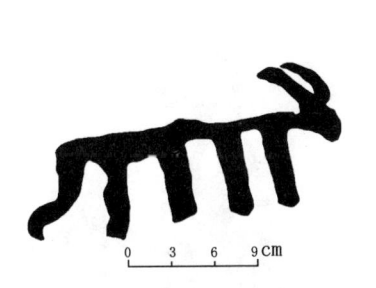

图4-484 动物岩画 XMSZC-106 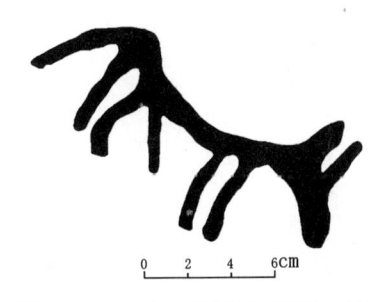　　图4-485 动物岩画 XMSZC-107

XMSZC-108：地理坐标为北纬44°30′06.51″，东经111°31′37.07″。岩面朝西，尺寸为15cm×20cm。凿刻，线条造型，刻痕为褐色。调查确认2个单体图像，可能是2马，图像有破损（图4-486）。

XMSZC-109：地理坐标为北纬44°30′06.79″，东经111°31′37.44″。岩面朝上，尺寸为50cm×50cm。凿刻，线条造型，刻痕为褐色。调查确认1个单体图像，可能为1马（图4-487）。

图 4 - 486　动物岩画 XMSZC - 108 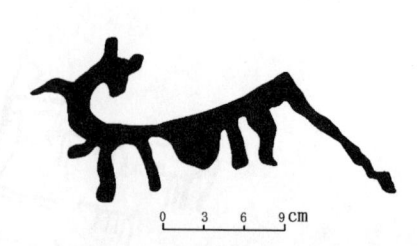　　　图 4 - 487　动物岩画 XMSZC - 109

XMSZC - 110：地理坐标为北纬 44°30′04.96″，东经 111°31′35.45″。岩面朝上，尺寸为 90cm × 77cm。凿刻，线条造型，刻痕为褐色，图像较为模糊。调查确认 3 个单体图像，为 2 不可识别动物、1 组凹穴（图 4 - 488）。

XMSZC - 111：地理坐标为北纬 44°30′03.49″，东经 111°31′31.75″。岩面朝上，尺寸为 40cm × 50cm。凿刻，线条造型，刻痕为褐色。调查确认 2 个单体图像，2 马（图 4 - 489）。

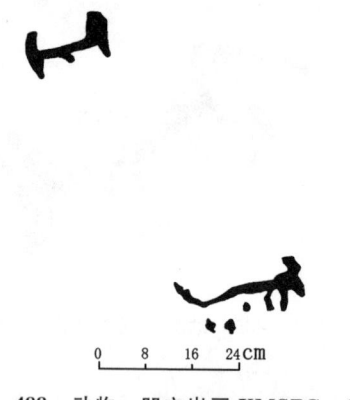

图 4 - 488　动物、凹穴岩画 XMSZC - 110 　　　图 4 - 489　动物岩画 XMSZC - 111

XMSZC - 112：地理坐标为北纬 44°30′03.47″，东经 111°31′31.98″。岩面朝上，尺寸为 35cm × 40cm。凿刻，线条造型，刻痕为褐色，刻痕较浅。调查确认 1 个单体图像，1 马（图 4 - 490）。

XMSZC - 113：地理坐标为北纬 44°30′03.47″，东经 111°31′31.92″。岩面朝上，尺寸为 47cm × 43cm。凿刻，粗线条形态，刻痕为褐色。调查确认 2 个单体图像，可能为 2 羊（图 4–491）。

图 4–490 动物岩画 XMSZC–112

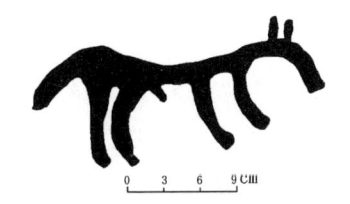

图 4–491 动物岩画 XMSZC–113

XMSZC–114：地理坐标为北纬 44°30′03.39″，东经 111°31′31.96″。岩面朝上，尺寸为 24cm×20cm。凿刻，刻痕为黄褐色，线条造型。调查确认 1 个单体图像，1 马（图 4–492）。

XMSZC–115：地理坐标为北纬 44°30′03.37″，东经 111°31′31.80″。岩面朝上，尺寸为 60cm×39cm。凿刻，刻痕为灰褐色，线条造型。调查确认 1 个单体图像，1 马（图 4–493）。

图 4–492 动物岩画 XMSZC–114

图 4–493 动物岩画 XMSZC–115

XMSZC–116：地理坐标为北纬 44°30′03.29″，东经 111°31′31.72″。岩面朝上，尺寸为 154cm×86cm。凿刻，刻痕为褐色，线条造型。调查确认 8 个单体图像，2 马、4 羊、2 不可识别动物（图 4–494）。

XMSZC–117：地理坐标为北纬 44°30′03.25″，东经 111°31′31.77″。岩面朝上，尺寸为 70cm×35cm。凿刻，刻痕为黄褐色，刻痕较浅，线条较细。调查确认 2 个单体图像，2 马（图 4–495）。

XMSZC–118：地理坐标为北纬 44°30′03.38″，东经 111°31′32.17″。岩面朝上，尺寸为 84cm×33cm。凿刻，刻痕为褐色，线条造型。调查确认 2 个单体图像，2 马（图 4–496）。

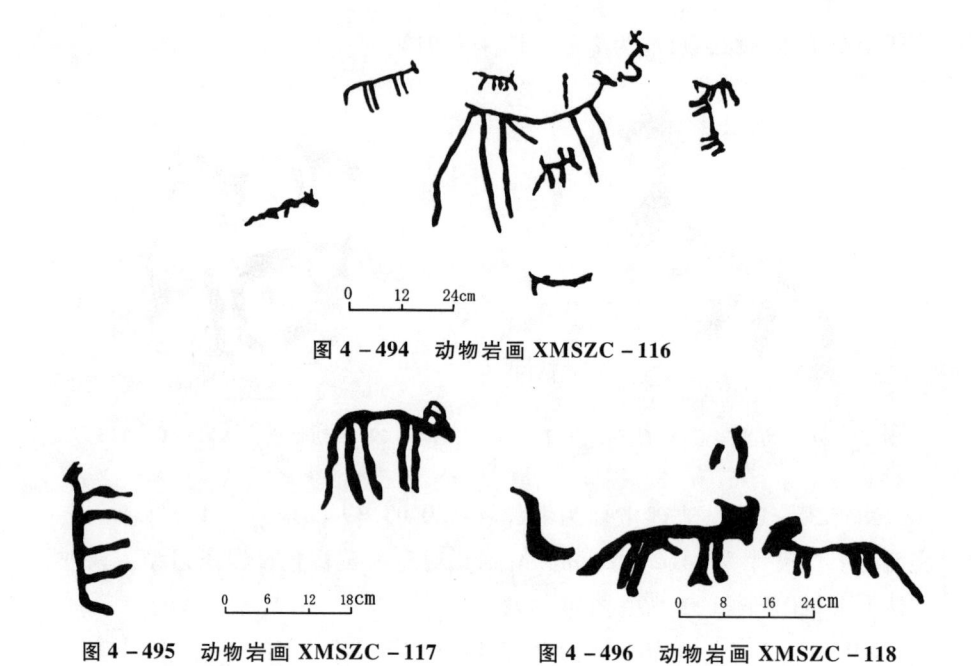

图 4-494 动物岩画 XMSZC-116

图 4-495 动物岩画 XMSZC-117

图 4-496 动物岩画 XMSZC-118

XMSZC-119：地理坐标为北纬 44°30′03.35″，东经 111°31′32.45″。岩面朝上，尺寸为 26cm×40cm。凿刻，刻痕为褐色，线条造型。调查确认 1 个单体图像，1 马（图 4-497）。

XMSZC-120：地理坐标为北纬 44°30′03.30″，东经 111°31′32.36″。岩面朝上，尺寸为 90cm×38cm。凿刻，刻痕为褐色，线条造型。调查确认 4 个单体图像，1 人、1 马、1 圆圈、1 不可识别图像（图 4-498）。

图 4-497 动物岩画 XMSZC-119

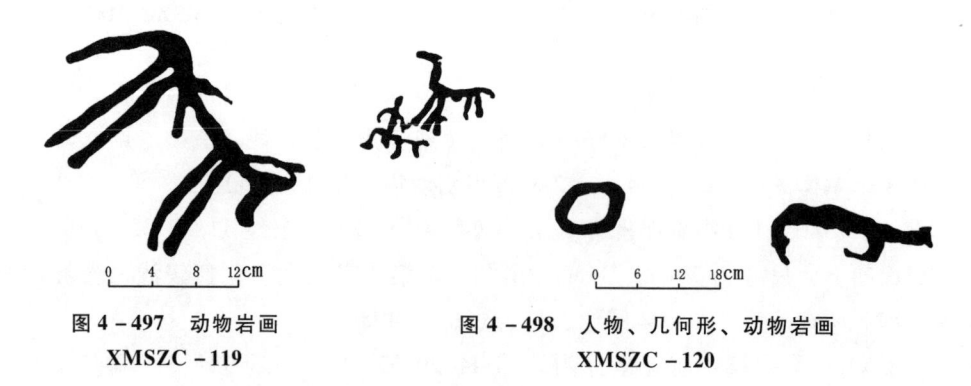

图 4-498 人物、几何形、动物岩画 XMSZC-120

XMSZC-121：地理坐标为北纬 44°30′18.52″，东经 111°31′29.48″。

岩面朝上，尺寸为 43cm×34cm。凿刻，刻痕为褐色，线条较粗，刻痕较浅。调查确认 2 个单体图像，2 马。左侧图像未完成（图 4-499）。

XMSZC-122：地理坐标为北纬 44°30′18.52″，东经 111°31′29.53″。岩面朝西，尺寸为 40cm×30cm。凿刻，粗线条形态，刻痕为褐色，刻痕较浅。调查确认 1 个单体图像，1 马（图 4-500）。

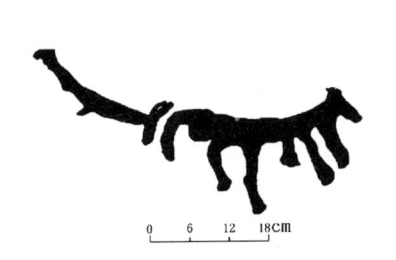

图 4-499 动物岩画 XMSZC-121 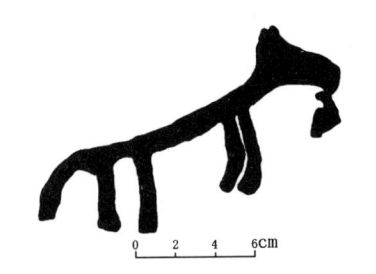   图 4-500 动物岩画 XMSZC-122

XMSZC-123：地理坐标为北纬 44°30′18.50″，东经 111°31′29.64″。岩面朝上，尺寸为 73cm×47cm。凿刻，刻痕为灰褐色，线条造型。调查确认 5 个单体图像，2 人、2 马、1 车辆，两人分别牵马（图 4-501）。

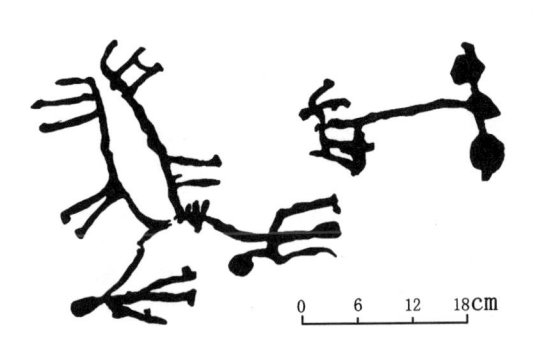

图 4-501 人牵马、车辆岩画 XMSZC-123

XMSZC-124：地理坐标为北纬 44°30′19.19″，东经 111°31′28.09″。岩面朝上，尺寸为 40cm×23cm。凿刻，刻痕为褐色，线条造型。调查确认 3 个单体图像，3 羊。岩面下方羊的腹部下有凿刻点（图 4-502）。

XMSZC-125：地理坐标为北纬 44°30′21.47″，东经 111°31′31.53″。岩面朝上，尺寸为 35cm×30cm。凿刻，刻痕为黄褐色，线条较粗。调查确认 1 个单体图像，1 人（图 4-503）。

图 4-502　动物岩画 XMSZC-124 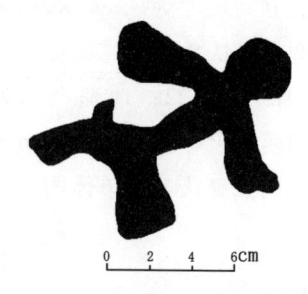　　　　图 4-503　人物岩画 XMSZC-125

　　XMSZC-126：地理坐标为北纬 44°30′25.11″，东经 111°31′25.08″。岩面朝北，尺寸为 40cm×108cm。凿刻，刻痕为灰色，线条造型。调查确认 3 个单体图像，1 马、1 狗、1 符号（图 4-504）。

　　XMSZC-127：地理坐标为北纬 44°30′25.16″，东经 111°31′25.10″。岩面朝上，尺寸为 48cm×22cm。凿刻，线条较粗，刻痕为褐色，刻痕较浅。调查确认 1 个单体图像，为 1 曲线（图 4-505）。

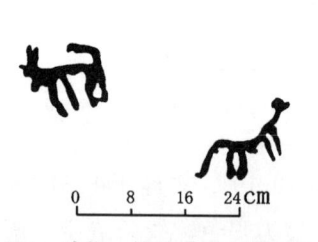

图 4-504　动物、符号岩画 XMSZC-126 　　　　图 4-505　几何形岩画 XMSZC-127

　　XMSZC-128：地理坐标为北纬 44°30′23.03″，东经 111°31′24.96″。岩面朝北，尺寸为 120cm×50cm。凿刻，刻痕为褐色，线条较粗。调查确认 2 个单体图像，2 马（图 4-506）。

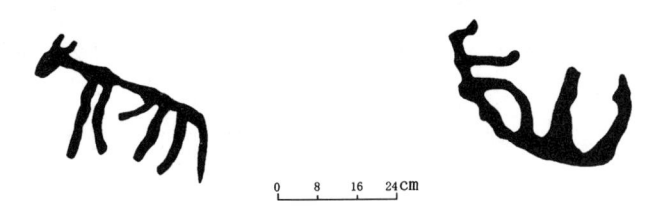

图 4-506 动物岩画 XMSZC-128

XMSZC-129：地理坐标为北纬 44°30′19.93″，东经 111°31′20.10″。岩面朝北，尺寸为 45cm×40cm。凿刻，线条造型，刻痕为褐色。调查确认 1 个单体图像，1 马（图 4-507）。

XMSZC-130：地理坐标为北纬 44°30′20.03″，东经 111°31′20.01″。岩面朝上，尺寸为 60cm×40cm。凿刻，线条造型，刻痕为褐色。调查确认 3 个单体图像，3 马（图 4-508）。

图 4-507 动物岩画 XMSZC-129 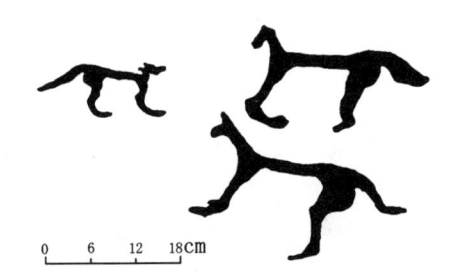   图 4-508 动物岩画 XMSZC-130

XMSZC-131：地理坐标为北纬 44°30′19.06″，东经 111°31′19.33″。岩面朝上，尺寸为 95cm×35cm。凿刻，线条造型，刻痕为褐色。调查确认 2 个单体图像，2 马（图 4-509）。

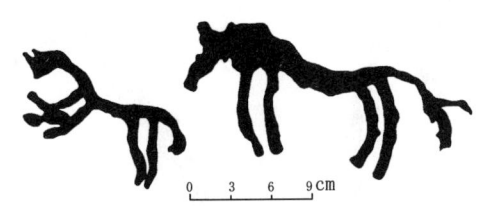

图 4-509 动物岩画 XMSZC-131

XMSZC－132：地理坐标为北纬 44°30′19.02″，东经 111°31′19.44″。岩面朝上，尺寸为 70cm×20cm。凿刻，线条造型，刻痕为褐色，刻痕较浅。调查确认 1 个单体图像，1 马（图 4－510）。

XMSZC－133：地理坐标为北纬 44°30′19.09″，东经 111°31′19.43″。岩面朝上，尺寸为 35cm×16cm。凿刻，粗线条形态，刻痕为褐色。调查确认 1 个单体图像，1 不可识别动物（图 4－511）。

图 4－510　动物岩画 XMSZC－132 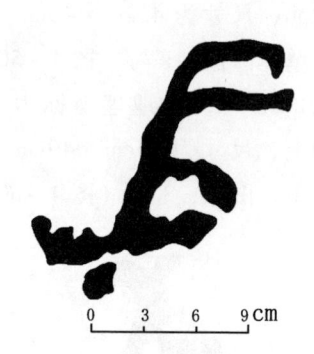　　　图 4－511　动物岩画 XMSZC－133

XMSZC－134：地理坐标为北纬 44°30′18.96″，东经 111°31′19.54″。岩面朝上，尺寸为 40cm×20cm。凿刻，刻痕为黄褐色，线条造型。调查确认 1 个单体图像，1 马（图 4－512）。

XMSZC－135：地理坐标为北纬 44°30′18.88″，东经 111°31′19.57″。岩面朝上，尺寸为 50cm×26cm。凿刻，刻痕为褐色，线条造型。调查确认 1 个单体图像，为 1 曲线（图 4－513）。

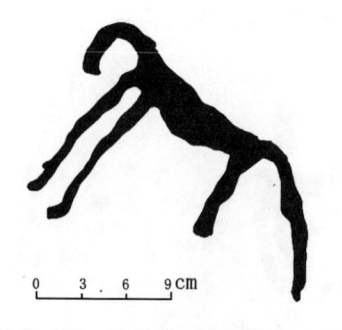

图 4－512　动物岩画 XMSZC－134 　　　图 4－513　几何形岩画 XMSZC－135

XMSZC-136：地理坐标为北纬44°30′18.51″，东经111°31′18.82″。岩面朝西，尺寸为50cm×20cm。凿刻，刻痕为褐色，线条较细。调查确认1个单体图像，1马（图4-514）。

XMSZC-137：地理坐标为北纬44°30′18.51″，东经111°31′18.82″。岩面朝西，尺寸为50cm×20cm。凿刻，刻痕为褐色，刻痕较浅，线条较细。调查确认1个单体图像，1马（图4-515）。

图4-514 动物岩画 XMSZC-136 　　图4-515 动物岩画 XMSZC-137

XMSZC-138：地理坐标为北纬44°30′15.91″，东经111°31′14.40″。岩面朝上，尺寸为67cm×59cm。凿刻，刻痕为褐色，线条造型。调查确认1个单体图像，1人（图4-516）。

XMSZC-139：地理坐标为北纬44°30′15.86″，东经111°31′14.44″。岩面朝上，尺寸为60cm×35cm。凿刻，刻痕为褐色，线条造型。调查确认1个单体图像，1马（图4-517）。

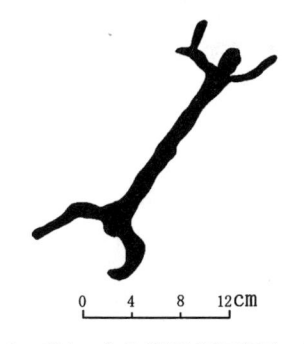

图4-516 人物岩画 XMSZC-138 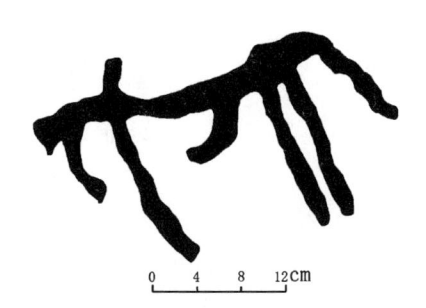　　图4-517 动物岩画 XMSZC-139

XMSZC－140：地理坐标为北纬 44°30′14.89″，东经 111°31′15.30″。岩面朝上，尺寸为 47cm×40cm。凿刻，刻痕为褐色，线条造型。调查确认 3 个单体图像，可能是 3 羊，岩面风化严重（图 4－518）。

XMSZC－141：地理坐标为北纬 44°30′00.94″，东经 111°31′12.55″。岩面朝北，尺寸为 60cm×30cm。凿刻，刻痕为褐色，线条造型。调查确认 1 个单体图像，1 羊（图 4－519）。

图 4－518　动物岩画 XMSZC－140 　　　　图 4－519　动物岩画 XMSZC－141

XMSZC－142：地理坐标为北纬 44°30′01.16″，东经 111°31′12.48″。岩面朝上，尺寸为 63cm×36cm。凿刻，线条造型，刻痕为褐色。调查确认 5 个单体图像，2 人、2 马、1 不可识别动物（图 4－520）。

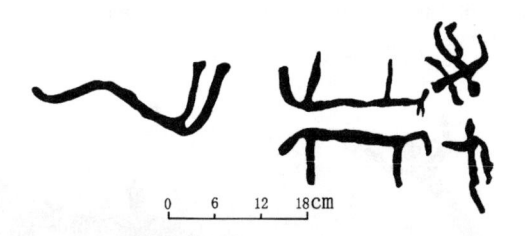

图 4－520　动物、人物岩画 XMSZC－142

XMSZC－143：地理坐标为北纬 44°30′01.10″，东经 111°31′12.84″。岩面朝北，尺寸为 40cm×30cm。凿刻，刻痕为褐色，线条较粗。调查确认 1 个单体图像，1 马（图 4－521）。

XMSZC－144：地理坐标为北纬 44°30′01.57″，东经 111°31′13.21″。

岩面朝南，尺寸为 40cm×50cm。凿刻，线条较细，刻痕为褐色，刻痕较浅。调查确认 2 个单体图像，可能是 2 羊（图 4-522）。

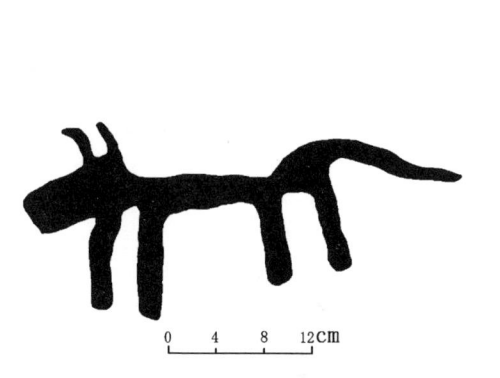

图 4-521 动物岩画 XMSZC-143

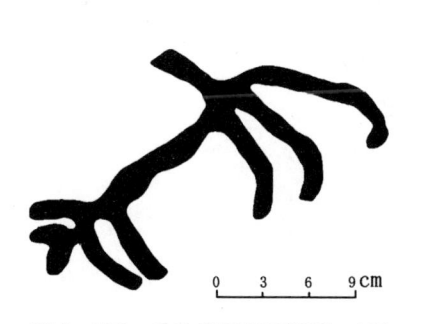

图 4-522 动物岩画 XMSZC-144

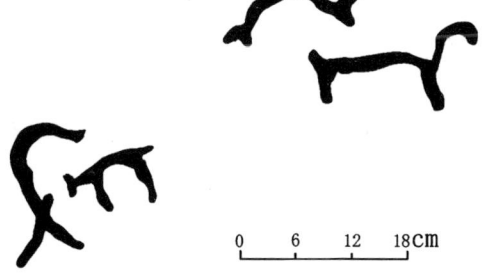

XMSZC-145：地理坐标为北纬 44°30′01.21″，东经 111°31′07.21″。岩面朝上，尺寸为 35cm×21cm。凿刻，刻痕为褐色，线条较粗。岩面风化严重。调查确认 1 个单体图像，1 马（图 4-523）。

XMSZC-146：地理坐标为北纬 44°30′45.11″，东经 111°31′45.08″。岩面朝北，尺寸为 40cm×108cm。凿刻，刻痕为褐色，线条造型。调查确认 4 个单体图像，1 羊、3 不可识别动物（图 4-524）。

图 4-523 动物岩画 XMSZC-145

图 4-524 动物岩画 XMSZC-146

XMSZC-147：地理坐标为北纬 44°29′51.26″，东经 111°31′13.35″。岩面朝北，尺寸为 70cm×70cm。凿刻，线条造型；刻痕为褐色，刻痕较浅。调查确认 4 个单体图像，4 马（图 4-525）。

XMSZC-148：地理坐标为北纬 44°29′51.21″，东经 111°31′13.30″。

岩面朝西，尺寸为 70cm×45cm。凿刻，刻痕为灰褐色，刻痕较浅。调查确认 2 个单体图像，岩面左下方可能是 1 牛，剪影式造型，上方动物形象不可识别（图 4 - 526）。

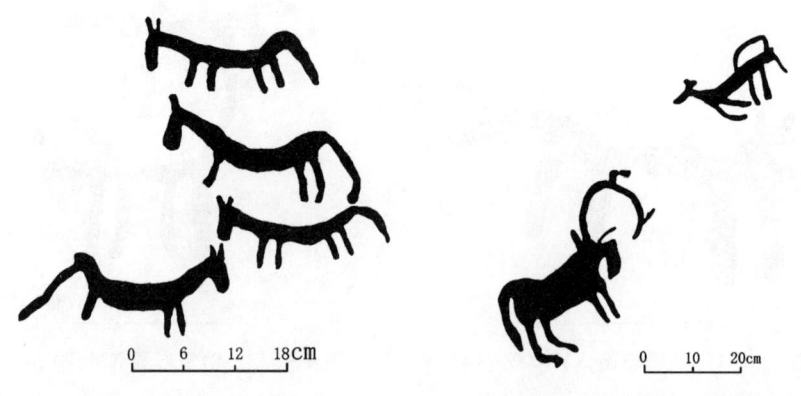

图 4 - 525　动物岩画 XMSZC - 147　　　图 4 - 526　动物岩画 XMSZC - 148

XMSZC - 149：地理坐标为北纬 44°29′46.55″，东经 111°31′09.90″。岩面朝上，尺寸为 52cm×25cm。凿刻，线条造型，刻痕为褐色。调查确认 1 个单体图像，可能为 1 羊。腹部下方有若干凿刻点（图 4 - 527）。

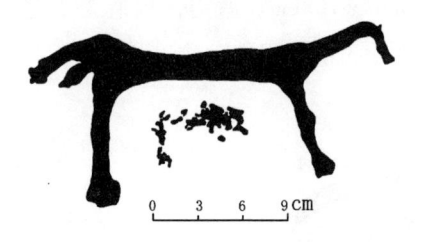

图 4 - 527　动物岩画 XMSZC - 149

XMSZC - 150：地理坐标为北纬 44°29′47.41″，东经 111°31′09.82″。岩面朝上，尺寸为 60cm×45cm。凿刻，线条造型，刻痕为褐色。调查确认 2 个单体图像，岩面上方为 4 短直竖线，下方为 1 动物形象（图 4 - 528）。

XMSZC - 151：地理坐标为北纬 44°29′31.29″，东经 111°31′09.94″。岩面朝北，尺寸为 35cm×65cm。凿刻，线条造型，刻痕为褐色。调查确认 1 个单体图像，1 车辆（图 4 - 529）。

XMSZC - 152：地理坐标为北纬 44°29′48.28″，东经 111°31′09.60″。岩面朝北，尺寸为 60cm×40cm。凿刻，粗线条形态，刻痕为褐色，刻痕较浅，图像较为模糊。调查确认 2 个单体图像，2 马（图 4-530）。

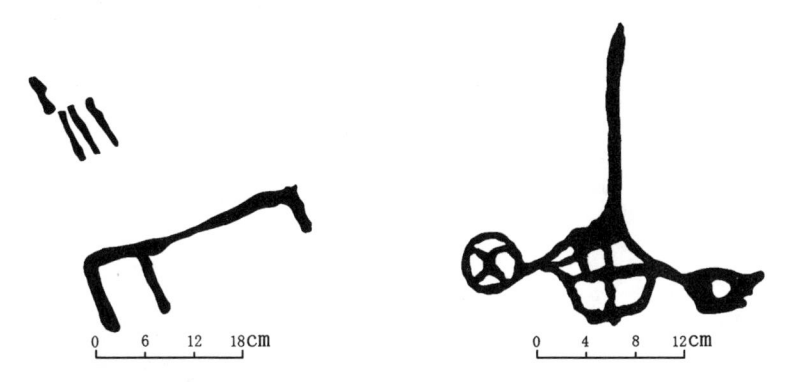

图 4-528 动物、线条岩画 XMSZC-150　　图 4-529 车辆岩画 XMSZC-151

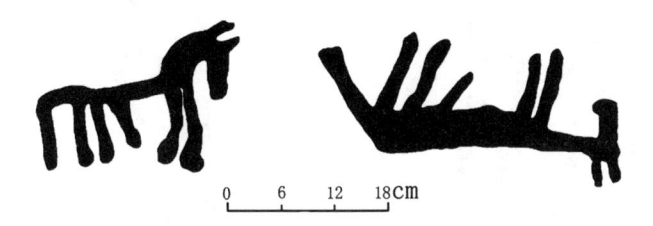

图 4-530 动物岩画 XMSZC-152

XMSZC-153：地理坐标为北纬 44°29′45.47″，东经 111°31′12.98″。岩面朝北，尺寸为 45cm×30cm。凿刻，线条形态，刻痕为褐色。调查确认 1 个单体图像，1 人物形象（图 4-531）。

XMSZC-154：地理坐标为北纬 44°29′46.17″，东经 111°31′20.79″。岩面朝南，尺寸为 50cm×40cm。岩面风化严重，刻痕模糊，无法识别与绘图。

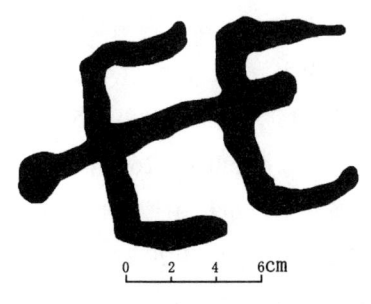

图 4-531 人物岩画 XMSZC-153

XMSZC-155：地理坐标为北纬 44°29′46.96″，东经 111°31′21.49″。岩面朝西，尺寸为 45cm×70cm。凿刻，刻痕为褐色，线条造型。调查确认 1 个单体图像，1 马（图 4-532）。

XMSZC-156：地理坐标为北纬 44°29′47.03″，东经 111°31′21.43″。岩面朝东，尺寸为 50cm×40cm。凿刻，刻痕为褐色，图像较为模糊。调查确认 2 个单体图像，2 不可识别动物（图 4-533）。

图 4-532　动物岩画 XMSZC-155　　　图 4-533　动物岩画 XMSZC-156

4.3　巴日嘎图岩画

巴日嘎图岩画地点，编号为 D 区，位于洪格尔苏木旭日昌图（又作舒日昌图）嘎查，查干敖包庙以北，地理坐标为北纬 44°29′35.54″，东经 111°33′06.22″，海拔为 1097～1128m。岩画编号为 XMSZD-001～142，线图共 141 幅，技法以凿刻为主。

XMSZD-001：地理坐标为北纬 44°29′35.54″，东经 111°33′06.22″。海拔 1113m。岩面朝上，尺寸为 58cm×26cm。制作技法为凿刻，刻痕为灰褐色，线条造型。调查确认 1 个单体图像，1 马（图 4-534）。

XMSZD-002：地理坐标为北纬 44°29′37.17″，东经 111°33′05.05″。海拔 1113m。岩面朝南，尺寸为 55cm×18cm。制作技法为凿刻，刻痕为褐色，线条造型。调查确认 1 个单体图像，1 马（图 4-535）。

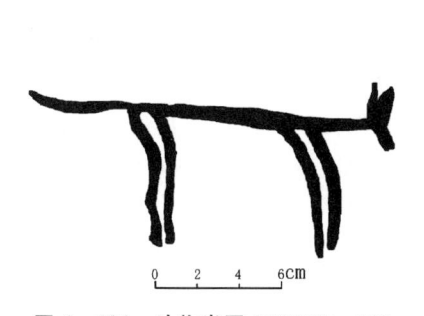

图 4-534　动物岩画 XMSZD-001 　　　图 4-535　动物岩画 XMSZD-002

XMSZD-003：地理坐标为北纬 44°29′37.29″，东经 111°33′05.13″。海拔 1117m。岩面朝南，尺寸为 90cm×33cm。制作技法为凿刻，刻痕为褐色，线条造型。调查确认 2 个单体图像，可能为 2 马（图 4-536）。

图 4-536　动物岩画 XMSZD-003

XMSZD-004：地理坐标为北纬 44°29′37.28″，东经 111°33′05.48″。海拔 1116m。岩面朝南，尺寸为 43cm×28cm。制作技法为凿刻，刻痕为黄色，线条造型。调查确认 1 个单体图像，1 狗（图 4-537）。

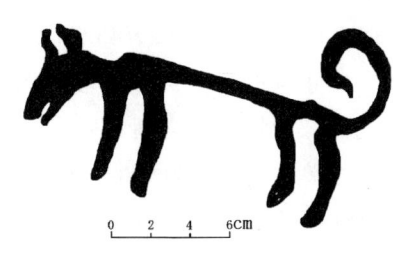

图 4-537　动物岩画 XMSZD-004

XMSZD-005：地理坐标为北纬 44°29′37.59″，东经 111°33′06.20″。海拔

1119m。岩面朝南，尺寸为35cm×80cm。制作技法为凿刻，刻痕为褐色，剪影式造型。调查1个单体图像，岩石风化严重，不可识别（图4-538）。

XMSZD-006：地理坐标为北纬44°29′38.34″，东经111°33′05.85″。海拔1121m。岩面朝北，尺寸为36cm×17cm。制作技法为凿刻，刻痕为灰黄色，线条造型。调查确认1个单体图像，1不可识别动物（图4-539）。

XMSZD-007：地理坐标为北纬44°29′38.64″，东经111°33′08.75″。海拔1124m。岩面朝上，尺寸为50cm×50cm。制作技法为凿刻，刻痕为灰黄色，线条造型。调查确认1个单体图像，1不可识别动物。岩石风化严重，图像残缺（图4-540）。

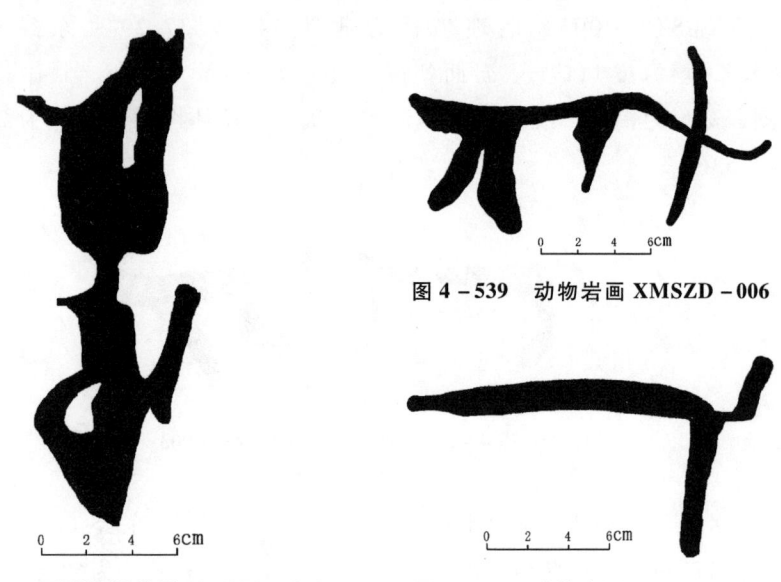

图4-538　一不可识别岩画 XMSZD-005

图4-539　动物岩画 XMSZD-006

图4-540　动物岩画 XMSZD-007

XMSZD-008：地理坐标为北纬44°29′43.74″，东经111°33′16.40″。海拔1128m。岩面朝东，尺寸为82cm×35cm。多个图像，无打破关系，制作技法为凿刻，右上角的图像为划刻。岩画为剪影式造型和线条造型，刻痕为褐灰色。调查确认4个单体图像，为1牛、3马（图4-541）。

XMSZD-009：地理坐标为北纬44°29′43.79″，东经111°33′16.45″。海拔1124m。岩面朝东，尺寸为65cm×31cm。制作技法为划刻，刻痕为褐色，线条较细。调查确认1个单体图像，1马（图4-542）。

XMSZD-010：地理坐标为北纬44°29′43.73″，东经111°33′16.20″。海拔

1126m。岩面朝东南，尺寸为43cm×23cm。制作技法为凿刻，刻痕为灰褐色，线条造型。调查确认1个单体图像，1马（图4-543）。

图4-541 动物岩画 XMSZD-008

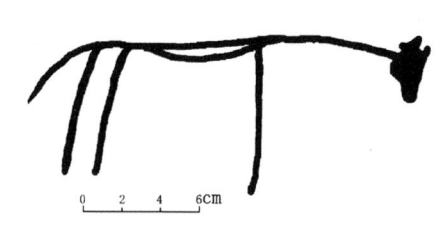

图4-542 动物岩画 XMSZD-009 　　图4-543 动物岩画 XMSZD-010

XMSZD-011：地理坐标为北纬44°29′44.93″，东经111°33′21.03″。海拔1115m。岩面朝上，尺寸为40cm×50cm。制作技法为凿刻，刻痕为灰褐色，刻痕较浅，线条造型。调查确认1个单体图像，1不可识别动物（图4-544）。

XMSZD-012：地理坐标为北纬44°29′45.97″，东经111°33′23.61″。海拔1118m。岩面朝南，尺寸为34cm×24cm。制作技法为凿刻，刻痕为褐色，线条造型。调查确认3个单体图像，为3不可识别动物（图4-545）。

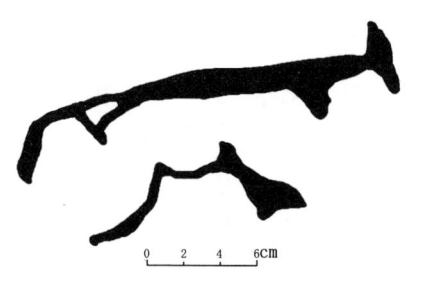

图4-544 动物岩画 XMSZD-011 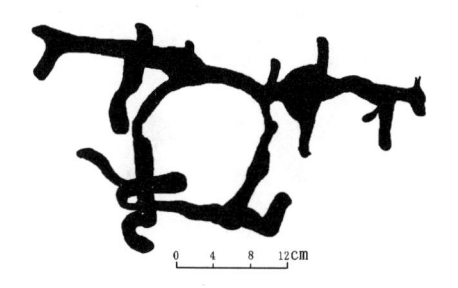　　图4-545 动物岩画 XMSZD-012

XMSZD-013：地理坐标为北纬 44°29′46.44″，东经 111°33′24.30″。海拔 1118m。岩面朝南，尺寸为 63cm×45cm。制作技法为凿刻，刻痕为褐色，线条造型。确认 4 个单体图像，为 1 人、2 马、1 羊。人物双手高举过头的可能是哈达（图 4-546）。

图 4-546　人物、动物岩画 XMSZD-013

XMSZD-014：地理坐标为北纬 44°29′46.43″，东经 111°33′29.03″。海拔 1115m。岩面朝西，尺寸为 33cm×55cm。制作技法为凿刻，刻痕为青灰色，线条造型。确认 2 个单体图像，2 不可识别的动物。图像因岩石风化而残损（图 4-547）。

XMSZD-015：地理坐标为北纬 44°29′46.46″，东经 111°33′29.19″。海拔 1115m。岩面朝南，尺寸为 67cm×41cm。制作技法为凿刻，刻痕为青灰色，线条较粗，为线条造型。确认 1 个单体图像，1 符号。整体呈倒立的"王"字形（图 4-548）。

图 4-547　动物岩画 XMSZD-014　　　图 4-548　符号岩画 XMSZD-015

XMSZD-016：地理坐标为北纬 44°31′46.57″，东经 111°33′29.29″。海拔1114m。岩面朝东，尺寸为 68cm×27cm。制作技法为凿刻，刻痕为青灰色，线条造型。确认6个单体图像，为2马、1狗、1羊、2蹄印（图4-549）。

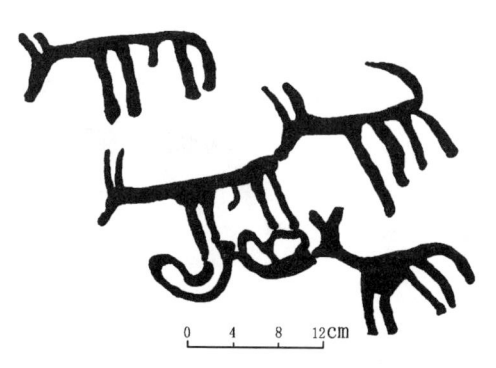

图4-549　动物、蹄印岩画 XMSZD-016

XMSZD-017：地理坐标为北纬 44°29′46.40″，东经 111°33′29.27″。海拔1114m。岩面朝东，尺寸为 55cm×32cm。单体位于岩面上部，制作技法为凿刻，刻痕为青灰色，线条造型。确认1个单体图像，1人（图4-550）。

图4-550　人物岩画 XMSZD-017

XMSZD-018：地理坐标为北纬 44°29′46.60″，东经 111°33′29.31″。海拔1114m。岩面朝东，尺寸为 71cm×103cm。制作技法为凿刻，刻痕为黄褐色，刻痕较浅，线条造型。确认6个单体图像，为5人、1马。其中有1人牵马场景（图4-551）。

XMSZD-019：地理坐标为北纬 44°29′46.80″，东经 111°33′29.68″。

海拔1113m。岩面朝南，尺寸为97cm×58cm。制作技法为凿刻，刻痕为灰褐色，线条造型。确认2个单体图像，为1人、1马（图4-552）。

XMSZD-020：地理坐标为北纬44°29′52.48″，东经111°33′26.72″。海拔1118m。岩面朝上，尺寸为60cm×54cm。制作技法为凿刻，刻痕为灰色，线条造型。确认2个单体图像，为1人、1马（图4-553）。

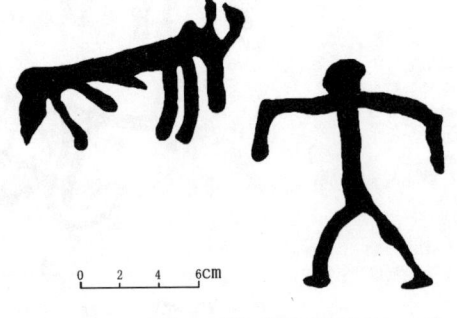

图4-552 人物、动物岩画 XMSZD-019

图4-551 人物、动物岩画 XMSZD-018

图4-553 人物、动物岩画 XMSZD-020

XMSZD-021：地理坐标为北纬44°29′52.31″，东经111°33′26.55″。海拔1120m。岩面朝东，尺寸为10cm×28cm。制作技法为凿刻，刻痕为灰褐色，线条造型。确认1个单体图像，为1人（图4-554）。

XMSZD-022：地理坐标为北纬44°29′52.23″，东经111°33′26.55″。海拔1117m。岩面朝东，尺寸为30cm×28cm。制作技法为凿刻，刻痕为青灰色，线条较粗。确认2个单体图像，1羊、1猛兽，上方图像可能为1猛兽（图4-555）。

图 4 – 554　人物岩画 XMSZD – 021　　图 4 – 555　动物岩画 XMSZD – 022

XMSZD – 023：地理坐标为北纬 44°29′52.25″，东经 111°33′26.54″。海拔 1114m。岩面朝东，尺寸为 38cm × 42cm。制作技法为凿刻，刻痕为青灰色，刻痕浅，线条造型。确认 3 个单体图像，为 1 人、1 马、1 狗（图 4 – 556）。

XMSZD – 024：地理坐标为北纬 44°29′52.34″，东经 111°33′26.56″。海拔 1116m。岩面朝东，尺寸为 31cm × 12cm。制作技法为凿刻，刻痕为青灰色，线条较粗，为线条造型。确认 1 个单体图像，可能为 1 羊（图 4 – 557）。

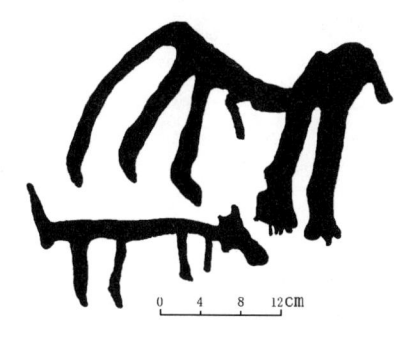

图 4 – 556　人物、动物岩画 XMSZD – 023　　图 4 – 557　动物岩画 XMSZD – 024

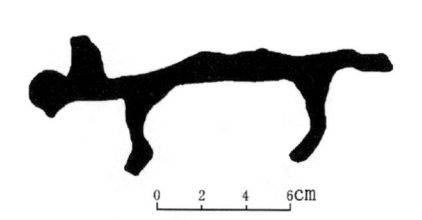

XMSZD – 025：地理坐标为北纬 44°29′52.32″，东经 111°33′26.58″。海拔 1119m。岩面朝南，尺寸为 37cm × 21cm。制作技法为凿刻，刻痕为褐色，线条较粗。确认 1 个单体图像，1 不可识别动物（图 4 – 558）。

XMSZD – 026：地理坐标为北纬 44°29′52.26″，东经 111°33′26.53″。海拔 1118m。岩面朝东，尺寸为 37cm × 21cm。制作技法为凿刻，上方图像

刻痕为灰褐色，下方图像刻痕为黄褐色，线条较粗。调查确认 2 个单体图像，2 马（图 4-559）。

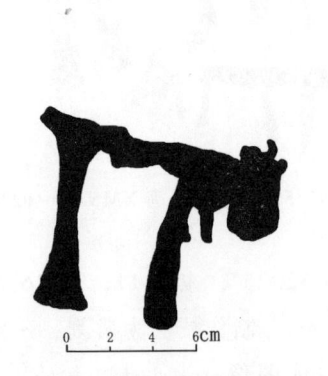

图 4-558　动物岩画 XMSZD-025

图 4-559　动物岩画 XMSZD-026

XMSZD-027：地理坐标为北纬 44°29′52.57″，东经 111°33′28.00″。海拔 1113m。岩面朝南，尺寸为 44cm×43cm。制作技法为凿刻，刻痕为褐色。调查确认 1 个单体图像，可见一些凿刻的密点，可能为 1 动物（图 4-560）。

XMSZD-028：地理坐标为北纬 44°29′56.33″，东经 111°33′33.09″。海拔 1106m。岩面朝东，尺寸为 32cm×64cm。制作技法为凿刻，刻痕为褐色，剪影式造型。调查确认 1 个单体图像，为 1 马（图 4-561）。

图 4-560　动物岩画 XMSZD-027

图 4-561　动物岩画 XMSZD-028

XMSZD-029：地理坐标为北纬 44°29′56.32″，东经 111°33′33.09″。海拔 1105m。岩面朝东，尺寸为 33cm×42cm。制作技法为凿刻，刻痕为灰

色，凿点稀疏。调查确认1个单体图像，1不可识别动物（图4-562）。

XMSZD-030：地理坐标为北纬44°29′55.53″，东经111°33′34.13″。海拔1105m。岩面朝南，尺寸为41cm×27cm。制作技法为凿刻，刻痕为褐色，线条较粗。调查确认1个单体图像，可能为1马（图4-563）。

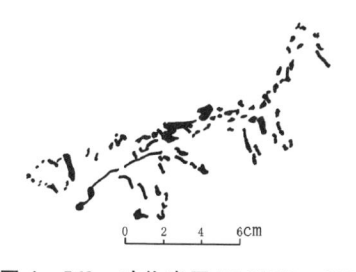

图4-562 动物岩画 XMSZD-029 　　　图4-563 动物岩画 XMSZD-030

XMSZD-031：地理坐标为北纬44°29′56.30″，东经111°33′37.34″。海拔1105m。岩面朝南，尺寸为44cm×19cm。制作技法为凿刻，刻痕为褐色，线条较粗。调查确认1个单体图像，图案因岩石风化而残缺，仅可识别出为1动物（图4-564）。

XMSZD-032：地理坐标为北纬44°29′57.47″，东经111°33′39.09″。海拔1101m。岩面朝南，尺寸为78cm×85cm。制作技法为凿刻，刻痕为褐色，线条粗细不一。调查确认2个单体图像，下方图像不可识别，上方图像可能为1猛兽（图4-565）。

图4-564 动物岩画 XMSZD-031 　　　图4-565 动物岩画 XMSZD-032

XMSZD-033：地理坐标为北纬44°29′57.47″，东经111°33′39.13″。海拔1098m。岩面朝南，尺寸为17cm×12cm。制作技法为凿刻，刻痕为灰色，为剪影式造型。调查确认1个单体图像，可能为1狗（图4-566）。

图 4-566　动物岩画 XMSZD-033

XMSZD-034：地理坐标为北纬 44°29′57.42″，东经 111°33′39.16″。海拔 1097m。岩面朝东南，尺寸为 30cm×37cm。制作技法为凿刻，上方单体图像的刻痕为灰褐色，下方人物单体图像的刻痕为黄褐色，均为线条造型。调查确认 2 个单体图像，为 1 人、1 不可识别动物（图 4-567）。

XMSZD-035：地理坐标为北纬 44°29′57.46″，东经 111°33′39.15″。海拔 1099m。岩面朝南，尺寸为 17cm×35cm，多个图像，上下布局，无打破关系。制作技法为凿刻，刻痕为灰色，线条造型。确认 2 个单体图像，为 1 人、1 马（图 4-568）。

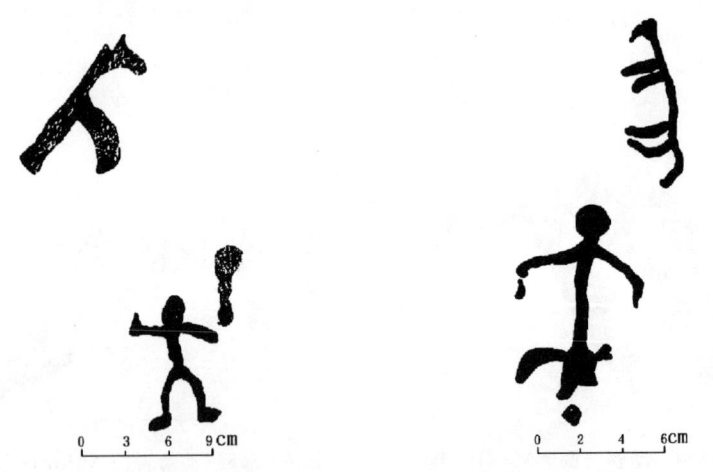

图 4-567　人物、动物岩画 XMSZD-034　　图 4-568　人物、动物岩画 XMSZD-035

XMSZD-036：地理坐标为北纬 44°29′57.45″，东经 111°33′39.18″。海拔 1100m。岩面朝南，尺寸为 14cm×35cm。制作技法为凿刻，刻痕为浅灰色，线条较粗。调查确认 1 个单体图像，1 人（图 4-569）。

XMSZD – 037：地理坐标为北纬 44°29′57.48″，东经 111°33′39.23″。海拔 1097m。岩面朝南，尺寸为 27cm×59cm。制作技法为凿刻，刻痕为灰色，线条较粗。调查确认 1 个单体图像，不可识别（图 4 – 570）。

图 4 – 569　人物岩画 XMSZD – 036 　　　图 4 – 570　一不可识别岩画 XMSZD – 037

XMSZD – 038：地理坐标为北纬 44°29′58.05″，东经 111°33′39.77″。海拔 1095m。岩面朝东，尺寸为 60cm×44cm。制作技法为凿刻，刻痕为青灰色，线条式造型。调查确认 3 个单体图像，为 1 人、2 马（图 4 – 571）。

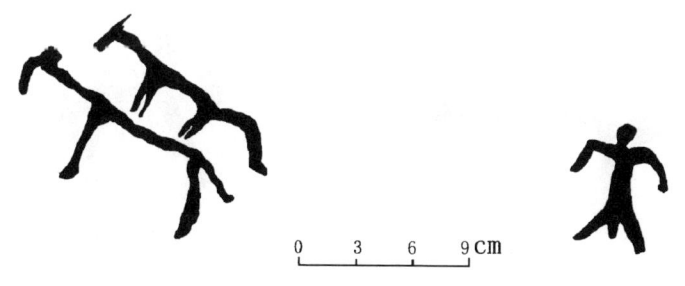

图 4 – 571　人物、动物岩画 XMSZD – 038

XMSZD – 039：地理坐标为北纬 44°29′58.68″，东经 111°33′39.80″。海拔 1096m。岩面朝东，尺寸为 42cm×29cm。制作技法为凿刻，刻痕为灰色，线条造型。调查确认 3 个单体图像，可能为 3 马（图 4 – 572）。

XMSZD – 040：地理坐标为北纬 44°29′58.72″，东经 111°33′39.82″。

海拔 1096m。岩面朝东，尺寸为 97cm×48cm。制作技法为凿刻，刻痕为褐色，线条造型。调查确认 9 个单体图像，为 3 人、5 马、1 羊（图 4 - 573）。

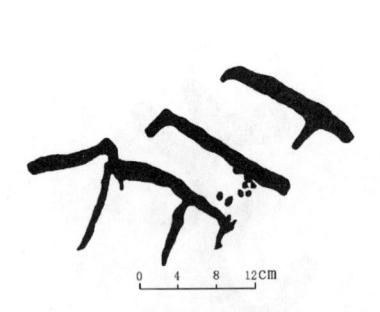

图 4 - 572　动物岩画 XMSZD - 039

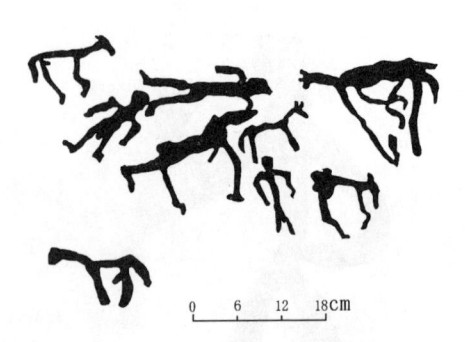

图 4 - 573　人物、动物岩画 XMSZD - 040

XMSZD - 041：地理坐标为北纬 44°29′58.71″，东经 111°33′39.82″。海拔 1098m。岩面朝东，尺寸为 79cm×21cm。制作技法为凿刻，刻痕为灰色，线条造型。调查确认 1 个单体图像，1 马（图 4 - 574）。

XMSZD - 042：地理坐标为北纬 44°29′58.72″，东经 111°33′39.78″。海拔 1098m。岩面朝东北，尺寸为 33cm×22cm。制作技法为凿刻，刻痕为青灰色，线条较粗。调查确认 1 个单体图像，1 不可识别动物（图 4 - 575）。

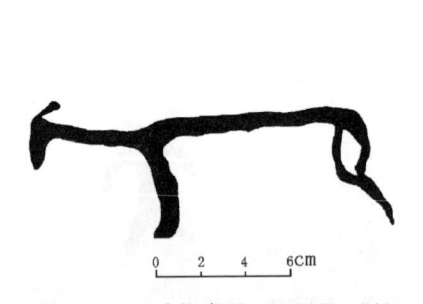

图 4 - 574　动物岩画 XMSZD - 041

图 4 - 575　动物岩画 XMSZD - 042

XMSZD - 043：地理坐标为北纬 44°29′58.69″，东经 111°33′39.66″。海拔 1098m。岩面朝上，尺寸为 58cm×55cm。制作技法为凿刻，刻痕为褐色，线条式造型。调查确认 1 个单体图像，1 马（图 4 - 576）。

XMSZD - 044：地理坐标为北纬 44°30′02.31″，东经 111°33′33.74″。

海拔1096m。岩面朝东北，尺寸为56cm×10cm。制作技法为凿刻，刻痕为青灰色，线条造型。调查确认5个单体图像，可能为5羊（图4-577）。

图4-576 动物岩画 XMSZD-043 　　图4-577 动物岩画 XMSZD-044

XMSZD-045：地理坐标为北纬44°30′02.29″，东经111°33′33.60″。海拔1097m。岩面朝东北，尺寸为72cm×56cm。制作技法为凿刻，刻痕为灰褐色，剪影式造型。调查确认1个单体图像，1羊（图4-578）。

XMSZD-046：地理坐标为北纬44°30′02.40″，东经111°33′33.54″。海拔1097m。岩面朝东北，尺寸为35cm×37cm。制作技法均为凿刻，刻痕为灰色，刻痕较浅，线条造型。调查确认3个单体图像，为1羊、1马、1不可识别图像（图4-579）。

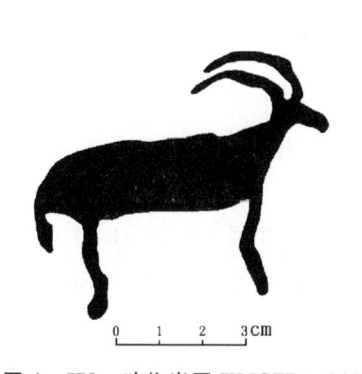

图4-578 动物岩画 XMSZD-045 　　图4-579 动物岩画 XMSZD-046

XMSZD-047：地理坐标为北纬44°30′01.30″，东经111°33′32.51″。海拔1096m。岩面朝东，尺寸为96cm×87cm。制作技法为凿刻，刻痕为灰色，线条造型。调查确认2个单体图像，左侧为1羊，右侧图像可能为1人物形象（图4-580）。

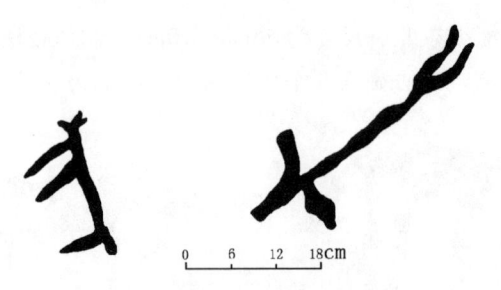

图 4-580　动物、人物岩画 XMSZD-047

XMSZD-048：地理坐标为北纬 44°30′00.88″，东经 111°33′31.84″。海拔 1101m。岩面朝东北，尺寸为 39cm×58cm。制作技法为凿刻，刻痕为灰褐色。调查确认 6 个单体图像，为 1 牵马人、1 羊、3 马，右侧图像不可识别（图 4-581）。

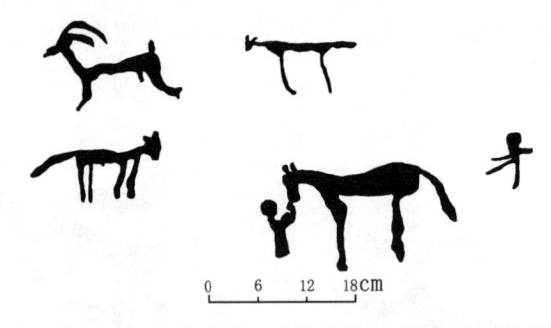

图 4-581　人牵马、动物岩画 XMSZD-048

XMSZD-049：地理坐标为北纬 44°30′00.40″，东经 111°33′31.45″。海拔 1101m。岩面朝西，尺寸为 86cm×36cm。制作技法为凿刻，刻痕为褐色，线条较粗。调查确认 2 个单体图像，1 狗、1 不可识别动物（图 4-582）。

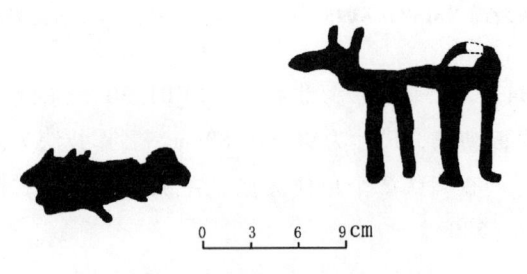

图 4-582　动物岩画 XMSZD-049

XMSZD-050：地理坐标为北纬 44°29′59.03″，东经 111°33′30.03″。海拔 1103m。岩面朝南，尺寸为 44cm×88cm。制作技法为凿刻，刻痕为灰色，线条式造型。调查确认 3 个单体图像，为 1 马、1 狼、1 不可识别动物（图 4-583）。

XMSZD-051：地理坐标为北纬 44°29′59.14″，东经 111°33′30.36″。海拔 1104m。岩面朝南，尺寸为 240cm×116cm。制作技法为凿刻，刻痕为褐色，线条式造型。调查确认 34 个单体图像，为 9 人、19 马、2 条平行线，4 不可识别动物，其中 7 牵马人形象（图 4-584）。

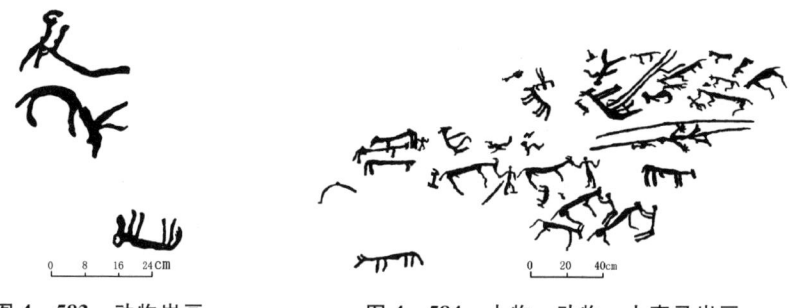

图 4-583　动物岩画 XMSZD-050

图 4-584　人物、动物、人牵马岩画 XMSZD-051

XMSZD-052：地理坐标为北纬 44°29′59.20″，东经 111°33′30.47″。海拔 1102m。岩面朝上，尺寸为 136cm×30cm。制作技法为凿刻，刻痕为灰色，线条造型。调查确认 2 个单体图像，2 人，一幅交媾图（图 4-585）。

XMSZD-053：地理坐标为北纬 44°29′59.20″，东经 111°33′29.56″。海拔 1105m。岩面朝东南，尺寸为 35cm×41cm。单体位于岩面下方，制作技法为凿刻，刻痕为青灰色，线条造型。调查确认 1 个单体图像，为 1 羊（图 4-586）。

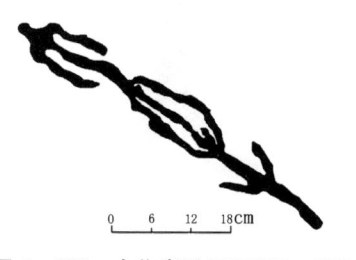

图 4-585　人物岩画 XMSZD-052

图 4-586　动物岩画 XMSZD-053

XMSZD-054：地理坐标为北纬44°29′58.97″，东经111°33′29.43″。海拔1106m。岩面朝东，尺寸为54cm×68cm。制作技法为凿刻，刻痕为褐色，线条造型。调查确认3个单体图像，为1人、1马、1弓箭（图4-587）。

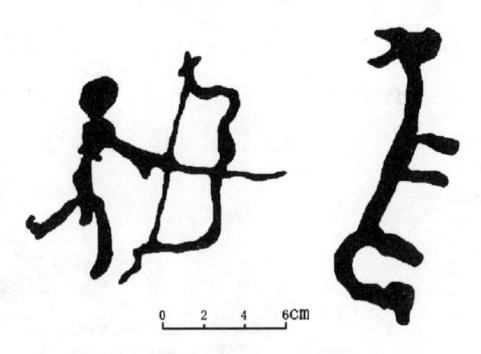

图4-587 狩猎岩画 XMSZD-054

XMSZD-055：地理坐标为北纬44°29′58.98″，东经111°33′29.11″。海拔1105m。岩面朝上，尺寸为60cm×21cm。制作技法为凿刻，刻痕为灰色，线条造型。调查确认1个单体图像，1不可识别动物（图4-588）。

XMSZD-056：地理坐标为北纬44°29′57.24″，东经111°33′26.90″。海拔1111m。岩面朝东，尺寸为48cm×64cm。制作技法为凿刻，刻痕为青色，线条较粗。调查确认1个单体图像，1人（图4-589）。

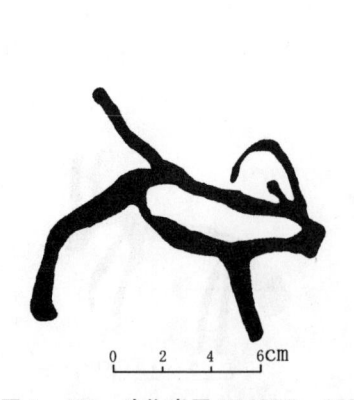

图4-588 动物岩画 XMSZD-055 　　图4-589 人物岩画 XMSZD-056

XMSZD-057：地理坐标为北纬44°29′57.21″，东经111°33′26.85″。海拔1114m。岩面朝东，尺寸为61cm×37cm。制作技法为凿刻，刻痕为灰色，线条造型。调查确认3个单体图像，3马（图4-590）。

XMSZD-058：地理坐标为北纬44°29′57.20″，东经111°33′26.86″。海拔1112m。岩面朝东，尺寸为76cm×80cm。制作技法为凿刻，刻痕为灰色，线条造型，有叠压打破关系。调查确认1个单体图像，下方为1人，上方图像凌乱，不可识别（图4-591）。

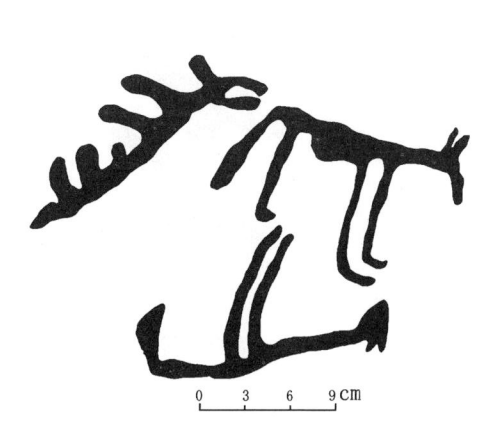

图4-590　动物岩画 XMSZD-057 　　　图4-591　人物岩画 XMSZD-058

XMSZD-059：地理坐标为北纬44°29′57.21″，东经111°33′26.82″。海拔1115m。岩面朝天，尺寸为66cm×22cm。制作技法为凿刻，刻痕为褐色，线条造型。调查确认1个单体图像，可能为1马（图4-592）。

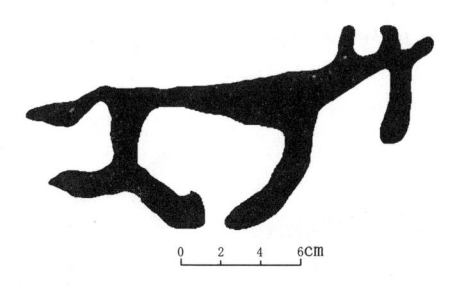

图4-592　动物岩画 XMSZD-059

XMSZD-060：地理坐标为北纬44°29′57.02″，东经111°33′26.47″。海拔1104m。岩面朝上，尺寸为102cm×59cm。制作技法为凿刻，刻痕为褐色，线条造型。调查确认 10 个单体图像，为 2 人、2 狗、4 马、1 羊、1 不可识别动物（图 4-593）。

XMSZD-061：地理坐标为北纬 44°29′57.09″，东经 111°33′26.09″。海拔 1113m。岩面朝南，尺寸为 90cm×44cm，单体位于岩面中部，制作技法为凿刻，刻痕为灰色，线条较粗。调查确认 1 个单体图像，可能为动物（图 4-594）。

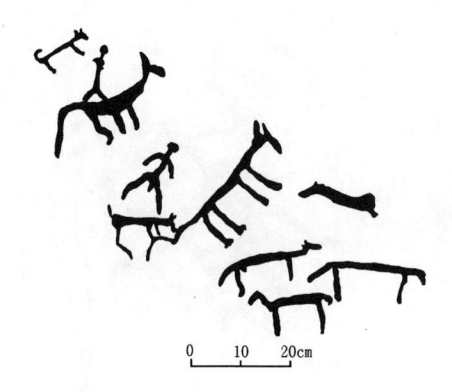

图 4-593 人物、动物岩画 XMSZD-060 　　图 4-594 动物岩画 XMSZD-061

XMSZD-062：地理坐标为北纬 44°29′57.08″，东经 111°33′26.07″。海拔 1117m。岩面朝南，尺寸为 50cm×52cm。制作技法为凿刻，刻痕为褐色，线条造型。调查确认 2 个单体图像，1 狗、1 不可识别动物（图 4-595）。

XMSZD-063：地理坐标为北纬 44°29′57.04″，东经 111°33′26.04″。海拔 1115m。岩面朝东，尺寸为 53cm×20cm，单体位于岩面中部，制作技法为凿刻，刻痕为青灰色，为线条造型。调查确认 1 个单体图像，1 羊（图 4-596）。

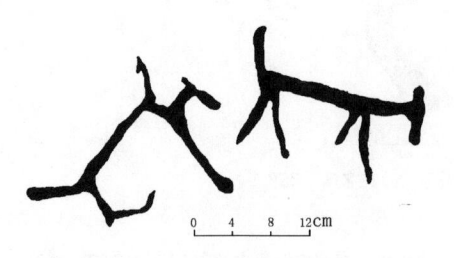

图 4-595 动物岩画 XMSZD-062 　　图 4-596 动物岩画 XMSZD-063

XMSZD-064：地理坐标为北纬44°29′57.08″，东经111°33′26.02″。海拔1114m。岩面朝南，尺寸为46cm×27cm。制作技法均为凿刻，刻痕为青灰色，剪影式造型。调查确认2个单体图像，2马（图4-597）。

XMSZD-065：地理坐标为北纬44°29′56.89″，东经111°33′25.89″。海拔1114m。岩面朝上，尺寸为66cm×78cm。制作技法为凿刻，刻痕为褐色，剪影式造型。调查确认1个单体图像，1不可识别动物（图4-598）。

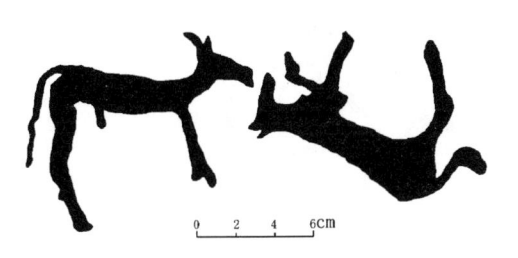

图4-597　动物岩画 XMSZD-064 　　　　图4-598　动物岩画 XMSZD-065

XMSZD-066：地理坐标为北纬44°29′56.87″，东经111°33′25.90″。海拔1114m。岩面朝西南，尺寸为22cm×23cm。制作技法为凿刻，刻痕为褐色，线条造型。调查确认1个单体图像，可能为1羊（图4-599）。

XMSZD-067：地理坐标为北纬44°29′56.84″，东经111°33′25.89″。海拔1113m。岩面朝南，尺寸为73cm×46cm。制作技法为凿刻，下方人物的刻痕明显不同，为褐色，其余为灰色，线条造型。调查确认3个单体图像，1人、2羊（图4-600）。

图4-599　动物岩画 XMSZD-066 　　　　图4-600　人物、动物岩画 XMSZD-067

XMSZD-068：地理坐标为北纬 44°29′56.84″，东经 111°33′25.87″。海拔 1113m。岩面朝西南，尺寸为 32cm×29cm。制作技法为凿刻，刻痕为褐色，线条较粗。调查确认 1 个单体图像，1 人（图 4-601）。

XMSZD-069：地理坐标为北纬 44°29′56.82″，东经 111°33′25.78″。海拔 1112m。岩面朝南，尺寸为 71cm×60cm。制作技法为凿刻，刻痕为灰色，上方动物为剪影式造型。调查确认 5 个单体图像，可能为 1 人、1 牛、2 羊、1 马（图 4-602）。

图 4-601　人物岩画 XMSZD-068　　图 4-602　人物、动物岩画 XMSZD-069

XMSZD-070：地理坐标为北纬 44°29′56.81″，东经 111°33′25.72″。海拔 1114m。岩面朝南，尺寸为 29cm×40cm。制作技法为凿刻，上方单体刻痕为灰色，下方单体刻痕为褐色，线条造型。调查确认 2 个单体图像，可能为 1 马、1 羊（图 4-603）。

XMSZD-071：地理坐标为北纬 44°29′50.26″，东经 111°33′22.46″。海拔经 1122m。岩面朝上，尺寸为 55cm×15cm。制作技法为凿刻，刻痕为灰色，线条造型。调查确认 2 个单体图像，为 1 人、1 羊（图 4-604）。

XMSZD-072：地理坐标为北纬 44°29′50.15″，东经 111°33′22.56″。海拔 1120m。岩面朝上，尺寸为 62cm×50cm。制作技法为凿刻，刻痕为灰色，线条造型。调查确认 2 个单体图像，可能为 2 羊（图 4-605）。

XMSZD-073：地理坐标为北纬 44°29′50.15″，东经 111°33′22.65″。海拔 1121m。岩面朝上，尺寸为 110cm×84cm。制作技法为凿刻，刻痕为灰色，线条造型。调查确认 2 个单体图像，中间的图像为 2 马。其他图像不可识别（图 4-606）。

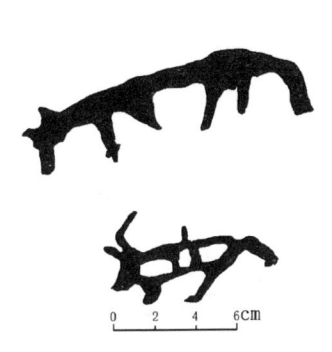

图 4-603 动物岩画 XMSZD-070    图 4-604 人物、动物岩画 XMSZD-071

图 4-605 动物岩画 XMSZD-072    图 4-606 动物岩画 XMSZD-073

XMSZD-074：地理坐标为北纬 44°29′50.17″，东经 111°33′22.70″。海拔 1122m。岩面朝上，尺寸为 120cm×62cm。制作技法为凿刻，刻痕为褐色和灰色，线条造型。调查确认 5 个单体图像，为 1 人、2 狗、2 马（图 4-607）。

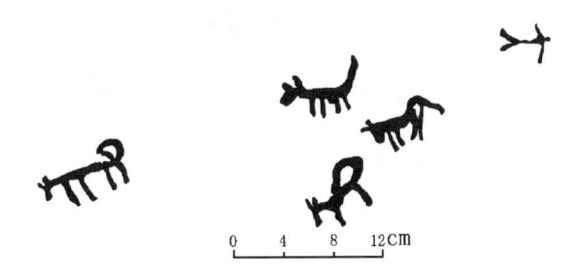

图 4-607 人物、动物岩画 XMSZD-074

XMSZD-075：地理坐标为北纬 44°29′50.17″，东经 111°33′22.88″。海拔 1119m。岩面朝东，尺寸为 54cm×56cm。制作技法为凿刻，刻痕为灰色，线条较粗。调查确认 1 个单体图像，可能为 1 狗（图 4-608）。

XMSZD-076：地理坐标为北纬 44°29′50.34″，东经 111°33′23.15″。海拔 1120m。岩面朝上，尺寸为 66cm×57cm。制作技法为凿刻，刻痕为褐色，为线条造型。调查确认 9 个单体图像，为 2 人、4 马、1 不可识别动物、2 平行线（图 4-609）。

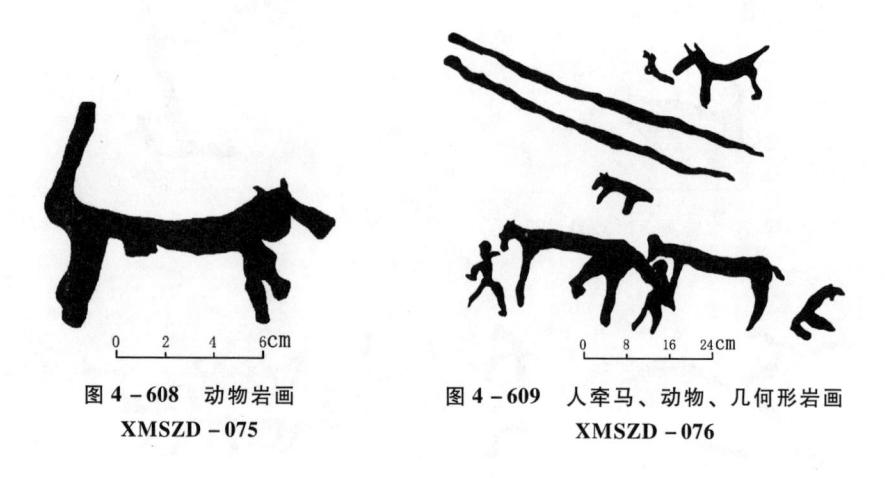

图 4-608 动物岩画 XMSZD-075

图 4-609 人牵马、动物、几何形岩画 XMSZD-076

XMSZD-077：地理坐标为北纬 44°29′50.34″，东经 111°33′23.22″。海拔 1122m。岩面朝上，尺寸为 104cm×130cm。制作技法为凿刻，刻痕为褐色，线条造型。调查确认 4 个单体图像，可能为 2 马、2 羊（图 4-610）。

图 4-610 动物岩画 XMSZD-077

XMSZD-078：地理坐标为北纬 44°29′50.22″，东经 111°33′22.97″。海拔 1124m。岩面朝上，尺寸为 78cm×37cm。单体位于岩面中部，制作技法为凿刻，刻痕为灰色，剪影式造型。调查确认 1 个单体图像，1 羊（图 4-611）。

XMSZD-079：地理坐标为北纬44°29′50.28″，东经111°33′23.05″。海拔1122m。岩面朝上，尺寸为45cm×31cm。制作技法为凿刻，刻痕为青灰色，线条造型。调查确认1个单体图像，可能为1马（图4-612）。

图4-611 动物岩画 XMSZD-078 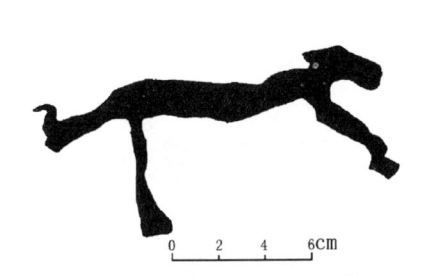　　图4-612 动物岩画 XMSZD-079

XMSZD-080：地理坐标为北纬44°29′50.30″，东经111°33′23.23″。海拔1121m。岩面朝南，尺寸为26cm×34cm。制作技法为凿刻，刻痕为褐色，线条造型。调查确认1个单体图像，可能为1羊（图4-613）。

XMSZD-081：地理坐标为北纬44°29′50.16″，东经111°33′22.68″。海拔1123m。岩面朝南，尺寸为46cm×19cm。单体位于岩面中部，制作技法为凿刻，刻痕为褐色。调查确认1个单体图像，不可识别（图4-614）。

图4-613 动物岩画 XMSZD-080 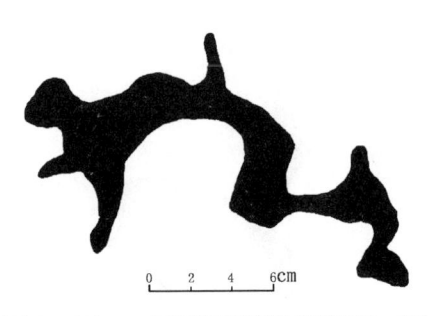　　图4-614 一不可识别岩画 XMSZD-081

XMSZD-082：地理坐标为北纬44°29′50.20″，东经111°33′22.91″。海拔1124m。岩面朝南，尺寸为28cm×31cm。制作技法为凿刻，刻痕为褐色，刻痕浅，线条较粗。调查确认1个单体图像，1不可识别动物（图4-615）。

XMSZD-083：地理坐标为北纬44°29′50.33″，东经111°33′23.14″。海拔1123m。岩面朝南，尺寸为40cm×48cm。制作技法为凿刻，刻痕为褐色，线条造型。调查确认3个单体图像，可能为3马（图4-616）。

图4-615 动物岩画 XMSZD-082 　　图4-616 动物岩画 XMSZD-083

XMSZD-084：地理坐标为北纬44°29′50.10″，东经111°33′22.42″。海拔1124m。岩面朝南，尺寸为41cm×29cm。制作技法为凿刻，刻痕为灰色，线条造型。调查确认1个单体图像，为1不可识别动物（图4-617）。

XMSZD-085：地理坐标为北纬44°29′47.50″，东经111°33′10.39″。海拔1120m。岩面朝天，尺寸为40cm×88cm。制作技法为凿刻，刻痕为褐色，剪影式造型。调查确认1个单体图像，可能为1牛（图4-618）。

图4-617 动物岩画 XMSZD-084 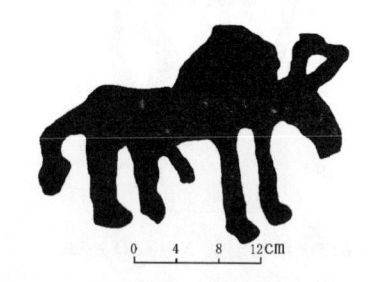　　图4-618 动物岩画 XMSZD-085

XMSZD-086：地理坐标为北纬44°29′48.17″，东经111°33′11.06″。海拔1120m。岩面朝上，尺寸为34cm×18cm。制作技法为凿刻，刻痕为青灰色，线条较粗。调查确认1个单体图像，1不可识别动物（图4-

619)。

XMSZD-087：地理坐标为北纬44°29′48.34″，东经111°33′11.66″。海拔1120m。岩面朝东北，尺寸为48cm×28cm。制作技法为凿刻，刻痕为褐色，线条造型。调查确认1个单体图像，1马（图4-620）。

图4-619　动物岩画XMSZD-086 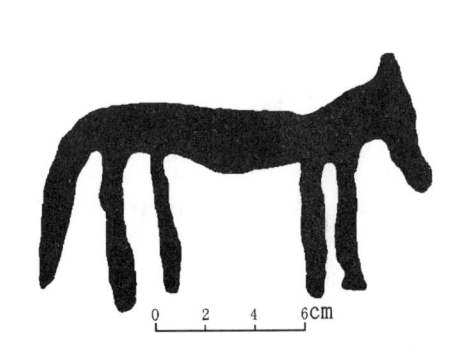　　　图4-620　动物岩画XMSZD-087

XMSZD-088：地理坐标为北纬44°29′47.80″，东经111°33′12.84″。海拔1121m。岩面朝上，尺寸为30cm×32cm。制作技法为凿刻，刻痕为褐色，线条造型。调查确认1个单体图像，1马（图4-621）。

图4-621　动物岩画XMSZD-088

XMSZD-089：地理坐标为北纬44°29′48.73″，东经111°33′13.19″。海拔1118m。岩面朝西，尺寸为27cm×83cm。制作技法为凿刻，凿点稀疏，刻痕为褐色，线条造型。凿点稀疏。调查确认1个单体图像，1人（图4-622）。

XMSZD-090：地理坐标为北纬44°29′50.54″，东经111°33′15.29″。

海拔1117m。岩面朝东南，尺寸为42cm×39cm。制作技法为凿刻，刻痕为青灰色，线条造型。调查确认2个单体图像，1人、1狗（图4-623）。

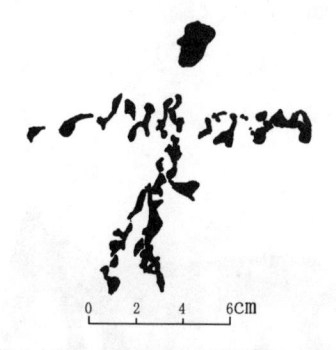

图 4-622　动物岩画 XMSZD-089 　　　图 4-623　人物、动物岩画 XMSZD-090

XMSZD-091：地理坐标为北纬44°29′50.59″，东经111°33′15.26″。海拔1117m。岩面朝上，尺寸为60cm×14cm。制作技法为凿刻，刻痕为青灰色，线条造型。调查确认1个单体图像，1人（图4-624）。

XMSZD-092：地理坐标为北纬44°29′49.72″，东经111°33′17.54″。海拔1119m。岩面朝东，尺寸为50cm×21cm。制作技法为凿刻，刻痕为褐色，线条造型。调查确认1个单体图像，上端为倒"V"字形，其上覆满短刺，可能为1工具（图4-625）。

图 4-624　人物岩画 XMSZD-091 　　　图 4-625　工具岩画 XMSZD-092

XMSZD-093：地理坐标为北纬 44°29′50.55″，东经 111°33′22.83″。海拔1119m。岩面朝上，尺寸为 58cm×40cm。制作技法为凿刻，刻痕为褐色，线条造型。调查确认 2 个单体图像，为 1 马、1 不可识别动物（图4-626）。

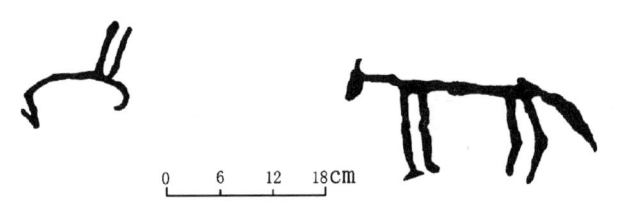

图 4-626　动物岩画 XMSZD-093

XMSZD-094：地理坐标为北纬 44°29′50.67″，东经 111°33′23.05″。海拔1118m。岩面朝上，尺寸为 45cm×39cm。制作技法为凿刻，刻痕为褐色，线条造型。调查确认 8 个单体图像，2 人、2 马、3 羊、1 不可识别动物（图 4-627）。

XMSZD-095：地理坐标为北纬 44°29′50.78″，东经 111°33′23.10″。海拔1121m。岩面朝上，尺寸为 109cm×46cm。制作技法为凿刻，刻痕为褐色，线条造型。调查确认 3 个单体图像，3 羊（图 4-628）。

图 4-627　人物、动物岩画 XMSZD-094　　图 4-628　动物岩画 XMSZD-095

XMSZD-096：地理坐标为北纬 44°29′50.66″，东经 111°33′22.96″。海拔1119m。岩面朝北，尺寸为 57cm×19cm。制作技法为凿刻，刻痕为褐色，剪影式造型。调查确认 1 个单体图像，1 不可识别动物（图 4-629）。

XMSZD-097：地理坐标为北纬 44°29′50.52″，东经 111°33′22.83″。海拔 1119m。岩面朝上，尺寸为 58cm×55cm。制作技法为凿刻，刻痕为褐色，线条造型。调查确认 1 个单体图像，1 羊（图 4-630）。

图 4-629　动物岩画 XMSZD-096 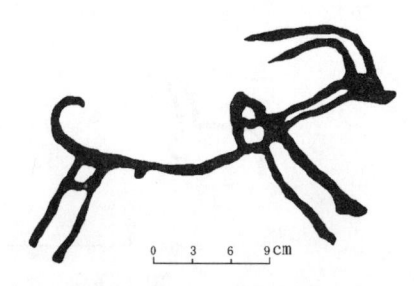　　　图 4-630　动物岩画 XMSZD-097

XMSZD-098：地理坐标为北纬 44°29′50.63″，东经 111°33′23.22″。海拔 1118m。岩面朝东，尺寸为 47cm×23cm。制作技法为凿刻，刻痕为褐色，线条造型。调查确认 1 个单体图像，可能为 1 羊（图 4-631）。

XMSZD-099：地理坐标为北纬 44°29′50.56″，东经 111°33′23.55″。海拔 1115m。岩面朝西，尺寸为 17cm×28cm。制作技法为凿刻，刻痕为褐色，剪影式造型。调查确认 1 个单体图像，1 不可识别动物（图 4-632）。

图 4-631　动物岩画 XMSZD-098 　　　图 4-632　动物岩画 XMSZD-099

XMSZD-100：地理坐标为北纬 44°29′50.52″，东经 111°33′23.40″。海拔 1116m。岩面朝上，尺寸为 21cm×8cm。制作技法为凿刻，刻痕为褐色，线条造型。调查确认 1 个单体图像，1 不可识别动物（图 4-633）。

XMSZD-101：地理坐标为北纬 44°29′50.62″，东经 111°33′23.77″。海拔 1116m。岩面朝南，尺寸为 10cm×9cm。制作技法为凿刻，刻痕为褐色，线条较粗。调查确认1个单体图像，1羊（图4-634）。

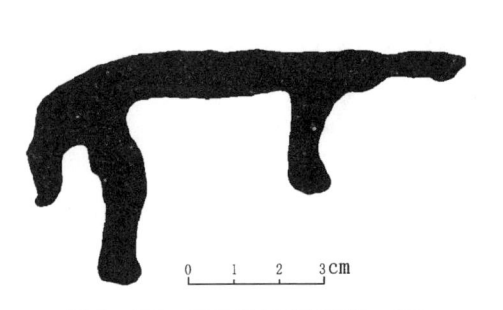

图4-633 动物岩画 XMSZD-100 　　　图4-634 动物岩画 XMSZD-101

XMSZD-102：地理坐标为北纬44°29′50.94″，东经111°33′23.88″。海拔1117m。岩面朝南，尺寸为26cm×14cm。制作技法为凿刻，刻痕为褐色，线条较粗。调查确认1个单体图像，可能是1马（图4-635）。

XMSZD-103：地理坐标为北纬44°29′50.95″，东经111°33′23.85″。海拔1117m。岩面朝北，尺寸为54cm×34cm。制作技法为凿刻，刻痕为灰色，线条造型。调查确认1个单体图像，1马（图4-636）。

图4-635 动物岩画 XMSZD-102 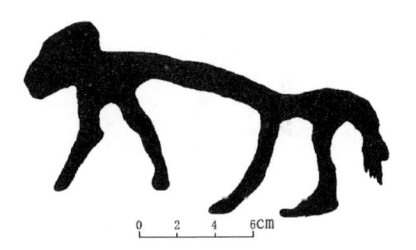　　　图4-636 动物岩画 XMSZD-103

XMSZD-104：地理坐标为北纬44°29′51.07″，东经111°33′23.87″。海拔1116m。岩面朝上，尺寸为90cm×31cm。制作技法为凿刻，下方的动物单体刻痕为黄褐色，人物单体刻痕为灰色，均为线条式造型。图像叠压。调查确认2个单体图像，1动物、1人，人物形象手执弓箭（图4-637）。

XMSZD-105：地理坐标为北纬44°29′51.13″，东经111°33′23.91″。海拔1116m。岩面朝上，尺寸为31cm×12cm。制作技法为磨刻，刻痕为灰色，线条造型，图像上下布局。调查确认2个单体图像，2人（图4-638）。

图 4-637 动物、人物岩画 XMSZD-104

XMSZD-106：地理坐标为北纬 44°29′56.12″，东经 111°33′23.92″。海拔 1117m。岩面朝上，尺寸为 50cm×23cm。制作技法为凿刻，刻痕为黄色，线条造型。调查确认 1 个单体图像，可能为 1 符号（图 4-639）。

XMSZD-107：地理坐标为北纬 44°29′52.13″，东经 111°33′26.55″。海拔 1116m。岩面朝上，尺寸为 36cm×10cm。制作技法为凿刻，刻痕为褐色，线条造型。调查确认 1 个单体图像，1 不可识别动物（图 4-640）。

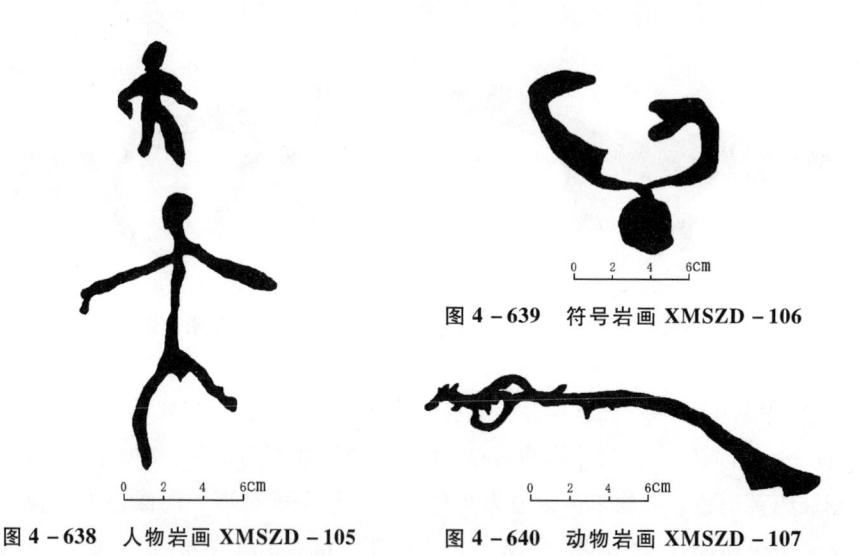

图 4-638 人物岩画 XMSZD-105

图 4-639 符号岩画 XMSZD-106

图 4-640 动物岩画 XMSZD-107

XMSZD-108 为藏文字母，不做收录。

XMSZD-109：地理坐标为北纬 44°29′54.15″，东经 111°33′12.08″。海拔 1115m。岩面朝南，尺寸为 70cm×67cm。制作技法为凿刻，刻痕为褐

色，线条造型。调查确认 5 个单体图像，2 马、3 不可识别动物（图 4 - 641）。

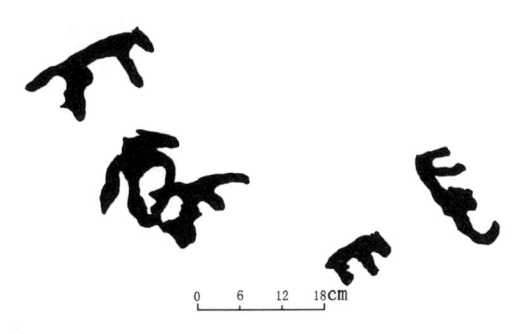

图 4 - 641　动物岩画 XMSZD - 109

XMSZD - 110：地理坐标为北纬 44°29′54.07″，东经 111°33′12.84″。海拔 1113m。岩面朝南，尺寸为 42cm×32cm。制作技法为凿刻，刻痕为褐色，线条造型。确认 2 个单体图像，1 人、1 类似太阳的符号，右侧的人物可能手执 1 工具（图 4 - 642）。

XMSZD - 111：地理坐标为北纬 44°29′54.02″，东经 111°33′12.40″。海拔 1114m。岩面朝上，尺寸为 68cm×25cm。制作技法为凿刻，刻痕为褐色，线条造型。调查确认 1 个单体图像，1 弧线（图 4 - 643）。

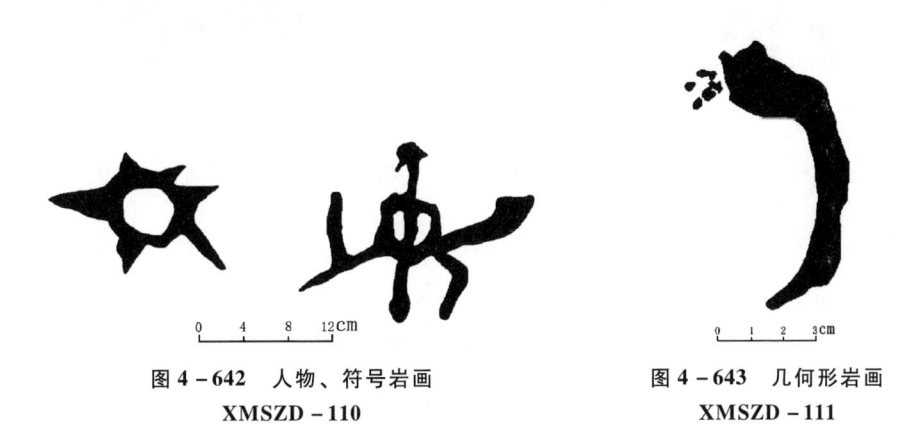

图 4 - 642　人物、符号岩画 XMSZD - 110

图 4 - 643　几何形岩画 XMSZD - 111

XMSZD - 112：地理坐标为北纬 44°29′54.05″，东经 111°33′12.42″。海拔 1111m。岩面朝西，尺寸为 57cm×38cm。制作技法为凿刻，刻痕为灰色，线条造型。调查确认 1 个单体图像，1 马（图 4 - 644）。

图 4-644 动物岩画 XMSZD-112

XMSZD-113：地理坐标为北纬 44°29′55.64″，东经 111°33′13.07″。海拔 1 112m。岩面朝上，尺寸为 30cm×19cm。制作技法为凿刻，刻痕为灰褐色，线条造型。调查确认 3 个单体图像，1 羊、2 马（图 4-645）。

XMSZD-114：地理坐标为北纬 44°29′57.22″，东经 111°31′08.50″。海拔 1102m。岩面朝西，尺寸为 36cm×34cm。制作技法为凿刻，刻痕为褐色，刻痕较浅，剪影式造型。调查确认 2 个单体图像，2 马。上方马背上可能为马鞍（图 4-646）。

图 4-645 动物岩画 XMSZD-113　　图 4-646 动物岩画 XMSZD-114

XMSZD-115：地理坐标为北纬 44°29′57.10″，东经 111°34′08.74″。海拔 1102m。岩面朝西，尺寸为 68cm×35cm。制作技法为凿刻，刻痕为红褐色，剪影式造型。调查确认 1 个单体图像，1 不可识别动物（图 4-647）。

XMSZD-116：地理坐标为北纬 44°29′57.04″，东经 111°34′08.77″。海拔 1101m。岩面朝西，尺寸为 70cm×40cm。制作技法为凿刻，刻痕为红褐色，线条造型。调查确认 3 个单体图像，为 1 人、1 马、1 羊（图 4-648）。

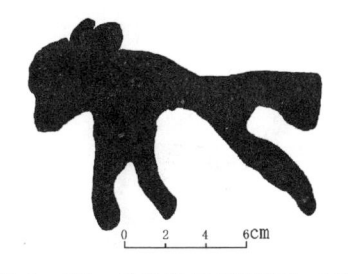

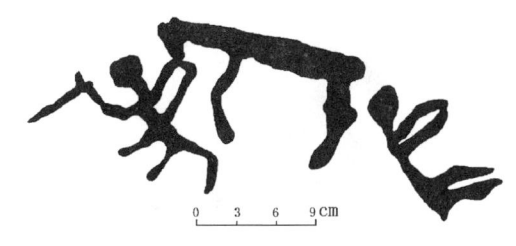

图 4-647 动物岩画 XMSZD-115　　图 4-648 人物、动物岩画 XMSZD-116

XMSZD-117：地理坐标为北纬 44°30′00.31″，东经 111°34′07.55″。海拔 1097m。岩面朝西，尺寸为 63cm×28cm。制作技法为凿刻，刻痕为灰褐色，线条造型。调查确认 1 个单体图像，1 马（图 4-649）。

XMSZD-118：地理坐标为北纬 44°30′00.76″，东经 111°34′06.30″。海拔 1094m。岩面朝西，尺寸为 60cm×32cm。制作技法为凿刻，刻痕为青灰色，剪影式造型。调查确认 1 个单体图像，1 不可识别动物（图 4-650）。

图 4-649 动物岩画 XMSZD-117　　图 4-650 动物岩画 XMSZD-118

XMSZD-119：地理坐标为北纬 44°30′03.44″，东经 111°34′03.44″。海拔 1097m。岩面朝南，尺寸为 21cm×19cm。制作技法为凿刻，刻痕为灰色，线条造型。调查确认 1 个单体图像，可能为 1 马（图 4-651）。

XMSZD-120：地理坐标为北纬 44°30′06.00″，东经 111°34′03.27″。海拔 1098m。岩面朝西，尺寸为 18cm×51cm。制作技法为凿刻，刻痕为青灰色，线条造型。调查确认 1 个单体图像，似乎为 1 鸟（图 4-652）。

XMSZD-121：地理坐标为北纬 44°30′08.14″，东经 111°34′05.07″。海拔 1096m。岩面朝南，尺寸为 150cm×61cm。制作技法为凿刻，刻痕为灰色，线条造型。调查确认 13 个单体图像，为 8 马、2 羊、2 狗、1 符号

(图4-653)。

图4-651 动物岩画 XMSZD-119

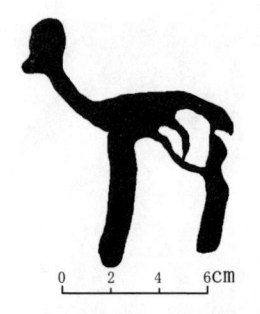

图4-652 动物岩画 XMSZD-120

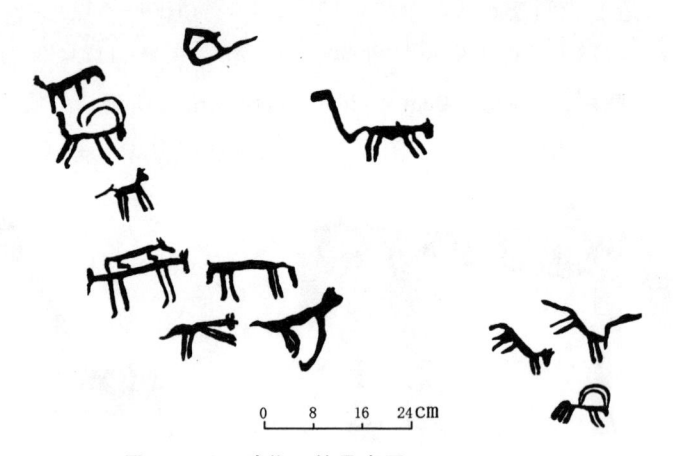

图4-653 动物、符号岩画 XMSZD-121

XMSZD-122：地理坐标为北纬44°30′08.16″，东经111°34′05.03″。海拔1096m。岩面朝南，尺寸为73cm×41cm。制作技法为凿刻，刻痕为灰色，线条造型。调查确认2个单体图像，2人（图4-654）。

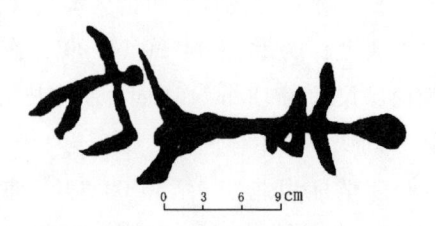

图4-654 人物岩画 XMSZD-122

XMSZD-123：地理坐标为北纬 44°30′08.01″，东经 111°34′04.98″。海拔 1095m。岩面朝上，尺寸为 33cm×33cm。制作技法为凿刻，刻痕为褐色，线条造型。调查确认 1 个单体图像，岩石风化严重，图像仅见躯干，可能为 1 马（图 4-655）。

XMSZD-124：地理坐标为北纬 44°30′08.06″，东经 111°34′05.33″。海拔 1095m。岩面朝南，尺寸为 80cm×25cm。制作技法为凿刻，刻痕为褐色，线条造型。调查确认 2 个单体图像，2 羊（图 4-656）。

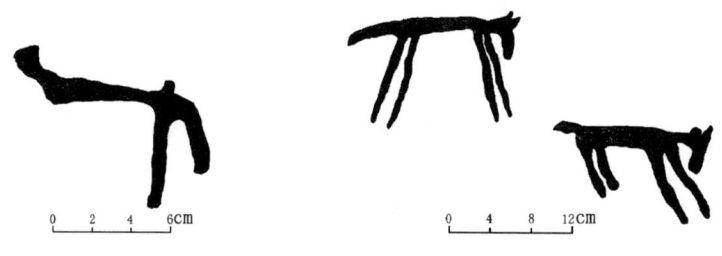

图 4-655　动物岩画 XMSZD-123　　图 4-656　动物岩画 XMSZD-124

XMSZD-125：地理坐标为北纬 44°30′07.94″，东经 111°34′05.46″。海拔 1094m。岩面朝南，尺寸为 81cm×48cm。制作技法为凿刻，刻痕为青灰色，线条造型。调查确认 2 个单体图像，为 1 羊、1 马（图 4-657）。

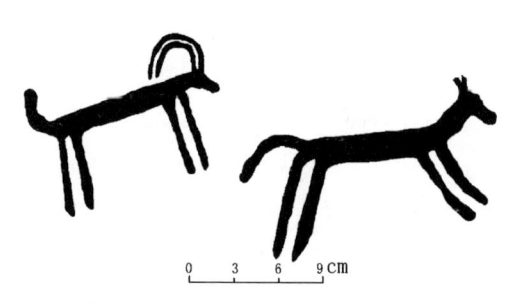

图 4-657　动物岩画 XMSZD-125

XMSZD-126：地理坐标为北纬 44°30′07.85″，东经 111°34′05.93″。海拔 1095m。岩面朝东南，尺寸为 70cm×18cm。制作技法为凿刻，刻痕为褐色，线条造型。调查确认 1 个单体图像，1 马（图 4-658）。

XMSZD-127：地理坐标为北纬 44°30′07.88″，东经 111°34′05.99″。海拔 1098m。岩面朝西南，尺寸为 51cm×26cm。制作技法为凿刻，刻痕为

褐色，线条较粗。调查确认 1 个单体图像，可能为 1 羊（图 4–659）。

图 4–658　动物岩画 XMSZD–126　　　图 4–659　动物岩画 XMSZD–127

XMSZD–128：地理坐标为北纬 44°30′10.11″，东经 111°34′07.92″。海拔 1084m。岩面朝南，尺寸为 72cm×22cm。制作技法为凿刻，刻痕为灰褐色，线条造型。调查确认 4 个单体图像，2 羊、2 马（图 4–660）。

图 4–660　动物岩画 XMSZD–128

XMSZD–129：地理坐标为北纬 44°30′10.36″，东经 111°34′07.98″。海拔 1090m。岩面朝东南，尺寸为 26cm×45cm。制作技法为凿刻，刻痕为青灰色。线条造型。调查确认 6 个单体图像，4 马、1 人、1 不可识别动物，右侧为不可识别图案。岩石风化严重（图 4–661）。

XMSZD–130：地理坐标为北纬 44°30′10.06″，东经 111°34′08.39″。海拔 1091m。岩面朝西南，尺寸为 64cm×57cm。制作技法为凿刻，刻痕为灰色。调查确认 3 个单体图像，1 人、1 羊、1 人面像（图 4–662）。

XMSZD–131：地理坐标为北纬 44°30′09.95″，东经 111°34′07.65″。海拔 1091m。岩面朝东南，尺寸为 49cm×31cm。制作技法为凿刻，刻痕为褐色，线条造型。调查确认3个单体图像，为1人、2马（图4-663）。

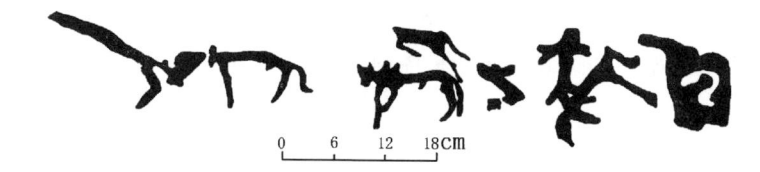

图4-661 动物、人物岩画 XMSZD-129

图4-662 人物、动物、人面像岩画 XMSZD-130

图4-663 人物、动物岩画 XMSZD-131

XMSZD-132：地理坐标为北纬44°30′09.99″，东经111°34′07.35″。海拔1093m。岩面朝东南，尺寸为97cm×29cm。制作技法为凿刻，刻痕为褐色，剪影式造型。调查确认1个单体图像，可能为1动物（图4-664）。

XMSZD-133：地理坐标为北纬44°30′07.85″，东经111°34′14.88″。海拔1090m。岩面朝西南，尺寸为57cm×60cm。制作技法为凿刻，刻痕为褐色，线条造型。调查确认4个单体图像，为2马、1羊，上方图像为1不可识别图案（图4-665）。

图4-664 动物岩画 XMSZD-132

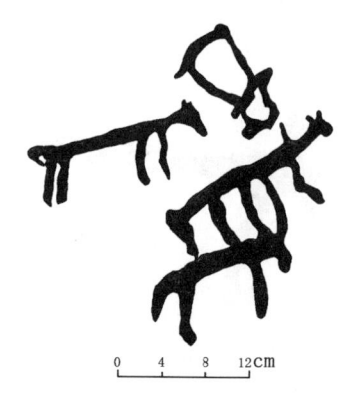

图4-665 动物、图案岩画 XMSZD-133

XMSZD-134：地理坐标为北纬 44°30′08.00″，东经 111°34′15.07″。海拔 1090m。岩面朝北，尺寸为 73cm×58cm。制作技法为凿刻，刻痕为青灰色，线条造型。调查确认 3 个单体图像，2 羊、1 不可识别动物（图 4-666）。

XMSZD-135：地理坐标为北纬 44°30′09.86″，东经 111°34′16.86″。海拔 1086m。岩面朝南，尺寸为 34cm×19cm。制作技法为凿刻，刻痕为褐色，线条较粗。调查确认 1 个单体图像，1 羊（图 4-667）。

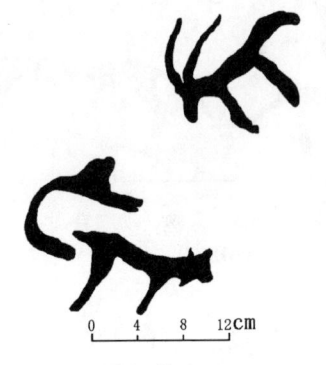

图 4-666　动物岩画 XMSZD-134 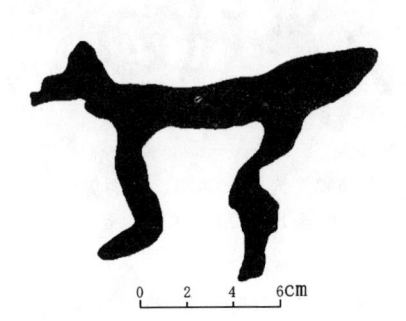　　图 4-667　动物岩画 XMSZD-135

XMSZD-136：地理坐标为北纬 44°30′09.86″，东经 111°34′16.82″。海拔 1086m。岩面朝南，尺寸为 47cm×20cm。制作技法为凿刻，刻痕为褐色，线条式造型。调查确认 1 个单体图像，1 羊（图 4-668）。

XMSZD-137：地理坐标为北纬 44°30′14.67″，东经 111°34′14.74″。海拔 1084m。岩面朝南，尺寸为 53cm×28cm。制作技法为凿刻，刻痕为褐色，线条造型。调查确认 2 个单体图像，2 羊（图 4-669）。

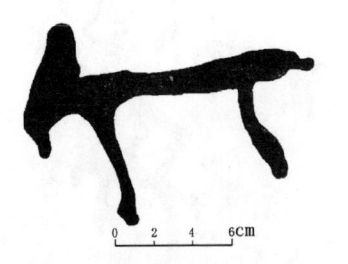

图 4-668　动物岩画 XMSZD-136 　　图 4-669　动物岩画 XMSZD-137

XMSZD-138：地理坐标为北纬 44°30′14.82″，东经 111°34′15.52″。海拔

1083m。岩面朝南，尺寸为69cm×24cm。制作技法为凿刻，刻痕为褐色，线条造型。调查确认2个单体图像，2人（图4-670）。

图4-670 人物岩画 XMSZD-138

XMSZD-139：地理坐标为北纬44°30′14.08″，东经111°34′14.51″。海拔1085m。岩面朝南，尺寸为62cm×22cm。制作技法为凿刻，刻痕为褐色，线条造型。调查确认2个单体图像，1马、1不可识别图案（图4-671）。

图4-671 动物、图案岩画 XMSZD-139

XMSZD-140：地理坐标为北纬44°30′13.76″，东经111°34′23.70″。海拔1087m。岩面朝南，尺寸为38cm×24cm。制作技法为凿刻，刻痕为褐色，线条造型。调查确认1个单体图像，1羊（图4-672）。

XMSZD-141：地理坐标为北纬44°30′13.74″，东经111°34′23.72″。海拔1078m。岩面朝南，尺寸为33cm×9cm。制作技法为凿刻，刻痕为浅褐色，刻痕较浅，线条造型。调查确认1个单体图像，1羊（图4-673）。

图4-672 动物岩画 XMSZD-140 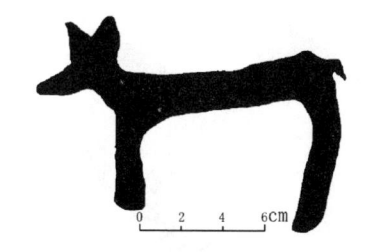　　图4-673 动物岩画 XMSZD-141

XMSZD-142：地理坐标为北纬44°30′13.72″，东经111°34′23.74″。

海拔 1087m。岩面朝南，尺寸为 60cm×20cm。制作技法为凿刻，刻痕为褐色，线条造型。调查确认 1 个单体图像，1 马（图 4-674）。

图 4-674 动物岩画 XMSZD-142

4.4 图莱图岩画

图莱图岩画群位于苏尼特左旗洪格尔苏木旭日昌图嘎查，查干敖包庙以北，编号为 E 区，地理坐标为北纬 44°30′02.96″，东经 111°34′18.94″，海拔 1088m。编号为 XMSZE-001~034，线图共 33 幅，技法以凿刻为主。

XMSZE-001：地理坐标为北纬 44°30′02.96″，东经 111°34′18.94″。海拔 1088m。岩面朝上，尺寸为 60cm×40cm。制作技法为凿刻，刻痕为褐色，线条较粗。调查确认 1 个单体图像，1 不可识别动物（图 4-675）。

XMSZE-002：地理坐标为北纬 44°30′03.62″，东经 111°34′19.73″。海拔 1092m。岩面朝北，尺寸为 54cm×29cm。制作技法为敲凿，刻痕为褐色，线条造型。调查确认 1 个单体图像，1 人（图 4-676）。

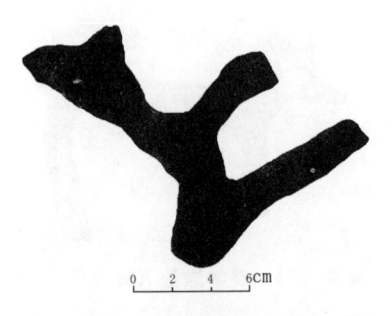

图 4-675 动物岩画 XMSZE-001 　　图 4-676 人物岩画 XMSZE-002

XMSZE-003：地理坐标为北纬 44°30′02.10″，东经 111°34′24.69″。海拔 1098m。岩面朝上，尺寸为 43cm×40cm。制作技法为凿刻，刻痕为褐色，线条造型。调查确认 3 个单体图像，3 马（图 4-677）。

XMSZE-004：地理坐标为北纬 44°30′02.15″，东经 111°34′24.84″。海拔 1096m。岩面朝上，尺寸为 55cm×48cm。制作技法为凿刻，刻痕为褐色，线条造型。调查确认 2 个单体图像，1 人、1 弓箭（图 4-678）。

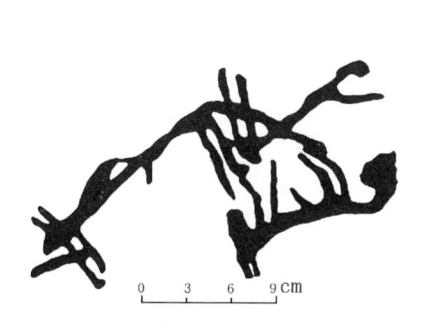

图 4-677　动物岩画 XMSZE-003 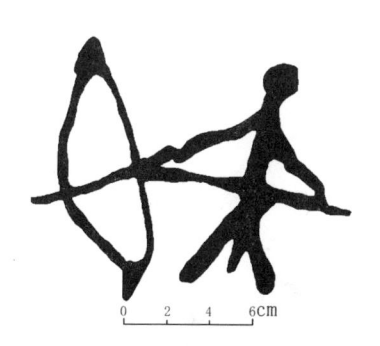　　图 4-678　人物、弓箭岩画 XMSZE-004

XMSZE-005：地理坐标为北纬 44°30′03.08″，东经 111°34′25.68″。海拔 1095m。岩面朝上，尺寸为 70cm×80cm。制作技法为凿刻，刻痕为褐色，线条造型。调查确认 1 个单体图像，1 车辆（图 4-679）。

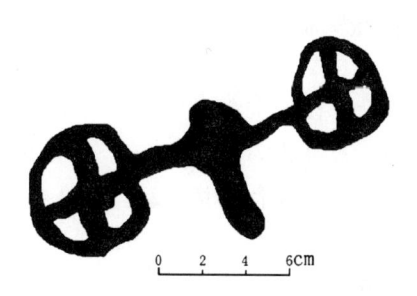

图 4-679　车辆岩画 XMSZE-005

XMSZE-006：地理坐标为北纬 44°30′05.45″，东经 111°34′22.65″。海拔 1087m。岩面朝南，尺寸为 105cm×36cm。制作技法为凿刻，刻痕为褐色，剪影式造型。调查确认 2 个单体图像，2 马（图 4-680）。

XMSZE-007：地理坐标为北纬 44°30′05.30″，东经 111°34′32.49″。海拔 1087m。岩面朝南，尺寸为 70cm×55cm。制作技法为凿刻，刻痕为褐

色，剪影式造型。调查确认4个单体图像，4马（图4-681）。

XMSZE-008：地理坐标为北纬44°30′05.25″，东经111°34′32.37″。海拔1087m。岩面朝南，尺寸为55cm×65cm。制作技法为凿刻，刻痕为褐色。调查确认5个单体图像，1马、4不可识别动物（图4-682）。

图4-680 动物岩画 XMSZE-006

图4-681 动物岩画 XMSZE-007

图4-682 动物岩画 XMSZE-008

XMSZE-009：地理坐标为北纬44°30′05.36″，东经111°34′32.22″。海拔1087m。岩面朝南，尺寸为30cm×18cm。制作技法为凿刻，刻痕为褐色，线条造型。调查确认2个单体图像，2羊（图4-683）。

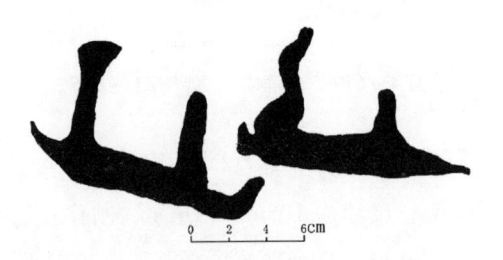

图4-683 动物岩画 XMSZE-009

XMSZE-010：地理坐标为北纬44°30′05.35″，东经111°34′32.28″。海拔

1089m。岩面朝南，尺寸为 40cm×30cm。制作技法为敲凿，刻痕为褐色，剪影式造型。调查确认 1 个单体图像，可能为 1 狼（图 4-684）。

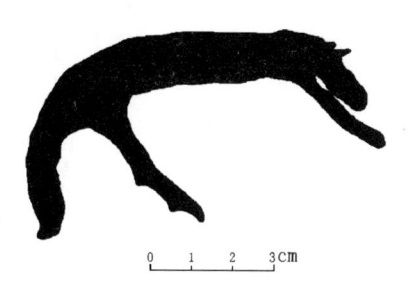

图 4-684 动物岩画 XMSZE-010

XMSZE-011：地理坐标为北纬 44°30′06.12″，东经 111°34′33.03″。海拔 1090m。岩面朝南，尺寸为 30cm×45cm。制作技法为敲凿，刻痕为褐色，线条造型。调查确认 1 个单体图像，1 马（图 4-685）。

XMSZE-012：地理坐标为北纬 44°30′06.18″，东经 111°34′32.97″。海拔 1089m。岩面朝南，尺寸为 50cm×20cm。制作技法为敲凿，刻痕为褐色，线条较粗。调查确认 1 个单体图像，可能为 1 狐狸（图 4-686）。

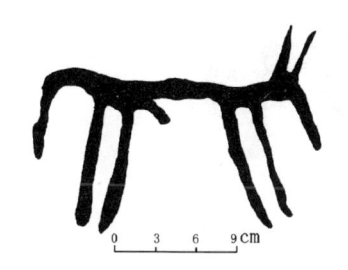

图 4-685 动物岩画 XMSZE-011　　图 4-686 动物岩画 XMSZE-012

XMSZE-013：地理坐标为北纬 44°30′06.22″，东经 111°34′33.27″。海拔 1088m。岩面朝南，尺寸为 20cm×15cm。制作技法为敲凿，刻痕为褐色，线条较粗，为线条造型。调查确认 2 个单体图像，2 羊（图 4-687）。

XMSZE-014：地理坐标为北纬 44°30′06.25″，东经 111°34′33.29″。海拔 1088m。岩面朝上，尺寸为 28cm×27cm。制作技法为敲凿，上方圆形的单体图像刻痕为灰色，下方的单体图像刻痕为褐色，均为线条造型。有叠压打破关系。调查确认 7 个单体图像，为 3 马、1 车辆、2 同心圆、1 圆圈（图 4 - 688）。

图 4 - 687　动物岩画
XMSZE - 013

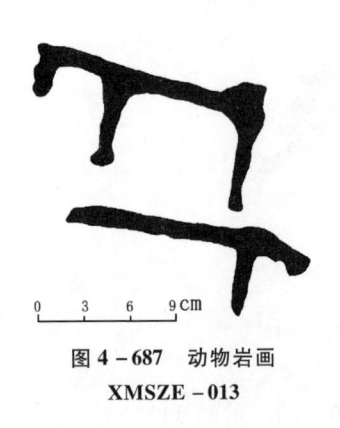

图 4 - 688　动物、车辆、几何形岩画
XMSZE - 014

XMSZE - 015：地理坐标为北纬 44°30′06.25″，东经 111°34′33.34″。海拔 1086m。岩面朝上，尺寸为 40cm×52cm。制作技法为敲凿，刻痕为褐色，线条较粗。调查确认 2 个单体图像，为 1 马、1 不可识别动物（图 4 - 689）。

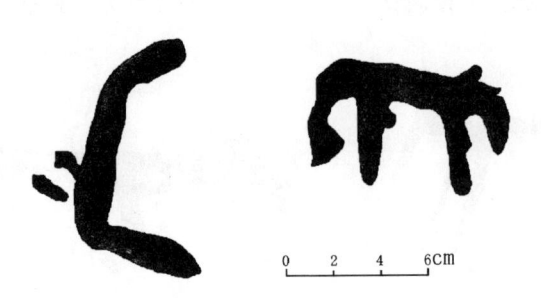

图 4 - 689　动物岩画 XMSZE - 015

XMSZE - 016：地理坐标为北纬 44°30′07.01″，东经 111°34′42.07″。海拔 1085m。岩面朝上，尺寸为 60cm×50cm。制作技法为敲凿，刻痕为褐色，线条造型。调查确认 3 个单体图像，1 人、2 马（图 4 - 690）。

XMSZE - 017：地理坐标为北纬 44°30′04.73″，东经 111°34′41.53″。海拔 1085m。岩面朝南，尺寸为 10cm×25cm。制作技法为敲凿，刻痕为褐色，线条较粗。调查确认 1 个单体图像，1 不可识别动物（图 4 - 691）。

图 4-690 动物、人物岩画 XMSZE-016　　图 4-691 动物岩画 XMSZE-017

　　XMSZE-018：地理坐标为北纬 44°30′04.71″，东经 111°34′41.50″。海拔 1086m。岩面朝南，尺寸为 45cm×25cm。制作技法为敲凿，刻痕为褐色，线条造型。调查确认 2 个单体图像，1 羊、1 不可识别图像（图 4-692）。

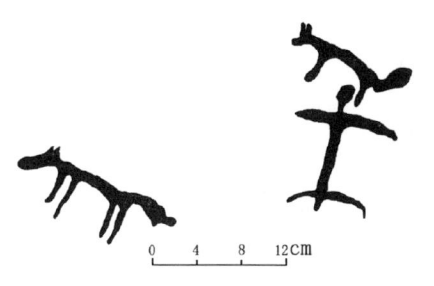

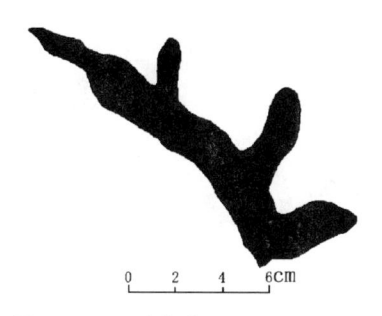

　　XMSZE-019：地理坐标为北纬 44°30′00.14″，东经 111°34′34.83″。海拔 1090m。岩面朝南，尺寸为 75cm×70cm。制作技法为敲凿，刻痕为褐色，线条造型。调查确认 2 个单体图像，为 1 羊、1 符号（图 4-693）。

图 4-692 动物岩画 XMSZE-018　　图 4-693 动物、符号岩画 XMSZE-019

　　XMSZE-020：地理坐标为北纬 44°29′57.19″，东经 111°34′41.36″。海拔 1091m。岩面朝南，尺寸为 50cm×30cm。制作技法为密点敲凿，刻痕为褐色，线条造型。调查确认 2 个单体图像，1 羊、1 马（图 4-694）。

　　XMSZE-021：地理坐标为北纬 44°29′57.18″，东经 111°34′41.45″。海拔 1091m。岩面朝南，尺寸为 35cm×28cm。制作技法为敲凿，刻痕为褐色，线条造型。调查确认 1 个单体图像，可能为 1 羊（图 4-695）。

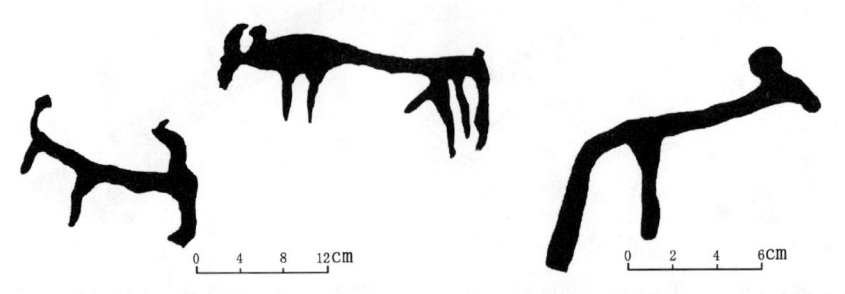

图 4 – 694 动物岩画 XMSZE – 020　　图 4 – 695 动物岩画 XMSZE – 021

XMSZE – 022：地理坐标为北纬 44°29′57.60″，东经 111°34′41.64″。海拔 1092m。岩面朝北，尺寸为 48cm×31cm。制作技法为敲凿，刻痕为褐色，左侧图像为剪影式造型，其余为线条造型。调查确认 4 个单体图像，2 人、1 羊、1 狗（图 4 – 696）。

XMSZE – 023：地理坐标为北纬 44°29′57.54″，东经 111°34′42.37″。海拔 1089m。岩面朝南，尺寸为 60cm×50cm。制作技法为密点敲凿，刻痕为褐色，线条造型。调查确认 3 个单体图像，2 马、1 不可识别动物（图 4 – 697）。

图 4 – 696 人物、动物岩画 XMSZE – 022　　图 4 – 697 人物、动物岩画 XMSZE – 023

XMSZE – 024：地理坐标为北纬 44°29′56.00″，东经 111°34′46.57″。海拔 1091m。岩面朝北，尺寸为 60cm×25cm。制作技法为敲凿，刻痕为褐色，线条造型。调查确认 3 个单体图像，3 马（图 4 – 698）。

XMSZE – 025：地理坐标为北纬 44°29′55.11″，东经 111°34′45.15″。海拔 1094m。岩面朝北，尺寸为 45cm×50cm。制作技法为敲凿，刻痕为褐色，线条造型。调查确认 1 个单体图像，1 羊（图 4 – 699）。

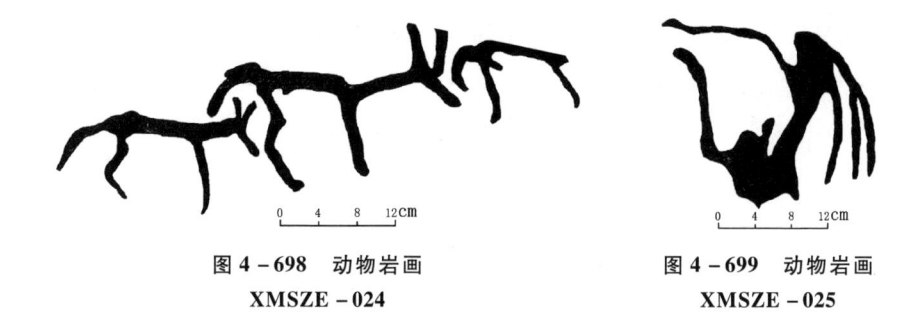

图4-698 动物岩画
XMSZE-024

图4-699 动物岩画
XMSZE-025

XMSZE-026：地理坐标为北纬44°29′55.20″，东经111°34′45.02″。海拔1094m。岩面朝南，尺寸为45cm×30cm。制作技法为敲凿，刻痕为褐色，线条造型。调查确认2个单体图像，1羊、1马（图4-700）。

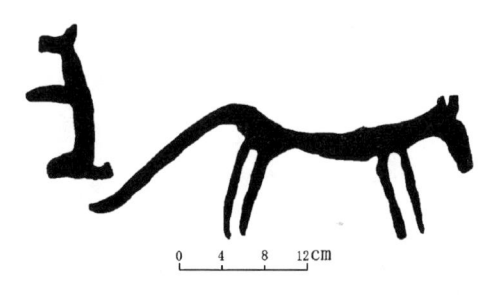

图4-700 动物岩画 XMSZE-026

XMSZE-027：地理坐标为北纬44°29′55.17″，东经111°34′44.88″。海拔1099m。岩面朝北，尺寸为90cm×90cm。制作技法为敲凿，刻痕为褐色，线条造型。调查确认2个单体图像，可能为2马（图4-701）。

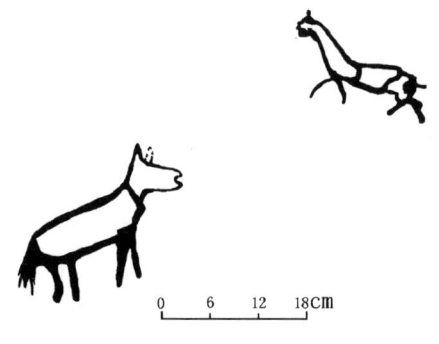

图4-701 动物岩画 XMSZE-027

XMSZE-028：地理坐标为北纬 44°29′54.61″，东经 111°34′44.76″。海拔 1104m。岩面朝南，尺寸为 55cm×43cm。制作技法为密点敲凿，刻痕为褐色，线条造型。调查确认 5 个单体图像，为 2 人、1 骆驼、1 马、1 羊（图 4-702）。

图 4-702　人物、动物岩画 XMSZE-028

XMSZE-029：地理坐标为北纬 44°29′55.03″，东经 111°34′44.97″。海拔 1096m。岩面朝西，尺寸为 126cm×104cm。制作技法为密点敲凿，刻痕为褐色，线条造型。调查确认 6 个单体图像，为 2 狗、2 羊、1 马、1 栅栏（图 4-703）。

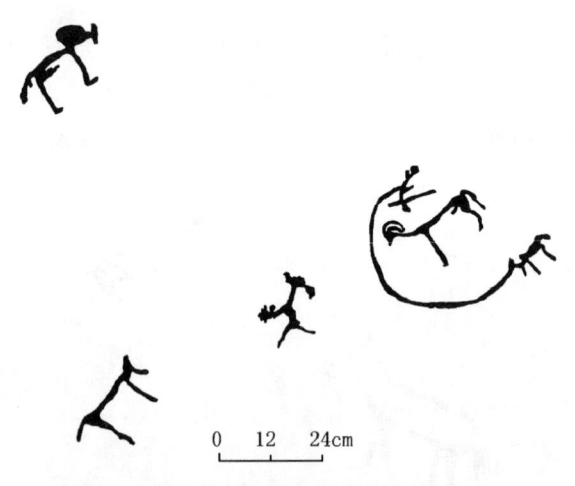

图 4-703　动物、栅栏岩画 XMSZE-029

XMSZE-030 为藏文文字，不做收录。

XMSZE – 031：地理坐标为北纬 44°29′54.71″，东经 111°34′46.84″。海拔 1090m。岩面朝南，尺寸为 30cm×40cm。制作技法为敲凿，刻痕为褐色，剪影式造型。调查确认 4 个单体图像，3 羊、1 不可识别动物（图 4 – 704）。

XMSZE – 032：地理坐标为北纬 44°29′52.90″，东经 111°34′46.94″。海拔 1090m。岩面朝南，尺寸为 43cm×34cm。制作技法为敲凿，刻痕为褐色，线条造型。调查确认 1 个单体图像，1 弓箭（图 4 – 705）。

图 4 – 704　动物岩画 XMSZE – 031 　　图 4 – 705　弓箭岩画 XMSZE – 032

XMSZE – 033：地理坐标为北纬 44°29′52.69″，东经 111°34′45.43″。海拔 1094m。岩面朝南，尺寸为 125cm×42cm。制作技法为敲凿，刻痕为褐色，线条造型。调查确认 3 个单体图像，3 马（图 4 – 706）。

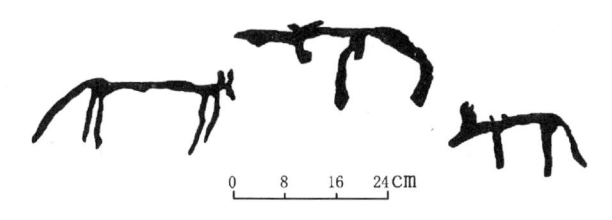

图 4 – 706　动物岩画 XMSZE – 033

XMSZE – 034：地理坐标为北纬 44°29′55.20″，东经 111°34′32.24″。海拔 1097m。单体自左而右，编号为 1—2。岩面朝南，尺寸为 60cm×32cm。制作技法为密点敲凿，刻痕为褐色，线条较粗。调查确认 2 个单体

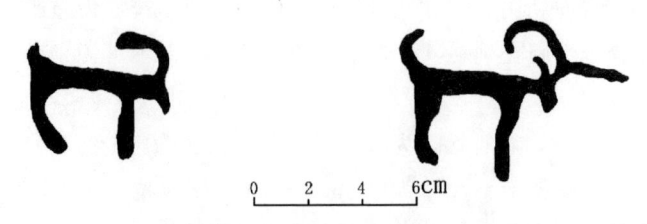

图像，2 羊（图 4-707）。

图 4-707 动物岩画 XMSZE-034

4.5 哈丹宝齐山岩画

哈丹宝齐山岩画群位于苏尼特左旗洪格尔苏木旭日昌图嘎查，查干敖包庙以北，编号为 F 区，地理坐标为北纬 44°32′14.89″，东经 111°47′37.92″，海拔 1100m。编号为 XMSZF-001~069，线图共 67 幅。

XMSZF-001：地理坐标为北纬 44°32′14.89″，东经 111°47′37.92″。海拔 1100m。岩面朝上，尺寸为 221cm×49cm。制作技法为敲凿，刻痕为灰色，线条造型。调查确认 10 个单体图像，1 人、1 马、3 狗、5 羊（图 4-708）。

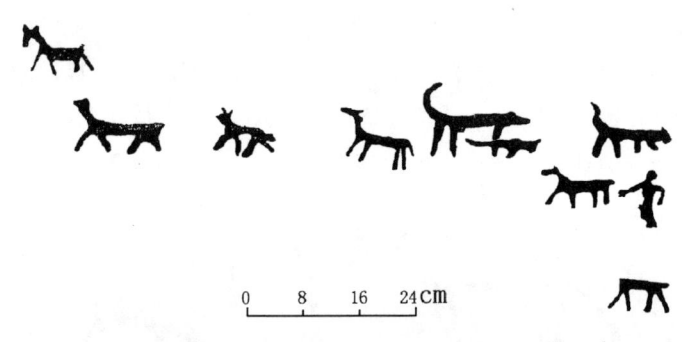

图 4-708 人物、动物岩画 XMSZF-001

XMSZF-002：地理坐标为北纬 44°32′15.04″，东经 111°47′38.03″。海拔 1095m。岩面朝上，尺寸为 151cm×54cm。制作技法为密点敲凿，刻痕为灰色，线条造型。调查确认 2 个单体图像，2 人（图 4-709）。

XMSZF-003：地理坐标为北纬 44°32′14.95″，东经 111°47′38.14″。海拔 1096m。岩面朝南，尺寸为 30cm×20cm。制作技法为密点敲凿，刻痕为灰色，剪影式造型。调查确认2个单体图像，2人（图4-710）。

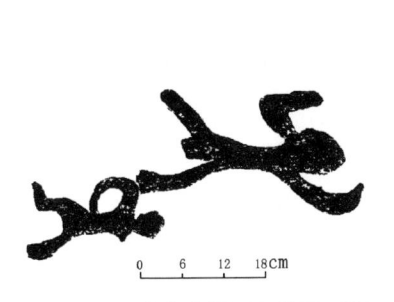

图4-709　人物岩画 XMSZF-002 　　　图4-710　人物岩画 XMSZF-003

XMSZF-004：地理坐标为北纬44°32′14.80″，东经111°47′38.04″。海拔1096m。岩面朝西，尺寸为54cm×44cm。制作技法为敲凿，刻痕为灰色，线条造型。调查确认8个单体图像，8人（图4-711）。

XMSZF-005：地理坐标为北纬44°32′14.96″，东经111°47′38.04″。海拔1094m。岩面朝西，尺寸为21cm×25cm。制作技法为敲凿，刻痕为灰色，剪影式造型。调查确认1个单体图像，1狗（图4-712）。

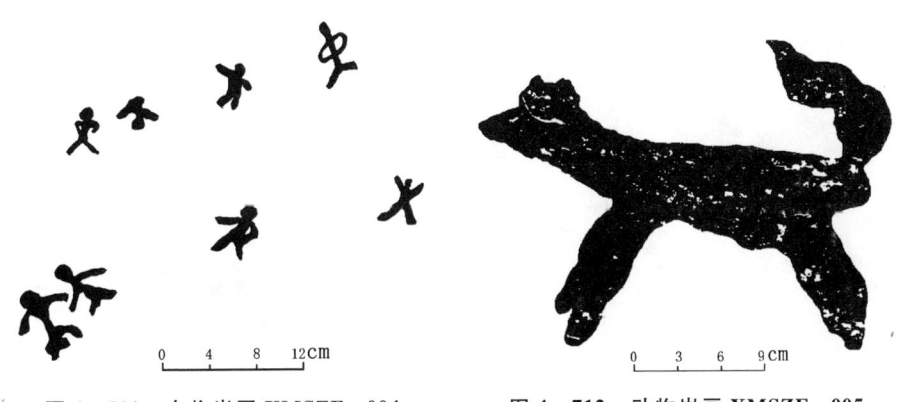

图4-711　人物岩画 XMSZF-004　　　图4-712　动物岩画 XMSZF-005

XMSZF-006：地理坐标为北纬44°32′15.23″，东经111°47′38.01″。海拔1095m。岩面朝上，尺寸为64cm×28cm。制作技法为敲凿，刻痕为灰色，线条造型。调查确认7个单体图像，为3人物形象、1动物、3不可识别图像（图4-713）。

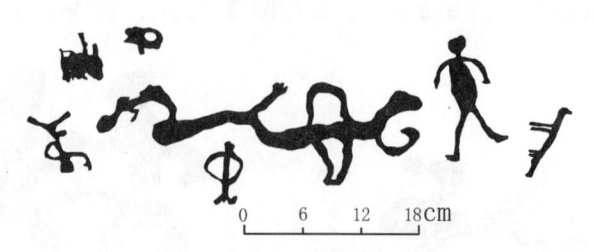

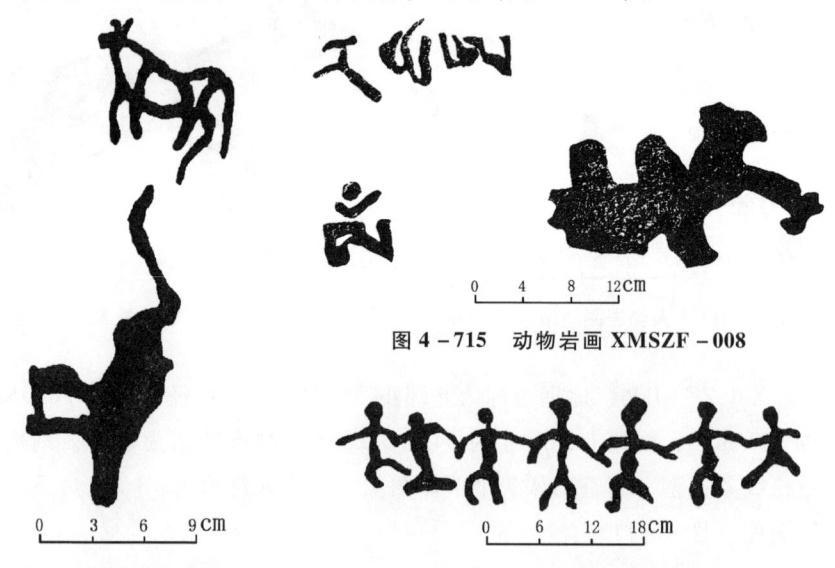

图 4-713 人物、动物岩画 XMSZF-006

XMSZF-007：地理坐标为北纬44°32′15.17″，东经111°47′37.86″。海拔1096m。岩面朝南，尺寸为112cm×51cm。制作技法为敲凿，刻痕为灰色，上方动物为线条造型，下方动物为剪影式造型。调查确认2个单体图像，1马、1不可识别动物（图4-714）。

XMSZF-008：地理坐标为北纬44°32′38.65″，东经111°47′38.03″。海拔1099m。岩面朝上，尺寸为115cm×19cm。制作技法为敲凿，刻痕为灰色，剪影式造型。调查确认1个单体图像，1不可识别动物，左侧为藏文文字（图4-715）。

XMSZF-009：地理坐标为北纬44°32′15.07″，东经111°47′38.95″。海拔1096m。岩面朝上，尺寸为72cm×29cm。制作技法为敲凿，刻痕为灰色，线条造型。调查确认7个单体图像，7人（图4-716）。

图 4-715 动物岩画 XMSZF-008

图 4-714 动物岩画 XMSZF-007

图 4-716 人物岩画 XMSZF-009

XMSZF-010：地理坐标为北纬 44°32′15.26″，东经 111°47′38.82″。海拔 1095m。岩面朝东，尺寸为 15cm×40cm。制作技法为敲凿，刻痕为灰色线条较粗。调查确认 2 个单体图像，可能为 2 人。因岩石风化图案模糊（图 4-717）。

XMSZF-011：地理坐标为北纬 44°32′15.33″，东经 111°47′38.81″。海拔 1095m。岩面朝南，尺寸为 25cm×9cm。制作技法为敲凿，刻痕为灰色，线条较粗。调查确认 2 个单体图像，2 人（图 4-718）。

图 4-717　人物岩画 XMSZF-010　　图 4-718　人物岩画 XMSZF-011

XMSZF-012：地理坐标为北纬 44°32′14.18″，东经 111°47′39.34″。海拔 1099m。岩面朝东，尺寸为 37cm×30cm。制作技法为敲凿，刻痕为灰色，线条造型。调查确认 1 个单体图像，1 人。图像因岩面风化严重而残损（图 4-719）。

XMSZF-013：地理坐标为北纬 44°32′14.24″，东经 111°47′41.55″。海拔 1101m。岩面朝上，尺寸为 48cm×71cm。制作技法为敲凿，刻痕为灰色，剪影式造型。调查确认 3 个单体图像，为 1 人、2 不可识别图案（图 4-720）。

XMSZF-014：地理坐标为北纬 44°32′14.16″，东经 111°47′41.53″。海拔 1102m。岩面朝上，尺寸为 40cm×14cm。制作技法为敲凿，刻痕为灰色，剪影式造型。调查确认 3 个单体图像，可能为 3 人（图 4-721）。

图 4-719　人物岩画
XMSZF-012

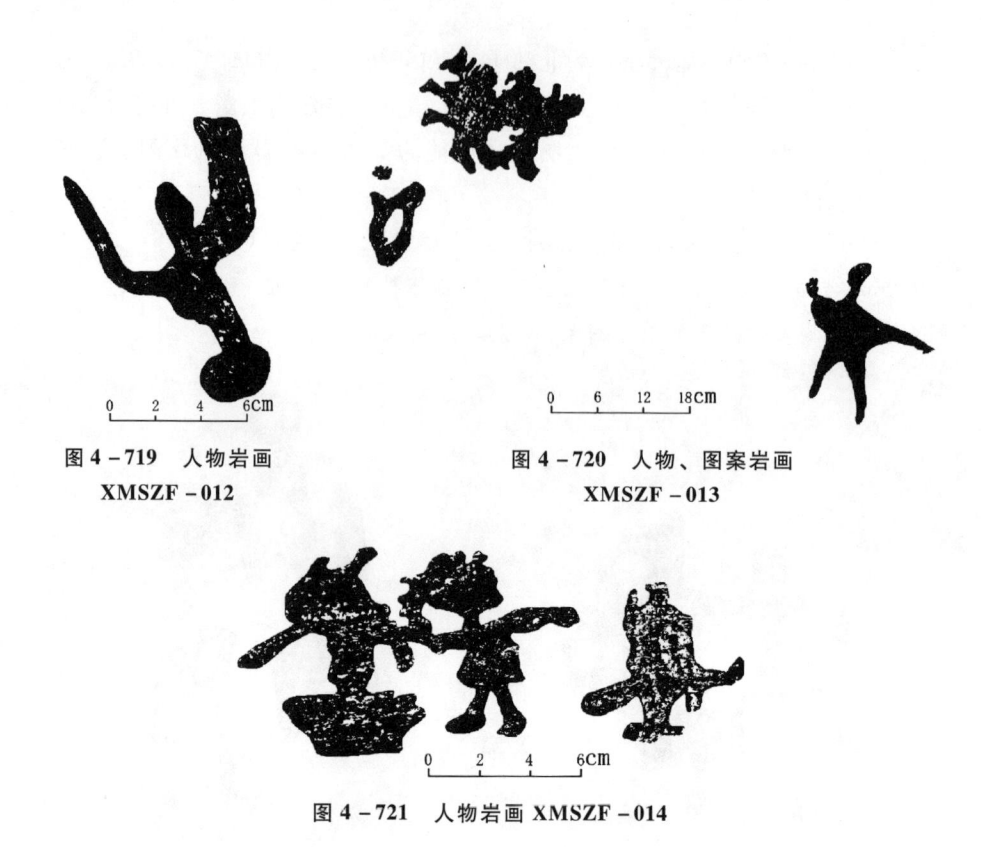

图 4-720　人物、图案岩画
XMSZF-013

图 4-721　人物岩画 XMSZF-014

XMSZF-015：地理坐标为北纬 44°32′13.88″，东经 111°47′40.63″。海拔 1100m。岩面朝西，尺寸为 126cm×86cm。制作技法为敲凿，刻痕为灰色，线条造型。调查确认 8 个单体图像，5 人、3 骆驼（图 4-722）。

图 4-722　人物、动物岩画 XMSZF-015

XMSZF-016：地理坐标为北纬44°32′13.37″，东经111°47′41.26″。海拔1100m。岩面朝西，尺寸为56cm×60cm。制作技法为敲凿，刻痕为灰色，线条造型。调查确认3个单体图像，2人、1不可识别动物（图4-723）。

图4-723 人物、动物岩画 XMSZF-016

XMSZF-017为藏文字母，不做收录。

XMSZF-018：地理坐标为北纬44°32′08.96″，东经111°47′49.03″。海拔1107m。岩面朝西，尺寸为47cm×28cm。制作技法为敲凿，刻痕为灰色，线条造型。调查确认2个单体图像，2人（图4-724）。

XMSZF-019：地理坐标为北纬44°32′06.00″，东经111°47′44.38″。海拔1106m。岩面朝南，尺寸为38cm×14cm。制作技法为密点敲凿，刻痕为灰色。调查确认2个单体图像，为1人、1不可识别图像（图4-725）。

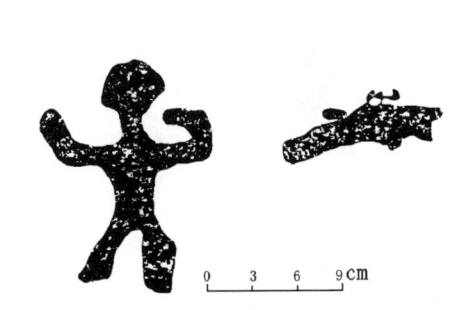

图4-724 人物岩画 XMSZF-018　　图4-725 人物岩画 XMSZF-019

XMSZF-020：地理坐标为北纬44°32′06.28″，东经111°47′42.93″。海拔1107m。岩面朝上，尺寸为44cm×27cm。制作技法为敲凿，刻痕为灰色，线条造型。调查确认 2 个单体图像，2 人（图 4 - 726）。

XMSZF - 021：地理坐标为北纬 44°32′06.75″，东经 111°47′42.85″。海拔 1106m。岩面朝南，尺寸为 40cm×24cm。制作技法为敲凿，刻痕为灰色，剪影式造型。调查确认 2 个单体图像，1 骆驼、1 不可识别动物（图 4 - 727）。

图 4 - 726　人物岩画 XMSZF - 020 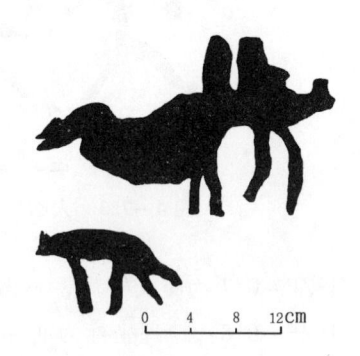　　　图 4 - 727　动物岩画 XMSZF - 021

XMSZF - 022：地理坐标为北纬 44°32′06.97″，东经 111°47′42.91″。海拔 1106m。岩面朝上，尺寸为 51cm×20cm。制作技法为敲凿，刻痕为灰色，线条造型。调查确认 2 个单体图像，2 人（图 4 - 728）。

XMSZF - 023：地理坐标为北纬 44°32′06.99″，东经 111°47′42.91″。海拔 1103m。岩面朝上，尺寸为 24cm×35cm。制作技法为敲凿，刻痕为灰色，线条造型。调查确认 1 个单体图像，1 人（图 4 - 729）。

图 4 - 728　人物岩画 XMSZF - 022 　　　图 4 - 729　人物岩画 XMSZF - 023

XMSZF-024：地理坐标为北纬44°32′04.53″，东经111°47′39.48″。海拔1098m。岩面朝西，尺寸为100cm×50cm。制作技法为敲凿，刻痕为灰色，线条造型。调查确认1个单体图像，1人（图4-730）。

XMSZF-025：地理坐标为北纬44°32′08.82″，东经111°47′42.52″。海拔1100m。岩面朝上，尺寸为45cm×30cm。制作技法为敲凿，刻痕为灰色，线条造型。调查确认1个单体图像，可能为骆1驼（图4-731）。

图4-730　人物岩画 XMSZF-024 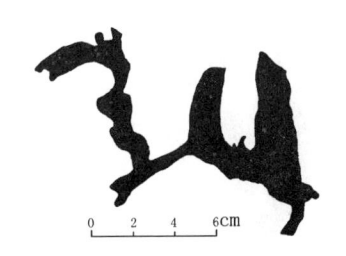　　图4-731　动物岩画 XMSZF-025

XMSZF-026：地理坐标为北纬44°32′09.82″，东经111°47′34.55″。海拔1096m。岩面朝东南，尺寸为126cm×68cm。制作技法为敲凿，刻痕为灰色，线条造型。调查确认2个单体图像，1人、1不可识别动物（图4-732）。

XMSZF-027：地理坐标为北纬44°32′12.92″，东经111°47′38.44″。海拔1094m。岩面朝南，尺寸为39cm×28cm。制作技法为敲凿，刻痕为灰色，线条造型。调查确认1个单体图像，1人（图4-733）。

图4-732　人物、动物岩画 XMSZF-026 　　图4-733　人物岩画 XMSZF-027

XMSZF-028：地理坐标为北纬44°32′00.00″，东经111°47′23.42″。海拔1095m。岩面朝西南，尺寸为38cm×23cm。制作技法为敲凿，刻痕为灰色，线条造型。调查确认2个单体图像，2人（图4-734）。

XMSZF－029：地理坐标为北纬44°32′01.55″，东经111°47′24.26″。海拔1094m。岩面朝上，尺寸为139cm×72cm。制作技法为敲凿，刻痕为灰色，线条造型。调查确认4个单体图像，1人、1羊、1工具、1不可识别动物（图4－735）。

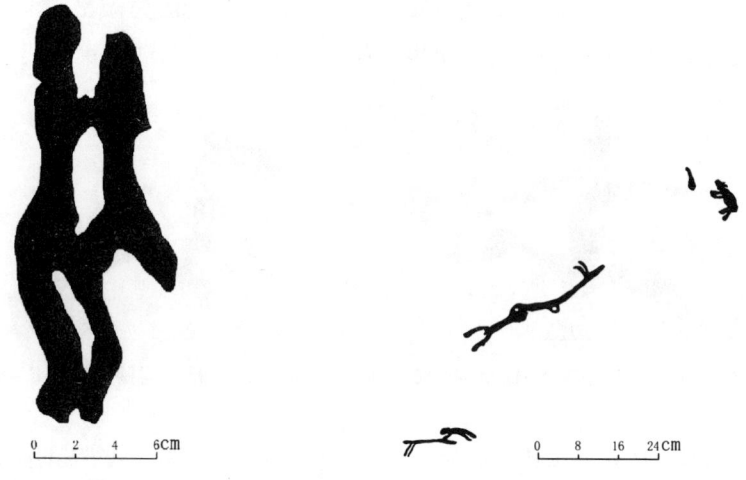

图4－734 人物岩画 XMSZF－028　　图4－735 人物、动物、工具岩画 XMSZF－029

　　XMSZF－030：地理坐标为北纬44°31′56.75″，东经111°47′35.98″。海拔1097m。岩面朝上，尺寸为100cm×37cm。制作技法为敲凿，刻痕为灰色，线条造型。调查确认1个单体图像，1人（图4－736）。

　　XMSZF－031：地理坐标为北纬44°31′56.50″，东经111°47′35.22″。海拔1094m。岩面朝上，尺寸为53cm×35cm。制作技法为敲凿，刻痕为灰色，剪影式造型。调查确认1个单体图像，1人（图4－737）。

　　XMSZF－032：地理坐标为北纬44°31′53.61″，东经111°47′28.27″。海拔1096m。岩面朝上，尺寸为129cm×156cm。制作技法为敲凿，刻痕为灰色，线条造型。调查确认4个单体图像，为3人、1工具（图4－738）。

　　XMSZF－033：地理坐标为北纬44°31′56.21″，东经111°47′17.39″。海拔1095m。岩面朝南，尺寸为66cm×58cm。左侧两个人物形象的制作技法为敲凿，刻痕为灰色，线条造型。右侧方形图案的制作技法为划刻。调查确认3个单体图像，为2人、1方形图案（图4－739）。

图 4 - 736　人物岩画 XMSZF - 030 　　图 4 - 737　人物岩画 XMSZF - 031

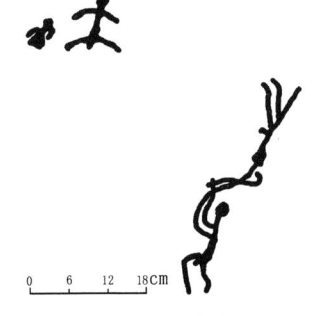

图 4 - 738　人物、工具岩画 XMSZF - 032 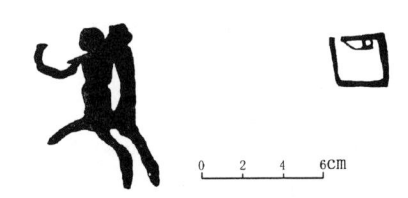　　图 4 - 739　人物、图案岩画 XMSZF - 033

　　XMSZF - 034：地理坐标为北纬 44°31′59.66″，东经 111°46′47.16″。海拔 1080m。岩面朝南，尺寸为 29cm×22cm。制作技法为敲凿，刻痕为灰色，线条较粗。调查确认 1 个单体图像，1 人（图 4 - 740）。

　　XMSZF - 035：地理坐标为北纬 44°32′06.56″，东经 111°46′51.74″。海拔 1083m。岩面朝南，尺寸为 53cm×44cm。制作技法为敲凿，刻痕为灰色，线条造型。调查确认 2 个单体图像，2 人（图 4 - 741）。

　　XMSZF - 036：地理坐标为北纬 44°32′07.92″，东经 111°46′52.92″。海拔 1086m。岩面朝上，尺寸为 100cm×34cm。制作技法为敲凿，刻痕为灰色，线条造型。调查确认 6 个单体图像，为 2 人、2 马、1 车辆、1 不可识别动物。车辆为侧视图，仅可见 1 车轮，车厢里坐 1 人，2 马驾车，后面马背上似乎有骑者（图 4 - 742）。

图 4-740　人物岩画 XMSZF-034　　　图 4-741　人物岩画 XMSZF-035

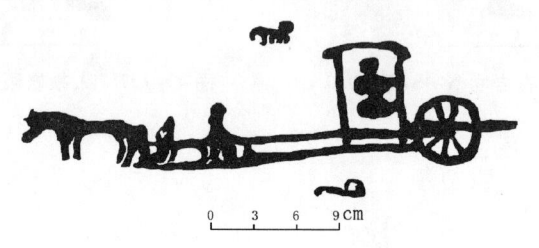

图 4-742　人物、动物、车辆岩画 XMSZF-036

XMSZF-037：地理坐标为北纬44°32′11.48″，东经111°46′52.98″。海拔1088m。岩面朝南，尺寸为18cm×26cm。制作技法为敲凿，刻痕为灰色。调查确认4个单体图像，不可识别（图4-743）。

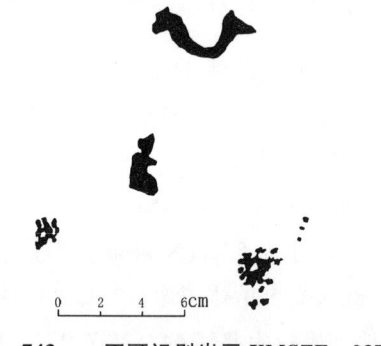

图 4-743　一不可识别岩画 XMSZF-037

XMSZF-038：地理坐标为北纬44°32′17.05″，东经111°47′02.20″。海拔1085m。岩面朝北，尺寸为89cm×65cm。制作技法为敲凿，刻痕为灰色，人物图像为线条造型；动物图像为剪影式造型。调查确认7个单体图像，为4人、1马、2骆驼（图4-744）。

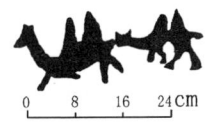

图4-744 人物、动物岩画 XMSZF-038

XMSZF-039：地理坐标为北纬44°32′19.76″，东经111°47′02.48″。海拔1090m。岩面朝南，尺寸为18cm×15cm。制作技法为敲凿，刻痕为灰色，线条较粗。调查确认1个单体图像，1人，头部两侧有饰物（图4-745）。

XMSZF-040：地理坐标为北纬44°32′19.77″，东经111°47′02.48″。海拔1090m。岩面朝东，尺寸为9cm×16cm。制作技法为敲凿，刻痕为灰色，线条造型。调查确认1个单体图像，1人，头顶有饰物（图4-746）。

图4-745 人物岩画 XMSZF-039 　　图4-746 人物岩画 XMSZF-040

XMSZF-041：地理坐标为北纬44°32′20.86″，东经111°46′58.58″。海拔1091m。岩面朝南，尺寸为12cm×26cm。制作技法为敲凿，刻痕为灰色，线条造型。调查确认2个单体图像，1人、1不可识别图像（图4-747）。

XMSZF-042：地理坐标为北纬44°32′20.75″，东经111°46′58.43″。海拔1091m。岩面朝南，尺寸为17cm×44cm。制作技法为敲凿，刻痕为灰色，剪影式造型。调查确认1个单体图像，1人（图4-748）。

XMSZF-043：地理坐标为北纬44°32′18.79″，东经111°47′11.03″。海拔1096m。岩面朝南，尺寸为47cm×42cm。制作技法为敲凿，刻痕为灰色，剪影式造型。调查确认1个单体图像，1马（图4-749）。

图4-748 人物岩画 XMSZF-042

图4-747 人物岩画 XMSZF-041

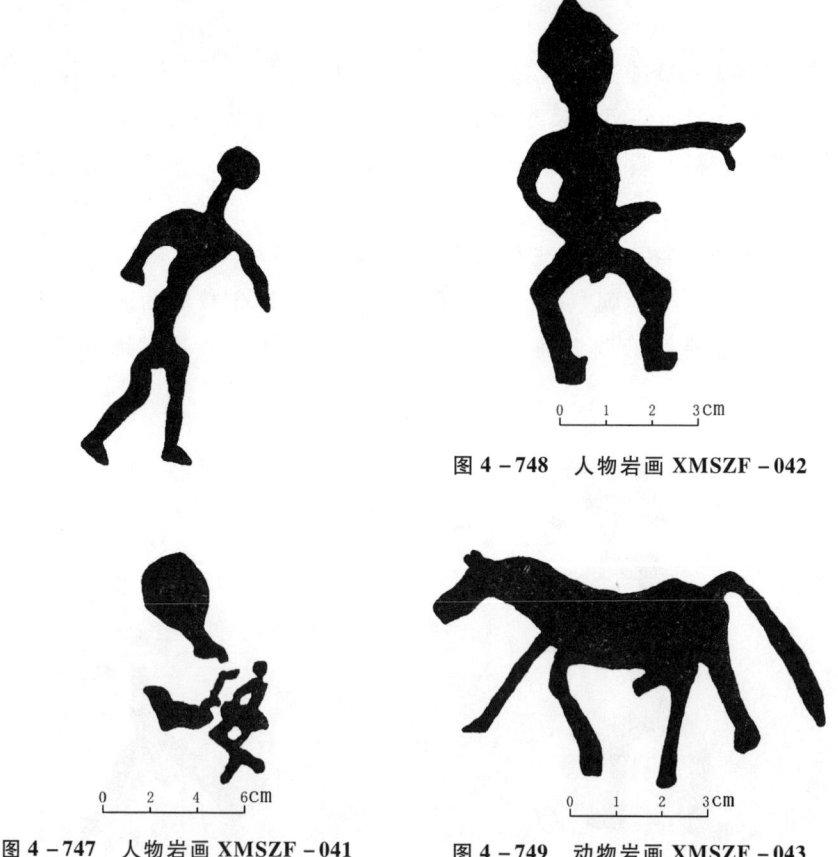

图4-749 动物岩画 XMSZF-043

XMSZF-044：地理坐标为北纬44°32′18.64″，东经111°47′10.05″。海

拔1097m。岩面朝南，尺寸为87cm×60cm。制作技法为密点敲凿，刻痕为灰色，多为线条造型。调查确认7个单体图像，为4人、1鸡、1狗、1工具（图4-750）。

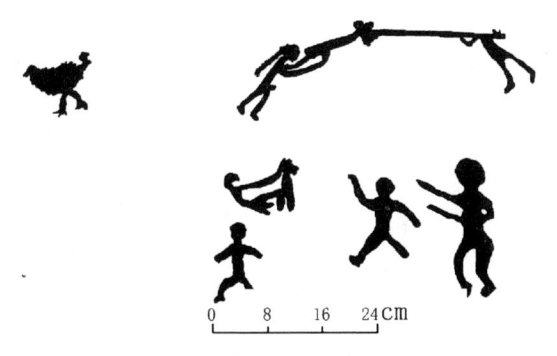

图4-750　人物、动物、工具岩画 XMSZF-044

XMSZF-045：地理坐标为北纬44°32′11.28″，东经111°47′11.08″。海拔1101m。岩面朝南，尺寸为18cm×37cm。制作技法为凿刻，刻痕为黄褐色。调查确认6个单体图像，4人、1骆驼、1马（图4-751）。

图4-751　人物、动物、人牵马岩画 XMSZF-045

XMSZF-046：地理坐标为北纬44°32′18.34″，东经111°47′14.88″。海拔1093m。岩面朝南，尺寸为42cm×39cm。制作技法为敲凿，刻痕为灰色，线条造型。调查确认2个单体图像，2人（图4-752）。

XMSZF-047：地理坐标为北纬44°32′14.15″，东经111°47′25.84″。海

拔1085m。岩面朝西南，尺寸为43cm×32cm。制作技法为敲凿，刻痕为灰色，人物形象为线条造型。调查确认5个单体图像，3人、2不可识别图像（图4-753）。

图4-752 人物岩画 XMSZF-046　　图4-753 人物岩画 XMSZF-047

XMSZF-048：地理坐标为北纬44°32′13.73″，东经111°47′26.17″。海拔1093m。岩面朝南，尺寸为44cm×19cm。制作技法为敲凿，刻痕为灰色，线条造型。调查确认2个单体图像，2人（图4-754）。

XMSZF-049：地理坐标为北纬44°32′13.85″，东经111°47′26.06″。海拔1094m。岩面朝南，尺寸为57cm×87cm。制作技法为敲凿，刻痕为灰色，剪影式造型。调查确认1个单体图像，1马（图4-755）。

图4-754 人物岩画 XMSZF-048　　图4-755 动物岩画 XMSZF-049

XMSZF-050：地理坐标为北纬44°32′14.00″，东经111°47′27.37″。海拔1094m。岩面朝南，尺寸为70cm×73cm。制作技法为敲凿，左侧动物单体的刻痕为褐色，人物单体图像的刻痕为灰色，线条造型。调查确认4个单体图像，为3人、1不可识别动物（图4-756）。

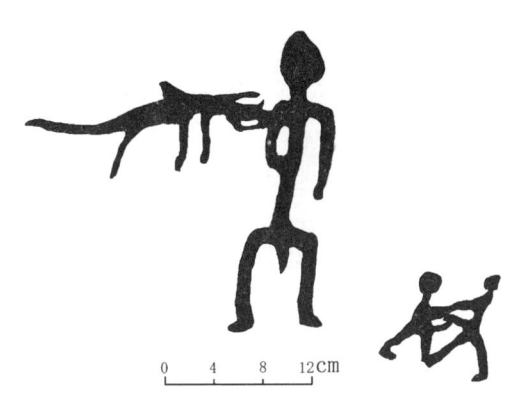

图 4-756　人物、动物岩画 XMSZF-050

XMSZF-051：地理坐标为北纬44°32′14.45″，东经111°47′25.26″。海拔1093m。岩面朝南，尺寸为48cm×17cm。制作技法为敲凿，刻痕为灰色，剪影式造型。调查确认2个单体图像，2骆驼（图4-757）。

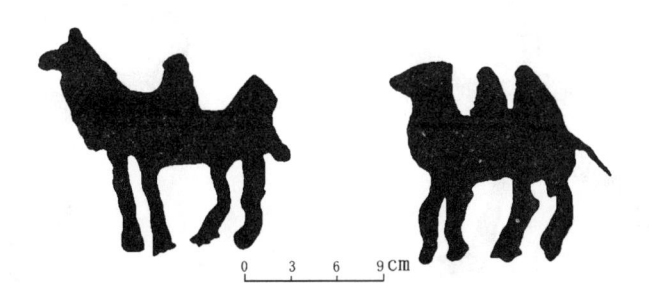

图 4-757　动物岩画 XMSZF-051

XMSZF-052：地理坐标为北纬44°32′11.09″，东经111°47′19.07″。海拔1087m。岩面朝上，尺寸为100cm×19cm。制作技法为敲凿，刻痕为灰色，剪影式造型。调查确认3个单体图像，1人、1工具、1动物。动物可能是鹿（图4-758）。

图 4-758　人物、工具、动物岩画 XMSZF-052

XMSZF－053：地理坐标为北纬44°32′13.32″，东经111°47′20.47″。海拔1089m。岩面朝上，尺寸为46cm×28cm。制作技法为敲凿，刻痕为灰色，线条造型。调查确认1个单体图像，1人（图4－759）。

XMSZF－054：地理坐标为北纬44°32′10.14″，东经111°47′11.94″。海拔1090m。岩面朝西南，尺寸为20cm×50cm。制作技法为密点敲凿，刻痕为灰色，线条造型。调查确认3个单体图像，为1狗、2不可识别动物。中间的动物做回头状（图4－760）。

图4－759 人物岩画 XMSZF－053　　　　图4－760 动物岩画 XMSZF－054

XMSZF－055：地理坐标为北纬44°32′05.74″，东经111°47′11.42″。海拔1088m。岩面朝上，尺寸为85cm×48cm。制作技法为凿刻，刻痕为灰色，线条造型。调查确认1个单体图像，1人（图4－761）。

XMSZF－056：地理坐标为北纬44°32′05.80″，东经111°47′11.45″。海拔1087m。岩面朝上，尺寸为52cm×64cm。制作技法为敲凿，刻痕为灰色，线条造型。调查确认2个单体图像，2人（图4－762）。

XMSZF－057：地理坐标为北纬44°32′04.03″，东经111°47′07.58″。海拔1088m。岩面朝上，尺寸为54cm×19cm。制作技法为敲凿，刻痕为灰色。调查确认1个单体图像，1马（图4－763）。

图 4-761 人物岩画 XMSZF-055 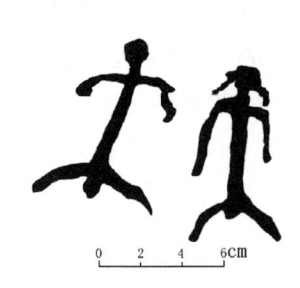　　图 4-762 人物岩画 XMSZF-056

图 4-763 动物岩画 XMSZF-057

XMSZF-058：地理坐标为北纬44°32′03.84″，东经111°47′07.58″。海拔1085m。岩面朝西南，尺寸为36cm×45cm。制作技法为敲凿，刻痕为灰色，剪影式造型。调查确认2个单体图像，2马（图4-764）。

XMSZF-059：地理坐标为北纬44°32′03.76″，东经111°47′07.52″。海拔1085m。岩面朝南，尺寸为57cm×39cm。制作技法为敲凿，刻痕为灰色，线条造型。调查确认4个单体图像，4人（图4-765）。

图 4-764 动物岩画 XMSZF-058 　　图 4-765 人物岩画 XMSZF-059

XMSZF-060：地理坐标为北纬44°32′08.69″，东经111°47′10.79″。海

拔 1089m。岩面朝上，尺寸为 56cm×62cm。刻痕为灰色，线条较粗。调查确认 1 个单体图像，1 不可识别图案（图 4-766）。

XMSZF-061：地理坐标为北纬 44°32′05.72″，东经 111°46′58.15″。海拔 1083m。岩面朝南，尺寸为 56cm×48cm。制作技法为敲凿，人物图像的刻痕为黄褐色。动物的刻痕为灰色，且造型为剪影式。调查确认 3 个单体图像，2 人、1 动物，动物可能为羊（图 4-767）。

图 4-766　图案岩画 XMSZF-060　　图 4-767　人物、动物岩画 XMSZF-061

XMSZF-062：地理坐标为北纬 44°32′05.68″，东经 111°46′58.11″。海拔 1083m。岩面朝南，尺寸为 27cm×54cm。制作技法为敲凿，刻痕为灰色，剪影式造型。调查确认 1 个单体图像，1 骆驼（图 4-768）。

XMSZF-063：地理坐标为北纬 44°32′05.69″，东经 111°46′58.12″。海拔 1083m。岩面朝南，尺寸为 62cm×94cm。制作技法为敲凿，刻痕为灰色，线条造型。调查确认 3 个单体图像，3 人（图 4-769）。

图 4-768　动物岩画 XMSZF-062　　图 4-769　人物岩画 XMSZF-063

XMSZF-064：地理坐标为北纬 44°32′05.68″，东经 111°46′58.11″。海拔 1085m。岩面朝东，尺寸为 48cm×60cm。制作技法为敲凿，刻痕为灰色，线条造型。调查确认 1 个单体图像，1 人（图 4-770）。

XMSZF-065：地理坐标为北纬44°32′05.72″，东经111°46′58.23″。海拔1082m。岩面朝南，尺寸为122cm×96cm。制作技法为敲凿，刻痕为灰色，人物单体图像为剪影式造型。调查确认5个单体图像，为4人、1车辆，下方为藏文字母（图4-771）。

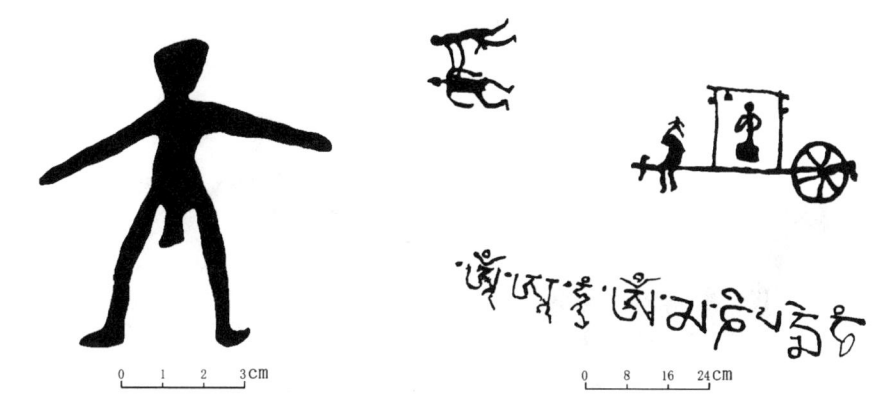

图4-770　人物岩画 XMSZF-064　　　图4-771　人物、车辆岩画 XMSZF-065

XMSZF-066：地理坐标为北纬44°32′05.73″，东经111°46′58.17″。海拔1084m。岩面朝南，尺寸为63cm×85cm。制作技法为敲凿，刻痕为灰色，线条造型。调查确认1个单体图像，1人（图4-772）。

XMSZF-067：地理坐标为北纬44°32′05.72″，东经111°46′58.29″。海拔1082m。岩面朝南，尺寸为95cm×30cm。制作技法为敲凿，刻痕为灰色，线条造型。调查确认1个单体图像，1马（图4-773）。

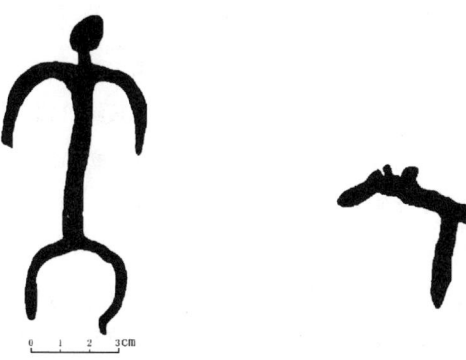

图4-772　人物岩画 XMSZF-066 　　　图4-773　动物岩画 XMSZF-067

XMSZF-068：地理坐标为北纬44°32′05.62″，东经111°46′58.00″。海

拔 1082m。岩面朝南，尺寸为 18cm×33cm。制作技法为敲凿，刻痕为灰色，剪影式造型。调查确认 1 个单体图像，可能为 1 马（图 4-774）。

　　XMSZF-069：地理坐标为北纬 44°32′05.57″，东经 111°46′57.94″。海拔 1083m。岩面朝南，制作技法为密点敲凿，刻痕为灰色，线条造型。调查确认 2 个单体图像，2 人（图 4-775）。

图 4-774　动物岩画 XMSZF-068　　　图 4-775　人物岩画 XMSZF-069

4.6　旭日图岩画

　　旭日图岩画群位于苏尼特左旗洪格尔苏木旭日昌图嘎查，查干敖包庙以北，编号为 G 区，地理坐标为北纬 44°31′30.02″，东经 111°47′50.60″。海拔 1100m。编号为 XMSZG-001~016，线图共 16 幅。

　　XMSZG-001：地理坐标为北纬 44°31′30.02″，东经 111°47′56.60″。海拔 1100m。岩面朝上，尺寸为 65cm×85cm。制作技法为敲凿，刻痕为褐色右侧人物为剪影式造型。调查确认 5 个单体图像，2 人、3 骆驼（图 4-776）。

　　XMSZG-002：地理坐标为北纬 44°31′29.56″，东经 111°47′51.82″。海拔 1102m。岩面朝南，尺寸为 217cm×120cm。制作技法为敲凿，刻痕为褐色，多为线条造型，图像有叠压。调查确认 32 个单体图像，为 11 人、13 马、3 羊、2 狗、3 不可识别动物（图 4-777）。

图 4-776　人物、动物岩画 XMSZG-001

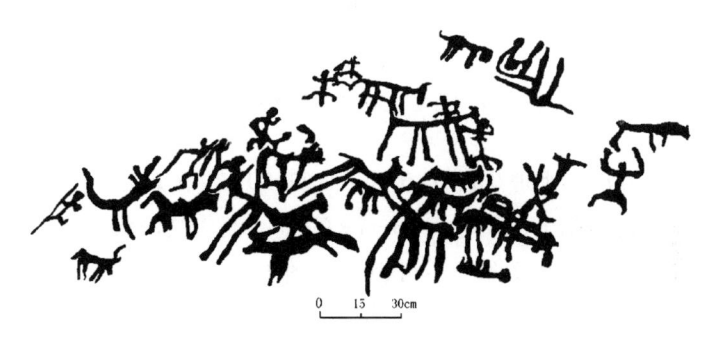

图 4-777　人物、动物岩画 XMSZG-002

XMSZG-003：地理坐标为北纬 44°31′28.24″，东经 111°47′46.79″。海拔 1101m。岩面朝上，尺寸为 105cm×70cm。制作技法为敲凿，刻痕为褐色，线条造型。调查确认 21 个单体图像，为 17 人、1 车辆、1 骆驼、2 马（图 4-778）。

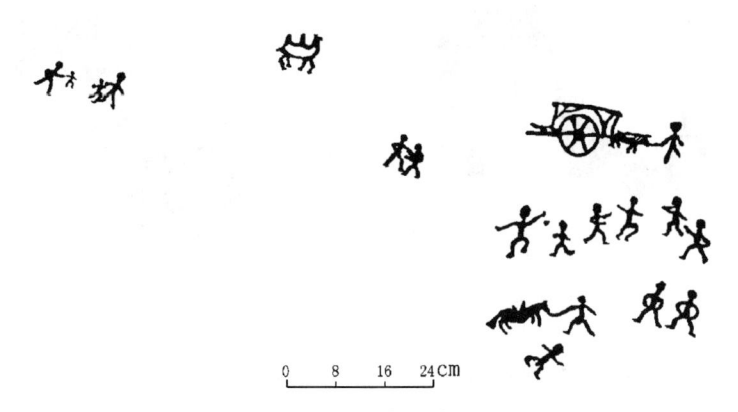

图 4-778　人物、动物、车辆岩画 XMSZG-003

XMSZG-004：地理坐标为北纬 44°31′23.78″，东经 111°47′53.92″。海拔 1101m。岩面朝上，尺寸为 52cm×25cm。制作技法为敲凿，刻痕为褐色，多为线条造型。调查确认 10 个单体图像，为 6 人、2 骆驼、1 方形图案、1不可识别动物（图4-779）。

图4-779 人物、动物岩画 XMSZG-004

XMSZG-005：地理坐标为北纬44°31′20.83″，东经111°48′03.83″。海拔1103m。岩面朝上，尺寸为63cm×60cm。制作技法为敲凿，刻痕为褐色。调查确认1个单体图像，不可识别（图4-780）。

XMSZG-006：地理坐标为北纬44°31′23.38″，东经111°48′01.28″。海拔1106m。岩面朝上，尺寸为32cm×24cm。制作技法为敲凿，刻痕为红褐色，剪影式造型。调查确认1个单体图像，1马。图案因岩石风化仅残存1马头（图4-781）。

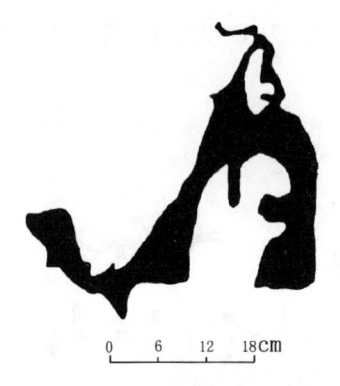

图4-780 一不可识别岩画 XMSZG-005　　图4-781 动物岩画 XMSZG-006

XMSZG-007：地理坐标为北纬44°31′25.92″，东经111°47′24.30″。海拔1089m。岩面朝上，尺寸为80cm×40cm。制作技法为敲凿，刻痕为褐灰色。调查确认12个单体图像，为8人、1骆驼、1不可识别图像、1法器、1哈达。下方右侧人物可能手举哈达。中间上方的人物在长方形高台上，左臂上扬，手持法器（图4-782）。

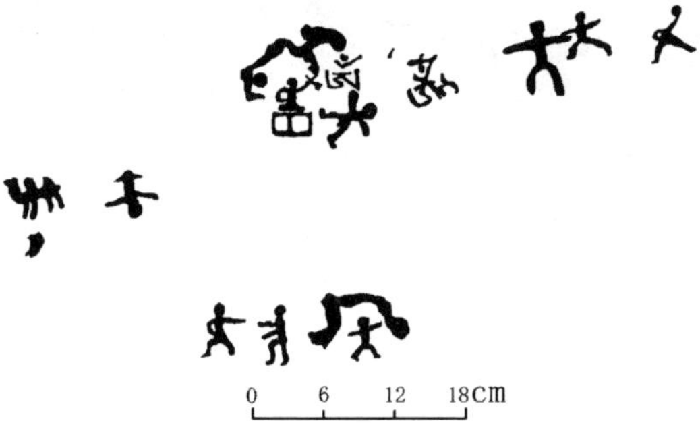

图 4-782　人物、动物岩画 XMSZG-007

XMSZG-008：地理坐标为北纬 44°31′25.64″，东经 111°47′23.72″。海拔 1088m。岩面朝上，尺寸为 8cm×5cm。制作技法为敲凿，刻痕为黄色，线条造型。调查确认 2 个单体图像，2 人（图 4-783）。

XMSZG-009：地理坐标为北纬 44°31′25.56″，东经 111°47′23.77″。海拔 1084m。岩面朝上，尺寸为 5cm×8cm。制作技法为敲凿，刻痕为褐色，线条较粗。调查确认 1 个单体图像，1 人（图 4-784）。

图 4-783　人物岩画 XMSZG-008 　　图 4-784　人物岩画 XMSZG-009

XMSZG-010：地理坐标为北纬 44°31′25.55″，东经 111°47′23.70″。海拔 1085m。岩面朝上，尺寸为 20cm×8cm。制作技法为敲凿，刻痕为黄色，线条造型。确认 6 个单体图像，6 人（图 4-785）。

图4-785 人物岩画 XMSZG-010

XMSZG-011：地理坐标为北纬44°31′21.64″，东经111°47′11.66″。海拔1083m。岩面朝上，尺寸为40cm×24cm。制作技法为敲凿，刻痕为黄褐色，线条造型。调查确认1个单体图像，1人（图4-786）。

XMSZG-012：地理坐标为北纬44°31′16.02″，东经111°47′04.67″。海拔1089m。岩面朝上，尺寸为34cm×56cm。制作技法为敲凿，刻痕为黄色，线条造型。调查确认1个单体图像，1骆驼（图4-787）。

图4-786 人物岩画 XMSZG-011 　　图4-787 动物岩画 XMSZG-012

XMSZG-013：地理坐标为北纬44°31′15.92″，东经111°47′07.27″。海拔1087m。岩面朝南，尺寸为100cm×70cm。制作技法为敲凿，刻痕为黄褐色，剪影式造型。调查确认7个单体图像，5马、2不可识别动物（图4-788）。

XMSZG-014：地理坐标为北纬44°31′14.93″，东经111°47′15.54″。海拔1084m。岩面朝上，尺寸为40cm×25cm。制作技法为敲凿，刻痕为褐色，剪影式造型。调查确认3个单体图像，为1人、1牛、1不可识别图像（图4-789）。

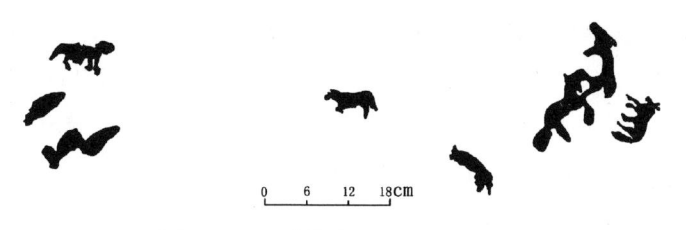

图4-788　动物岩画 XMSZG-013

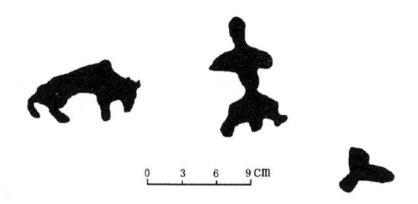

图4-789　人物、动物岩画 XMSZG-014

XMSZG-015：地理坐标为北纬44°31′14.94″，东经111°47′15.58″。海拔1086m。岩面朝上，尺寸为60cm×20cm。制作技法为密点敲凿，刻痕为褐色，剪影式造型。调查确认2个单体图像，2骆驼（图4-790）。

XMSZG-016：地理坐标为北纬44°31′06.81″，东经111°47′23.79″。海拔1095m。岩面朝上，尺寸为65cm×21cm。制作技法为敲凿，刻痕为黄褐色，线条较粗。调查确认1个单体图像，1人（图4-791）。

图4-790　动物岩画 XMSZG-015　　　图4-791　人物岩画 XMSZG-016

4.7　宝康图岩画

宝康图岩画群位于苏尼特左旗洪格尔苏木旭日昌图嘎查，查干敖包庙以北，编号为H区，地理坐标为北纬44°33′17.23″，东经111°46′57.79″，海拔1089m。编号为 XMSZH-001~005，线图共 5 幅。

XMSZH-001：地理坐标为北纬 44°33′17.23″，东经 111°46′57.79″。海拔1089m。岩面朝北，尺寸为 35cm×60cm。制作技法为敲凿，刻痕为褐色，线条造型。调查确认 1 个单体图像，1 不可识别图案，几个圆圈相连（图 4-792）。

XMSZH-002：地理坐标为北纬 44°33′27.28″，东经 111°46′57.74″。海拔1090m。岩面朝上，尺寸为 50cm×42cm。制作技法为敲凿，刻痕为褐色，线条较粗，为线条造型。调查确认 2 个单体图像，左侧可能是车辆，右侧图像不可识别（图 4-793）。

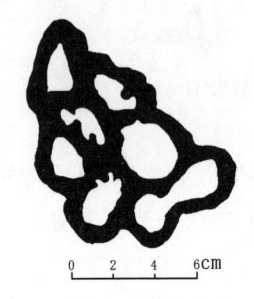

图 4-792　图案岩画 XMSZH-001 　　图 4-793　车辆岩画 XMSZH-002

XMSZH-003：地理坐标为北纬 44°33′17.09″，东经 111°46′57.09″。海拔1092m。岩面朝上，尺寸为 70cm×50cm。制作技法为敲凿，刻痕为黄褐色，线条造型。调查确认 3 个单体图像，3 人（图 4-794）。

XMSZH-004：地理坐标为北纬 44°33′23.10″，东经 111°47′36.18″。海拔1098m。岩面朝北，尺寸为 20cm×15cm。制作技法为敲凿，刻痕为红褐色，剪影式造型。调查确认 1 个单体图像，1 人（图 4-795）。

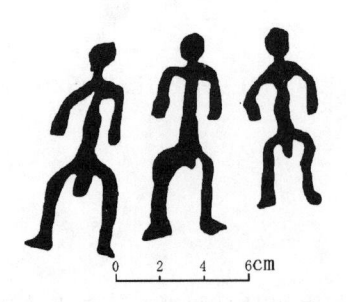

图 4-794　人物岩画 XMSZH-003 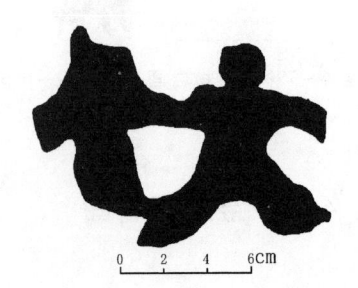　　图 4-795　人物岩画 XMSZH-004

XMSZH-005：地理坐标为北纬44°33′22.16″，东经111°47′31.93″。海拔1098m。岩面朝上，尺寸为60cm×50cm。制作技法为敲凿，刻痕为黄褐色，动物图像为剪影式造型。调查确认7个单体图像，为4人、2马、1不可识别动物，其中2人为骑者（图4-796）。

图4-796 人物、动物岩画 XMSZH-005

4.8 毛瑞苏特岩画

毛瑞苏特岩画群位于苏尼特左旗洪格尔苏木旭日昌图嘎查，查干敖包庙以北，编号为I区，地理坐标为北纬44°34′45.29″，东经112°02′46.88″，海拔1125m。编号为XMSZI-001~013，线图共13幅。

XMSZI-001：地理坐标为北纬44°34′45.29″，东经112°02′46.88″。海拔1125m。岩面朝上，尺寸为16cm×97cm。制作技法为凿刻，刻痕为浅灰色，线条造型。调查确认2个单体图像，2不可识别动物（图4-797）。

XMSZI-002：地理坐标为北纬44°34′45.07″，东经112°02′47.08″。海拔1124m。岩面朝上，尺寸为98cm×210cm。制作技法为凿刻，刻痕为浅灰色，线条较粗。调查确认1个单体图像，1不可识别动物。头部及前腿因岩石风化而残缺（图4-798）。

XMSZI-003：地理坐标为北纬44°34′44.90″，东经112°02′46.99″。海拔1126m。岩面朝西北，尺寸为138cm×100cm。制作技法为凿刻，刻痕为浅灰色，线条造型。调查确认1个单体图像，1马（图4－799）。

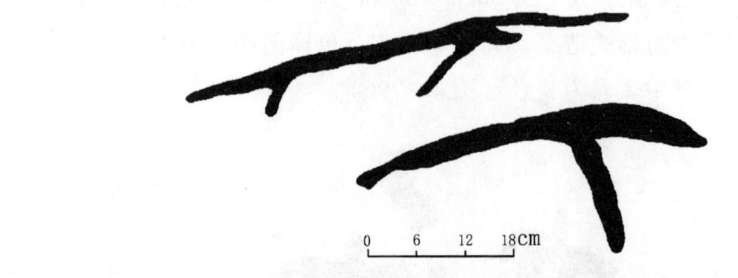

图4－797 动物岩画 XMSZI－001

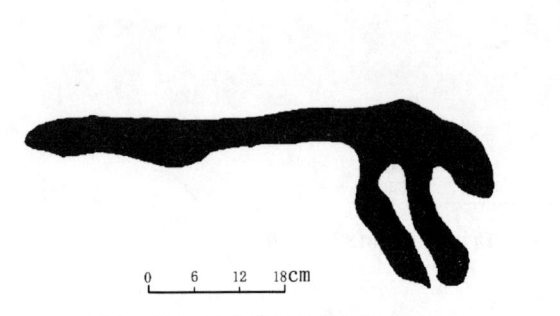

图4－798 动物岩画 XMSZI－002 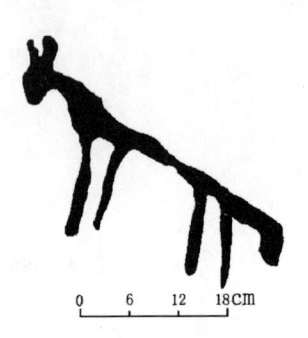　　图4－799 动物岩画 XMSZI－003

XMSZI－004：地理坐标为北纬44°34′44.39″，东经112°02′47.00″。海拔1125m。岩面朝上，尺寸为105cm×63cm。制作技法为敲凿，刻痕为浅灰色，线条造型。调查确认1个单体图像，为1不可识别图案（图4－800）。

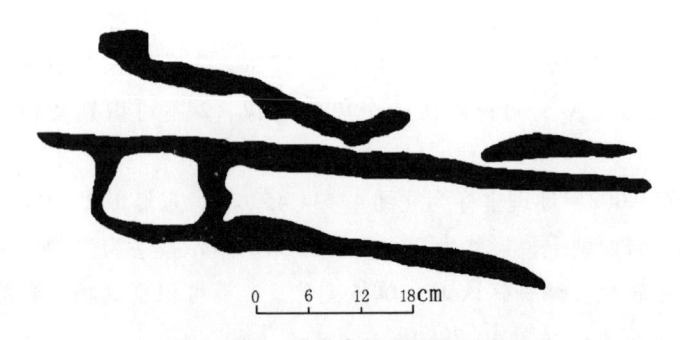

图4－800 图案岩画 XMSZI－004

XMSZI－005：地理坐标为北纬44°34′42.92″，东经112°02′54.08″。

海拔1123m。岩面朝西，尺寸为85cm×96cm。制作技法为敲凿，刻痕为浅灰色，线条造型。调查确认5个单体图像，为2羊、3半圆形（图4-801）。

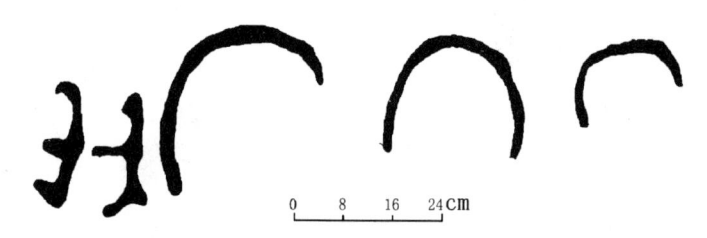

图4-801 动物、几何形岩画 XMSZI-005

XMSZI-006：地理坐标为北纬44°34′42.91″，东经112°02′54.16″。海拔1122m。岩面朝西，尺寸为30cm×51cm。制作技法为凿刻，刻痕为浅灰色，线条造型。调查确认1个单体图像，可能为1牛（图4-802）。

XMSZI-007：地理坐标为北纬44°34′47.35″，东经112°02′32.19″。海拔1122m。岩面朝南，尺寸为267cm×181cm。制作技法为凿刻，刻痕为浅灰色，刻痕较浅，线条造型。调查确认2个单体图像，可能为2车辆（图4-803）。

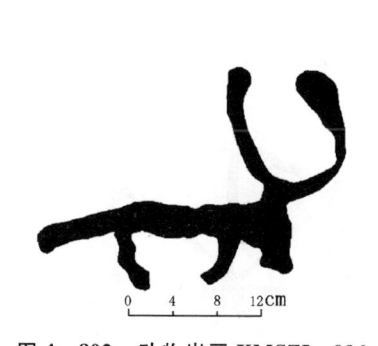

图4-802 动物岩画 XMSZI-006 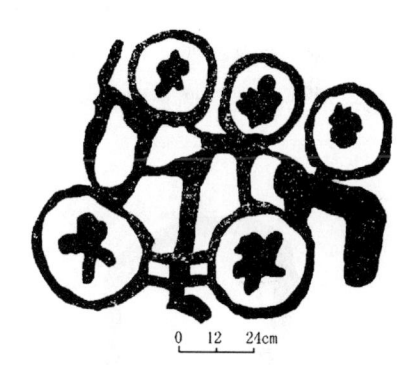　　图4-803 车辆岩画 XMSZI-007

XMSZI-008：地理坐标为北纬44°34′47.34″，东经112°02′32.15″。海拔1122m。岩面朝西，尺寸为317cm×181cm。制作技法为凿刻，刻痕为浅灰色，线条较粗。调查确认1个单体图像，不可识别（图4-804）。

XMSZI-009：地理坐标为北纬44°34′26.56″，东经112°01′54.69″。海拔1122m。岩面朝南，尺寸为107cm×135cm。制作技法为凿刻，刻痕为浅灰色，线条较粗。调查确认1个单体图像，1车轮（图4-805）。

图4-804　一不可识别岩画 XMSZI-008 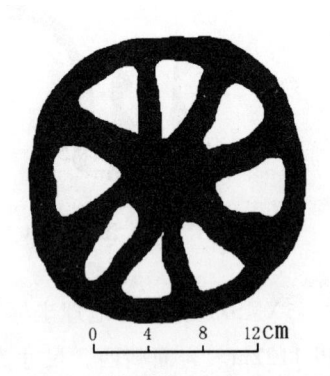　　　图4-805　车轮岩画 XMSZI-009

XMSZI-010：地理坐标为北纬44°34′26.67″，东经112°01′54.54″。海拔1119m。岩面朝西北，尺寸为176cm×130cm。制作技法为凿刻，刻痕为浅灰色，线条造型。调查确认1个单体图像，1符号（图4-806）。

XMSZI-011：地理坐标为北纬44°34′48.14″，东经112°02′40.22″。海拔1122m。岩面朝西，尺寸为238cm×164cm。制作技法为磨刻，刻痕为浅灰色，线条造型。调查确认1个单体图像，1车轮（图4-807）。

图4-806　符号岩画 XMSZI-010 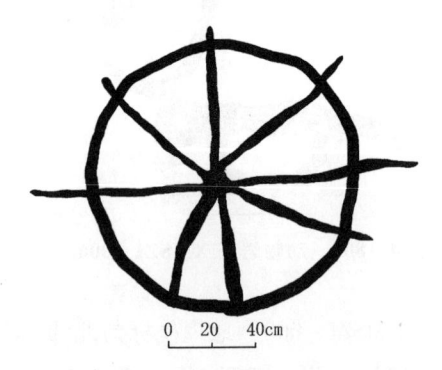　　　图4-807　车轮岩画 XMSZI-011

XMSZI-012：地理坐标为北纬44°34′58.07″，东经112°03′00.98″。海拔1116m。岩面朝西，尺寸为213cm×139cm。制作技法为凿刻，刻痕为浅灰色，线条造型。调查确认3个单体图像，2羊、1人（图4-808）。

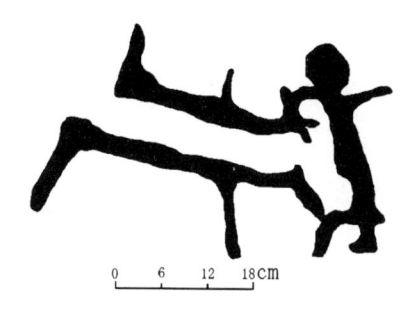

图4-808 人物、动物岩画 XMSZI-012

XMSZI-013：地理坐标为北纬44°34′58.33″，东经112°03′00.76″。海拔1118m。岩面朝西，尺寸为103cm×168cm。制作技法为磨刻，刻痕为浅灰色，线条较粗。调查确认2个单体图像，1圆圈、1不可识别图案（图4-809）。

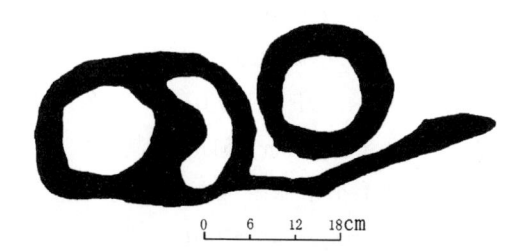

图4-809 几何形岩画 XMSZI-013

4.9 宝德尔石林岩画

宝德尔石林岩画群位于苏尼特左旗达来苏木新阿米都日嘎查，查干敖包庙以北，编号为J区，地理坐标为北纬44°49′54.90″，东经112°41′18.68″，海拔1173m。编号为XMSZJ-001~015，线图共11幅。

XMSZJ-001：地理坐标为北纬44°49′54.90″，东经112°41′18.68″。海拔1173m。岩面朝南，尺寸为120cm×51cm。制作技法为凿刻，刻痕为灰色，线条造型。调查确认3个单体图像，2圆圈、1符号（图4-810）。

XMSZJ-002：地理坐标为北纬44°49′55.11″，东经112°41′18.87″。海

拔 1181m。岩面朝南，尺寸为 109cm×126cm。制作技法为凿刻，刻痕为灰色，线条造型。调查确认 1 个单体图像，可能为 1 羊（图 4-811）。

图 4-810　几何形、符号岩画 XMSZJ-001

图 4-811　动物岩画 XMSZJ-002

XMSZJ-003 为藏文字母，不做收录。

XMSZJ-004 为藏文字母，不做收录。

XMSZJ-005 为藏文字母，不做收录。

XMSZJ-006：地理坐标为北纬 44°50′02.83″，东经 112°40′21.34″。海拔 1171m。岩面朝东南，尺寸为 48cm×51cm。制作技法为凿刻，刻痕为浅灰色，线条造型。调查确认 1 个单体图像，可能为 1 虎（图 4-812）。

XMSZJ-007：地理坐标为北纬 44°50′01.45″，东经 112°44′21.34″。海拔 1225m。岩面朝西南，尺寸为 107cm×60cm。制作技法为凿刻，刻痕为黑色，线条造型。调查确认 1 个单体图像，1 马（图 4-813）。

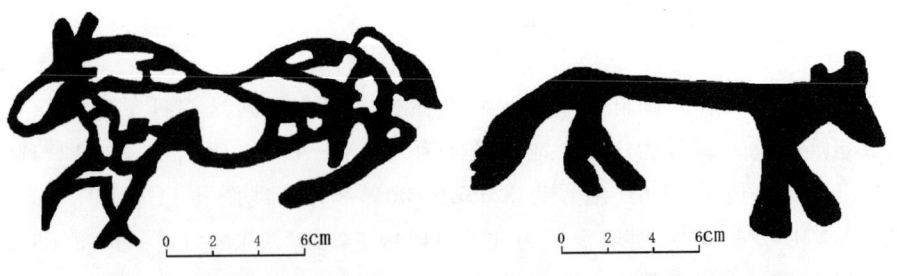

图 4-812　动物岩画 XMSZJ-006

图 4-813　动物岩画 XMSZJ-007

XMSZJ-008：地理坐标为北纬 44°50′32.06″，东经 112°45′34.89″。海拔 1211m。岩面朝南，尺寸为 272cm×170cm。制作技法为凿刻，刻痕为黄

褐色剪影式造型。调查确认 1 个单体图像，可能为 1 羊（图 4-814）。

XMSZJ-009：地理坐标为北纬 44°50′32.06″，东经 112°45′34.89″。海拔 1211m。岩面朝南，尺寸为 272cm×170cm。制作技法为凿刻，刻痕为黄褐色。调查确认 6 个单体图像，为 5 马、1 骆驼。骆驼的刻痕为灰褐色（图 4-815）。

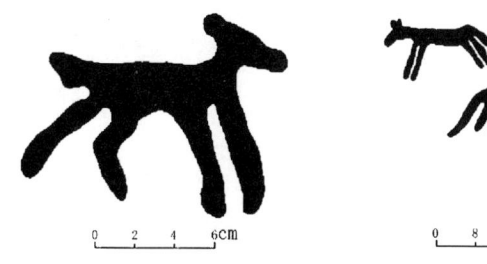

图 4-814　动物岩画 XMSZJ-008

图 4-815　动物岩画 XMSZJ-009

XMSZJ-010 为藏文字母，不做收录。

XMSZJ-011：地理坐标为北纬 44°51′43.17″，东经 112°41′33.20″。海拔 1150m。岩面朝南，尺寸为 155cm×48cm。制作技法为彩绘，颜色为红色。调查确认 1 个单体图像仅隐约可见部分线条，不可识别（图 4-816）。

图 4-816　一不可识别岩画 XMSZJ-011

XMSZJ-012：地理坐标为北纬 44°51′43.80″，东经 112°41′32.64″。海拔 1149m。岩面朝南，尺寸为 138cm×21cm。制作技法为凿刻，刻痕为浅红褐色，线条造型。调查确认 1 个单体图像，为 1 法器（图 4-817）。

XMSZJ-013：地理坐标为北纬 44°47′51.15″，东经 112°42′51.27″。海拔 1197m。岩面朝东，尺寸为 57cm×31cm。单体位于岩面中部，制作技法为彩绘，颜色为赭红色。图像主体为有序排列成两排的点或短竖线，其两侧图案已不可识别（图 4-818）。

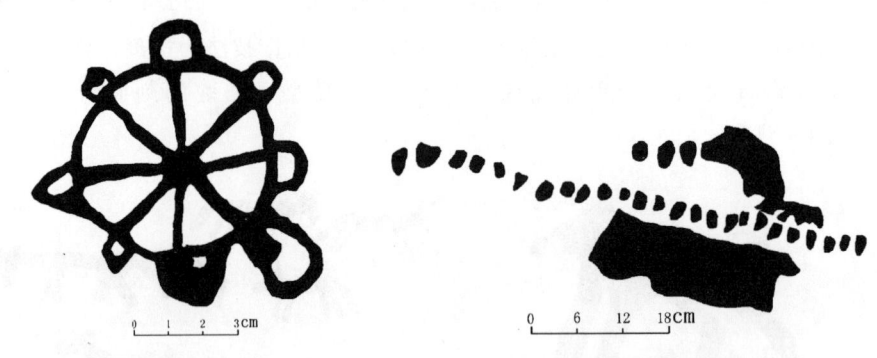

图 4-817 图案岩画 XMSZJ-012　　图 4-818 几何形岩画 XMSZJ-013

XMSZJ-014：地理坐标为北纬 44°41′51.13″，东经 112°42′50.99″。海拔 1197m。岩面朝东北，尺寸为 130cm×71cm。制作技法为凿刻，刻痕为红色，线条造型。调查确认 4 个单体图像，为 1 马、1 羊、1 狗、1 骑者（图 4-819）。

XMSZJ-015：地理坐标为北纬 44°41′51.40″，东经 111°42′51.00″。海拔 1150m。岩面朝东北，尺寸为 100cm×48cm。单体位于岩面中部，制作技法为彩绘，颜色为赭红色，为线条造型。图像由一横排短竖线组成（图 4-820）。

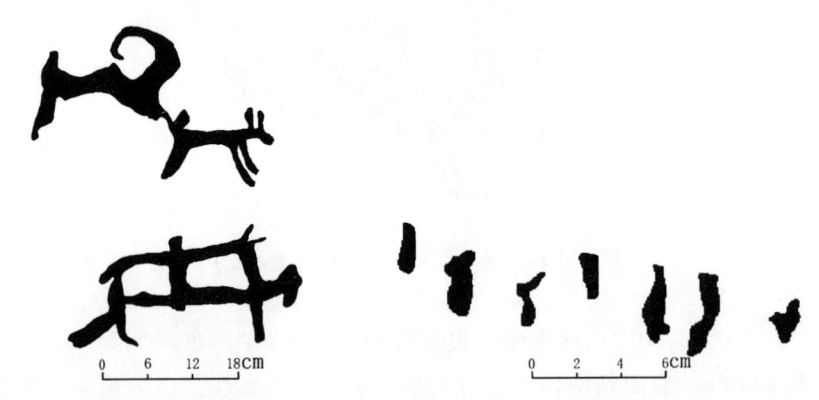

图 4-819 人物、动物岩画 XMSZJ-014　　图 4-820 几何形岩画 XMSZJ-015

第5章　苏尼特右旗岩画分布地点和内容

苏尼特右旗位于锡林郭勒盟西部，东邻苏尼特左旗、镶黄旗，南靠乌兰察布市察哈尔右翼后旗、商都县，西接乌兰察布市四子王旗，东北与二连浩特市接壤，北与蒙古国交界。地理坐标为北纬41°55′~43°48′，东经111°08′~114°16′，总面积为22671.88km²。苏尼特右旗地质构造属于古湖盆上升而成的剥蚀高原，平均海拔为1671.8m。地形南高北低，中北部为坦荡的高平原和丘陵，南部多山，东部为巴嘎腾格里沙漠延伸部分。苏尼特右旗地处北温带，属干旱性大陆气候，冷暖剧变，温差大，春、秋两季多寒潮大风，冬季寒冷漫长，夏季温凉短促。年平均气温为4.6℃。年降水量平均为181.04mm。

苏尼特右旗为古代北方游牧民族繁衍生息之地。秦汉时期为上谷代郡之北境，后汉乌桓鲜卑居之，晋为拓跋氏地，隋唐为突厥所居，辽为抚州，金属西京路，元朝归兴和路。16世纪初，达延汗复振，统辖蒙古，苏尼特部归属其子管辖。清顺治时，将苏尼特部分为左、右两翼，正式设旗的建制。新中国成立后，1969年曾被划归乌兰察布盟管辖。1980年苏尼特右旗重新划归锡林郭勒盟管辖。[①]

苏尼特右旗的赛乌苏遗址、伊尔丁曼哈遗址、吉尔嘎郎图遗址均为新石器时代遗址，采集有小型尖状器、刮削器、陶片、磨盘、磨棒等。在苏尼特右旗的中部有金界壕北线遗迹，在新民乡南部发现金界壕南线遗迹。旗境内始建于康熙四十七年（1708）的毕鲁图庙为一座藏传佛教

---

① 张魁义、魏琢主编《锡林郭勒盟志》（上），内蒙古文化出版社、内蒙占出版集团，2014，第183~184页。

庙宇。①

苏尼特右旗岩画分为 A、B、C、D 区（图 5-1），该区域多坦荡起伏的低山丘陵，岩体为黄褐色或黑褐色的花岗岩，硬度为 6-7 度，岩画多刻于平坦的岩面上。

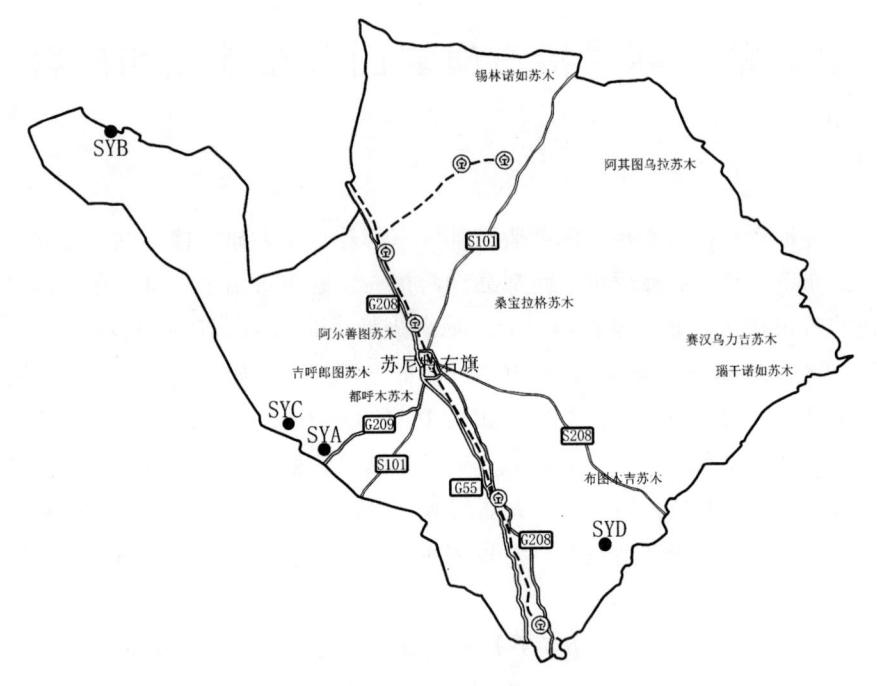

图 5-1 苏尼特右旗岩画分布

SYA 为亚拉哈达岩画；SYB 为毛日图德力岩画；SYC 为宝勒嘎岩画；SYD 为都仁乌力吉岩画

5.1 亚拉哈达岩画

亚拉哈达岩画，编号为 A 区。位于苏尼特右旗都呼木苏木，地理坐标区间为北纬 42°30′29.22″~42°30′29.28″，东经 112°15′51.06″~112°15′51.25，海拔为 1222~1224m；亚拉哈达岩画编号为 XMSYA-001~003，线图 3 幅。

---

① 国家文物局主编《中国文物地图集·内蒙古自治区分册》（下），西安地图出版社，2003，第 500 页。

XMSYA-001：地理坐标为北纬 42°30′29.28″，东经 112°15′51.06″。岩面朝西，尺寸为 80cm×85cm。凿刻，黑褐色刻痕，线条造型。调查确认 3 个单体，可能为 2 羊，左上方为 1 不可识别图像（图 5-2）。

图 5-2 动物岩画 XMSYA-001

XMSYA-002：地理坐标为北纬 42°30′29.23″，东经 112°15′51.18″。岩面朝西，尺寸为 105cm×50cm。凿刻，黑褐色刻痕，线条较粗。调查确认 4 个单体，1 符号、1 同心圆、2 圆（图 5-3）。

XMSYA-003：地理坐标为北纬 42°30′29.22″，东经 112°15′51.25″。岩面朝西，尺寸为 180cm×100cm。凿刻，黄褐色刻痕，线条造型。岩面风化严重。调查确认 2 个单体图像，可能是 1 马、1 不可识别动物（图 5-4）。

图 5-3 符号、几何形岩画 XMSYA-002　　图 5-4 动物岩画 XMSYA-003

5.2 毛日图德力岩画

毛日图德力岩画编号为 B 区。位于苏尼特右旗吉呼朗图嘎查额仁淖尔苏木，地理坐标为北纬 43°22′22.34″，东经 111°28′08.76″，海拔为 1096m

左右；毛日图德力岩画编号为 XMSYB-001，线图 1 幅。

XMSYB-001：岩面朝东南，尺寸为 130cm×134cm。凿刻，灰白色刻痕。调查确认 5 个单体，3 马、1 鹿、1 不可识别动物（图 5-5）。

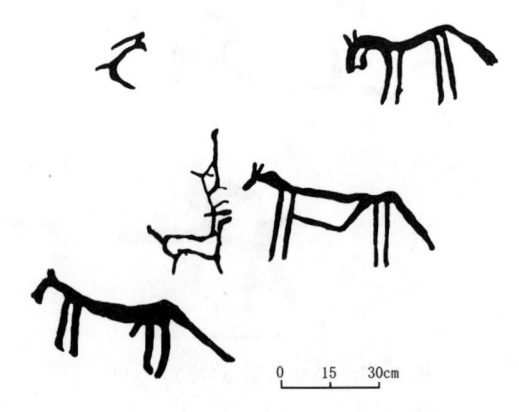

图 5-5 动物岩画 XMSYB-001

5.3 宝勒嘎岩画

宝勒嘎岩画编号为 C 区。位于苏尼特右旗额仁淖尔苏木阿门乌苏嘎查，地理坐标为北纬 42°35′12.35″~42°36′09.48″，东经 112°08′09.68″~112°08′18.28″，海拔为 1212~1232m。宝勒嘎岩画编号为 XMSYC-001~021，线图 20 幅。

XMSYC-001：地理坐标为北纬 42°35′12.35″，东经 112°08′10.24″。岩面朝南，尺寸为 38cm×105cm。凿刻，黄褐色凿痕，线条造型。调查确认 5 个单体图像，5 马（图 5-6）。

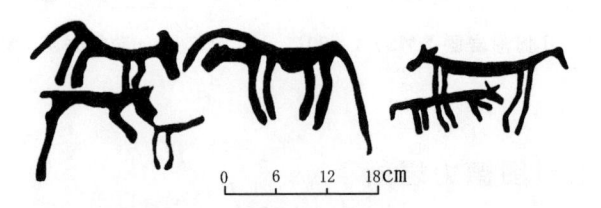

图 5-6 动物岩画 XMSYC-001

XMSYC-002：地理坐标为北纬 42°35′12.40″，东经 112°08′10.19″。

岩面朝南，尺寸为 37cm×46cm。凿刻，刻痕为褐色，线条造型。调查确认 1 个单体图像，1 马（图 5-7）。

XMSYC-003：地理坐标为北纬 42°35′12.43″，东经 112°08′10.19″。岩面朝南，尺寸为 50cm×32cm。凿刻，凿点稀疏，刻痕为褐色，线条造型。调查确认 1 个单体图像，1 马（图 5-8）。

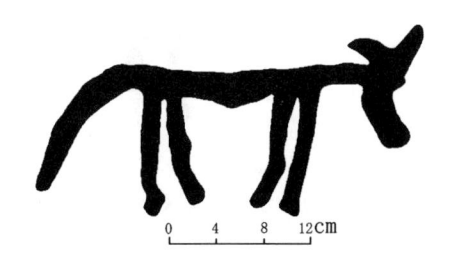

图 5-7　动物岩画 XMSYC-002 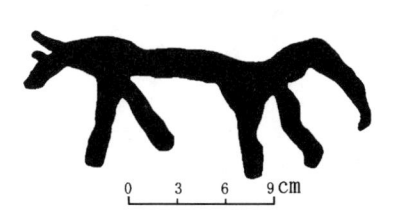　　　图 5-8　动物岩画 XMSYC-003

XMSYC-004：地理坐标为北纬 42°35′14.74″，东经 112°08′10.74″。岩面朝南，尺寸为 23cm×32cm。凿刻，刻痕为灰褐色，剪影式造型。调查确认 1 个单体图像，1 不可识别动物（图 5-9）。

XMSYC-005：地理坐标为北纬 42°35′15.25″，东经 112°08′11.62″。岩面朝南，尺寸为 110cm×120cm。凿刻，黑褐色刻痕，剪影式造型。调查确认 1 个单体图像，可能是 1 羊（图 5-10）。

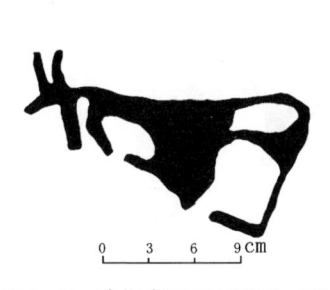

图 5-9　动物岩画 XMSYC-004 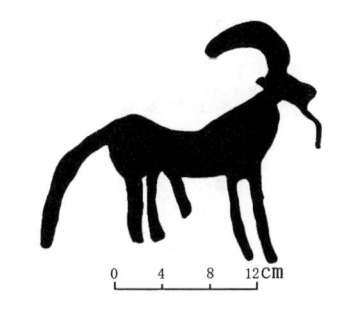　　　图 5-10　动物岩画 XMSYC-005

XMSYC-006：地理坐标为北纬 42°35′14.82″，东经 112°08′10.90″。岩面朝南，尺寸为 16cm×107cm。凿刻，刻痕为黑褐色，刻痕较浅，线条造型。调查确认 1 个单体图像，1 马（图 5-11）。

XMSYC-007：地理坐标为北纬 42°35′15.02″，东经 112°08′11.33″。

岩面朝西南，尺寸为 36cm×55cm。凿刻，刻痕为黑褐色，线条造型。调查确认 1 个单体图像，可能是 1 马（图 5-12）。

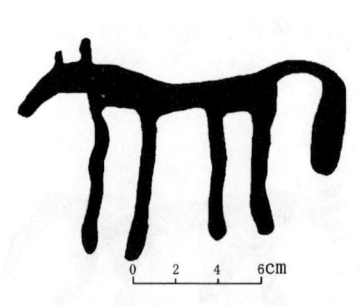

图 5-11　动物岩画 XMSYC-006 　　图 5-12　动物岩画 XMSYC-007

XMSYC-008：地理坐标为北纬 42°35′15.61″，东经 112°08′11.63″。岩面朝南，尺寸为 38cm×56cm。凿刻，黑褐色刻痕。调查确认 3 个单体图像，2 马、1 不可识别图像（图 5-13）。

XMSYC-009：地理坐标为北纬 42°35′21.90″，东经 112°08′12.91″。岩面朝西南，尺寸为 83cm×113cm。凿刻，黑褐色刻痕，刻痕较浅，线条造型。调查确认 2 个单体图像，可能是 1 羊、1 马（图 5-14）。

图 5-13　动物岩画 XMSYC-008　　图 5-14　动物岩画 XMSYC-009

XMSYC-010：地理坐标为北纬 42°35′22.08″，东经 112°08′13.32″。岩面朝南，尺寸为 70cm×190cm。凿刻，刻痕为黑褐色，线条造型。调查确认 1 个单体，1 不可识别动物（图 5-15）。

XMSYC-011：地理坐标为北纬 42°35′22.09″，东经 112°08′13.20″。岩面朝南，尺寸为 44cm×125cm。凿刻，刻痕为黄褐色，刻痕较浅，线条造型。调查确认 2 个单体，1 马、1 人物形象（图 5-16）。

图 5-15 动物岩画 XMSYC-010　　图 5-16 动物、人物岩画 XMSYC-011

　　XMSYC-012：地理坐标为北纬 42°35′33.11″，东经 112°08′18.08″。岩面朝南，尺寸为 54cm×101cm。刻痕不清晰。无法识别与绘图。

　　XMSYC-013：地理坐标为北纬 42°35′33.96″，东经 112°08′18.28″。岩面朝南，尺寸为 43cm×55cm。凿刻，刻痕为褐色，刻痕较浅，线条造型。调查确认 1 个单体图像，1 马（图 5-17）。

　　XMSYC-014：地理坐标为北纬 42°35′55.12″，东经 112°08′09.68″。岩面朝西南，尺寸为 32cm×44cm。凿刻，刻痕为黄褐色，刻痕较浅，线条造型。调查确认 3 个单体图像，可能是 2 狗、1 马（图 5-18）。

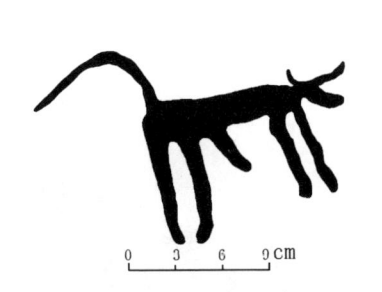

图 5-17 动物岩画 XMSYC-013 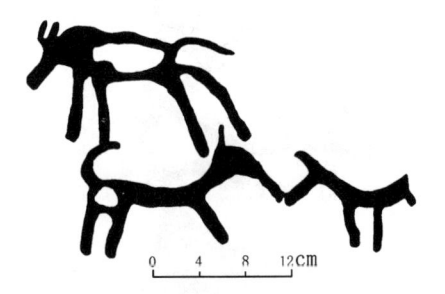　　图 5-18 动物岩画 XMSYC-014

　　XMSYC-015：地理坐标为北纬 42°36′01.75″，东经 112°08′12.65″。岩面朝西南，尺寸为 90cm×185cm。凿刻，刻痕为褐色，刻痕较浅。调查确认 2 个单体图像，2 马（图 5-19）。

　　XMSYC-016：地理坐标为北纬 42°36′06.04″，东经 112°08′10.04″。岩面朝西南，尺寸为 50cm×47cm。凿刻，刻痕为褐色，刻痕较浅，线条较粗。调查确认 5 个单体图像，5 人（图 5-20）。

　　XMSYC-017：地理坐标为北纬 42°36′06.07″，东经 112°08′10.00″。岩面朝西南，尺寸为 44cm×60cm。凿刻，刻痕为褐色，刻痕较深。调查确认 1 个单体图像，1 不可识别图像（图 5-21）。

XMSYC-018：地理坐标为北纬 42°36′06.02″，东经 112°08′09.97″。岩面朝南，尺寸为 60cm×55cm。凿刻，刻痕为褐色，剪影式造型。调查确认 1 个单体图像，1 不可识别动物（图 5-22）。

图 5-19 动物岩画 XMSYC-015

图 5-20 人物岩画 XMSYC-016

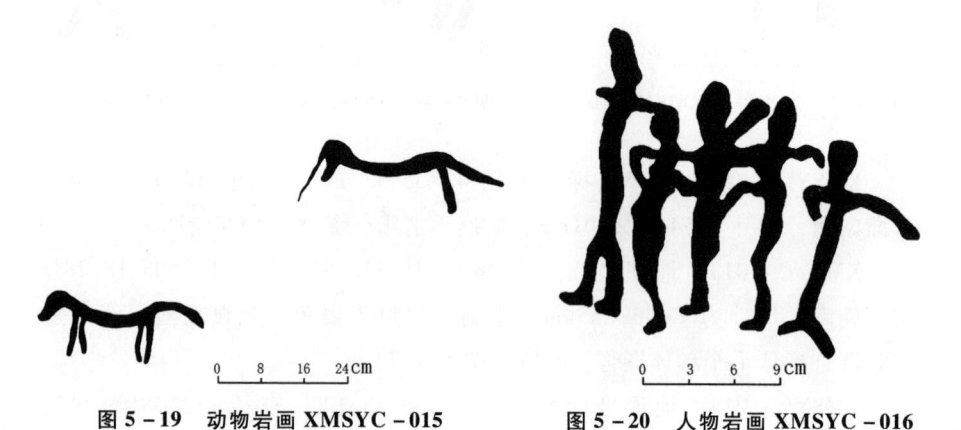

图 5-21 一不可识别岩画 XMSYC-017

图 5-22 动物岩画 XMSYC-018

XMSYC-019：地理坐标为北纬 42°36′09.48″，东经 112°08′11.33″。岩面朝南，尺寸为 68cm×106cm。凿刻，刻痕为褐色，线条造型。调查确认 4 个单体图像，2 同心圆，另外 2 个可能为 1 羊、1 猛兽（图 5-23）。

XMSYC-020：地理坐标为北纬 42°38′09.44″，东经 112°08′11.36″。岩面朝西南，尺寸为 45cm×90cm。凿刻，刻痕为黄褐色，刻痕较浅线条造型。调查确认 2 个单体图像，上方 1 不可识别动物，下方可能为 1 车辆（图 5-24）。

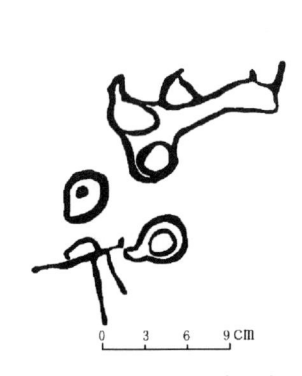

图 5-23 几何形、动物岩画
XMSYC-019

图 5-24 动物、车辆岩画
XMSYC-020

XMSYC-021：地理坐标为北纬 42°36′08.40″，东经 112°08′11.33″。岩面朝上，尺寸为 46cm×85cm。凿刻，刻痕为黄褐色，刻痕浅。调查确认 2 个单体图像，2 符号（图 5-25）。

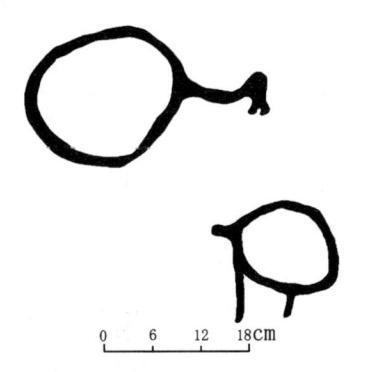

图 5-25 符号岩画 XMSYC-021

5.4 都仁乌力吉岩画

都仁乌力吉岩画编号为 D 区，都仁乌力吉蒙古语为"圆满、吉祥"的意思，位于苏尼特右旗行政所在地赛汉塔拉镇东南方向约 83km 处，隶属于苏尼特右旗朱日和镇都仁乌力吉苏木白彦敖日格勒嘎查。地理坐标为北纬 42°15′01.06″，东经 113°18′54.44″，海拔为 1364～1376m，属于半干旱草原，间有低山、丘陵。都仁乌力吉岩画编号为 XMSYD－001～016，线图共 16 幅。

XMSYD－001：地理坐标为北纬 42°15′01.06″，东经 113°18′54.44″。岩面朝上，尺寸为 10cm×11cm，凿刻，刻痕为灰褐色，刻痕深且宽。调查确认 1 个单体图像，可能是蹄印（图 5－26）。

XMSYD－002：地理坐标为北纬 42°15′01.62″，东经 113°18′54.44″。岩面朝上，尺寸为 10cm×10cm。凿刻，刻痕为灰褐色，刻痕较深。调查确认 1 个单体图像，为 1 凹穴（图 5－27）。

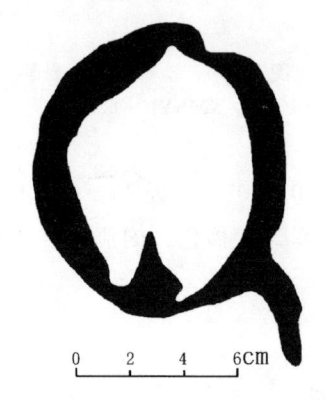

图 5－26　蹄印岩画 XMSYD－001 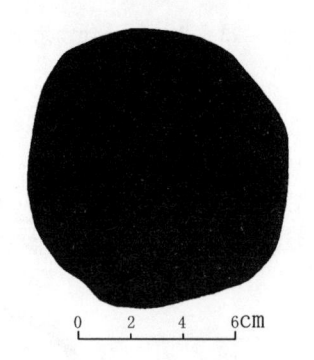　　　图 5－27　凹穴岩画 XMSYD－002

XMSYD－003：地理坐标为北纬 42°15′01.63″，东经 113°18′54.42″。岩面朝上，尺寸为 8cm×8cm。凿刻，刻痕为灰褐色，刻痕较深。调查确认 1 个单体图像，1 圆环（图 5－28）。

XMSYD－004：地理坐标为北纬 42°15′01.56″，东经 113°18′54.43″。岩面朝上，尺寸为 14cm×8cm。凿刻，刻痕为灰褐色，刻痕较深。调查确认 1 个单体图像，1 凹穴因岩面断裂成半圆形（图 5－29）。

XMSYD－005：地理坐标为北纬 42°15′01.64″，东经 113°18′54.42″。岩面朝上，尺寸为 17cm×16cm。凿刻，刻痕为灰褐色，刻痕较深。调查确认 1 个单体图像，1 凹穴（图 5－30）。

XMSYD－006：地理坐标为北纬 42°15′01.58″，东经 113°18′54.42″。岩面朝上，尺寸为 10cm×10cm。凿刻，刻痕为灰褐色，刻痕较深。调查确认 1 个单体图像，1 凹穴（图 5-31）。

图 5-28　几何形岩画 XMSYD-003 　　　图 5-29　凹穴岩画 XMSYD-004

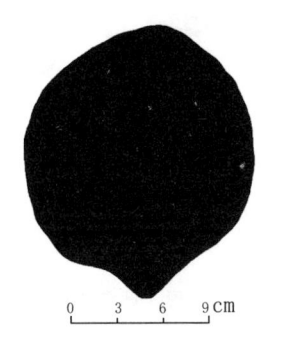

图 5-30　凹穴岩画 XMSYD-005 　　　图 5-31　凹穴岩画 XMSYD-006

XMSYD-007：地理坐标为北纬 42°15′01.55″，东经 113°18′54.46″。岩面朝上，尺寸为 10cm×10cm。凿刻，刻痕灰褐色，刻痕较浅。调查确认 1 个单体图像，1 凹穴（图 5-32）。

XMSYD-008：地理坐标为北纬 42°15′01.58″，东经 113°18′54.37″。岩面朝上，尺寸为 10cm×11cm。凿刻，刻痕为灰褐色，刻痕较浅。调查确认 1 个单体图像，1 凹穴（图 5-33）。

XMSYD-009：地理坐标为北纬 42°15′01.76″，东经 113°18′55.06″。岩面朝上，尺寸为 17cm×12cm。凿刻，刻痕为灰褐色。刻痕较深。调查确认 3 个单体图像，为 2 异形圆、1 同心圆（图 5-34）。

XMSYD-010：地理坐标为北纬 42°15′02.64″，东经 113°18′55.43″。岩面朝上，尺寸为 330cm×290cm。凿刻，刻痕为灰褐色。调查确认 27 个单体，为 6 凹穴、21 圆环（图 5-35）。

图 5-32　凹穴岩画 XMSYD-007 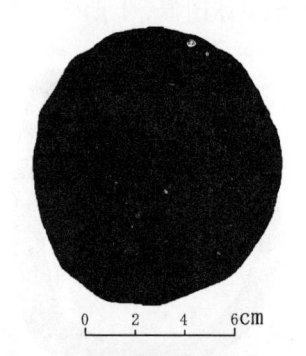　　　　　图 5-33　凹穴岩画 XMSYD-008

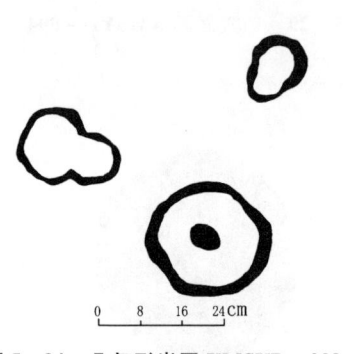

图 5-34　几何形岩画 XMSYD-009 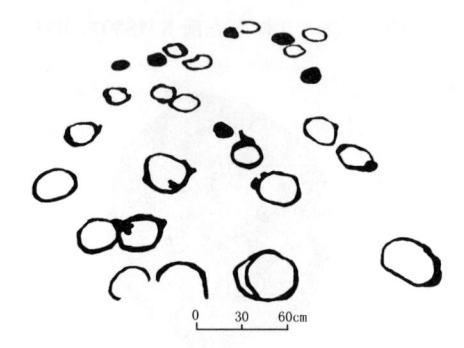　　　　图 5-35　几何形、凹穴岩画 XMSYD-010

　　XMSYD-011：地理坐标为北纬 42°15′02.67″，东经 113°18′55.47″。岩面朝上，尺寸为 212cm×136cm。凿刻，刻痕为灰褐色，刻痕较浅。调查确认 8 个单体图像，2 圆环、3 凹穴、3 圆环中间有横线，可能是蹄印（图 5-36）。

　　XMSYD-012：地理坐标为北纬 42°15′02.67″，东经 113°18′55.51″。岩面朝上，尺寸为 112cm×76cm。凿刻，刻痕为灰褐色，刻痕较深。调查确认 5 个单体图像，3 圆环、2 凹穴（图 5-37）。

　　XMSYD-013：地理坐标为北纬 42°15′02.73″，东经 113°18′55.54″。岩面朝上，尺寸为 390cm×330cm。凿刻，刻痕为灰褐色。调查确认 16 个单体，10 凹穴、5 圆环、1 圆环中间有条横线，可能为蹄印（图 5-38）。

　　XMSYD-014：地理坐标为北纬 42°15′02.75″，东经 113°18′55.68″。岩面朝上，尺寸为 176cm×110cm。凿刻，刻痕为灰褐色，刻痕较浅，线条较细。调查确认 6 个单体图像，6 圆环（图 5-39）。

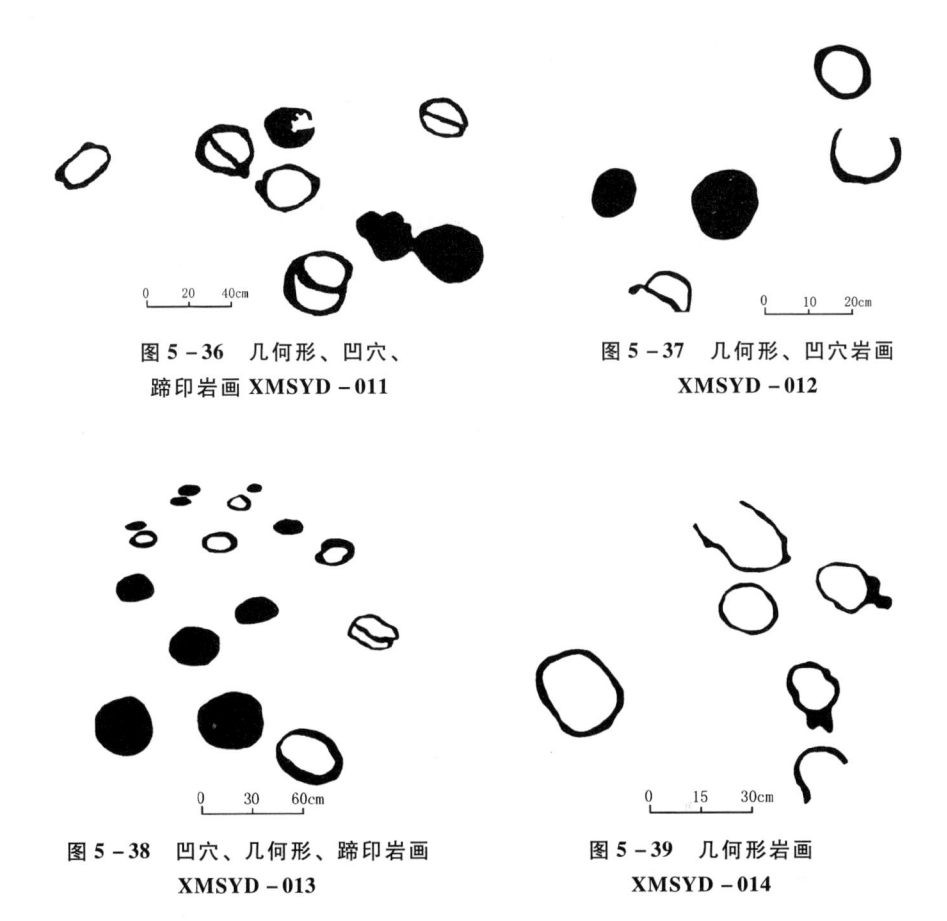

图 5-36 几何形、凹穴、蹄印岩画 XMSYD-011

图 5-37 几何形、凹穴岩画 XMSYD-012

图 5-38 凹穴、几何形、蹄印岩画 XMSYD-013

图 5-39 几何形岩画 XMSYD-014

XMSYD-015：地理坐标为北纬42°15′02.71″，东经113°18′55.29″。岩面朝上，尺寸为450cm×200cm。凿刻，刻痕为灰褐色，刻痕较浅，线条较细。调查确认10个单体图像，为9圆环、1凹穴（图5-40）。

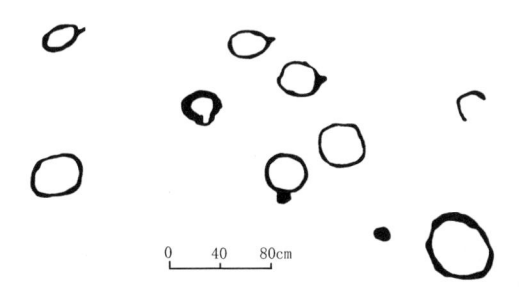

图 5-40 几何形、凹穴岩画 XMSYD-015

XMSYD-016：地理坐标为北纬42°15′02.78″，东经113°18′55.07″。岩面朝上，尺寸为450cm×200cm。凿刻，刻痕为灰褐色，线条刻画深而清晰。调查确认3个单体图像，为3圆环，右侧2圆环相连（图5-41）。

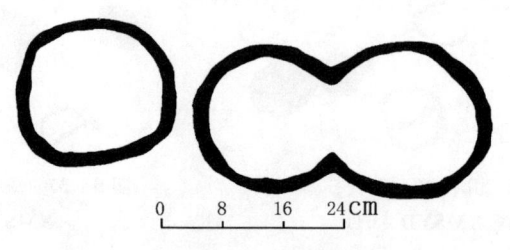

图5-41 几何形岩画 XMSYD-016

第 6 章 结语

截至目前，锡林郭勒盟考古调查发现的岩画主要分布于阿巴嘎旗、苏尼特左旗、苏尼特右旗、锡林浩特市等区域，共有岩画1396幅。

阿巴嘎旗岩画分布范围为北纬43°04′~45°26′，东经113°27′~116°11′，有6个岩画点，分别为夏哈努如岩画、浩日格乌拉岩画、白兴音呼都嘎岩画、乌林乌苏岩画、白音胡舒岩画、恩格尔呼都嘎岩画。阿巴嘎共有岩画483幅，其中夏哈努如岩画点117幅，浩日格乌拉岩画点136幅，白兴呼都嘎岩画点175幅，乌林乌苏岩画点34幅，白音胡舒岩画点13幅，恩格尔呼都嘎岩画点8幅。阿巴嘎旗中部和北部多为基性岩组成的低山丘陵，南部为玄武岩台地地貌类型，西南部为固定沙丘，其间散布草甸。岩画主要分布在山崖的崖壁上，少量分布在半山腰。岩画的制作技法多为凿刻。

锡林浩特市岩画分布范围为北纬43°02′~44°52′，东经115°18′~110°06′，有6个岩画点，分别为阿尔岗格根岩画、包日呼吉尔岩画、哈那哈达岩画、巴彦温都尔岩画、善敦陶拉盖岩画、额勒斯特岩画。锡林浩特市共有岩画55幅。其中，阿尔岗格根岩画点4幅，包日呼吉尔岩画点32幅；哈那哈达岩画点9幅，巴彦温都尔岩画点7幅，善敦陶拉盖岩画点2幅；额勒斯特岩画点1幅。锡林浩特市地势南高北低，南部为低山丘陵，北部为平缓的波状平原。岩画刻于平坦的岩面上，多分布于山丘及半山腰处。岩体为玄武岩。制作技法多为凿刻。

苏尼特左旗岩画分布范围为北纬44°30′44″N~44°49′54.90″N，东经111°32′49.98″~112°41′18.66″，有9个岩画点，分别为呼和朝鲁岩画、毕其格图岩画、巴日嘎图岩画、图莱图岩画、哈丹宝齐山岩画、旭日图岩画、宝康图画岩画、毛瑞苏特岩画、宝德尔石林岩画，主要分布于苏尼特左旗北部的达来苏木和洪格尔苏木，靠近北部的中蒙边境线。苏尼特左旗共有岩画818幅，其中呼和朝鲁岩画群是苏尼特左旗岩画分布最密集地区之一。呼和朝鲁分为A区和B区，A区有120幅岩画，B区有257幅岩画。毕其格图岩画点有155幅，巴日嘎图岩画点有141幅，图莱图岩画点有33幅，哈丹宝齐山岩画点有67幅、旭日图岩画点有16幅，宝康图岩画点有5幅，毛瑞苏特岩画点有13幅，宝德尔石林岩画点有13幅。苏尼特左旗地形南北较高，中部为平川丘陵交错。岩画主要分布于低山丘陵中的一些平坦的岩面上，山顶和山腰均有分布，岩体为花岗岩。制作技法多为凿刻，宝德尔石林有2幅为彩绘岩画。

苏尼特右旗岩画分布范围为北纬41°55′~43°39′，东经111°08′~114°16′，有4个岩画点，分别为亚拉哈达岩画、毛日图德力岩画、宝勒嘎岩画、都仁乌力吉岩画。苏尼特右旗共有岩画40幅，其中亚拉哈达岩画点有3幅，毛日图德力岩画点有1幅，宝勒嘎岩画点有20幅，都仁乌力吉岩画点有16幅。苏尼特右旗地质构造属于古湖盆上升而成的剥蚀高原，地形南高北低，中北部为坦荡的高平原和丘陵，南部多山，东部为巴嘎腾格里沙漠延伸部分。岩画分布区域多坦荡起伏的低山丘陵，岩体为花岗岩。岩画多刻于平坦的岩面上，技法均为凿刻。

本书是锡林郭勒第一本全面系统的岩画调查报告。这批岩画的创作者，应该是中原王朝的主要对手北方民族创造的。从历史上看，与中原王朝发生军事冲突的主要对手有东夷、东胡、南蛮、北狄等，战争的威胁来自多个不同的方位，但更为主要的威胁集中来自北部，尤其是蒙古高原及其南缘。

锡林郭勒位于北京的正北方，处于华北、东北接合部，地处内蒙古高原中部，以高平原为主体，兼有多种地貌单元，地势南高北低，自西南向东北倾斜。西部和北部地形平坦，东、南部多低山丘陵，盆地错落其间，形成广阔的高原草场，土壤以栗钙土、栗褐土为主。海拔在800~1800米。广袤的草原是中国北方民族理想的家园。多种自然地貌为匈奴、鲜卑、柔然、突厥、蒙古等北方民族提供了丰富的自然舞台。

锡林郭勒面积广阔，海拔较高，多属于温带极端大陆性干旱与半干旱气候，除东部边缘年降水量达450毫米外，大部分地区在150~250毫米，大约只及华北地区的1/3，且季节与年际分配极不均匀。冬季漫长而严寒，蒙古国最冷可达零下45℃，内蒙古地区也多在零下20℃以下，常有大风雪。夏季炎热而短促，蒙古国无霜期只有 90~110 天，内蒙古最多的地区也只有 160 天。地形平坦，辽阔的草原以及固定、半固定的沙地和砾石组成的戈壁广泛分布，这种地理和气候环境对农耕的发展非常不利，却为畜牧业提供了巨大的发展空间。

锡林郭勒盟自古以来就是我国北方民族的发源地，更是他们生产生活的大舞台。辽阔的土地，复杂的地质、地貌构造，决定了锡林郭勒自然环境结构复杂多样的基本格局。考古发现证实，锡林郭勒不仅是中华文明重要的起源地，兴起、活跃于锡林郭勒的匈奴、契丹、蒙古等北方民族更是在世界文明进程中发挥了重要的作用。

从我们的调查看，锡林郭勒岩画的内容是他们生产方式的突出体现。岩画主要有畜牧、人面、打猎、符号等内容，突出反映了这些生活在此地的北方民族的生产和生活情况。

锡林郭勒岩画图案简朴写实，风格粗犷，题材来源于生活，和古人类生产生活息息相关，岩画作者应是生活在此地的先民。从中我们可以看出，马、羊、狗、牛、骆驼等动物在人们的生产生活中占有重要地位。岩画是古代先民在长期的劳动实践中对现实生活的再创作过程，是对史前至蒙元时期畜牧经济模式下人们现实生活和精神状态的反映。锡林郭勒岩画是古代先民最初的艺术创作，岩画凿刻以古朴的创作手法记录了当时生产生活状态，反映了当时人们的审美意识、宗教信仰、心理活动等情况，不仅具有历史价值，更具有艺术价值，是锡林郭勒草原宝贵的文化遗产。

后　记

　　2016年正月，我与锡林郭勒盟文物保护管理站的刘洪元兄通电话，聊起时下考古的种种见闻和往事，并提到了我近期的研究重点——中国北方岩画，他对此非常感兴趣。他和同事们近年在阿巴嘎旗、苏尼特左旗、锡林浩特市等地发现了数量众多的岩画，但是这些岩画遗存整体面貌不清楚，这对岩画的研究以及保护方案的制订极其不利，亟须做全面的调查。于是，我们相约一起做锡林郭勒境内的岩画考古调查工作。洪元是锡林郭勒盟文物保护管理站站长、有多年野外工作经验的老考古人，我们又是20多年的老朋友，基于彼此的信任和对岩画保护工作的责任感，我们说干就干。4月中旬，冒着滚滚沙尘，我飞赴锡林浩特，和洪元、柏嘎力等人驾车跑了两天，初步调查了锡林浩特市周围的岩画分布情况，为后续的正式调查做准备。10月，各项工作准备就绪，这次锡林郭勒全盟境内的岩画调查工作正式启动。本书就是这次调查工作的具体成果。

　　本着"有钱出钱，有力出力"的原则，双方力图实现中国人民大学考古文博系与锡林郭勒盟文物保护管理站的优势互补、合作共赢。岩画的地面调查工作由刘洪元组织设施，他从锡林郭勒盟各地抽调精兵强将，组成锡林郭勒岩画调查小分队，冒着严寒和大风，历时近一个月，出色地完成了野外岩画调查的任务。中国人民大学考古文博系2015级硕士研究生康晓慧、陈少兰，全程参加了锡林郭勒岩画的田野调查工作，出色地完成打点、记录等工作任务，并参与整理岩画数量最多的苏尼特左旗的调查资料；2015级硕士研究生张倩参与整理部分苏尼特左旗及苏尼特右旗的岩画资料。

　　为了让读者全面认识锡林郭勒的岩画，扩大岩画宣传，更好地保护锡林郭勒的岩画遗产，2017年5月，我和刘洪元、刘海旺（锡林郭勒盟博物馆馆长）策划组织了"古代文明的不朽印记"锡林郭勒盟岩画展暨学术研讨会，以复制品、图片、展板等形式展示了新发现的59幅岩画。岩画展吸引了数量众多的锡林郭勒各族群众来参观，这对锡林郭勒地区岩画的保护无疑起到了很好的宣传作用。王建平（中国岩画学会会长）、张亚莎（中央民族大学中国岩画研究中心主任）、张建林（陕西省考古研究院副院长）、张文静（安阳师范学院历史与文博学院讲师）、巴雅尔（内蒙古博物院）等老中青三代岩画学者，共聚一堂，对锡林郭勒岩画进行了广泛深入的研讨，对我们的工作给与了充分的肯定，并对本书的编写提出了宝贵的意见和建议。

本书发表线图1396幅，其中阿巴嘎旗483幅，锡林浩特市55幅，苏尼特左旗818幅，苏尼特右旗40幅。岩画题材主要反映了畜牧、狩猎、人面像、符号等内容，突出体现了当年生活在此的北方民族的生产和生活情况。

本书写作的具体分工如下：第一章由王晓琨、刘洪元、张文静撰写；第二章由柏嘎力、呼和撰写，其中柏嘎力撰写阿巴嘎旗A区、C区、E区；呼和撰写阿巴嘎旗B区、D区、F区；第三章由杨洋撰写；第四章由王晓琨、张文静撰写；第五章由呼和撰写；第六章由王晓琨、张文静撰写。

岩画研究是公认的世界性难题，除了最大的难点——断代问题外，研究的另一个难点在于岩画的辨识，经验不足的初学者往往误差很大。本书岩画数量最多的苏尼特左旗岩画（第四章），岩画的描述最初由康晓慧、陈少兰、张倩三位同学完成，后来由于在岩画识别上存在较大的误差，张文静、王晓琨对其进行了重新识别和描述。岩画摄影由杨学彪、乌云都力呼尔完成；电脑图像处理由张文治完成；全书岩画的识别、统计、编辑修改工作主要由张文静完成；组织报告的整理、编写、出版，策划报告通篇的结构、布局，以及全书的统稿由王晓琨完成。

历时三年多的锡林郭勒岩画调查和整理工作接近尾声，望着厚厚的书稿，我眼前浮现出20多年来在锡林郭勒不断游走的考古经历。这些经历中不仅有自己幸运地参与锡林郭勒几次重要的考古发现，更有与众多锡林郭勒热情的朋友们交往的美好往事。现在我虽然身在北京，依然时常想起那些考古同人、那些为锡林郭勒考古事业不断奋斗的人们，借此机会略做回顾与记述。

1997年7月，我从吉林大学考古学系毕业，就职于内蒙古文物考古研究所，9月中旬，跟时任内蒙古文物考古研究所副所长的塔拉老师、张文平学兄一起驾车，到了锡林郭勒盟文物保护管理站，见到了刚刚从文化局调任文物保护管理站站长的德力格尔，还有刘洪元、王洪江、赛佳等考古同人。宽敞的锡林郭勒宾馆、酥脆香甜的蒙古果子，给我留下了最初的印象，也由此开启了我与锡林郭勒多年的考古情缘。

1997年秋冬之际，我参与了由塔拉老师、杨林老师（时任中国历史博物馆航空考古中心主任）主持的内蒙古中南部的航空考古摄影工作。航空考古摄影工作是在著名考古学家、时任中国历史博物馆馆长的俞伟超先生的极力支持下发展起来的一项新事业。关于这次工作，我在当时的日记中这样写道："这次航空摄影考古，在内蒙古自治区尚属首次。一门面向古老文化的学科，安装上了现代高科技的翅膀，给内蒙古的考古事业注入了新的生机与活力，同时也预示着自治区的考古学研究将会产生一个全新的面貌。"

锡林郭勒的元上都遗址是1997年航拍的重点区域，在晴空万里的3000米空中，俯瞰辽阔的金莲川草原，那座法国人勒纳·格鲁塞笔下"伟大文明的废墟"尽收眼底，历经几百年沧桑的元上都城，在地面上只能看到显著高于地平面的城墙和高台地，而在空中，由于太阳阴影和草的深浅颜色的变化，许多排列整齐的中心型建筑遗迹微微凸起于地面，闪现出许多若隐若现、长宽不一的白色条带，这便是原来的通衢大道和街巷里弄，整个城址的布局依稀可见。这是我们第一次在高空俯瞰古代的遗址，全新的视野，令人感慨万千。记得在拍摄元上都的飞机上，元上都发掘的主持者、时任内蒙古文物考古研究所副所长的魏坚老师发出了那句著名的感叹："在元上都空中几个小时的飞行拍摄，超过了我在元上都宏观布局研究上几年的收获。"

2000~2001年，我连续参加锡林郭勒东乌旗金斯太洞穴遗址的发掘，一同参与发掘的还有德力格尔、刘洪元、王洪江、赛佳、苏伊拉图（已故）、苏宁巴雅尔等考古同人，金斯太洞穴是迄今为止内蒙古高原地区最重要的旧石器时代遗址，以连续堆积和勒瓦娄哇石器而名闻天下。主持发掘的魏坚老师建议我以此为论文题目，攻读硕士学位，后来，在吉林大学汤卓炜、陈全家等老师的指导下，我顺利拿到硕士学位，人生轨迹也开始了一个大的转变。我和罗鹏、王春雪两位师弟，先后撰写了三篇金斯太洞穴方面的论文，推动了锡林郭勒草原最早期考古的研究。

2002~2003年，我参加了对元上都皇城东墙北段外侧的积土、皇城南门明德门址及瓮城的考古清理工作，修复了石砌城墙350余米，并部分修复了明德门旧址。这两年的工作，是元上都申报世界文化遗产的准备工作之一。十年后的2012年，元上都终于顺利入围联合国教科文组织的世界文化遗产名录，成为目前内蒙古自治区唯一的世界文化遗产。荣誉的得来实属不易，作为奋战在锡林郭勒草原考古队的一名成员，我感到由衷的欣慰，因为我们的考古工作对于揭示元上都城址的文化面貌，起到了至关重要的作用。

时光如水，2005年9月，我来到中国人民大学历史学院攻读博士学位，三年后毕业留校任教，与导师魏坚教授一道筹建中国人民大学考古学科，教学、科研工作日益增多，与锡林郭勒的交流虽有减少却并未中断。2011年暑假开始，我与庄永兴、刘洪元等同人一起整理正镶白旗伊和淖尔1号北魏墓发掘报告，并联合申报国家社科基金项目，这成为自己新的科研增长点。

以上的简单回顾，可以看到辽阔无垠的锡林郭勒大草原，一直是自己学术研究的源泉与补给线。上述科学研究工作的顺利展开，固然离不开领导、老师们的提携与指引，更离不开锡林郭勒众多老朋友、老同事的配合与帮助，对此我心中常怀感念。

日月穿梭，蓦然回首，当年那个性格倔强、才华横溢的老苏（苏伊拉图）已经离我们远去；精明耿直的德站（德力格尔）已经退休；记忆中一直年富力强的刘洪元、王洪江、赛佳、苏宁等同人也都临近退休；此情此景，令自己愈加珍惜。

"长江后浪推前浪，一代更比一代强"，令人欣喜的是，锡林郭勒的文物考古事业后继有人，柏嘎力、呼和等青年学者已经迅速成长起来，越来越多的中外学者也把目光投向了广袤的草原深处，这都是令人欣慰和高兴的。2017年9月16日，在中国人民大学主办的"中国北方考古与欧亚文明国际学术研讨会"上，我特意安排柏嘎力登台汇报2016年锡林郭勒岩画调查的情况，并通过"有一TV"直播平台，将锡林郭勒的岩画遗产传向了世界，同时，这也是锡林郭勒年轻一代考古人在国际学术舞台上的新亮相，是新的开始。

"一支雕翎箭，千军万马来相见"，锡林郭勒不只有辽阔的草原，摔跤、骑马和射箭，还有悠扬的马头琴，热气腾腾的、瞬间让你忘记塞外

"云晴鸥更舞，风逆雁无行"的漫天飞雪的奶茶、奶豆腐、手把肉、涮羊肉等特色美食，更有数量众多的岩画、古城、长城等古代文化遗产，这些都值得我们去探索、研究、品味。

最后，感谢锡林郭勒盟文化体育新闻出版广电局、锡林郭勒盟文物保护管理站、锡林郭勒盟博物馆、阿巴嘎旗文物管理所、苏尼特左旗文物管理所、苏尼特右旗文物管理所、锡林浩特市文物管理所等单位，对我们工作的支持和帮助。感谢锡林郭勒盟文物保护管理站艾军、锡林浩特市文物管理所退休人员敖特根巴雅尔、阿巴嘎旗博物馆馆长陈海峰、苏尼特左旗文物管理所所长风雷、苏尼特右旗文物事业管理局局长呼日勒等考古同人对我们工作的帮助。感谢河套文化博物院胡延春院长，在我们制作岩画调查表格时给与的帮助。感谢内蒙古博物馆孔群老师提供岩画照片。

特别感谢天津的杨学彪先生，作为岩画和摄影爱好者（中国艺术摄影学会会员），他不顾年迈，不辞辛苦，全程参与岩画调查工作，拍摄了大量的岩画照片，他的这种敬业精神感染了岩画调查工作的每一名队员。

本书是第一本全面系统地介绍锡林郭勒地区岩画的考古报告。这批岩画的创作者，应是自古生息繁衍在这片土地上的广大草原民族。广袤的锡林郭勒是草原民族理想的家园，多种多样的地形、地貌为匈奴、鲜卑、柔然、突厥、蒙古等草原民族提供了丰富的历史舞台。本书的出版，对于研究这些民族的生产、生活，提供了全新的、重要的物质资料。

王晓琨
2018 年 12 月 7 日
大雪节气，林科院住所

图书在版编目(CIP)数据

锡林郭勒岩画／王晓琨等著．--北京：社会科学文献出版社，2019.6
 ISBN 978-7-5201-4206-9

Ⅰ.①锡… Ⅱ.①王… Ⅲ.①岩画-美术考古-调查报告-锡林郭勒盟 Ⅳ.①K879.424

中国版本图书馆CIP数据核字(2019)第021622号

锡林郭勒岩画

著　　者 / 王晓琨 等

出 版 人 / 谢寿光
责任编辑 / 王玉敏　赵怀英

出　　版 / 社会科学文献出版社·联合出版中心 (010) 59367153
地址：北京市北三环中路甲29号院华龙大厦　邮编：100029
网址：www.ssap.com.cn
发　　行 / 市场营销中心 (010) 59367081　59367083
印　　装 / 三河市尚艺印装有限公司
规　　格 / 开　本：787mm×1092mm　1/16
印　张：27.25　插　页：0.5　字　数：450千字
版　　次 / 2019年6月第1版　2019年6月第1次印刷
书　　号 / ISBN 978-7-5201-4206-9
定　　价 / 149.00元

本书如有印装质量问题，请与读者服务中心 (010-59367028) 联系

▲ 版权所有 翻印必究